轨道交通工程施工安全自（复）检体系

罗富荣　张成满　贺少辉　等编著

中国建筑工业出版社

图书在版编目(CIP)数据

轨道交通工程施工安全自（复）检体系/罗富荣，张成满，贺少辉等编著. —北京：中国建筑工业出版社，2012.3
ISBN 978-7-112-13911-8

Ⅰ.①轨… Ⅱ.①罗…②张…③贺… Ⅲ.①城市铁路-铁路工程-工程施工-安全-自动检测 Ⅳ.①U239.5

中国版本图书馆 CIP 数据核字(2012)第 013423 号

北京市轨道交通建设有限公司受北京市建委的委托，开展了轨道交通工程施工安全风险技术管理的研究，经过3年多的研究与应用，形成了安全风险技术管理体系。该体系实用性非常强，完全按照轨道交通工程项目的程序及具体要求对每个阶段的风险点及控制方法进行了阐述，与施工实际结合紧密，可直接应用于项目施工管理等工作中。日常生产自检体系是把安全生产细化分解、具体落实的一项创新。为方便读者在工作中使用，本书特将全部日常生产自检体系用表收录于书后光盘中，读者可根据需要打印使用。本书可供轨道交通工程土建施工、安全管理及监理人员参考使用。

* * *

责任编辑：曾 威 赵晓菲
责任设计：张 虹
责任校对：刘梦然 王雪竹

轨道交通工程施工安全自（复）检体系

罗富荣 张成满 贺少辉 等编著

*

中国建筑工业出版社出版、发行（北京西郊百万庄）
各地新华书店、建筑书店经销
北京科地亚盟排版公司制版
北京市书林印刷有限公司印刷

*

开本：787×1092毫米 1/16 印张：33 字数：800千字
2012年5月第一版 2012年5月第一次印刷
定价：**80.00**元（含光盘）
ISBN 978-7-112-13911-8
(21951)

版权所有 翻印必究
如有印装质量问题，可寄本社退换
（邮政编码 100037）

主要编著单位

北京市轨道交通建设管理有限公司
北京交通大学
中铁隧道集团
中铁十四局集团
中铁十六局集团
中铁三局集团
中铁十九局集团
北京建工集团
中铁五局集团
北京住总集团
北京城乡建设集团
中铁十三局集团
中咨工程建设监理公司
铁科院北京工程咨询有限公司
北京致远工程监理公司
北京工程咨询（北咨）监理公司
华铁监理公司
中铁诚业监理公司

主要编著人员

刘天正	孙　健	赵元根	高亚彬	黄齐武	张　渝	张　昊
徐维祥	韩建坤	陈广亮	徐　磊	李　彪	梅洪斌	邵翔宇
许兆交	杨开忠	张立平	宋云财	张立海	阮兔苗	李晓光
杨定明	黄文龙	亢超刚	代永双	杨爱超	李全才	陆云飞
刘遍红	朱发雨	杨开武				

前　言

　　北京在建设世界城市的进程中将面临着交通拥堵的严峻挑战。解决超大型都市的交通拥堵问题，关键要建设好便捷、舒适的城市公共交通体系；城市的公共交通体系要能真正发挥在城市交通中的骨干和主导作用，最根本的还要靠加强城市轨道交通（地铁）体系的建设和完善。自奥运轨道交通工程计划实施之后，北京按照建设世界城市和宜居城市的要求，提出了加强版的轨道交通（地铁）建设计划；按照加强版的北京市轨道交通建设计划，至2015年，将建成运营近700公里的轨道交通线网，北京轨道交通建设已进入一个快速、跨越式发展的新阶段；建设的规模和投资之大，不但全国轨道交通建设发展史上前所未有，而且将再一次创造世界之最。

　　此外，我国正在建设或已批准建设轨道交通线路的城市多达30余个，客运专线铁路或高速铁路也处于建设的高峰期，致使工程建设的资源、力量相对摊薄，施工队伍技术和管理的力量相对分散，监理队伍的素质也参差不齐。因此，轨道交通建设工程日常施工安全的管控难度被不尽合理地放大。

　　北京市轨道交通建设管理有限公司作为在北京市政府领导下的从事轨道交通工程建设的决策、组织与管理者，我们深深地认识到，轨道交通建设工程日常施工安全的控制与管理面临诸多难点：建设工期紧，在建规模大，战线长，参战队伍与人员众多且素质参差不齐，工程建设的前期工作滞后，工程施工的工法多样、作业面多，线路环境复杂，不可预见因素繁多，等等。工程建设的首要任务在于安全的控制与管理，安全责任重于泰山！我们深切地感觉到肩负的日常施工安全控制与管理的担子重如千钧，日常施工安全的管理工作如临深渊、如履薄冰！

　　基于上述的形势与认识，于2008年底，即在奥运轨道交通工程建设的总结阶段，我们对轨道交通建设工程在日常施工安全控制与管理方面存在的问题与不足进行了全面的研讨、总结与梳理。参与研讨的各方达成了强烈共识：要能有效规避新阶段超常规轨道交通建设的日常施工安全风险，迫切需要研究与编制轨道交通建设工程日常施工安全自（复）检体系。

在北京市轨道交通建设管理有限公司第四项目管理中心的精心组织和指导下，经过数十家参加北京市轨道交通工程建设，且具有丰富经验的施工单位和监理单位的近百名专家和工程技术人员的共同努力，于 2009 年 4 月份编制完成了北京市轨道交通建设工程日常施工安全自（复）检体系的试行稿。体系的研究与编制切实贯彻了"工程建设的安全在于日常施工的安全，日常施工安全的控制以预控为主，日常施工安全的管理应落实到过程、工班和安全员，延伸到作业面"的原则和思想。自 2009 年 5 月份至今，该体系在北京市轨道交通 6 号线一期和 7 号线工程中试应用。通过试应用、征集意见、修改、再运用的多次循环，证明该体系在 6 号线一期和 7 号线工程的日常施工安全控制与管理中发挥了关键的作用，基本管住、管好了"关键设备、关键部位、关键工序、关键工艺、关键环节、关键岗位"的日常施工安全，针对性、可操作性强，具备了在北京市轨道交通建设工程中全面推广应用的条件。目前该体系已成熟完善，因此，我们决定将该体系的内容正式出版。

《轨道交通建设工程施工安全自（复）检体系》是我国关于轨道交通建设工程日常施工安全控制与管理的第一部著作，希望本书不仅对于北京市，也能对国内其他城市轨道交通建设工程日常施工安全的管控起到很好的作用。

总 目 录

安全自（复）检体系架构与日常施工安全控制原则 …………………………… 1
一、浅埋暗挖法主要工序日常施工安全自（复）检体系 …………………… 5
二、明挖法主要工序日常施工安全自（复）检体系 ………………………… 145
三、盾构法主要工序日常施工安全自（复）检体系 ………………………… 223
四、临时用电安全自（复）检体系 …………………………………………… 283
五、施工机械安全自（复）检体系 …………………………………………… 313
六、基坑、竖井、高处作业安全防护自（复）检体系 ……………………… 397
七、消防、保卫施工安全自（复）检体系 …………………………………… 437
八、卫生防疫安全自（复）检体系 …………………………………………… 459
九、作业人员安全自（复）检体系 …………………………………………… 473
十、季节性施工安全自（复）检体系 ………………………………………… 491
十一、围挡、临建施工安全自（复）检体系 ………………………………… 503

安全自（复）检体系架构与日常施工安全控制原则

安全自护（夏）——暑假期间
日常独立生活安全防范细则

北京市轨道交通新线工程在建规模大，作业面多，线路环境、工程结构形式复杂，工法工艺多样，施工难点繁多，因而工程建设过程中面临很高的安全风险。此外，资源不足，力量薄弱，导致施工队伍技术和管理力度的相对不到位，也对工程的安全风险控制提出了很大的挑战。轨道交通工程建设的大规模快速发展及其面临的严峻的安全管理形势亟待建立日常施工安全自（复）检体系，并在新线工程建设中加以有效实施。经过广泛深入的调查研究、征求意见和充分论证，确定的日常施工安全自（复）检体系的架构如下图所示。

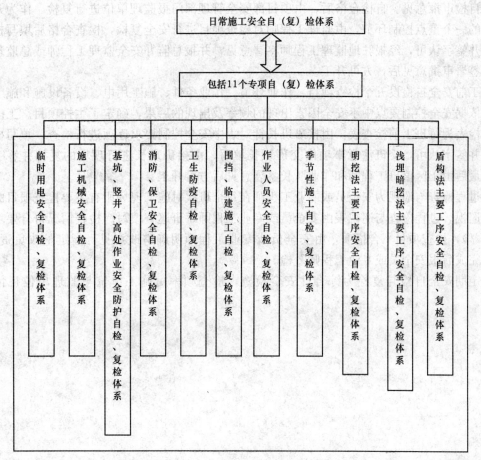

"体系"的研究与编制切实贯彻了"工程建设的安全在于日常施工的安全，日常施工安全的控制以预控为主，日常施工安全的管理落实到过程、工班和安全员，延伸到作业面，并通过表格来实施日常施工安全的过程管理"的原则和思想，真正管住、管好"关键设备、关键部位、关键工序、关键工艺、关键环节、关键岗位"的日常施工安全。通过建立与真正落实"轨道交通工程建设日常施工安全自（复）检体系"，起到明确各级管理部门和参建单位及其人员的日常施工安全管理职责，充分调动和发挥其在日常施工安全控制方面的作用。

三大工法主要工序日常施工安全专项自（复）检体系的研究与编制，贯彻了以施工顺序为主线，以分部分项工程为依据，以施工工序为基础，分为开工控制安全自（复）检、工前安全自检、过程检查与巡视、定期安全自（复）检四个检查与控制层次，其中以前三项为控制的重点。

开工控制安全自（复）检一般分为针对性和通用性检查两大项，针对性检查项目包括本项工作开始的主要前置条件和重点检查内容，通用性检查包括内业资料、现场准备和施工用电三部分。开工控制检查分一检、二检、复检三个层次，明确了一检、二检、复检的责任人。一检、二检责任人检查合格后，一般分为工区主管、项目部安全管理部门负责人、项目部安全副经理三个层次签署安全自检审批意见；特级、Ⅰ级风险源工程施工等需由工区主管、项目部安全管理部门负责人、项目部安全副经理、项目部经理四个层次签署安全自检审批意见。自检合格后，由项目部安全管理部门报监理单位进行复检。作为开工控制的一个重点控制环节，由监理工程师对检查项目进行安全复检，检查合格后填写检查结果并签字认可，经报驻地监理工程师签署意见，并报总监办安全监理工程师或总监理工程师签署审批意见后，方可开工。

工前安全自检设五个检查项目：作业环境、作业条件、施工用电、设备设施和施工纪律。依据安全控制要点中不安全因素出现的频率及出现的后果，确定了主控项目。工前安全自检表为每班工前检查表，由接班班长针对表中安全控制要求逐项进行检查，填写检查结果并签字认可，交班注意事项由交班班长填写，由接班班长进行现场的复核并签字认可，最后由工区值班工程师和作业队长签署意见后方可开工。

过程检查与巡视为安全员或专业工程师在每个班次对施工现场所有主要检查项目的检查与巡视。过程检查与巡视表由安全员或专业工程师每班巡查填写。检查情况符合要求时打（√），检查项目不合格项，由安全员或专业工程师明确整改意见，指定整改负责人；整改完成后报安全员或专业工程师复检。

定期安全自检与复检为综合性安全检查，检查频率由施工单位与监理单位视情况确定。

一、浅埋暗挖法主要工序日常施工安全自（复）检体系

一、火災時特に注意す工び

日常施工之金目（員）検休系

目 录

引言 …………………………………………………………………………… 11
第1章 竖井 …………………………………………………………………… 12
   1.1 提升系统安装调试 ……………………………………………………… 12
   1.2 竖井开挖初支 …………………………………………………………… 13
   1.3 竖井衬砌 ………………………………………………………………… 13
第2章 超前支护 ……………………………………………………………… 15
   2.1 大管棚施工 ……………………………………………………………… 15
   2.2 深孔注浆 ………………………………………………………………… 16
   2.3 管幕施工 ………………………………………………………………… 16
   2.4 水平旋喷施工 …………………………………………………………… 17
第3章 初期支护施工 ………………………………………………………… 19
   3.1 马头门开挖初支 ………………………………………………………… 19
   3.2 隧道开挖初支 …………………………………………………………… 20
   3.3 扩大段施工 ……………………………………………………………… 20
   3.4 初支扣拱施工 …………………………………………………………… 21
   3.5 特级、一级风险源 ……………………………………………………… 22
第4章 桩柱施工 ……………………………………………………………… 24
   4.1 桩/柱孔开挖 …………………………………………………………… 24
   4.2 钢管柱、钢筋笼吊装 …………………………………………………… 25
   4.3 桩孔灌注 ………………………………………………………………… 25
第5章 二次衬砌 ……………………………………………………………… 27
   5.1 衬砌台车组装调试 ……………………………………………………… 27
   5.2 台车衬砌 ………………………………………………………………… 28
   5.3 临时支撑拆除 …………………………………………………………… 28
   5.4 非台车衬砌 ……………………………………………………………… 29
   5.5 条基施工 ………………………………………………………………… 30
   5.6 天梁施工 ………………………………………………………………… 31
   5.7 拱部衬砌 ………………………………………………………………… 32
   5.8 中板衬砌 ………………………………………………………………… 32
   5.9 边墙二次衬砌 …………………………………………………………… 33
   5.10 车站土方开挖及底板施工 ……………………………………………… 34
第6章 定期自检与复检 ……………………………………………………… 36
   附表 ………………………………………………………………………… 37

提升系统安装调试 开工控制安全自（复）检审批表	表 AW-001		37
提升系统安装调试 工前安全自检表	表 AW-002		38
提升系统安装调试 过程检查巡视表	表 AW-003		39
竖井提升 过程检查巡视表	表 AW-004		40
竖井开挖初支 开工控制安全自（复）检审批表	表 AW-005		41
竖井开挖初支 工前安全自检表	表 AW-006		42
竖井开挖初支 过程检查巡视表	表 AW-007		43
竖井衬砌 开工控制安全自（复）检审批表	表 AW-008		44
竖井衬砌防水施工 工前安全自检表	表 AW-009		45
竖井衬砌钢筋施工 工前安全自检表	表 AW-010		46
竖井衬砌混凝土施工 工前安全自检表	表 AW-011		47
竖井衬砌 过程检查巡视表	表 AW-012		48
大管棚施工 开工控制安全自（复）检审批表	表 AW-013		49
大管棚施工 工前安全自检表	表 AW-014		50
大管棚施工 过程检查巡视表	表 AW-015		51
深孔注浆 开工控制安全自（复）检审批表	表 AW-016		52
深孔注浆 工前安全自检表	表 AW-017		53
深孔注浆 过程检查巡视表	表 AW-018		54
管幕施工 开工控制安全自（复）检审批表	表 AW-019		55
管幕施工 工前安全自检表	表 AW-020		56
管幕施工 过程检查巡视表	表 AW-021		57
水平旋喷 开工控制安全自（复）检审批表	表 AW-022		58
水平旋喷 工前安全自检表	表 AW-023		59
水平旋喷 过程检查巡视表	表 AW-024		60
马头门开挖初支 开工控制安全自（复）检审批表	表 AW-025		61
马头门开挖初支 工前安全自检表	表 AW-026		62
马头门开挖初支 过程检查巡视表	表 AW-027		63
隧道开挖初支 开工控制安全自（复）检审批表	表 AW-028		64
隧道开挖初支 工前安全自检表	表 AW-029		65
隧道开挖初支 过程检查巡视表	表 AW-030		66
扩大段施工 开工控制安全自（复）检审批表	表 AW-031		67
扩大段施工 工前安全自检表	表 AW-032		68
扩大段施工 过程检查巡视表	表 AW-033		69
初支扣拱施工 开工控制安全自（复）检审批表	表 AW-034		70
初支扣拱施工 工前安全自检表	表 AW-035		71
初支扣拱施工 过程检查巡视表	表 AW-036		72
特级、一级风险源 开工控制安全自（复）检审批表	表 AW-037		73
特级、一级风险源 工前安全自检表	表 AW-038		74
特级、一级风险源 过程检查巡视表	表 AW-039		75

桩/柱孔开挖　开工控制安全自（复）检审批表	表AW-040	76
桩/柱孔开挖　工前安全自检表	表AW-041	77
桩/柱孔开挖　过程检查巡视表	表AW-042	78
钢管柱、钢筋笼吊装　开工控制安全自（复）检审批表	表AW-043	79
钢管柱、钢筋笼吊装　工前安全自检表	表AW-044	80
钢管柱、钢筋笼吊装　过程检查巡视表	表AW-045	81
柱孔灌注　开工控制安全自（复）检审批表	表AW-046	82
桩孔灌注　工前安全自检表	表AW-047	83
柱孔灌注　过程检查巡视表	表AW-048	84
台车安装　开工控制安全自（复）检审批表	表AW-049	85
台车组装调试　工前安全自检表	表AW-050	86
台车组装调试　过程检查巡视表	表AW-051	87
台车衬砌　开工控制安全自（复）检审批表	表AW-052	88
台车衬砌防水施工　工前安全自检表	表AW-053	89
台车衬砌钢筋施工　工前安全自检表	表AW-054	90
台车衬砌混凝土施工　工前安全自检表	表AW-055	91
台车衬砌　过程检查巡视表	表AW-056	92
临时支撑拆除　开工控制安全自（复）检审批表	表AW-057	93
临时支撑拆除　工前安全自检表	表AW-058	94
临时支撑拆除　过程检查巡视表	表AW-059	95
非台车衬砌　开工控制安全自（复）检审批表	表AW-060	96
非台车衬砌防水施工　工前安全自检表	表AW-061	97
非台车衬砌钢筋施工　工前安全自检表	表AW-062	98
非台车衬砌模板施工　工前安全自检表	表AW-063	99
非台车衬砌混凝土施工　工前安全自检表	表AW-064	100
非台车衬砌　过程检查巡视表	表AW-065	101
条基施工　开工控制安全自（复）检审批表	表AW-066	102
条基防水施工　工前安全自检表	表AW-067	103
条基钢筋施工　工前安全自检表	表AW-068	104
条基模板施工　工前安全自检表	表AW-069	105
条基混凝土施工　工前安全自检表	表AW-070	106
条基施工　过程检查巡视表	表AW-071	107
天梁施工　开工控制安全自（复）检审批表	表AW-072	108
天梁防水施工　工前安全自检表	表AW-073	109
天梁钢筋施工　工前安全自检表	表AW-074	110
天梁模板施工　工前安全自检表	表AW-075	111
天梁混凝土施工　工前安全自检表	表AW-076	112
天梁施工　过程检查巡视表	表AW-077	113
拱部衬砌　开工控制安全自（复）检审批表	表AW-078	114

拱部衬砌防水施工 工前安全自检表	表 AW-079	115
拱部衬砌钢筋施工 工前安全自检表	表 AW-080	116
拱部衬砌模板施工 工前安全自检表	表 AW-081	117
拱部衬砌混凝土施工 工前安全自检表	表 AW-082	118
拱部衬砌 过程检查巡视表	表 AW-083	119
中板衬砌 开工控制安全自（复）检审批表	表 AW-084	120
中板衬砌钢筋施工 工前安全自检表	表 AW-085	121
中板衬砌模板施工 工前安全自检表	表 AW-086	122
中板衬砌混凝土施工 工前安全自检表	表 AW-087	123
中板衬砌 过程检查巡视表	表 AW-088	124
车站边墙衬砌 开工控制安全自（复）检审批表	表 AW-089	125
车站边墙衬砌防水施工 工前安全自检表	表 AW-090	126
车站边墙衬砌钢筋施工 工前安全自检表	表 AW-091	127
车站边墙衬砌模板施工 工前安全自检表	表 AW-092	128
车站边墙衬砌混凝土施工 工前安全自检表	表 AW-093	129
车站边墙衬砌 过程检查巡视表	表 AW-094	130
车站土方开挖及底板施工 开工控制安全自（复）检审批表	表 AW-095	131
车站土方开挖 工前安全自检表	表 AW-096	132
底板防水施工 工前安全自检表	表 AW-097	133
底板钢筋施工 工前安全自检表	表 AW-098	134
底板混凝土施工 工前安全自检表	表 AW-099	135
车站土方开挖 过程检查巡视表	表 AW-100	136
车站底板施工 过程检查巡视表	表 AW-101	137
浅埋暗挖法施工 定期安全自检表	表 AW-102	138
浅埋暗挖法施工 定期安全复检表	表 AW-103	141

引 言

地铁浅埋暗挖施工地质条件变化大，周边环境复杂，工法众多，日常安全管理工作难度大，自（复）检体系过细则不易执行，太简则难达目的。考虑体系运行的目的和现场实际，本自（复）检体系大致以施工顺序为主线，以分部分项工程为依据，以施工工序为基础，分六章二十五节五十项（见目录）。六章为：竖井施工，超前支护，开挖初支，桩柱施工，二次衬砌，定期安全自（复）检；二十五节为二十五个相对独立的分部/分项工程加竖井提升系统和衬砌台车两项设备安装，每节对应一个开工控制安全自（复）检审批表和一个安全员过程检查巡视表，计有51个表；五十项为五十个工序，每个工序对应一个工前安全自检表，计50个表。另外有一个定期安全自检表（见表AW-102）和一个定期安全复检表（见表AW-103）。整个体系分为开工控制安全自（复）检、工前安全自检、过程检查与巡视、定期安全自（复）检等四个层次，其中前三项为重点。

开工控制安全自（复）检一般分为针对性和通用性检查两大项，针对性检查项目包括本项工作开始的主要前置条件和重点检查内容，通用性项目包括内业资料、现场准备和施工用电三部分。

工前安全自检设五个检查项目：作业环境、作业条件、施工用电、设备设施和施工纪律。

过程检查与巡视为安全员日常安全巡检表，目的是预控施工过程中各类伤害事故的发生。

定期安全自（复）检为综合性安全检查。

第1章 竖 井

1.1 提升系统安装调试

1.1.1 开工控制

根据提升系统安装调试开工前安全控制的内容，将提升系统安装调试分为内业资料、现场准备、施工临电三个部分进行分类控制，具体开工控制内容见表 AW-001《提升系统安装调试 开工控制安全自（复）检审批表》。

提升系统安装调试开工安全控制应作为竖井施工过程中的一项重点工作，由工区安全主管（安全工程师）组织实施。分别由工区电工、工区机电工程师、工区技术主管对表中对应内容进行一检，由项目部工程部、项目部机电管理部门、项目部安全管理部门进行二检，检查完成后分别填写检查结果并签字认可；由工区主管审核并签署意见后，报项目部安全管理部门负责人审批，最后由项目部安全副经理签署审批意见。自检合格后，由项目部安全管理部门报监理单位进行复检。

作为开工控制的一个重点控制环节，由监理工程师对检查项目进行安全复检，检查合格后填写检查结果并签字认可，经报驻地监理工程师签署意见，并报总监办安全监理工程师签署审批意见后，方可开工。

1.1.2 工前控制

提升系统安装调试工前安全控制主要分作业环境、起吊设备、施工用电、施工机具、劳动纪律五个环节进行控制。根据作业内容的安全控制要点，编制了《提升系统安装调试 工前安全自检表》（表 AW-002），并依据安全控制要点中不安全因素出现的频率及出现的后果，列出了主控项目。

工前自检表为每班工前检查表，由接班班长针对表中安全控制要求逐项进行检查，填写检查结果并签字认可，交班注意事项由交班班长填写，由接班班长进行现场的复核并签字认可，最后由工区值班工程师和作业队长签署意见后方可开工。

1.1.3 过程检查与巡视

根据对提升系统安装调试作业内容不安全因素的分析，编制了《提升系统安装调试过程检查巡视表》（表 AW-003），主要分为防物体打击、防坠落伤害、防触电伤害、防机械伤害及其他等方面进行控制，并根据安全控制要点中不安全因素出现的频率及出现的后果，列出了主控项目。

根据对竖井日常提升作业的不安全因素的分析，编制了《竖井提升 过程检查巡视表》（表 AW-004），主要分为防物体打击、防坠落伤害、防触电伤害、防机械伤害及其他等方面进行控制，并根据安全控制要点中不安全因素出现的频率及出现的后果，列出了主控项目。

提升系统安装调试过程检查巡视表及竖井提升过程检查巡视表，由安全员每班巡查填写。检查情况符合要求时打"√"，检查项目不合格项，由安全员明确整改意见，指定整改负责人；整改完成后报安全员复检。

1.2 竖井开挖初支

1.2.1 开工控制

根据竖井开挖初支开工前安全控制的内容，将竖井开挖初支分为针对性检查和通用性检查两大部分；其中，针对性检查中强调了竖井开挖初支开工前重点控制项目；通用性检查中分为内业资料、现场准备、施工临电三个部分进行分类控制，具体开工控制内容见表AW-005《竖井开挖初支 开工控制安全自（复）检审批表》。

竖井开挖初支开工安全控制是作为竖井施工过程中的一项重点工作进行控制，由工区安全主管（安全工程师）组织实施。分别由工区电工、工区作业队长、工区技术主管、工区安全主管对表中对应内容进行一检，由工区技术主管、项目部工程部、项目部机电管理部门、项目部安全管理部门进行二检，检查完成后分别填写检查结果并签字认可；由工区主管审核并签署意见后，报项目部安全管理部门负责人审批，最后由项目部安全副经理签署审批意见。自检合格后，由项目部安全管理部门报监理单位进行复检。

作为开工控制的一个重点控制环节，由监理工程师对检查项目进行安全复检，检查合格后填写检查结果并签字认可，经报驻地监理工程师签署意见，并报总监办安全监理工程师签署审批意见后，方可开工。

1.2.2 工前控制

竖井开挖初支工前安全控制主要分作业环境、作业条件、施工用电、设备设施、劳动纪律五个环节进行控制。根据作业内容的安全控制要点，编制了《竖井开挖初支 工前安全自检表》（表 AW-006），并依据安全控制要点中不安全因素出现的频率及出现的后果，列出了主控项目。

工前自检表为每班工前检查表，由接班班长针对表中安全控制要求逐项进行检查，填写检查结果并签字认可，交班注意事项由交班班长填写，由接班班长进行现场的复核并签字认可，最后由工区值班工程师和作业队长签署意见后方可开工。

1.2.3 过程检查与巡视

根据对竖井开挖初支作业内容不安全因素的分析，编制了《竖井开挖初支 过程检查巡视表》（表 AW-007），主要分为防物体打击、防坠落伤害、防触电伤害、防机械伤害、防坍塌伤害及其他等方面进行控制，并根据安全控制要点中不安全因素出现的频率及出现的后果，列出了主控项目。

竖井开挖初支过程检查巡视表，由安全员每班巡查填写。检查情况符合要求时打"√"，检查项目不合格项，由安全员明确整改意见，指定整改负责人；整改完成后报安全员复检。

1.3 竖井衬砌

1.3.1 开工控制

根据竖井衬砌开工前安全控制的内容，将竖井衬砌分为针对性检查和通用性检查两大部分；其中，针对性检查中强调了竖井衬砌开工前重点控制项目；通用性检查中分为内业资料、现场准备、施工临电三个部分进行分类控制，具体开工控制内容见表 AW-008《竖井衬砌 开工控制安全自（复）检审批表》。

竖井衬砌开工安全控制作为竖井施工过程中的一项重点工作，由工区安全主管（安全工程师）组织实施。分别由工区电工、工区作业队长、工区技术主管、工区安全主管对表中对应内容进行一检，由工区技术主管、项目部工程部、项目部机电管理部门、项目部安全管理部门进行二检，检查完成后分别填写检查结果并签字认可；由工区主管审核并签署意见后，报项目部安全管理部门负责人审批，最后由项目部安全副经理签署审批意见。自检合格后，由项目部安全管理部门报监理单位进行复检。

作为开工控制的一个重点控制环节，由监理工程师对检查项目进行安全复检，检查合格后填写检查结果并签字认可，经报驻地监理工程师签署意见，并报总监办安全监理工程师签署审批意见后，方可开工。

1.3.2 工前控制

根据竖井衬砌作业内容的安全控制要点，按照防水、钢筋、混凝土三个工序编制了《竖井衬砌施工 工前安全自检表》（表 AW-009、表 AW-010、表 AW-011），主要分为作业环境、作业条件、施工用电、设备设施、劳动纪律五个环节进行控制，并依据安全控制要点中不安全因素出现的频率及出现的后果，列出了主控项目。

工前自检表为每班工前检查表，由接班班长针对表中安全控制要求逐项进行检查，填写检查结果并签字认可，交班注意事项由交班班长填写，由接班班长进行现场的复核并签字认可，最后由工区值班工程师和作业队长签署意见后方可开工。

1.3.3 过程检查与巡视

根据对竖井衬砌作业内容不安全因素的分析，编制了《竖井衬砌 过程检查巡视表》（表 AW-012），主要分为防物体打击、防坠落伤害、防触电伤害、防机械伤害、防坍塌伤害及其他等方面进行控制。并根据安全控制要点中不安全因素出现的频率及出现的后果，列出了主控项目。

竖井衬砌过程检查巡视表，由安全员每班巡查填写。检查情况符合要求时打"√"，检查项目不合格项，由安全员明确整改意见，指定整改负责人；整改完成后报安全员复检。

第2章 超前支护

2.1 大管棚施工

2.1.1 开工控制

根据大管棚施工开工前安全控制的内容，将大管棚施工分为针对性检查和通用性检查两大部分；其中，针对性检查中强调了大管棚施工开工前重点控制项目；通用性检查中分为内业资料、现场准备、施工临电三个部分进行分类控制，具体开工控制内容见表 AW-013《大管棚施工 开工控制安全自（复）检审批表》。

开工安全控制作为大管棚施工过程中的一项重点工作，由工区安全主管（安全工程师）组织实施。分别由工区电工、工区作业队长、工区技术主管、工区安全主管对表中对应内容进行一检，由工区技术主管、项目部工程部、项目部机电管理部门、项目部安全管理部门进行二检，检查完成后分别填写检查结果并签字认可；由工区主管审核并签署意见后，报项目部安全管理部门负责人审批，最后由项目部安全副经理签署审批意见。自检合格后，由项目部安全管理部门报监理单位进行复检。

作为开工控制的一个重点控制环节，由监理工程师对检查项目进行安全复检，检查合格后填写检查结果并签字认可，经报驻地监理工程师签署意见，并报总监办安全监理工程师签署审批意见后，方可开工。

2.1.2 工前控制

大管棚施工工前安全控制主要分作业环境、作业条件、施工用电、设备设施、劳动纪律五个环节进行控制。根据作业内容的安全控制要点，编制了《大管棚施工 工前安全自检表》（表 AW-014），并依据安全控制要点中不安全因素出现的频率及出现的后果，列出了主控项目。

工前自检表为每班工前检查表，由接班班长针对表中安全控制要求逐项进行检查，填写检查结果并签字认可，交班注意事项由交班班长填写，由接班班长进行现场的复核并签字认可，最后由工区值班工程师和作业队长签署意见后方可开工。

2.1.3 过程检查巡视

根据对大管棚施工作业内容不安全因素的分析，编制了《大管棚施工 过程检查巡视表》（表 AW-015），主要分为防物体打击、防坠落伤害、防触电伤害、防机械伤害、防坍塌伤害及其他等方面进行控制。并根据安全控制要点中不安全因素出现的频率及出现的后果，列出了主控项目。

大管棚施工过程检查巡视表，由安全员每班巡查填写。检查情况符合要求时打"√"，检查项目不合格项，由安全员明确整改意见，指定整改负责人；整改完成后报安全员复检。

2.2 深孔注浆

2.2.1 开工控制

根据深孔注浆施工开工前安全控制的内容，将深孔注浆施工分为针对性检查和通用性检查两大部分；其中，针对性检查中强调了深孔注浆施工开工前重点控制项目；通用性检查中分为内业资料、现场准备、施工临电三个部分进行分类控制，具体开工控制内容见表AW-016《深孔注浆 开工控制安全自（复）检审批表》。

开工控制作为深孔注浆施工过程中的一项重点工作，由工区安全主管（安全工程师）组织实施。分别由工区电工、工区作业队长、工区技术主管、工区安全主管对表中对应内容进行一检，由工区技术主管、项目部工程部、项目部机电管理部门、项目部安全管理部门进行二检，检查完成后分别填写检查结果并签字认可；由工区主管审核并签署意见后，报项目部安全管理部门负责人审批，最后由项目部安全副经理签署审批意见。自检合格后，由项目部安全管理部门报监理单位进行复检。

作为开工控制的一个重点控制环节，由监理工程师对检查项目进行安全复检，检查合格后填写检查结果并签字认可，经报驻地监理工程师签署意见，并报总监办安全监理工程师签署审批意见后，方可开工。

2.2.2 工前控制

深孔注浆施工工前安全控制主要分作业环境、作业条件、施工用电、设备设施、劳动纪律五个环节进行控制。根据作业内容的安全控制要点，编制了《深孔注浆 工前安全自检表》（表AW-017），并依据安全控制要点中不安全因素出现的频率及出现的后果，列出了主控项目。

工前自检表为每班工前检查表，由接班班长针对表中安全控制要求逐项进行检查，填写检查结果并签字认可，交班注意事项由交班班长填写，由接班班长进行现场的复核并签字认可，最后由工区值班工程师和作业队长签署意见后方可开工。

2.2.3 过程检查巡视

根据对深孔注浆施工作业内容不安全因素的分析，编制了《深孔注浆 过程检查巡视表》（表AW-018），主要分为防物体打击、防坠落伤害、防触电伤害、防机械伤害、防坍塌伤害、防中毒及其他等方面进行控制。并根据安全控制要点中不安全因素出现的频率及出现的后果，列出了主控项目。

深孔注浆施工过程检查巡视表，由安全员每班巡查填写。检查情况符合要求时打"√"，检查项目不合格项，由安全员明确整改意见，指定整改负责人；整改完成后报安全员复检。

2.3 管幕施工

2.3.1 开工控制

根据管幕施工开工前安全控制的内容，将管幕施工分为针对性检查和通用性检查两大部分；其中，针对性检查中强调了管幕施工开工前重点控制项目；通用性检查中分为内业资料、现场准备、施工临电三个部分进行分类控制，具体开工控制内容见表AW-019《管幕施工 开工控制安全自（复）检审批表》。

开工控制是作为管幕施工过程中的一项重点工作，由工区安全主管（安全工程师）组织实施。分别由工区电工、工区作业队长、工区技术主管、工区安全主管对表中对应内容进行一检，由工区技术主管、项目部工程部、项目部机电管理部门、项目部安全管理部门进行二检，检查完成后分别填写检查结果并签字认可；由工区主管审核并签署意见后，报项目部安全管理部门负责人审批，最后由项目部安全副经理签署审批意见。自检合格后，由项目部安全管理部门报监理单位进行复检。

作为开工控制的一个重点控制环节，由监理工程师对检查项目进行安全复检，检查合格后填写检查结果并签字认可，经报驻地监理工程师签署意见，并报总监办安全监理工程师签署审批意见后，方可开工。

2.3.2 工前控制

管幕施工工前安全控制主要分作业环境、作业条件、施工用电、设备设施、劳动纪律五个环节进行控制。根据作业内容的安全控制要点，编制了《管幕施工 工前安全自检表》（表AW-020），并依据安全控制要点中不安全因素出现的频率及出现的后果，列出了主控项目。

工前自检表为每班工前检查表，由接班班长针对表中安全控制要求逐项进行检查，填写检查结果并签字认可，交班注意事项由交班班长填写，由接班班长进行现场的复核并签字认可，最后由工区值班工程师和作业队长签署意见后方可开工。

2.3.3 过程检查巡视

根据对管幕施工作业内容不安全因素的分析，编制了《管幕施工 过程检查巡视表》（表AW-021），主要分为防物体打击、防坠落伤害、防触电伤害、防机械伤害、防坍塌伤害及其他等方面进行控制。并根据安全控制要点中不安全因素出现的频率及出现的后果，列出了主控项目。

管幕施工过程检查巡视表，由安全员每班巡查填写。检查情况符合要求时打"√"，检查项目不合格项，由安全员明确整改意见，指定整改负责人；整改完成后报安全员复检。

2.4 水平旋喷施工

2.4.1 开工控制

根据水平旋喷施工开工前安全控制的内容，将水平旋喷施工分为针对性检查和通用性检查两大部分；其中，针对性检查中强调了水平旋喷施工开工前重点控制项目；通用性检查中分为内业资料、现场准备、施工临电三个部分进行分类控制，具体开工控制内容见表AW-022《水平旋喷 开工控制安全自（复）检审批表》。

开工安全控制是作为水平旋喷施工过程中的一项重点工作，由工区安全主管（安全工程师）组织实施。分别由工区电工、工区作业队长、工区技术主管、工区安全主管对表中对应内容进行一检，由工区技术主管、项目部工程部、项目部机电管理部门、项目部管理安全部门进行二检，检查完成后分别填写检查结果并签字认可；由工区主管审核并签署意见后，报项目部安全管理部门负责人审批，最后由项目部安全副经理签署审批意见。自检合格后，由项目部安全管理部门报监理单位进行复检。

作为开工控制的一个重点控制环节，由监理工程师对检查项目进行安全复检，检查合格后填写检查结果并签字认可，经报驻地监理工程师签署意见，并报总监办安全监理工程师签署审批意见后，方可开工。

2.4.2 工前控制

水平旋喷施工工前安全控制主要分作业环境、作业条件、施工用电、设备设施、劳动纪律五个环节进行控制。根据作业内容的安全控制要点，编制了《水平旋喷 工前安全自检表》（见表 AW-023），并依据安全控制要点中不安全因素出现的频率及出现的后果，列出了主控项目。

工前自检表为每班工前检查表，由接班班长针对表中安全控制要求逐项进行检查，填写检查结果并签字认可，交班注意事项由交班班长填写，由接班班长进行现场的复核并签字认可，最后由工区值班工程师和作业队长签署意见后方可开工。

2.4.3 过程检查巡视

根据对水平旋喷施工作业内容不安全因素的分析，编制了《水平旋喷 过程检查巡视表》（表 AW-024），主要分为防物体打击、防坠落伤害、防触电伤害、防机械伤害、防坍塌伤害及其他等方面进行控制。并根据安全控制要点中不安全因素出现的频率及出现的后果，列出了主控项目。

水平旋喷施工过程检查巡视表，由安全员每班巡查填写。检查情况符合要求时打"√"，检查项目不合格项，由安全员明确整改意见，指定整改负责人；整改完成后报安全员复检。

第 3 章 初期支护施工

3.1 马头门开挖初支

3.1.1 开工控制

根据马头门开挖初支开工前安全控制的内容，将马头门开挖初支分为针对性检查和通用性检查两大部分；其中，针对性检查中强调了马头门开挖初支开工前重点控制项目；通用性检查中分为内业资料、现场准备、施工临电三个部分进行分类控制，具体开工控制内容见表 AW-025《马头门开挖初支 开工控制安全自（复）检审批表》。

马头门开挖初支开工安全控制作为施工过程中的一项重点工作，由工区安全主管（安全工程师）组织实施。分别由工区电工、工区作业队长、工区技术主管、工区安全主管对表中对应内容进行一检，由工区技术主管、项目部工程部、项目部机电管理部门、项目部安全管理部门进行二检，检查完成后分别填写检查结果并签字认可；由工区主管审核并签署意见后，报项目部安全管理部门负责人、项目部安全副经理审批，最后由项目部经理签署审批意见。自检合格后，由项目部安全管理部门报监理单位进行复检。

作为开工控制的一个重点控制环节，由监理工程师对检查项目进行安全复检，检查合格后填写检查结果并签字认可，经报驻地监理工程师签署意见，并报总监理工程师签署审批意见后，方可开工。

3.1.2 工前控制

马头门开挖初支工前安全控制主要分作业环境、作业条件、施工用电、设备设施、劳动纪律五个环节进行控制。根据作业内容的安全控制要点，编制了《马头门开挖初支 工前安全自检表》（表 AW-026），并依据安全控制要点中不安全因素出现的频率及出现的后果，列出了主控项目。

工前自检表为每班工前检查表，由接班班长针对表中安全控制要求逐项进行检查，填写检查结果并签字认可，交班注意事项由交班班长填写，由接班班长进行现场的复核并签字认可，最后由工区值班工程师和作业队长签署意见后方可开工。

3.1.3 过程检查与巡视

根据对马头门开挖初支作业内容不安全因素的分析，编制了《马头门开挖初支 过程检查巡视表》（表 AW-027），主要分为防物体打击、防坠落伤害、防触电伤害、防机械伤害、防坍塌伤害、防中毒及其他等方面进行控制，并根据安全控制要点中不安全因素出现的频率及出现的后果，列出了主控项目。

马头门开挖初支过程检查巡视表，由安全员每班巡查填写。检查情况符合要求时打（√），检查项目不合格项，由安全员明确整改意见，指定整改负责人；整改完成后报安全员复检。

3.2 隧道开挖初支

3.2.1 开工控制

根据隧道开挖初支开工前安全控制的内容，将隧道开挖初支分为针对性检查和通用性检查两大部分；其中，针对性检查中强调了隧道开挖初支开工前重点控制项目；通用性检查中分为内业资料、现场准备、施工临电三个部分进行分类控制。具体开工控制内容见表AW-028《隧道开挖初支　开工控制安全自（复）检审批表》。

隧道开挖初支开工安全控制作为隧道施工过程中的一项重点工作，由工区安全主管（安全工程师）组织实施。分别由工区电工、工区作业队长、工区技术主管、工区安全主管对表中对应内容进行一检，由工区技术主管、项目部工程部、项目部机电管理部门、项目部安全管理部门进行二检，检查完成后分别填写检查结果并签字认可；由工区主管审核并签署意见后，报项目部安全管理部门负责人审批，最后由项目部安全副经理签署审批意见。自检合格后，由项目部安全管理部门报监理单位进行复检。

作为开工控制的一个重点控制环节，由监理工程师对检查项目进行安全复检，检查合格后填写检查结果并签字认可，经驻地监理工程师签署意见，并报总监办安全监理工程师签署审批意见后，方可开工。

3.2.2 工前控制

隧道开挖初支工前安全控制主要分作业环境、作业条件、施工用电、设备设施、劳动纪律五个环节进行控制。根据作业内容的安全控制要点，编制了《隧道开挖初支　工前安全自检表》（表AW-029），并依据安全控制要点中不安全因素出现的频率及出现的后果，列出了主控项目。

工前自检表为每班工前检查表，由接班班长针对表中安全控制要求逐项进行检查，填写检查结果并签字认可，交班注意事项由交班班长填写，由接班班长进行现场的复核并签字认可，最后由工区值班工程师和作业队长签署意见后方可开工。

3.2.3 过程检查与巡视

根据对隧道开挖初支作业内容不安全因素的分析，编制了《隧道开挖初支　过程检查巡视表》（表AW-030），主要分为防物体打击、防坠落伤害、防触电伤害、防机械伤害、防坍塌伤害及其他等方面进行控制，并根据安全控制要点中不安全因素出现的频率及出现的后果，列出了主控项目。

隧道开挖初支过程检查巡视表，由安全员每班巡查填写。检查情况符合要求时打"√"，检查项目不合格项，由安全员明确整改意见，指定整改负责人；整改完成后报安全员复检。

3.3 扩大段施工

3.3.1 开工控制

根据扩大段施工开工前安全控制的内容，将扩大段施工分为针对性检查和通用性检查两大部分；其中，针对性检查中强调了扩大段施工开工前重点控制项目；通用性检查中分为内业资料、现场准备、施工临电三个部分进行分类控制。具体开工控制内容见表 AW-031《扩大段施工 开工控制安全自（复）检审批表》。

扩大段施工开工安全控制作为施工过程中的一项重点工作，由工区安全主管（安全工程师）组织实施。分别由工区电工、工区作业队长、工区技术主管、工区安全主管对表中对应内容进行一检，由工区技术主管、项目部工程部、项目部机电管理部门、项目部安全管理部门进行二检，检查完成后分别填写检查结果并签字认可；由工区主管审核并签署意见后，报项目部安全管理部门负责人审批，最后由项目部安全副经理签署审批意见。自检合格后，由项目部安全管理部门报监理单位进行复检。

作为开工控制的一个重点控制环节，由监理工程师对检查项目进行安全复检，检查合格后填写检查结果并签字认可，经报驻地监理工程师签署意见，并报总监办安全监理工程师签署审批意见后，方可开工。

3.3.2 工前控制

扩大段施工工前安全控制主要分作业环境、作业条件、施工用电、设备设施、劳动纪律五个环节进行控制。根据作业内容的安全控制要点，编制了《扩大段施工 工前安全自检表》（表 AW-032），并依据安全控制要点中不安全因素出现的频率及出现的后果，列出了主控项目。

工前自检表为每班工前检查表，由接班班长针对表中安全控制要求逐项进行检查，填写检查结果并签字认可，交班注意事项由交班班长填写，由接班班长进行现场的复核并签字认可，最后由工区值班工程师和作业队长签署意见后方可开工。

3.3.3 过程检查与巡视

根据对扩大段施工作业内容不安全因素的分析，编制了《扩大段施工 过程检查巡视表》（表 AW-033），主要分为防物体打击、防坠落伤害、防触电伤害、防机械伤害、防坍塌伤害、防中毒及其他等方面进行控制，并根据安全控制要点中不安全因素出现的频率及出现的后果，列出了主控项目。

扩大段施工过程检查巡视表，由安全员每班巡查填写。检查情况符合要求时打"√"，检查项目不合格项，由安全员明确整改意见，指定整改负责人；整改完成后报安全员复检。

3.4 初支扣拱施工

3.4.1 开工控制

根据初支扣拱施工开工前安全控制的内容，将初支扣拱施工分为针对性检查和通用性检查两大部分；其中，针对性检查中强调了初支扣拱施工开工前重点控制项目；通用性检查中分为内业资料、现场准备、施工临电三个部分进行分类控制。具体开工控制内容见表 AW-034《初支扣拱施工 开工控制安全自（复）检审批表》。

初支扣拱施工开工安全控制作为初支扣拱施工过程中的一项重点工作，由工区安全主管（安全工程师）组织实施。分别由工区电工、工区作业队长、工区技术主管、工区安全主管对表中对应内容进行一检，由工区技术主管、项目部工程部、项目部机电管理部门、项目部安全管理部门进行二检，检查完成后分别填写检查结果并签字认可；由工区主管审核并签署意见后，报项目部安全管理部门负责人审批，最后由项目部安全副经理签署审批意见。自检合格后，由项目部安全管理部门报监理单位进行复检。

作为开工控制的一个重点控制环节，由监理工程师对检查项目进行安全复检，检查合格后填写检查结果并签字认可，经报驻地监理工程师签署意见，并报总监办安全监理工程师签署审批意见后，方可开工。

3.4.2 工前控制

初支扣拱施工工前安全控制主要分作业环境、作业条件、施工用电、设备设施、劳动纪律五个环节进行控制。根据作业内容的安全控制要点，编制了《初支扣拱施工 工前安全自检表》（表 AW-035），并依据安全控制要点中不安全因素出现的频率及出现的后果，列出了主控项目。

工前自检表为每班工前检查表，由接班班长针对表中安全控制要求逐项进行检查，填写检查结果并签字认可，交班注意事项由交班班长填写，由接班班长进行现场的复核并签字认可，最后由工区值班工程师和作业队长签署意见后方可开工。

3.4.3 过程检查与巡视

根据对初支扣拱施工作业内容不安全因素的分析，编制了《初支扣拱施工 过程检查巡视表》（表 AW-036），主要分为防物体打击、防坠落伤害、防触电伤害、防机械伤害、防坍塌伤害及其他等方面进行控制，并根据安全控制要点中不安全因素出现的频率及出现的后果，列出了主控项目。

初支扣拱施工过程检查巡视表，由安全员每班巡查填写。检查情况符合要求时打"√"，检查项目不合格项，由安全员明确整改意见，指定整改负责人；整改完成后报安全员复检。

3.5 特级、一级风险源

3.5.1 开工控制

根据特级、一级风险源开工前安全控制的内容，分为针对性检查和通用性检查，其中通用检查分为内业资料、现场准备、施工临电三部分进行分类控制，见表 AW-037《特级、一级风险源 开工控制安全自（复）检审批表》。

开工安全控制作为特级、一级风险源区段或部位施工的一项重点工作，由工区安全主管（安全工程师）组织实施。分别由工区电工、工区作业队长、工区技术主管、工区安全主管对表中对应内容进行一检，由工区技术主管、项目部工程部、项目部机电管理部门、项目部安全管理部门进行二检，检查完成后分别填写检查结果并签字认可；由工区主管审核并签署意见后，报项目部安全管理部门负责人、安全副经理审批，最后由项目部经理签署审批意见。自检合格后，由项目部安全管理部门报监理单位进行复检。

作为开工控制的一个重点控制环节，由监理工程师对检查项目进行安全复检，检查合格后填写检查结果并签字认可，经报驻地监理工程师签署意见，并报总监理工程师签署审批意见后，方可开工。

3.5.2 工前控制

根据特级、一级风险源作业内容的安全控制要点，编制了《特级、一级风险源 工前安全自检表》(表 AW-038)，主要分为作业环境、作业条件、施工用电、设备设施、劳动纪律五个环节进行控制，并依据安全控制要点中不安全因素出现的频率及出现的后果，列出了主控项目。

工前自检表为每班工前安全检查表，由接班班长针对表中安全控制要点逐项进行检查，填写检查结果并签字认可，交班注意事项由交班班长填写，由接班班长进行现场的复核并签字认可，最后由工区值班工程师和作业队长签署意见后方可开工。

3.5.3 过程检查巡视

根据对特级、一级风险源作业内容不安全因素的分析，编制了《特级、一级风险源过程检查巡视表》(表 AW-039)，主要分为防物体打击、防坠落伤害、防触电伤害、防机械伤害、防坍塌伤害及其他等方面进行控制，并根据安全控制要点中不安全因素出现的频率及出现的后果，列出了主控项目。

特级、一级风险源施工过程检查巡视表，由安全员每班巡查填写。检查情况符合要求时打"√"，检查项目不合格项，由安全员明确整改意见，指定整改负责人；整改完成后报安全员复检。

第4章 桩柱施工

4.1 桩/柱孔开挖

4.1.1 开工控制

根据桩/柱孔开挖开工前安全控制的内容，分为针对性检查和通用性检查，其中通用性检查分为内业资料、现场准备、施工临电三部分进行分类控制，见表 AW-040《桩/柱孔开挖 开工控制安全自（复）检审批表》。

开工安全控制作为桩/柱孔开挖的一项重点工作，由工区安全主管（安全工程师）组织实施。分别由工区电工、工区作业队长、工区技术主管、工区安全主管对表中对应内容进行一检，由工区技术主管、项目部工程部、项目部机电管理部门、项目部安全管理部门进行二检，检查完成后分别填写检查结果并签字认可；由工区主管审核并签署意见后，报项目部安全管理部门负责人审批，最后由项目部安全副经理签署审批意见。自检合格后，由项目部安全管理部门报监理单位进行复检。

作为开工控制的一个重点控制环节，由监理工程师对检查项目进行安全复检，检查合格后填写检查结果并签字认可，经报驻地监理工程师签署意见，并报总监办安全监理工程师签署审批意见后，方可开工。

4.1.2 工前控制

根据桩/柱孔开挖作业内容的安全控制要点，编制了《桩/柱孔开挖 工前安全自检表》（表 AW-041），主要分为作业环境、作业条件、施工用电、设备设施、劳动纪律五个环节进行控制，并依据安全控制要点中不安全因素出现的频率及出现的后果，列出了主控项目。

工前自检表为每班工前安全检查表，由接班班长针对表中安全控制要点逐项进行检查，填写检查结果并签字认可，交班注意事项由交班班长填写，由接班班长进行现场的复核并签字认可，最后由工区值班工程师和作业队长签署意见后方可开工。

4.1.3 过程检查巡视

根据对桩/柱孔开挖作业内容不安全因素的分析，编制了《桩/柱孔开挖 过程检查巡视表》（表 AW-042），主要分为防物体打击、防坠落伤害、防触电伤害、防机械伤害、防坍塌伤害、防中毒及其他等方面进行控制，并根据安全控制要点中不安全因素出现的频率及出现的后果，列出了主控项目。

桩/柱孔开挖过程检查巡视表，由安全员每班巡查填写。检查情况符合要求时打"√"，检查项目不合格项，由安全员明确整改意见，指定整改负责人；整改完成后报安全员复检。

4.2 钢管柱、钢筋笼吊装

4.2.1 开工控制

根据钢管柱、钢筋笼吊装开工前安全控制的内容,分为针对性检查和通用性检查,其中通用性检查分为内业资料、现场准备、施工临电三部分进行分类控制,见表AW-043《钢管柱、钢筋笼吊装 开工控制安全自(复)检审批表》。

开工安全控制作为钢管柱、钢筋笼吊装的一项重点工作,由工区安全主管(安全工程师)组织实施。分别由工区电工、工区作业队长、工区技术主管、工区安全主管对表中对应内容进行一检,由工区技术主管、项目部工程部、项目部机电管理部门、项目部安全管理部门进行二检,检查完成后分别填写检查结果并签字认可;由工区主管审核并签署意见后,报项目部安全管理部门负责人审批,最后由项目部安全副经理签署审批意见。自检合格后,由项目部安全管理部门报监理单位进行复检。

作为开工控制的一个重点控制环节,由监理工程师对检查项目进行安全复检,检查合格后填写检查结果并签字认可,经报驻地监理工程师签署意见,并报总监办安全监理工程师签署审批意见后,方可开工。

4.2.2 工前控制

根据钢管柱、钢筋笼吊装作业内容的安全控制要点,编制了《钢管柱、钢筋笼吊装工前安全自检表》(表AW-044),主要分为作业环境、作业条件、施工用电、设备设施、劳动纪律五个环节进行控制,并依据安全控制要点中不安全因素出现的频率及出现的后果,列出了主控项目。

工前自检表为每班工前安全检查表,由接班班长针对表中安全控制要点逐项进行检查,填写检查结果并签字认可,交班注意事项由交班班长填写,由接班班长进行现场的复核并签字认可,最后由工区值班工程师和作业队长签署意见后方可开工。

4.2.3 过程检查巡视

根据对钢管柱、钢筋笼吊装作业内容不安全因素的分析,编制了《钢管柱、钢筋笼吊装 过程检查巡视表》(表AW-045),主要分为防物体打击、防坠落伤害、防触电伤害、防机械伤害、防坍塌伤害、防中毒及其他等方面进行控制,并根据安全控制要点中不安全因素出现的频率及出现的后果,列出了主控项目。

钢管柱、钢筋笼吊装过程检查巡视表,由安全员每班巡查填写。检查情况符合要求时打"√",检查项目不合格项,由安全员明确整改意见,指定整改负责人;整改完成后报安全员复检。

4.3 桩孔灌注

4.3.1 开工控制

根据桩孔灌注开工前安全控制的内容,分为针对性检查和通用性检查,其中通用性检查分为内业资料、现场准备、施工临电三部分进行分类控制,见表AW-046《桩孔灌注开工控制安全自(复)检审批表》。

开工安全控制作为桩孔灌注的一项重点工作,由工区安全主管(安全工程师)组织实施。分别由工区电工、工区作业队长、工区技术主管、工区安全主管对表中对应内容进行一检,由工区技术主管、项目部工程部、项目部机电管理部门、项目部安全管理部门进行二检,检查完成后分别填写检查结果并签字认可;由工区主管审核并签署意见后,报项目部安全管理部门负责人审批,最后由项目部安全副经理签署审批意见。自检合格后,由项目部安全管理部门报监理单位进行复检。

作为开工控制的一个重点控制环节,由监理工程师对检查项目进行安全复检,检查合格后填写检查结果并签字认可,经报驻地监理工程师签署意见,并报总监办安全监理工程师签署审批意见后,方可开工。

4.3.2 工前控制

根据桩孔灌注作业内容的安全控制要点,编制了《桩孔灌注 工前安全自检表》(表AW-047),主要分为作业环境、作业条件、施工用电、设备设施、劳动纪律五个环节进行控制,并依据安全控制要点中不安全因素出现的频率及出现的后果,列出了主控项目。

工前自检表为每班工前安全检查表,由接班班长针对表中安全控制要点逐项进行检查,填写检查结果并签字认可,交班注意事项由交班班长填写,由接班班长进行现场的复核并签字认可,最后由工区值班工程师和作业队长签署意见后方可开工。

4.3.3 过程检查巡视

根据对桩孔灌注作业内容不安全因素的分析,编制了《桩孔灌注 过程检查巡视表》(表AW-048),主要分为防物体打击、防坠落伤害、防触电伤害、防机械伤害、防坍塌伤害、防中毒及其他等方面进行控制,并根据安全控制要点中不安全因素出现的频率及出现的后果,列出了主控项目。

桩孔灌注过程检查巡视表,由安全员每班巡查填写。检查情况符合要求时打"√",检查项目不合格项,由安全员明确整改意见,指定整改负责人;整改完成后报安全员复检。

第5章 二次衬砌

5.1 衬砌台车组装调试

5.1.1 开工控制

根据衬砌台车组装调试开工前安全控制的内容，分为内业资料、现场准备及施工临电三部分进行分类控制，见表 AW-049《台车安装 开工控制安全自（复）检审批表》。

开工安全控制作为衬砌台车组装调试的一项重点工作，由工区安全主管（安全工程师）组织实施。分别由工区电工、工区作业队长、工区机电工程师、工区技术主管、工区安全主管对表中对应内容进行一检，由工区技术主管、项目部工程部、项目部机电管理部门、项目部安全管理部门进行二检，检查完成后分别填写检查结果并签字认可；由工区主管审核并签署意见后，报项目部安全管理部门负责人审批，最后由项目部安全副经理签署审批意见。自检合格后，由项目部安全管理部门报监理单位进行复检。

作为开工控制的一个重点控制环节，由监理工程师对检查项目进行安全复检，检查合格后填写检查结果并签字认可，经报驻地监理工程师签署意见，并报总监办安全监理工程师签署审批意见后，方可开工。

5.1.2 工前控制

根据台车组装调试作业内容的安全控制要点，编制了《台车组装调试 工前安全自检表》（表 AW-050），主要分为作业环境、作业条件、施工用电、设备设施、劳动纪律五个环节进行控制，并依据安全控制要点中不安全因素出现的频率及出现的后果，列出了主控项目。

工前自检表为每班工前安全检查表，由接班班长针对表中安全控制要点逐项进行检查，填写检查结果并签字认可，交班注意事项由交班班长填写，由接班班长进行现场的复核并签字认可，最后由工区值班工程师和作业队长签署意见后方可开工。

5.1.3 过程检查巡视

根据对台车组装调试作业内容不安全因素的分析，编制了《台车组装调试 过程检查巡视表》（表 AW-051），主要分为防物体打击、防坠落伤害、防触电伤害、防机械伤害、防坍塌伤害及其他等方面进行控制，并根据安全控制要点中不安全因素出现的频率及出现的后果，列出了主控项目。

台车组装调试过程检查巡视表，由安全员每班巡查填写。检查情况符合要求时打"√"，检查项目不合格项，由安全员明确整改意见，指定整改负责人；整改完成后报安全员复检。

5.2 台车衬砌

5.2.1 开工控制

根据台车衬砌开工前安全控制的内容，分为针对性检查和通用性检查，其中通用性检查分为内业资料、现场准备、施工临电三部分进行分类控制，见表AW-052《台车衬砌开工控制安全自（复）检审批表》。

开工安全控制作为台车衬砌的一项重点工作，由工区安全主管（安全工程师）组织实施。分别由工区电工、工区作业队长、工区机电工程师、工区技术主管、工区安全主管对表中对应内容进行一检，由工区技术主管、项目部工程部、项目部机电管理部门、项目部安全管理部门进行二检，检查完成后分别填写检查结果并签字认可；由工区主管审核并签署意见后，报项目部安全管理部门负责人审批，最后由项目部安全副经理签署审批意见。自检合格后，由项目部安全管理部门报监理单位进行复检。

作为开工控制的一个重点控制环节，由监理工程师对检查项目进行安全复检，检查合格后填写检查结果并签字认可，经报驻地监理工程师签署意见，并报总监办安全监理工程师签署审批意见后，方可开工。

5.2.2 工前控制

根据台车衬砌作业内容的安全控制要点，按照防水、钢筋、模板台车衬砌三个工序编制了《台车衬砌防水施工　工前安全自检表》、《台车衬砌钢筋施工　工前安全自检表》、《台车衬砌混凝土施工　工前安全自检表》（表AW-053、表AW-054、表AW-055），主要分为作业环境、作业条件、施工用电、设备设施、劳动纪律五个环节进行控制，并依据安全控制要点中不安全因素出现的频率及出现的后果，列出了主控项目。

工前自检表为每班工前安全检查表，由接班班长针对表中安全控制要点逐项进行检查，填写检查结果并签字认可，交班注意事项由交班班长填写，由接班班长进行现场的复核并签字认可，最后由工区值班工程师和作业队长签署意见后方可开工。

5.2.3 过程检查巡视

根据对台车衬砌作业内容不安全因素的分析，编制了《台车衬砌　过程检查巡视表》（表AW-056），主要分为防物体打击、防坠落伤害、防触电伤害、防机械伤害、防坍塌伤害及其他等方面进行控制，并根据安全控制要点中不安全因素出现的频率及出现的后果，列出了主控项目。

台车衬砌过程检查巡视表，由安全员每班巡查填写。检查情况符合要求时打"√"，检查项目不合格项，由安全员明确整改意见，指定整改负责人；整改完成后报安全员复检。

5.3 临时支撑拆除

5.3.1 开工控制

根据临时支撑拆除开工前安全控制的内容，分为针对性检查和通用性检查，其中通用性检查分为内业资料、现场准备、施工临电三部分进行分类控制，见表AW-057《临时支

撑拆除 开工控制安全自（复）检审批表》。

开工安全控制作为临时支撑拆除的一项重点工作，由工区安全主管（安全工程师）组织实施。分别由工区电工、工区作业队长、工区技术主管、工区安全主管对表中对应内容进行一检，由工区技术主管、项目部工程部、项目部机电管理部门、项目部安全管理部门进行二检，检查完成后分别填写检查结果并签字认可；由工区主管审核并签署意见后，报项目部安全管理部门负责人审批，最后由项目部安全副经理签署审批意见。自检合格后，由项目部安全管理部门报监理单位进行复检。

作为开工控制的一个重点控制环节，由监理工程师对检查项目进行安全复检，检查合格后填写检查结果并签字认可，经报驻地监理工程师签署意见，并报总监办安全监理工程师签署审批意见后，方可开工。

5.3.2 工前控制

根据临时支撑拆除作业内容的安全控制要点，编制了《临时支撑拆除 工前安全自检表》（表 AW-058），主要分为作业环境、作业条件、施工用电、设备设施、劳动纪律五个环节进行控制，并依据安全控制要点中不安全因素出现的频率及出现的后果，列出了主控项目。

工前自检表为每班工前安全检查表，由接班班长针对表中安全控制要点逐项进行检查，填写检查结果并签字认可，交班注意事项由交班班长填写，由接班班长进行现场的复核并签字认可，最后由工区值班工程师和作业队长签署意见后方可开工。

5.3.3 过程检查巡视

根据对临时支撑拆除作业内容不安全因素的分析，编制了《临时支撑拆除 过程检查巡视表》（表 AW-059），主要分为防物体打击、防坠落伤害、防触电伤害、防机械伤害、防坍塌伤害及其他等方面进行控制。并根据安全控制要点中不安全因素出现的频率及出现的后果，列出了主控项目。

临时支撑拆除过程检查巡视表，由安全员每班巡查填写。检查情况符合要求时打"√"，检查项目不合格项，由安全员明确整改意见，指定整改负责人；整改完成后报安全员复检。

5.4 非台车衬砌

5.4.1 开工控制

根据非台车衬砌开工前安全控制的内容，分为针对性检查和通用性检查，其中通用性检查分为内业资料、现场准备、施工临电三部分进行分类控制，见表 AW-060《非台车衬砌 开工控制安全自（复）检审批表》。

开工安全控制作为非台车衬砌的一项重点工作，由工区安全主管（安全工程师）组织实施。分别由工区电工、工区作业队长、工区技术主管、工区安全主管对表中对应内容进行一检，由工区技术主管、项目部工程部、项目部机电管理部门、项目部安全管理部门进行二检，检查完成后分别填写检查结果并签字认可；由工区主管审核并签署意见后，报项目部安全管理部门负责人审批，最后由项目部安全副经理签署审批意见。自检合格后，由项目部安全管理部门报监理单位进行复检。

作为开工控制的一个重点控制环节，由监理工程师对检查项目进行安全复检，检查合格后填写检查结果并签字认可，经报驻地监理工程师签署意见，并报总监办安全监理工程师签署审批意见后，方可开工。

5.4.2 工前控制

根据非台车衬砌作业内容的安全控制要点，按照防水、钢筋、模板及混凝土四个工序编制了《非台车衬砌施工 工前安全自检表》（表 AW-061、表 AW-062、表 AW-063、表 AW-064），主要分为作业环境、作业条件、施工用电、设备设施、劳动纪律五个环节进行控制，并依据安全控制要点中不安全因素出现的频率及出现的后果，列出了主控项目。

工前自检表为每班工前安全检查表，由接班班长针对表中安全控制要点逐项进行检查，填写检查结果并签字认可，交班注意事项由交班班长填写，由接班班长进行现场的复核并签字认可，最后由工区值班工程师和作业队长签署意见后方可开工。

5.4.3 过程检查巡视

根据对非台车衬砌作业内容不安全因素的分析，编制了《非台车衬砌 过程检查巡视表》（表 AW-065），主要分为防物体打击、防坠落伤害、防触电伤害、防机械伤害、防坍塌伤害及其他等方面进行控制，并根据安全控制要点中不安全因素出现的频率及出现的后果，列出了主控项目。

非台车衬砌过程检查巡视表，由安全员每班巡查填写。检查情况符合要求时打"√"，检查项目不合格项，由安全员明确整改意见，指定整改负责人；整改完成后报安全员复检。

5.5 条基施工

5.5.1 开工控制

根据条基施工开工前安全控制的内容，分为针对性检查和通用性检查，其中通用性检查分为内业资料、现场准备、施工临电三部分进行分类控制，见表 AW-066《条基施工开工控制安全自（复）检审批表》。

开工安全控制作为条基施工的一项重点工作，由工区安全主管（安全工程师）组织实施。分别由工区电工、工区作业队长、工区技术主管、工区安全主管对表中对应内容进行一检，由工区技术主管、项目部工程部、项目部机电管理部门、项目部安全管理部门进行二检，检查完成后分别填写检查结果并签字认可；由工区主管审核并签署意见后，报项目部安全管理部门负责人审批，最后由项目部安全副经理签署审批意见。自检合格后，由项目部安全管理部门报监理单位进行复检。

作为开工控制的一个重点控制环节，由监理工程师对检查项目进行安全复检，检查合格后填写检查结果并签字认可，经报驻地监理工程师签署意见，并报总监办安全监理工程师签署审批意见后，方可开工。

5.5.2 工前控制

根据条基施工作业内容的安全控制要点，按照防水、钢筋、模板及混凝土四个工序编制了《条基施工 工前安全自检表》（表 AW-067、表 AW-068、表 AW-069、表 AW-070），主要分为作业环境、作业条件、施工用电、设备设施、劳动纪律五个环节进行控制，并依据安全控制要点中不安全因素出现的频率及出现的后果，列出了主控项目。

工前自检表为每班工前安全检查表，由接班班长针对表中安全控制要点逐项进行检查，填写检查结果并签字认可，交班注意事项由交班班长填写，由接班班长进行现场的复核并签字认可，最后由工区值班工程师和作业队长签署意见后方可开工。

5.5.3 过程检查巡视

根据对条基施工作业内容不安全因素的分析，编制了《条基施工 过程检查巡视表》（表 AW-071），主要分为防物体打击、防坠落伤害、防触电伤害、防机械伤害、防坍塌伤害及其他等方面进行控制。并根据安全控制要点中不安全因素出现的频率及出现的后果，列出了主控项目。

条基施工过程检查巡视表，由安全员每班巡查填写。检查情况符合要求时打"√"，检查项目不合格项，由安全员明确整改意见，指定整改负责人；整改完成后报安全员复检。

5.6 天梁施工

5.6.1 开工控制

根据天梁施工开工前安全控制的内容，分为针对性检查和通用性检查，其中通用性检查分为内业资料、现场准备、施工临电三部分进行分类控制，见表 AW-072《天梁施工 开工控制安全自（复）检审批表》。

开工安全控制作为天梁施工的一项重点工作，由工区安全主管（安全工程师）组织实施。分别由工区电工、工区作业队长、工区技术主管、工区安全主管对表中对应内容进行一检，由工区技术主管、项目部工程部、项目部机电管理部门、项目部安全管理部门进行二检，检查完成后分别填写检查结果并签字认可；由工区主管审核并签署意见后，报项目部安全管理部门负责人审批，最后由项目部安全副经理签署审批意见。自检合格后，由项目部安全管理部门报监理单位进行复检。

作为开工控制的一个重点控制环节，由监理工程师对检查项目进行安全复检，检查合格后填写检查结果并签字认可，经报驻地监理工程师签署意见，并报总监办安全监理工程师签署审批意见后，方可开工。

5.6.2 工前控制

根据天梁施工作业内容的安全控制要点，按照防水、钢筋、模板及混凝土四个工序编制了《天梁施工 工前安全自检表》（表 AW-073、表 AW-074、表 AW-075、表 AW-076），主要分为作业环境、作业条件、施工用电、设备设施、劳动纪律五个环节进行控制，并依据安全控制要点中不安全因素出现的频率及出现的后果，列出了主控项目。

工前自检表为每班工前安全检查表，由接班班长针对表中安全控制要点逐项进行检查，填写检查结果并签字认可，交班注意事项由交班班长填写，由接班班长进行现场的复核并签字认可，最后由工区值班工程师和作业队长签署意见后方可开工。

5.6.3 过程检查巡视

根据对天梁施工作业内容不安全因素的分析，编制了《天梁施工 过程检查巡视表》（表 AW-077），主要分为防物体打击、防坠落伤害、防触电伤害、防机械伤害、防坍塌伤害、防中毒及其他等方面进行控制，并根据安全控制要点中不安全因素出现的频率及出现的后果，列出了主控项目。

天梁施工过程检查巡视表，由安全员每班巡查填写。检查情况符合要求时打"√"，检查项目不合格项，由安全员明确整改意见，指定整改负责人；整改完成后报安全员复检。

5.7 拱部衬砌

5.7.1 开工控制

根据拱部衬砌施工开工前安全控制的内容，分为针对性检查和通用性检查，其中通用性检查分为内业资料、现场准备、施工临电三部分进行分类控制，见表AW-078《拱部衬砌 开工控制安全自（复）检审批表》。

开工安全控制作为拱部衬砌施工的一项重点工作，由工区安全主管（安全工程师）组织实施。分别由工区电工、工区作业队长、工区技术主管、工区安全主管对表中对应内容进行一检，由工区技术主管、项目部工程部、项目部机电管理部门、项目部安全管理部门进行二检，检查完成后分别填写检查结果并签字认可；由工区主管审核并签署意见后，报项目部安全管理部门负责人审批，最后由项目部安全副经理签署审批意见。自检合格后，由项目部安全管理部门报监理单位进行复检。

作为开工控制的一个重点控制环节，由监理工程师对检查项目进行安全复检，检查合格后填写检查结果并签字认可，经报驻地监理工程师签署意见，并报总监办安全监理工程师签署审批意见后，方可开工。

5.7.2 工前控制

根据拱部衬砌施工作业内容的安全控制要点，按照防水、钢筋、模板及混凝土四个工序编制了《拱部衬砌施工 工前安全自检表》（表AW-079、表AW-080、表AW-081、表AW-082），主要分为作业环境、作业条件、施工用电、设备设施、劳动纪律五个环节进行控制，并依据安全控制要点中不安全因素出现的频率及出现的后果，列出了主控项目。

工前自检表为每班工前安全检查表，由接班班长针对表中安全控制要点逐项进行检查，填写检查结果并签字认可，交班注意事项由交班班长填写，由接班班长进行现场的复核并签字认可，最后由工区值班工程师和作业队长签署意见后方可开工。

5.7.3 过程检查巡视

根据对拱部衬砌施工作业内容不安全因素的分析，编制了《拱部衬砌 过程检查巡视表》（表AW-083），主要分为防物体打击、防坠落伤害、防触电伤害、防机械伤害、防坍塌伤害及其他等方面进行控制，并根据安全控制要点中不安全因素出现的频率及出现的后果，列出了主控项目。

拱部衬砌施工过程检查巡视表，由安全员每班巡查填写。检查情况符合要求时打"√"，检查项目不合格项，由安全员明确整改意见，指定整改负责人；整改完成后报安全员复检。

5.8 中板衬砌

5.8.1 开工控制

根据中板衬砌施工开工前安全控制的内容，分为针对性检查和通用性检查，其中通用性检查分为内业资料、现场准备、施工临电三部分进行分类控制，见表AW-084《中板衬砌　开工控制安全自（复）检审批表》。

开工安全控制作为中板衬砌施工的一项重点工作，由工区安全主管（安全工程师）组织实施。分别由工区电工、工区作业队长、工区技术主管、工区安全主管对表中对应内容进行一检，由工区技术主管、项目部工程部、项目部机电管理部门、项目部安全管理部门进行二检，检查完成后分别填写检查结果并签字认可；由工区主管审核并签署意见后，报项目部安全管理部门负责人审批，最后由项目部安全副经理签署审批意见。自检合格后，由项目部安全管理部门报监理单位进行复检。

作为开工控制的一个重点控制环节，由监理工程师对检查项目进行安全复检，检查合格后填写检查结果并签字认可，经报驻地监理工程师签署意见，并报总监办安全监理工程师签署审批意见后，方可开工。

5.8.2　工前控制

根据中板衬砌施工作业内容的安全控制要点，按照钢筋、模板及混凝土三个工序编制了《中板衬砌施工　工前安全自检表》（表AW-085、表AW-086、表AW-087），主要分为作业环境、作业条件、施工用电、设备设施、劳动纪律五个环节进行控制，并依据安全控制要点中不安全因素出现的频率及出现的后果，列出了主控项目。

工前自检表为每班工前安全检查表，由接班班长针对表中安全控制要点逐项进行检查，填写检查结果并签字认可，交班注意事项由交班班长填写，由接班班长进行现场的复核并签字认可，最后由工区值班工程师和作业队长签署意见后方可开工。

5.8.3　过程检查巡视

根据对中板衬砌施工作业内容不安全因素的分析，编制了《中板衬砌　过程检查巡视表》（表AW-088），主要分为防物体打击、防坠落伤害、防触电伤害、防机械伤害、防坍塌伤害、防中毒及其他等方面进行控制，并根据安全控制要点中不安全因素出现的频率及出现的后果，列出了主控项目。

中板衬砌施工过程检查巡视表，由安全员每班巡查填写。检查情况符合要求时打"√"，检查项目不合格项，由安全员明确整改意见，指定整改负责人；整改完成后报安全员复检。

5.9　边墙二次衬砌

5.9.1　开工控制

根据边墙二次衬砌施工开工前安全控制的内容，分为针对性检查和通用性检查，其中通用性检查分为内业资料、现场准备、施工临电三部分进行分类控制，见表AW-089《车站边墙衬砌　开工控制安全自（复）检审批表》。

开工安全控制作为边墙二次衬砌施工的一项重点工作，由工区安全主管（安全工程师）组织实施。分别由工区电工、工区作业队长、工区技术主管、工区安全主管对表中对应内容进行一检，由工区技术主管、项目部工程部、项目部机电管理部门、项目部安全管理部门进行二检，检查完成后分别填写检查结果并签字认可；由工区主管审核并签署意见后，报项目部安全管理部门负责人审批，最后由项目部安全副经理签署审批意见。自检合格后，由项目部安全管理部门报监理单位进行复检。

作为开工控制的一个重点控制环节，由监理工程师对检查项目进行安全复检，检查合格后填写检查结果并签字认可，经报驻地监理工程师签署意见，并报总监办安全监理工程师签署审批意见后，方可开工。

5.9.2 工前控制

根据边墙二次衬砌施工作业内容的安全控制要点，按照防水、钢筋、模板及混凝土四个工序编制了《车站边墙衬砌施工 工前安全自检表》（表 AW-090、表 AW-091、表 AW-092、表 AW-093），主要分为作业环境、作业条件、施工用电、设备设施、劳动纪律五个环节进行控制，并依据安全控制要点中不安全因素出现的频率及出现的后果，列出了主控项目。

工前自检表为每班工前安全检查表，由接班班长针对表中安全控制要点逐项进行检查，填写检查结果并签字认可，交班注意事项由交班班长填写，由接班班长进行现场的复核并签字认可，最后由工区值班工程师和作业队长签署意见后方可开工。

5.9.3 过程检查巡视

根据对边墙二次衬砌施工作业内容不安全因素的分析，编制了《车站边墙衬砌 过程检查巡视表》（表 AW-094），主要分为防物体打击、防坠落伤害、防触电伤害、防机械伤害、防坍塌伤害、防中毒及其他等方面进行控制，并根据安全控制要点中不安全因素出现的频率及出现的后果，列出了主控项目。

边墙二次衬砌施工过程检查巡视表，由安全员每班巡查填写。检查情况符合要求时打"√"，检查项目不合格项，由安全员明确整改意见，指定整改负责人；整改完成后报安全员复检。

5.10 车站土方开挖及底板施工

5.10.1 开工控制

根据车站土方开挖及底板施工开工前安全控制的内容，分为针对性检查和通用性检查，其中通用性检查分为内业资料、现场准备、施工临电三部分进行分类控制，见表 AW-095《车站土方开挖及底板施工 开工控制安全自（复）检审批表》。

开工安全控制作为车站土方开挖及底板施工的一项重点工作，由工区安全主管（安全工程师）组织实施。分别由工区电工、工区作业队长、工区技术主管、工区安全主管对表中对应内容进行一检，由工区技术主管、项目部工程部、项目部机电管理部门、项目部安全管理部门进行二检，检查完成后分别填写检查结果并签字认可；由工区主管审核并签署意见后，报项目部安全管理部门负责人审批，最后由项目部安全副经理签署审批意见。自检合格后，由项目部安全管理部门报监理单位进行复检。

作为开工控制的一个重点控制环节，由监理工程师对检查项目进行安全复检，检查合格后填写检查结果并签字认可，经报驻地监理工程师签署意见，并报总监办安全监理工程师签署审批意见后，方可开工。

5.10.2 工前控制

根据车站土方开挖及底板施工作业内容的安全控制要点，按照土方开挖，底板防水、钢筋、混凝土三个工序编制了《车站土方开挖及底板施工 工前安全自检表》（表 AW-096、表 AW-097、表 AW-098、表 AW-099），主要分为作业环境、作业条件、施工用电、设备设施、劳动纪律五个环节进行控制，并依据安全控制要点中不安全因素出现的频率及出现的后果，列出了主控项目。

工前自检表为每班工前安全检查表，由接班班长针对表中安全控制要点逐项进行检查，填写检查结果并签字认可，交班注意事项由交班班长填写，由接班班长进行现场的复核并签字认可，最后由工区值班工程师和作业队长签署意见后方可开工。

5.10.3 过程检查巡视

根据对车站土方开挖及底板施工作业内容不安全因素的分析，编制了《车站土方开挖过程检查巡视表》（表 AW-100）、《车站底板施工 过程检查巡视表》（表 AW-101），主要分为防物体打击、防坠落伤害、防触电伤害、防机械伤害、防坍塌伤害及其他等方面进行控制。并根据安全控制要点中不安全因素出现的频率及出现的后果，列出了主控项目。

车站土方开挖及底板施工过程安全检查巡视表，由安全员每班巡查填写。检查情况符合要求时打"√"，检查项目不合格项，由安全员明确整改意见，指定整改负责人；整改完成后报安全员复检。

第6章 定期自检与复检

项目部根据施工具体情况,应定期组织对现场施工进行综合性安全自检,检查频率视情况而定。定期安全自检由安全副经理负责,安全管理部门组织,项目部各部室负责人、各工区负责人及安全主管参加。定期自检包括内业资料、施工管理、劳动纪律、安全防护、文明施工、施工用电、机械设备、围护结构施作、开挖与支撑、结构施工、施工对环境的影响、消防与保卫、卫生防疫、宿舍管理等方面,检查结果应填写《浅埋暗挖法施工 定期安全自检表》(表 AW-102)。

监理单位根据施工具体情况,应定期组织对现场施工进行综合性安全复检。定期安全复检由驻地监理工程师负责,组织监理工程师对内业资料、施工管理、劳动纪律、安全防护、文明施工、施工用电、机械设备、开挖与支护、衬砌、施工对环境的影响、消防与保卫、卫生防疫、宿舍管理等方面进行检查,检查结果应填写《浅埋暗挖法施工 定期安全复检表》(表 AW-103)。

附表

提升系统安装调试 开工控制安全自（复）检审批表　　表 AW-001

单位工程名称：　　　　　　竖井编号

序号	检查项目	内容	安全控制要点	一检 检查结果	一检 责任人（签字）	二检 检查结果	二检 责任人（签字）	复检 检查结果	复检 责任人（签字）
1	内业资料	技术准备	提升系统组装调试方案已批复，应急预案已编制和批复；安全技术交底已完成		工区机电工程师：		机电管理部门：		监理工程师：
2		提升系统	设计技术资料完整，出厂合格证齐全						
3		起重机	起重机安全技术档案齐全完整						
4		作业人员	安装人员资格满足安装要求						
5		其他	分包队伍资质、许可证等资料齐全，安全生产协议已签署，人员资格满足作业要求且已到场						
6	现场准备	管线保护	施工周边影响范围内的管线路保护措施已到位		工区技术主管：		工程部：		监理工程师：
7		拼装组件	各种配件齐全，符合设计要求						
8		运输条件	运输通道、人员进出通道畅通；运输设备与运输通道相匹配，满足安全施工要求						
9		提升系统基础	基础达到强度要求、预埋件尺寸正确						
10		安装地点	安装地点场地整洁，空间满足安装要求						
11		设备机具	起重机具、焊机、气瓶等机具进场验收符合要求						
12		应急准备	应急物资到位，通讯畅通，应急照明、消防器材符合要求						
13	施工临电	总体布置	符合三级配电两级保护要求；接地符合规定		工区电工：		项目部安全工程师：		监理工程师：
14		线路与照明	线路布设、悬挂高度、护线套、线卡固定符合规定。作业区照明电压和灯具符合安全要求						
15		配电箱	电箱完整无损坏；箱内配置符合规范，并附线路图，无带电体明露及一闸多用等						
工区主管审批意见							签字：　　　　　年　月　日		
项目部安全管理部门审批意见			签字：　　　　　年　月　日		项目部安全副经理审批意见		签字：　　　　　年　月　日		
驻地监理工程师意见			签字：　　　　　年　月　日		总监办安全监理工程师审批意见		签字：　　　　　年　月　日		

说明：本表为提升系统安装调试开工控制安全检查审批表，在开工前由工区安全主管负责组织实施。本表一式3份，工区、项目部、监理部各留存1份。

提升系统安装调试 工前安全自检表 表 AW-002

分项工程名称：　　　　　施工部位：　　　　　日期：　　　　　编号：

序号	检查项目	安全控制要点	控制级别	检查结果（接班班长填写）
1	作业环境	气候条件允许吊装和高处作业	主控	
2		吊车臂安装旋转空间范围内，无任何架空线和其他阻挡物；无其他可能意外闯入的人或车辆	主控	
3		警戒区已设置，并有专人警戒；吊装范围内无其他作业进行	一般	
4		待安装构件摆放稳固、位置合适	一般	
5	起重设备	起重设备位置合适，支腿稳固	一般	
6		现场起重工具正常、灵活	一般	
7		现场吊具无裂纹，钢丝绳无明显变形、断丝数量不超规定	主控	
8	施工用电	电缆走线合理，无碰头、绊脚现象	一般	
9		电箱完整无损坏，箱门能正常开闭	一般	
10		焊钳绝缘完好，焊把线和地线绝缘完好	一般	
11	设备机具	运输车辆：刹车/灯/喇叭/反光镜齐全有效	主控	
12		电焊机完好、接线牢固，位置适宜。缆风绳无明显破损	一般	
13		作业平台可靠牢固，防护到位	一般	
14	劳动纪律	当班人员无酒后进场；无生病等状态不佳人员	主控	
15		所有人员均到场，环境已熟悉	一般	
16		个人防护用品及劳保用品均已正确佩戴	主控	
17		班前活动完成，作业人员了解即将进行工作的危险点及正确操作规程。	一般	
其他注意事项	（交班班长填写）			
	交班班长：　　　　　　　接班班长：			
值班工程师意见		签字：　　　　　　日期：		
作业队长意见		签字：　　　　　　日期：		

说明：本表填写1份，由工区留存，适用于提升系统安装施工。

提升系统安装调试 过程检查巡视表　　表 AW-003

分项工程名称：　　　　施工部位：　　　　日期：　　　　编号：

序号	检查项目	安全控制要点	控制级别	检查情况	整改意见	整改负责人
1	防物体打击	作业人员正确佩戴安全帽等劳动防护用品	主控			
2		作业区域周边是否设置警戒线，或有无专人看护指挥等	一般			
3	防坠落伤害	高处作业正确系挂使用安全带	主控			
4		高处作业点下方严禁站人	一般			
5		作业平台搭设牢固可靠，周边防护到位	主控			
6	防触电伤害	用电设备电源入线压接牢固，无乱拉、扯、压、砸、裸露破损现象，线路无拖地、浸泡、缠绕、老化破损、交叉等现象	一般			
7		用电设备具有可靠的漏电保护装置，小型手持电动工具绝缘良好，电源线无接头、无损坏，状态良好	主控			
8		严禁使用倒顺开关、民用插排，严禁雨天露天进行带电作业	主控			
9		电焊机功能完备，状态良好，焊接时双线到位，严禁用其他导电体搭接，一、二次线符合长度要求等	主控			
10		配电箱完好，电缆绝缘完好，无破损现象	一般			
11		作业人员个人劳保防护用品到位	一般			
12	防机械伤害	吊车司机、信号工等作业人员持证上岗	主控			
13		起吊设备检查钢丝绳有无断丝、断股、乱绳以及卡扣、吊钩等连接牢固、符合安全使用要求	主控			
14		存在交叉作业时有专人协调指挥	一般			
15		汽车吊、电焊机等机械作业符合相应机械操作规程，严禁违章指挥及违章作业，施工机具功能完备，防护措施到位	主控			
16	其他	当班人员无酒后进场；无生病等状态不佳人员	一般			
17		现场有无违章作业、违章指挥	主控			
存在问题处理情况						

安全员签字：　　　　　　　　　　　　　　　日期：　　年　　月　　日

说明：1. 本表为安全员每班巡查表格，填写1份，由工区留存；
　　　2. 检查情况符合要求时打"√"，检查项目不合格项，由安全员明确整改意见，指定整改负责人；
　　　3. 主控项目由安全员下达专项安全整改通知单，一般项目由安全员通知到整改负责人，限期整改；
　　　4. 整改完成后报安全员复检。

竖井提升 过程检查巡视表　　　表 AW-004

分项工程名称：　　　施工部位：　　　日期：　　　编号：

序号	检查项目	安全控制要点	控制级别	检查情况	整改意见	整改负责人
1	防物体打击	作业人员正确佩戴安全帽等劳动防护用品	主控			
2	防坠落伤害	竖井提升点下方严谨站人	主控			
3		井口防护到位	主控			
4		井底防护门管理符合要求	主控			
5		提升物体的规格、重量不超限	一般			
6		用电设备电源入线压接牢固，无乱拉、扯、压、砸、裸露破损现象，线路无拖地、浸泡、缠绕、老化破损、交叉等现象	一般			
7	防触电伤害	用电设备具有可靠的漏电保护装置，小型手持电动工具绝缘良好，电源线无接头、无损坏，状态良好	主控			
8		严禁使用倒顺开关、民用插排，严禁雨天露天进行带电作业	主控			
9		配电箱完好，电缆绝缘完好，无破损现象	一般			
10		作业人员个人劳保防护用品到位	一般			
11		司机、信号工等作业人员持证上岗	主控			
12		提升系统维修保养正常，运转/维修保养记录齐全	一般			
13	防机械伤害	限位器、保险卡状态良好	一般			
14		钢丝绳有无断丝、断股、乱绳以及卡扣、吊钩等连接牢固、符合安全使用要求	主控			
15		井底专职信号工坚守岗位，按规范接收与发出信号	主控			
16	其他	当班人员无酒后进场；无生病等状态不佳人员	一般			
17		无违章作业、违章指挥	主控			
存在问题处理情况						

安全员签字：　　　　　　　　　　　　　日期：　　年　月　日

说明：1. 本表为安全员每班巡查表格，填写1份，由工区留存；
　　　2. 检查情况符合要求时打"√"，检查项目不合格项，由安全员明确整改意见，指定整改负责人；
　　　3. 主控项目由安全员下达专项安全整改通知单，一般项目由安全员通知到整改负责人，限期整改；
　　　4. 整改完成后报安全员复检。

竖井开挖初支 开工控制安全自（复）检审批表　　表 AW-005

单位工程名称：　　　　分项工程名称：　　　　施工部位：　　　　编号：

序号	检查项目	内容	安全控制要点	一检 检查结果	一检 责任人（签字）	二检 检查结果	二检 责任人（签字）	复检 检查结果	复检 责任人（签字）
1	针对性检查	监控量测	监测点已布置，初始值数值已读取		工区技术主管：		工程部：		监理工程师：
2		竖井锁口圈梁	锁口圈梁混凝土强度达到开挖要求，预留连接筋位置布置符合要求						
3		管线保护	管线核查，针对性保护措施落实到位						
4		提升系统	提升系统已验收合格						
5		防坠落	临边防护、防坠落措施到位						
6		降水情况	通过对降水观测井的水位监测，确定降水水位符合竖井开挖要求						
7	通用性检查	内业资料	安全专项施工方案编制（包括应急预案）、审核、审批齐全有效，施工和安全技术交底到位；需监测的点位已布置		工区安全主管：				
8		工程材料	进场材质证明资料齐全，检验合格						
9		设备机具	进场验收记录齐全有效，特种设备安全技术档案齐全				机电管理部门：		监理工程师：
10		作业人员	拟上岗人员安全培训资料齐全，考核合格；特种作业人员类别和数量满足作业要求，操作证齐全				项目部安全工程师：		监理工程师：
11		其他	分包队伍资质、许可证等资料齐全，安全生产协议已签署，人员资格满足作业要求且已到场						
12		施工准备 风、水、电	施工风、水、电已送往作业面，风、水、电路布置顺畅有序，方便施工		工区作业队长：		工区技术主管：		监理工程师：
13		设备机具	布置合理，放置稳固，防护齐全						
14		设施用具	防护设施、用具符合安全要求（作业平台、爬梯等）						
15		应急准备	应急物资到位，通讯畅通，应急照明、消防器材符合要求						
16		施工临电 总体布置	符合三级配电两级保护要求；接地符合规定		工区电工：		项目部安全工程师：		监理工程师：
17		线路与照明	线路布设、悬挂高度、护线套、线卡固定符合规定。作业区照明电压和灯具符合安全要求						
18		配电箱	电箱完整无损坏；箱内配置符合规范，并附线路图，无带电体明露及一闸多用等						

工区主管审批意见					签字：　　　　年　月　日		
项目部安全管理部门审批意见	签字：　　　　年　月　日			项目安全副经理审批意见	签字：　　　　年　月　日		
驻地监理工程师意见	签字：　　　　年　月　日			总监办安全监理工程师审批意见	签字：　　　　年　月　日		

说明：本表为竖井开挖开工控制安全检查审批表，在开工前由工区安全主管负责组织实施。本表一式3份，工区、项目部、监理部各留存1份。

竖井开挖初支 工前安全自检表   表 AW-006

分项工程名称：　　　　　　施工部位：　　　　日期：　　　　编号：

序号	检查项目	安全控制要点	控制级别	检查结果（接班班长填写）
1	作业环境	照明满足施工要求	一般	
2		抢险物资到位充足	主控	
3	作业条件	对照专项交底核对格栅尺寸、编号准确无误	一般	
4		安全警示标识齐全	一般	
5		作业面土体稳定/渗水情况	主控	
6		临时支撑跟进及时	主控	
7		锁脚锚杆打设完成；上榀格栅节点连接情况	一般	
8		上循环喷混凝土密实/背后无空洞/连接筋/网片预留长度符合规范要求	一般	
9		高压风管接头可靠/密封	一般	
10	施工用电	电缆走线合理，无碰头、绊脚现象	一般	
11		电箱完整无损坏，箱门能正常开闭	一般	
12		焊钳绝缘完好，焊把线和地线绝缘完好	一般	
13	设备设施	喷浆机、电焊机、空压机、搅拌机等状态良好，满足施工要求	一般	
14		高压风管接头连接牢固	一般	
15		临时步梯可靠牢固，防护到位	一般	
16	劳动纪律	当班人员无酒后进场；无生病等状态不佳人员	主控	
17		接班人员劳动防护用品按规定佩戴齐全	一般	
18		班前安全活动完成，作业人员了解即将进行工作的危险点及正确操作规程	一般	

其他注意事项	（交班班长填写）
	交班班长：　　　　　　接班班长：

值班工程师意见	
	签字：　　　　　　　　日期：

作业队长意见	
	签字：　　　　　　　　日期：

说明：本表填写1份，由工区留存，适用竖井开挖施工。

竖井开挖初支 过程检查巡视表　　　表 AW-007

分项工程名称：　　　　　施工部位：　　　　日期：　　　　编号：

序号	检查项目	安全控制要点	控制级别	检查情况	整改意见	整改负责人
1	防物体打击	作业人员正确佩戴安全帽等劳动防护用品	主控			
2	防坠落伤害	竖井人行步梯牢固可靠、护栏符合要求	主控			
3		竖井井口防护到位	一般			
4		竖井提升点下严禁站人	主控			
5	防触电伤害	用电设备电源入线压接牢固，无乱拉、扯、压、砸、裸露破损现象，线路无拖地、浸泡、缠绕、老化破损、交叉等现象	一般			
6		开挖及喷射机具等用电设备具有可靠的漏电保护装置，小型手持电动工具绝缘良好，电源线无接头、无损坏，状态良好	主控			
7		严禁使用倒顺开关、民用插排，严禁雨天露天进行带电作业	主控			
8		电焊机功能完备，状态良好，焊接时双线到位，严禁用其他导电体搭接，一、二次线符合长度要求等	主控			
9		配电箱完好，电缆绝缘完好，无破损现象	一般			
10		作业人员个人劳保防护用品到位	一般			
11	防机械伤害	吊车司机、信号工等作业人员持证上岗	主控			
12		起吊设备检查钢丝绳有无断丝、断股、乱绳以及卡扣、吊钩等连接牢固、符合安全使用要求	主控			
13		龙门吊、电焊机等机械作业符合相应机械操作规程，严禁违章指挥及违章作业，施工机具功能完备，防护措施到位	主控			
14		存在交叉作业时有专人协调指挥	一般			
15	防坍塌伤害	井底无积水，井壁无渗漏水；有排水设施	主控			
16		开挖、喷护及支撑架设严格依照施工方案实施	主控			
17		井壁无开裂，支撑明显的变形；井口地面无裂纹，邻近建（构）筑物状态良好	主控			
18		应急物资充足、到位	主控			
19	其他	当班人员无酒后进场；无生病等状态不佳人员	一般			
20		现场有无违章作业、违章指挥	主控			
存在问题处理情况						

安全员签字：　　　　　　　　　　　　　　　　日期：　　　年　　月　　日

说明：1. 本表为安全员每班巡查表格，填写1份，由工区留存；
　　　2. 检查情况符合要求时打"√"，检查项目不合格项，由安全员明确整改意见，指定整改负责人；
　　　3. 主控项目由安全员下达专项安全整改通知单，一般项目由安全员通知到整改负责人，限期整改；
　　　4. 整改完成后报安全员复检。

竖井衬砌 开工控制安全自（复）检审批表 表 AW-008

单位工程名称：　　　　　分项工程名称：　　　　　施工部位：　　　　　编号：

序号	检查项目	内容	安全控制要点	一检 检查结果	一检 责任人（签字）	二检 检查结果	二检 责任人（签字）	复检 检查结果	复检 责任人（签字）
1	针对性检查	消防设施	设置位置符合规定，配备数量满足需求		工区安全主管：		项目部安全工程师：		监理工程师：
2		专项方案	专项换撑方案、脚手架体系及验算审批完成		工区技术主管：		工程部：		监理工程师：
3*		监测数据	通过对监测数据分析，结构趋于稳定						
4		防坠落	临边防护、防坠落措施到位						
5		模板体系	模板、定型支撑到位情况						
6	通用项目	内业资料	施工技术	安全专项施工方案编制（包括应急预案）、审核、审批齐全有效，施工和安全技术交底到位						
7			工程材料	进场材质证明资料齐全，检验合格						
8			设备机具	进场验收记录齐全有效，特种设备安全技术档案齐全		工区安全主管：		机电管理部门：		监理工程师：
9			作业人员	拟上岗人员岗前安全培训资料齐全，考核合格；特种作业人员类别和数量满足作业要求，操作证齐全				项目部安全工程师：		监理工程师：
10			其他	分包队伍资质、许可证等资料齐全，安全生产协议签署，人员资格满足作业要求且已到场						
11		现场准备	运输条件	运输通道、人进出通道畅通；运输设备与运输通道相适应，满足安全施工要求		作业队长：		工区技术主管：		监理工程师：
12			施工用水、电	施工用水、电已送往作业面，水、电路布置顺畅有序，方便施工						
13			设备机具	布置合理放置稳固，防护齐全						
14			设施用具	设施符合安全要求；临时和间歇性防护材料用具已准备						
15			应急准备	应急物资到位，通讯畅通，应急照明、消防器材符合要求						
16		施工临电	总体布置	符合三级配电两级保护要求；接地符合规定		工区电工：		项目部安全工程师：		监理工程师：
17			线路与照明	线路布设合理，线路悬挂高度符合规定、护线套、线卡固定。作业区照明电压和灯具符合安全要求且与作业相适应						
18			配电箱	电箱完整无损坏，箱门能关闭。箱内配置符合规范，并附线路图，选型合理，器件标明用途，无带电体明露及一闸多用等						

工区主管审批意见				
		签字：		年 月 日
项目部安全管理部门审批意见	签字： 年 月 日	项目安全副经理审批意见	签字：	年 月 日
驻地监理工程师意见	签字： 年 月 日	总监办安全监理工程师审批意见	签字：	年 月 日

说明：本表为竖井衬砌开工控制安全检查审批表，在开工前由工区安全主管负责组织实施。本表一式3份，工区、项目部、监理部各留存1份。

竖井衬砌防水施工 工前安全自检表 表 AW-009

分项工程名称：　　　　　施工部位：　　　　日期：　　　　编号：

序号	检查项目	安全控制要点	控制级别	检查结果（接班班长填写）
1	作业环境	照明满足施工要求	一般	
2	作业条件	防水专项安全交底已到位	一般	
3		初期支护表面渗漏水及基面处理完成	一般	
4		临边防护、防坠落措施到位	一般	
5		现场防水材料堆码整齐，消防设施配备齐全	主控	
6	施工用电	电缆走线合理，无碰头、绊脚现象	一般	
7		电箱完整无损坏，箱门能正常开闭	一般	
8		焊钳绝缘完好，焊把线和地线绝缘完好	主控	
9	设备设施	焊枪、爬焊机状态良好，满足施工要求	一般	
10		作业平台是否可靠牢固，防护到位，警示标识齐全	主控	
11	劳动纪律	当班人员无酒后进场；无生病等状态不佳人员，严禁吸烟	主控	
12		劳动防护用品按规定佩戴齐全	一般	
13		班前活动完成，作业人员了解即将进行工作的危险点及正确操作规程	一般	
其他注意事项	（交班班长填写） 交班班长：　　　　　　　接班班长：			
值班工程师意见	签字：　　　　　日期：			
作业队长意见	签字：　　　　　日期：			

说明：本表填写1份，由工区留存，适用竖井衬砌防水施工。

竖井衬砌钢筋施工 工前安全自检表 表 AW-010

分项工程名称：　　　　　施工部位：　　　　日期：　　　　编号：

序号	检查项目	安全控制要点	控制级别	检查结果（接班班长填写）
1	作业环境	照明满足施工要求	一般	
2		运输通道畅通	一般	
3	作业条件	钢筋骨架稳定措施到位	主控	
4		各种动火设备，办理动火证情况	一般	
5		临边防护、防坠落措施到位	一般	
6		消防设施配备齐全	主控	
7	施工用电	电缆走线合理，无碰头、绊脚现象	一般	
8		电箱完整无损坏，箱门能正常开闭	一般	
9		焊钳绝缘完好，焊把线和地线绝缘完好	主控	
10		电焊机等状态良好，满足施工要求	一般	
11	设备设施	运输车辆：刹车/灯/喇叭/反光镜齐全有效	主控	
12		高压风管接头连接牢固	一般	
13		作业平台是否可靠牢固，防护到位	一般	
14	劳动纪律	当班人员无酒后进场；无生病等状态不佳人员，严禁吸烟	主控	
15		劳动防护用品按规定佩戴齐全	一般	
16		班前活动完成，作业人员了解即将进行工作的危险点及正确操作规程	一般	
其他注意事项	(交班班长填写)			
	交班班长：		接班班长：	
值班工程师意见			签字：　　　　日期：	
作业队长意见			签字：　　　　日期：	

说明：本表填写1份，由工区留存，适用于竖井衬砌钢筋施工。

竖井衬砌混凝土施工 工前安全自检表   表 AW-011

分项工程名称：　　　　施工部位：　　　　日期：　　　　编号：

序号	检查项目	安全控制要点	控制级别	检查结果（接班班长填写）
1	作业环境	照明满足施工要求	一般	
2		运输通道畅通	一般	
3		消防设施配备齐全	一般	
4	作业条件	模板支撑体系稳定、牢固	主控	
5		浇筑混凝土用管路是否连接牢固，管路固定是否符合要求	主控	
6		临边防护、防坠落措施到位	一般	
7		加固牢固，看模人员已确定	一般	
8	施工用电	电缆走线合理，无碰头、绊脚现象	一般	
9		电箱完整无损坏，箱门能正常开闭	一般	
10		焊钳绝缘完好，焊把线和地线绝缘完好	主控	
11	设备设施	振捣机具、手电锯、电刨机、手持电动工具、电焊机、空压机等状态良好，满足施工要求	一般	
12		高压风管接头连接牢固	一般	
13		作业平台是否可靠牢固，防护到位	一般	
14	劳动纪律	当班人员无酒后进场；无生病等状态不佳人员，严禁吸烟	主控	
15		接班人员劳动防护用品按规定佩戴齐全	一般	
16		班前活动完成，作业人员了解即将进行工作的危险点及正确操作规程	一般	
其他注意事项	（交班班长填写）交班班长：　　　　接班班长：			
值班工程师意见			签字：　　　　日期：	
作业队长意见			签字：　　　　日期：	

说明：本表填写 1 份，由工区留存，适用于竖井衬砌施工。

竖井衬砌 过程检查巡视表　　　　表 AW-012

分项工程名称：　　　　施工部位：　　　　日期：　　　　编号：

序号	检查项目	安全控制要点	控制级别	检查情况	整改意见	整改负责人
1	防物体打击	作业人员正确佩戴安全帽等劳动防护用品	主控			
2	防坠落伤害	竖井人行步梯牢固可靠、护栏符合要求	主控			
3		竖井井口防护到位	一般			
4		竖井提升点下严禁站人	主控			
5	防触电伤害	用电设备电源入线压接牢固，无乱拉、扯、压、砸、裸露破损现象，线路无拖地、浸泡、缠绕、老化破损、交叉等现象	一般			
6		用电设备具有可靠的漏电保护装置，小型手持电动工具绝缘良好，电源线无接头、无损坏，状态良好	主控			
7		严禁使用倒顺开关、民用插排，严禁雨天露天进行带电作业	主控			
8		电焊机功能完备，状态良好，焊接时双线到位，严禁用其他导电体搭接，一、二次线符合长度要求等	主控			
9		配电箱完好，电缆绝缘完好，无破损现象	一般			
10		作业人员个人劳保防护用品到位	一般			
11	防机械伤害	吊车司机、信号工等作业人员持证上岗	主控			
12		起吊设备检查钢丝绳有无断丝、断股、乱绳以及卡扣、吊钩等连接牢固、符合安全使用要求	主控			
13		龙门吊、电焊机等机械作业符合相应机械操作规程，严禁违章指挥及违章作业，施工机具功能完备，防护措施到位	主控			
14		存在交叉作业时有专人协调指挥	一般			
15	防坍塌伤害	井底无积水，井壁无渗漏水；有排水设施	主控			
16		支撑拆除和模板架设严格依照施工方案实施；浇筑过程模板及支架稳定、无大变形	主控			
17		井壁无开裂，支撑明显的变形；井口地面无裂纹，邻近建（构）筑物状态良好	主控			
18		应急物资充足、到位	主控			
19	其他	当班人员无酒后进场；无生病等状态不佳人员	一般			
20		现场有无违章作业、违章指挥	主控			

存在问题处理情况

安全员签字：　　　　　　　　　　　　　　　　日期：　　年　月　日

说明：1. 本表为安全员每班巡查表格，填写1份，由工区留存；
　　　2. 检查情况符合要求时打"√"，检查项目不合格项，由安全员明确整改意见，指定整改负责人；
　　　3. 主控项目由安全员下达专项安全整改通知单，一般项目由安全员通知到整改负责人，限期整改；
　　　4. 整改完成后报安全员复检。

大管棚施工 开工控制安全自（复）检审批表   表 AW-013

单位工程名称：　　　　　分项工程名称：　　　　　施工部位：　　　　　编号：

序号	检查项目	内容	安全控制要点	一检 检查结果	一检 责任人（签字）	二检 检查结果	二检 责任人（签字）	复检 检查结果	复检 责任人（签字）
1	针对性检查	作业平台	搭设牢固稳定，临边防护到位		工区技术主管：		工程部：		监理工程师：
2		设备机具	设备机具到场，检验合格						
3		地下管线情况	管线核查完成，管线保护措施已落实						
4	通用性检查	技术准备	管棚施工方案已批复；安全技术交底已完成		工区安全主管：		机电管理部门：		监理工程师：
5		管棚材料	材料质量证明资料齐全，符合设计要求						
6		设备机具	管棚施工机具资料齐全，符合方案要求						
7		作业人员	作业人员资格满足安装要求				项目部安全工程师：		监理工程师：
8		其他	分包队伍资质、许可证等资料齐全，安全生产协议签署，人员资格满足作业要求且已到场						
9		安装地点	场地空间满足管棚施工要求		作业队长：		工区技术主管：		监理工程师：
10		材料	施工材料和管棚材料进场验收合格，现场堆码符合要求						
11		设备机具	钻进、造浆和注浆设备进场验收符合要求						
12		应急准备	针对管棚施工可能发生的意外情况已做好现场应急处置措施						
13	施工临电	总体布置	符合三级配电两级保护要求；接地符合规定		工区电工：		项目部安全工程师：		监理工程师：
14		线路与照明	线路布设合理，线路悬挂高度符合规定。作业区照明电压和灯具符合安全要求且与作业相适应						
15		配电箱	电箱完整无损坏，箱门能正常开闭。箱内配置符合规范，并附线路图，选型合理，器件标明用途，无带电体明露及一闸多用等						
工区主管审批意见						签字：　　　　　　　年　月　日			
项目部安全管理部门审批意见		签字：　　　　年　月　日			项目部安全副经理审批意见		签字：　　　　年　月　日		
驻地监理工程师意见		签字：　　　　年　月　日			总监办安全监理工程师审批意见		签字：　　　　年　月　日		

说明：本表为大管棚施工开工控制安全检查审批表，在开工前由工区安全主管负责组织实施。本表一式3份，工区、项目部、监理部各留存1份。

大管棚施工 工前安全自检表　　　表 AW-014

分项工程名称：　　　　　施工部位：　　　日期：　　　　编号：

序号	检查项目	安全控制要点	控制级别	检查结果（接班班长填写）
1	作业面	通道畅通，设备正常	一般	
2		作业平台搭设牢固，方便施工。无空洞和探头板，临边防护可靠	主控	
3		管线布设合理，无绊、磕碰作业人员现象	一般	
4	设备设施	钻进、造浆、注浆设备经检查运转正常，固定牢固	一般	
5		高压风管接头连接牢固	一般	
6		注浆设备位置合理、放置稳固、注浆管路连接牢固	主控	
7	安全用电	作业区照明电压和灯具符合安全要求	主控	
8		电缆绝缘良好，无多处接头	一般	
9		电缆悬挂合理，无碰头、绊脚现象	一般	
10		电箱完整无损坏	一般	
11		焊钳绝缘完好，电缆绝缘完好	一般	
12	作业人员	接班人员劳动防护用品按规定佩戴齐全	一般	
13		当班人员无酒后进场；无生病等状态不佳人员	主控	
14		班前活动完成，作业人员了解即将进行工作的危险点及正确操作规程	一般	
其他注意事项	（交班班长填写）　　　　交班班长：　　　　　接班班长：			
值班工程师意见			签字：　　　日期：	
作业队长意见			签字：　　　日期：	

说明：本表填写1份，由工区留存，适用于大管棚施工。

大管棚施工 过程检查巡视表　　　表 AW-015

分项工程名称：　　　　施工部位：　　　　日期：　　　　编号：

序号	检查项目	安全控制要点	控制级别	检查情况	整改意见	整改负责人
1	防物体打击	作业人员正确佩戴安全帽等劳动防护用品	主控			
2	防坠落伤害	作业平台牢固可靠、护栏符合要求	主控			
3		竖井井口防护到位	一般			
4		竖井提升点下严禁站人	主控			
5	防触电伤害	用电设备电源入线压接牢固，无乱拉、扯、压、砸、裸露破损现象，线路无拖地、浸泡、缠绕、老化破损、交叉等现象	一般			
6		开挖及喷射机具等用电设备具有可靠的漏电保护装置，小型手持电动工具绝缘良好，电源线无接头、无损坏，状态良好	主控			
7		严禁使用倒顺开关、民用插排，严禁雨天露天进行带电作业	主控			
8		电焊机功能完备，状态良好，焊接时双线到位，严禁用其他导电体搭接，一、二次线符合长度要求等	主控			
9		配电箱完好，电缆绝缘完好，无破损现象	一般			
10		作业人员个人劳保防护用品到位	一般			
11	防机械伤害	吊车司机、信号工等作业人员持证上岗	主控			
12		起吊设备检查钢丝绳有无断丝、断股、乱绳以及卡扣、吊钩等连接牢固、符合安全使用要求	主控			
13		龙门吊、电焊机等机械作业符合相应机械操作规程，严禁违章指挥及违章作业，施工机具功能完备，防护措施到位	主控			
14		存在交叉作业时有专人协调指挥	一般			
15	防坍塌伤害	作业面无渗漏水、积水	主控			
16		施工过程中作业平台稳定、无大变形	主控			
17		钻孔和注浆过程地层和支护无明显的变形、开裂；地面无裂纹，邻近建（构）筑物状态良好	主控			
18		应急物资充足、到位	主控			
19	其他	当班人员无酒后进场；无生病等状态不佳人员	一般			
20		现场有无违章作业、违章指挥	主控			
存在问题处理情况						

安全员签字：　　　　　　　　　　　　　　日期：　　年　　月　　日

说明：1. 本表为安全员每班巡查表格，填写 1 份，由工区留存；

　　　2. 检查情况符合要求时打"√"，检查项目不合格项，由安全员明确整改意见，指定整改负责人；

　　　3. 主控项目由安全员下达专项安全整改通知单，一般项目由安全员通知到整改负责人，限期整改；

　　　4. 整改完成后报安全员复检。

深孔注浆 开工控制安全自（复）检审批表　　表 AW-016

单位工程名称：　　　　分项工程名称：　　　　施工部位：　　　　编号：

序号	检查项目	内容	安全控制要点	一检 检查结果	一检 责任人（签字）	二检 检查结果	二检 责任人（签字）	复检 检查结果	复检 责任人（签字）
1	针对性检查	作业平台	搭设牢固稳定，临边防护到位		工区技术主管：		工程部：		监理工程师：
2		设备机具	设备机具到场，检验合格						
3		止浆墙	止浆墙强度满足注浆压力要求，孔口管埋设符合设计要求						
4		地下管线情况	管线核查完成，管线保护措施已落实						
5	内业资料	技术准备	注浆施工方案已批复；安全技术交底已完成						
6		注浆材料	材料质量资料证齐全，符合设计要求，双浆液配合比试验已完成，满足主要工艺要求						
7		设备机具	注浆施工机具资料齐全，符合方案要求		工区安全主管：		机电管理部门：		监理工程师：
8		作业人员	作业人员资格满足安装要求				项目部安全工程师：		监理工程师：
9		其他	分包队伍资质、许可证等资料齐全，安全生产协议签署，人员资格满足作业要求且已到场						
10	通用性检查	现场准备	注浆材料	材料堆放合理，无倾倒危险		作业队长：		工区技术主管：		监理工程师：
11			材料	搭设的施工架子或平台牢固，场地布置合理						
12			设备机具	钻进、造浆和注浆设备进场验收符合要求						
13			应急准备	针对注浆施工可能发生的意外情况已做好现场应急处置措施						
14		施工临电	总体布置	符合三级配电两级保护要求；接地符合规定		工区电工：		项目部安全工程师：		监理工程师：
15			线路与照明	线路布设合理，线路悬挂高度符合规定。作业区照明电压和灯具符合安全要求且与作业相适应						
16			配电箱	电箱完整无损坏，箱门能正常开闭。箱内配置符合规范，并附线路图，选型合理，器件标明用途，无带电体明露及一闸多用等						
工区主管审批意见				签字：　　　　　　　　　　　　年　月　日					
项目部安全管理部门审批意见		签字：　　　年　月　日		项目部安全副经理审批意见			签字：　　　年　月　日			
驻地监理工程师意见		签字：　　　年　月　日		总监办安全监理工程师审批意见			签字：　　　年　月　日			

本表为深孔注浆开工控制安全检查审批表，在开工前由工区安全主管负责组织实施。本表一式 3 份，工区、项目部、监理部各留存 1 份。

深孔注浆 工前安全自检表　　　表 AW-017

分项工程名称：　　　　施工部位：　　　日期：　　　编号：

序号	检查项目	安全控制要点	控制级别	检查结果（接班班长填写）
1	作业面	通道畅通，设备正常	一般	
2		作业平台搭设牢固，方便施工。无空洞和探头板，临边防护可靠	主控	
3		管线布设合理，无绊、磕碰作业人员现象	一般	
4	设备设施	钻进、造浆、注浆设备经检查运转正常，固定牢固	一般	
5		注浆管接头连接牢固	一般	
6		注浆设备位置合理、放置稳固、注浆管路连接牢固	主控	
7	安全用电	作业区照明电压和灯具符合安全要求	主控	
8		电缆绝缘良好，无多处接头	一般	
9		电缆悬挂合理，无碰头、绊脚现象	一般	
10		电箱完整无损坏	一般	
11		焊钳绝缘完好，电缆绝缘完好	一般	
12	作业人员	接班人员劳动防护用品按规定佩戴齐全	一般	
13		当班人员无酒后进场；无生病等状态不佳人员	主控	
14		班前活动完成，作业人员了解即将进行工作的危险点及正确操作规程	一般	
其他注意事项	（交班班长填写） 交班班长：　　　　接班班长：			
值班工程师意见		签字：　　　日期：		
作业队长意见		签字：　　　日期：		

说明：本表填写 1 份，由工区留存，适用于深孔注浆施工。

深孔注浆 过程检查巡视表　　表 AW-018

分项工程名称：　　　　施工部位：　　　　日期：　　　　编号：

序号	检查项目	安全控制要点	控制级别	检查情况	整改意见	整改负责人
1	防物体打击	作业人员正确佩戴安全帽等劳动防护用品	主控			
2	防坠落伤害	作业平台牢固可靠、护栏符合要求	主控			
3		作业点下方严禁站人	一般			
4	防触电伤害	用电设备电源入线压接牢固，无乱拉、扯、压、砸、裸露破损现象，线路无拖地、浸泡、缠绕、老化破损、交叉等现象	一般			
5		开挖及喷射机具等用电设备具有可靠的漏电保护装置，小型手持电动工具绝缘良好，电源线无接头、无损坏，状态良好	主控			
6		严禁使用倒顺开关、民用插排，严禁雨天露天进行带电作业	主控			
7		电焊机功能完备，状态良好，焊接时双线到位，严禁用其他导电体搭接，一、二次线符合长度要求等	主控			
8		配电箱完好，电缆绝缘完好，无破损现象	一般			
9		作业人员个人劳保防护用品到位	一般			
10	防机械伤害	吊车司机、信号工等作业人员持证上岗	主控			
11		起吊设备检查钢丝绳有无断丝、断股、乱绳以及卡扣、吊钩等连接牢固、符合安全使用要求	主控			
12		龙门吊、电焊机等机械作业符合相应机械操作规程，严禁违章指挥及违章作业，施工机具功能完备，防护措施到位	主控			
13		存在交叉作业时有专人协调指挥	一般			
14	防坍塌伤害	作业面无渗漏水、积水；有排水设施	主控			
15		严格依照注浆方案和注浆参数实施	主控			
16		注浆过程中支护结构无明显的变形、开裂；地面无隆起、裂缝，邻近建（构）筑物状态良好	主控			
17		应急物资充足、到位	主控			
18	其他	当班人员无酒后进场；无生病等状态不佳人员	一般			
19		现场有无违章作业、违章指挥	主控			
存在问题处理情况						

安全员签字：　　　　　　　　　　　　　　　　　　　日期：　　年　　月　　日

说明：1. 本表为安全员每班巡查表格，填写1份，由工区留存；
　　　2. 检查情况符合要求时打"√"，检查项目不合格项，由安全员明确整改意见，指定整改负责人；
　　　3. 主控项目由安全员下达专项安全整改通知单，一般项目由安全员通知到整改负责人，限期整改；
　　　4. 整改完成后报安全员复检。

管幕施工 开工控制安全自（复）检审批表　　表 AW-019

单位工程名称：　　　　　分项工程名称：　　　　施工部位：　　　　编号：

序号	检查项目	内容	安全控制要点	一检 检查结果	一检 责任人（签字）	二检 检查结果	二检 责任人（签字）	复检 检查结果	复检 责任人（签字）
1	针对性检查	工作室	作业平台搭设牢固稳定，临边防护到位；堵头墙施工完成，背撑施工完成，满足施工要求		工区技术主管：		工程部：		监理工程师：
2		设备机具	钻进设备进场验收符合要求，组装调试完成						
3		洞内吊装	工作室钢管吊装系统满足使用要求						
4		地下管线情况	管线核查完成，管线保护措施已落实						
5	内业资料	技术准备	管幕施工方案已批复；施工技术交底和安全技术交底已完成						
6		管幕材料	管幕质量证明资料齐全，符合设计要求，满足主要工艺要求						
7		作业人员	作业人员资格满足安装要求		工区安全主管：		项目部安全工程师：		监理工程师：
8		其他	分包队伍资质、许可证等资料齐全，安全生产协议签署，人员资格满足作业要求且已到场						
9	通用性检查	施工材料	材料堆放合理，无倾倒危险		作业队长：		工区技术主管：		监理工程师：
10		设备机具	起重机具、焊机、气瓶等机具验收合格						
11		运输条件	运输通道、人员进出通道畅通；运输设备与运输通道匹配，满足施工安全要求						
12		应急准备	应急物资到位，通讯畅通，应急照明符合要求						
13	施工临电	总体布置	符合三级配电两级保护要求；接地符合规定		工区电工：		项目部安全工程师：		监理工程师：
14		线路与照明	线路布设合理，线路悬挂高度符合规定。作业区照明电压和灯具符合安全要求且与作业相适应						
15		配电箱	电箱完整无损坏，箱门能正常开闭。箱内配置符合规范，并附线路图，选型合理，器件标明用途，无带电体明露及一闸多用等						

工区主管审批意见	签字：　　　　　年　月　日		
项目部安全管理部门审批意见	签字：　　　年　月　日	项目部安全副经理审批意见	签字：　　　年　月　日
驻地监理工程师意见	签字：　　　年　月　日	总监办安全监理工程师审批意见	签字：　　　年　月　日

本表为管幕施工开工控制安全检查审批表，在开工前由工区安全主管负责组织实施。本表一式3份，工区、项目部、监理部各留存1份。

管幕施工 工前安全自检表 表 AW-020

分项工程名称：　　　　施工部位：　　　　日期：　　　　编号：

序号	检查项目	安全控制要点	控制级别	检查结果（接班班长填写）
1	作业面	通道畅通，设备正常	一般	
2		作业平台搭设牢固，方便施工。无空洞和探头板，临边防护可靠	主控	
3		工作室吊装系统牢固，后背撑稳定	一般	
4		管线布设合理，无绊、磕碰作业人员现象	一般	
5	设备设施	钻进、造浆、注浆设备经检查运转正常，固定牢固	一般	
6		顶进设备液压管接头连接牢固	一般	
7		钢管放置位置合理稳定	主控	
8	安全用电	作业区照明电压和灯具符合安全要求	主控	
9		电缆绝缘良好，无多处接头	一般	
10		电缆悬挂合理，无碰头、绊脚现象	一般	
11		电箱完整无损坏	一般	
12		焊钳绝缘完好，电缆绝缘完好	一般	
13	作业人员	接班人员劳动防护用品按规定佩戴齐全	一般	
14		当班人员无酒后进场；无生病等状态不佳人员	主控	
15		班前活动完成，作业人员了解即将进行工作的危险点及正确操作规程	一般	
其他注意事项	（交班班长填写）交班班长：　　　　接班班长：			
值班工程师意见			签字：　　　　日期：	
作业队长意见			签字：　　　　日期：	

说明：本表填写1份，由工区留存，适用于管幕施工。

管幕施工 过程检查巡视表　　　表 AW-021

分项工程名称：　　　　施工部位：　　　　日期：　　　　编号：

序号	检查项目	安全控制要点	控制级别	检查情况	整改意见	整改负责人
1	防物体打击	作业人员正确佩戴安全帽等劳动防护用品	主控			
2	防坠落伤害	作业平台牢固可靠、护栏符合要求	主控			
3		作业点下方严禁站人	一般			
4		用电设备电源入线压接牢固，无乱拉、扯、压、砸、裸露破损现象，线路无拖地、浸泡、缠绕、老化破损、交叉等现象	一般			
5		开挖及喷射机具等用电设备具有可靠的漏电保护装置，小型手持电动工具绝缘良好，电源线无接头、无损坏，状态良好	主控			
6	防触电伤害	严禁使用倒顺开关、民用插排，严禁雨天露天进行带电作业	主控			
7		电焊机功能完备，状态良好，焊接时双线到位，严禁用其他导电体搭接，一、二次线符合长度要求等	主控			
8		配电箱完好，电缆绝缘完好，无破损现象	一般			
9		作业人员个人劳保防护用品到位	一般			
10		吊车司机、信号工等作业人员持证上岗	主控			
11	防机械伤害	起吊设备检查钢丝绳有无断丝、断股、乱绳以及卡扣、吊钩等连接牢固、符合安全使用要求	主控			
12		龙门吊、电焊机等机械作业符合相应机械操作规程，严禁违章指挥及违章作业，施工机具功能完备，防护措施到位	主控			
13		存在交叉作业时有专人协调指挥	一般			
14		作业面无渗漏水、积水；有排水设施	主控			
15	防坍塌伤害	严格依照施工方案实施	主控			
16		管幕施作过程中支护结构无明显的变形、开裂；地面无裂缝，邻近建（构）筑物状态良好	主控			
17		应急物资充足、到位	主控			
18	其他	当班人员无酒后进场；无生病等状态不佳人员	一般			
19		现场有无违章作业、违章指挥	主控			
存在问题处理情况						

安全员签字：　　　　　　　　　　　　　　　　日期：　　年　　月　　日

说明：1. 本表为安全员每班巡查表格，填写1份，由工区留存；
　　　2. 检查情况符合要求时打"√"，检查项目不合格项，由安全员明确整改意见，指定整改负责人；
　　　3. 主控项目由安全员下达专项安全整改通知单，一般项目由安全员通知到整改负责人，限期整改；
　　　4. 整改完成后报安全员复检。

水平旋喷 开工控制安全自（复）检审批表 表 AW-022

单位工程名称：　　　　　　分项工程名称：　　　　施工部位：　　　　　编号：

序号	检查项目	内容	安全控制要点	一检 检查结果	一检 责任人（签字）	二检 检查结果	二检 责任人（签字）	复检 检查结果	复检 责任人（签字）
1	针对性检查	作业平台	搭设牢固稳定，临边防护到位		工区技术主管：		工程部；		监理工程师：
2		设备机具	钻进、高压注浆泵等设备机具到场，检验合格						
3		端墙	端墙强度满足注浆压力要求，孔口管埋设符合设计工艺要求						
4		地下管线情况	管线核查完成，管线保护措施已落实						
5	通用性检查	内业资料	技术准备	水平旋喷施工方案已批复；安全技术交底已完成					
6			旋喷材料	材料质量证明资料齐全，符合设计要求					
7			设备机具	整套设备资料齐全，符合方案要求		工区安全主管：		机电管理部门：		监理工程师：
8			作业人员	作业人员资格满足安装要求					
9			其他	分包队伍资质、许可证等资料齐全，安全生产协议签署，人员资格满足作业要求且已到场				项目部安全工程师：		监理工程师：
10		现场准备	旋喷材料	材料堆放合理，无倾倒危险		作业队长：		工区技术主管：		监理工程师：
11			现场布置	施工架子、材料和设备布置合理						
12			设备机具	设备布置合理，固定牢固，管路系统连接可靠						
13			应急准备	针对施工可能发生的意外情况已做好现场应急处置措施						
14		施工临电	总体布置	符合三级配电两级保护要求；接地符合规定		工区电工：		项目部安全工程师：		监理工程师：
15			线路与照明	线路布设合理，线路悬挂高度符合规定。作业区照明电压和灯具符合安全要求且与作业相适应						
16			配电箱	电箱完整无损坏，箱门能正常开闭。箱内配置符合规范，并附线路图，选型合理，器件标明用途，无带电体明露及一闸多用等						

工区主管审批意见	签字：　　　　年　月　日		
项目部安全管理部门审批意见	签字：　　　　年　月　日	项目部安全副经理审批意见	签字：　　　　年　月　日
驻地监理工程师意见	签字：　　　　年　月　日	总监办安全监理工程师审批意见	签字：　　　　年　月　日

本表为水平旋喷开工控制安全检查审批表，在开工前由工区安全主管负责组织实施。本表一式3份，工区、项目部、监理部各留存1份。

水平旋喷 工前安全自检表　　表 AW-023

分项工程名称：　　　施工部位：　　　日期：　　　编号：

序号	检查项目	安全控制要点	控制级别	检查结果（接班班长填写）
1	作业面	通道畅通，设备正常	一般	
2		作业平台搭设牢固，方便施工。无空洞和探头板，临边防护可靠	主控	
3		管线布设合理，无绊、磕碰作业人员现象	一般	
4	设备设施	设备经检查运转正常，固定牢固	一般	
5		管路接头连接牢固	一般	
6		设备位置合理、放置稳固、注浆管路连接牢固	主控	
7	安全用电	作业区照明电压和灯具符合安全要求	主控	
8		电缆绝缘良好，无多处接头	一般	
9		电缆悬挂合理，无碰头、绊脚现象	一般	
10		电箱完整无损坏	一般	
11		焊钳绝缘完好，电缆绝缘完好	一般	
12	作业人员	接班人员劳动防护用品按规定佩戴齐全	一般	
13		当班人员无酒后进场；无生病等状态不佳人员	主控	
14		班前活动完成，作业人员了解即将进行工作的危险点及正确操作规程	一般	
其他注意事项	（交班班长填写）			
	交班班长：		接班班长：	
值班工程师意见			签字：　　　日期：	
作业队长意见			签字：　　　日期：	

说明：本表填写1份，由工区留存，适用于水平旋喷施工。

水平旋喷 过程检查巡视表　　表 AW-024

分项工程名称：　　　　施工部位：　　　　日期：　　　　编号：

序号	检查项目	安全控制要点	控制级别	检查情况	整改意见	整改负责人
1	防物体打击	作业人员正确佩戴安全帽等劳动防护用品	主控			
2	防坠落伤害	作业平台牢固可靠、护栏符合要求	主控			
3		作业点下方严禁站人	一般			
4		用电设备电源入线压接牢固，无乱拉、扯、压、砸、裸露破损现象，线路无拖地、浸泡、缠绕、老化破损、交叉等现象	一般			
5	防触电伤害	旋喷机具等用电设备具有可靠的漏电保护装置，小型手持电动工具绝缘良好，电源线无接头、无损坏，状态良好	主控			
6		严禁使用倒顺开关、民用插排，严禁雨天露天进行带电作业	主控			
7		电焊机功能完备，状态良好，焊接时双线到位，严禁用其他导电体搭接，一、二次线符合长度要求等	主控			
8		配电箱完好，电缆绝缘完好，无破损现象	一般			
9		作业人员个人劳保防护用品到位	一般			
10		吊车司机、信号工等作业人员持证上岗	主控			
11	防机械伤害	起吊设备检查钢丝绳有无断丝、断股、乱绳以及卡扣、吊钩等连接牢固、符合安全使用要求	主控			
12		旋喷机、龙门吊、电焊机等机械作业符合相应机械操作规程，严禁违章指挥及违章作业，施工机具功能完备，防护措施到位	主控			
13		存在交叉作业时有专人协调指挥	一般			
14		作业面无渗漏水、积水；有排水设施	主控			
15	防坍塌伤害	严格依照旋喷方案和旋喷参数实施	主控			
16		旋喷过程中支护结构无明显的变形、开裂；地面无隆起、裂缝，邻近建（构）筑物状态良好	主控			
17		应急物资充足、到位	主控			
18	其他	当班人员无酒后进场；无生病等状态不佳人员	一般			
19		现场有无违章作业、违章指挥	主控			

存在问题处理情况

安全员签字：　　　　　　　　　　　　　　日期：　　年　　月　　日

说明：1. 本表为安全员每班巡查表格，填写1份，由工区留存；
　　　2. 检查情况符合要求时打"√"，检查项目不合格项，由安全员明确整改意见，指定整改负责人；
　　　3. 主控项目由安全员下达专项安全整改通知单，一般项目由安全员通知到整改负责人，限期整改；
　　　4. 整改完成后报安全员复检。

马头门开挖初支 开工控制安全自（复）检审批表　　　表 AW-025

单位工程名称：　　　　　分项工程名称：　　　　施工部位：　　　　编号：

序号	检查项目	内容	安全控制要点	一检 检查结果	一检 责任人（签字）	二检 检查结果	二检 责任人（签字）	复检 检查结果	复检 责任人（签字）
1	针对性检查	超前加固措施	管棚或小导管打设、注浆已完成		工区技术主管：		工程部：		监理工程师：
2		作业平台	作业平台搭设牢固，防护到位，已通过验收						
3		监控量测	竖井井壁监测点布设完成，初始值已读取						
4	内业资料	施工技术	安全专项施工方案编制（包括应急预案）、审核、审批齐全有效，施工和安全技术交底到位		工区安全主管：		机电管理部门：		监理工程师：
5		工程材料	进场材质证明资料齐全，经验收、检验合格，资料齐全并归档						
6		设备机具	进场验收记录齐全有效，特种设备安全技术档案齐全，新设备合格证、检验证、备案、登记手续完备						
7		作业人员	拟上岗人员岗前安全培训资料齐全，考核合格；特种作业人员类别和数量满足作业要求，操作证齐全		项目部安全工程师：				监理工程师：
8		其他	分包队伍资质、许可证等资料齐全，安全生产协议签署，人员资格满足作业要求且已到场						
9	通用项目	运输条件	运输通道、人员进出通道畅通；运输设备与运输通道相适应，满足安全施工要求		工区作业队长：		工区技术主管：		监理工程师：
10		风、水、电	施工风、水、电已送往作业面，风、水、电路布置顺畅有序，方便施工						
11	现场准备	设备机具	设备到位，布置合理、放置稳固，防护齐全						
12		设施用具	设施符合安全要求；临时和间歇性防护材料用具已准备						
13		现场材料	水泥、砂石料，注浆材料，钢架、小导管、网片准备充足，符合要求						
14		应急准备	应急物资到位，通讯畅通，应急照明、消防器材						
15	施工临电	总体布置	符合三级配电两级保护要求；接地符合规定		工区电工：		项目部安全工程师：		监理工程师：
16		线路与照明	线路布设合理，线路悬挂高度符合规定、护线套、线卡固定。作业区照明电压和灯具符合安全要求且与作业相适应						
17		配电箱	电箱完整无损坏，箱门能关闭。箱内配置符合规范，并附线路图，选型合理，器件标明用途，无带电体明露及一闸多用等						

工区主管审批意见	签字：　　　年　月　日	项目部安全管理部门审批意见	签字：　　　年　月　日
项目部安全副经理审批意见	签字：　　　年　月　日	项目部经理审批意见	签字：　　　年　月　日
驻地监理工程师意见	签字：　　　年　月　日	总监理工程师审批意见	签字：　　　年　月　日

本表为马头门开挖初支开工控制安全检查审批表，在开工前由工区安全主管负责组织实施。本表一式3份，工区、项目部、监理部各留存1份。

马头门开挖初支 工前安全自检表 表AW-026

分项工程名称：　　　　　　施工部位：　　　　　日期：　　　　　编号：

序号	检查项目	安全控制要点	控制级别	检查结果（接班班长填写）
1	作业环境	照明满足施工要求	主控	
2		运输通道畅通	一般	
3		安全标志/防护齐全	一般	
4		抢险物资到位充足	主控	
5	作业条件	对照专项交底核对格栅尺寸、编号准确无误	一般	
6		作业面土体稳定/渗水情况	主控	
7		高压风管接头可靠/密封	一般	
8		超前地质探测完成；管棚/小导管打设、注浆符合要求	主控	
9	施工用电	电缆走线合理，无碰头、绊脚、破损现象	主控	
10		电箱完整无损坏，箱门能正常开闭	一般	
11		焊钳绝缘完好，焊把线和地线绝缘完好	一般	
12	设备设施	混凝土喷射机、电焊机、空压机、搅拌机等状态良好，满足施工要求	一般	
13		高压风管接头连接牢固	一般	
14		作业平台是否可靠牢固，防护到位	主控	
15	劳动纪律	当班人员无酒后进场；无生病等状态不佳人员	主控	
16		接班人员劳动防护用品按规定佩戴齐全	一般	
17		班前活动完成，作业人员了解即将进行工作的危险点及正确操作规程	一般	
其他注意事项		（交班班长填写）交班班长：　　　　接班班长：		
值班工程师意见			签字：　　　　日期：	
作业队长意见		同意（ ）/不同意（ ）开工	签字：　　　　日期：	

说明：本表填写1份，由工区留存，适用于马头门施工。

马头门开挖初支 过程检查巡视表　　　表 AW-027

分项工程名称：　　　　施工部位：　　　日期：　　　编号：

序号	检查项目	安全控制要点	控制级别	检查情况	整改意见	整改负责人
1	防物体打击	作业人员正确佩戴安全帽等劳动防护用品	主控			
2	防坠落伤害	作业平台牢固可靠、护栏符合要求	主控			
3		竖井提升点、作业点下方严禁站人	主控			
4		竖井井口防护到位	一般			
5	防触电伤害	用电设备电源入线压接牢固，无乱拉、扯、压、砸、裸露破损现象，线路无拖地、浸泡、缠绕、老化破损、交叉等现象	一般			
6		开挖及喷射机具等用电设备具有可靠的漏电保护装置，小型手持电动工具绝缘良好，电源线无接头、无损坏，状态良好	主控			
7		严禁使用倒顺开关、民用插排，严禁雨天露天进行带电作业	主控			
8		电焊机功能完备，状态良好，焊接时双线到位，严禁用其他导电体搭接，一、二次线符合长度要求等	主控			
9		配电箱完好，电缆绝缘完好，无破损现象	一般			
10		作业人员个人劳保防护用品到位	一般			
11	防机械伤害	吊车司机、信号工等作业人员持证上岗	主控			
12		起吊设备检查钢丝绳有无断丝、断股、乱绳以及卡扣、吊钩等连接牢固、符合安全使用要求	主控			
13		龙门吊、电焊机等机械作业符合相应机械操作规程，严禁违章指挥及违章作业，施工机具功能完备，防护措施到位	主控			
14		存在交叉作业时有专人协调指挥	一般			
15	防坍塌伤害	作业面无渗漏水、积水；地层是否发生变化	主控			
16		严格依照开挖、支护方案及参数实施	主控			
17		支护结构无明显的变形、开裂；地面无裂缝，邻近建（构）筑物状态良好	主控			
18		应急物资充足、到位	主控			
19	其他	当班人员无酒后进场；无生病等状态不佳人员	一般			
20		现场有无违章作业、违章指挥	主控			
存在问题处理情况						

安全员签字：　　　　　　　　　　　　　　日期：　　年　月　日

说明：1. 本表为安全员每班巡查表格，填写1份，由工区留存；
　　　2. 检查情况符合要求时打"√"，检查项目不合格项，由安全员明确整改意见，指定整改负责人；
　　　3. 主控项目由安全员下达专项安全整改通知单，一般项目由安全员通知到整改负责人，限期整改；
　　　4. 整改完成后报安全员复检。

隧道开挖初支 开工控制安全自（复）检审批表 表 AW-028

单位工程名称：　　　　　　分项工程名称：　　　　施工部位：　　　　编号：

序号	检查项目	内容	安全控制要点	一检 检查结果	一检 责任人（签字）	二检 检查结果	二检 责任人（签字）	复检 检查结果	复检 责任人（签字）
1	针对性检查	环境风险保护	既有建筑物、管线核查，针对性保护措施		工区技术主管：		工程部：		监理工程师：
2		施工降水	降水效果达到设计要求						
3		超前措施	管棚/小导管/全断面注浆完成						
4	内业资料	施工技术	安全专项施工方案编制（包括应急预案）、审核、审批齐全有效，施工和安全技术交底到位；需监测的点位已布置，并测取了初读数						
5		工程材料	进场材质证明资料齐全，检验合格						
6		设备机具	进场验收记录齐全有效，特种设备安全技术档案齐全		工区安全主管：		机电管理部门：		监理工程师：
7		作业人员	拟上岗人员安全培训资料齐全，考核合格；特种作业人员类别和数量满足作业要求，操作证齐全				项目部安全工程师：		监理工程师：
8		其他	分包队伍资质、许可证等资料齐全，安全生产协议已签署，人员资格满足作业要求且已到场						
9	通用检查	运输条件	运输通道、人员进出通道畅通；运输设备与运输通道相匹配，满足安全施工要求		作业队长：		工区技术主管：		监理工程师：
10		风、水、电	施工风、水、电已送往作业面，风、水、电路布置顺畅有序，方便施工						
11		现场准备 作业面	作业范围内有无影响开工后正常安全施工的情况（台阶长度、坡度、核心土留置）						
12		设备机具	布置合理、放置稳固，防护齐全						
13		设施用具	防护设施、用具符合安全要求（作业平台、爬梯等）						
14		应急准备	应急物资到位，通讯畅通，应急照明、消防器材符合要求						
15		施工临电 总体布置	符合三级配电两级保护要求；接地符合规定		工区电工：		项目部安全工程师：		监理工程师：
16		线路与照明	线路布设、悬挂高度、护线套、线卡固定符合规定。作业区照明电压和灯具符合安全要求						
17		配电箱	电箱完整无损坏；箱内配置符合规范，并附线路图，无带电体明露及一闸多用等						
工区主管审批意见							签字：　　　　年　月　日		
项目部安全管理部门审批意见		签字：　　　　年　月　日		项目部安全副经理审批意见			签字：　　　　年　月　日		
驻地监理工程师意见		签字：　　　　年　月　日		总监办安全监理工程师审批意见			签字：　　　　年　月　日		

说明：本表为隧道开挖初支开工控制安全检查审批表，在开工前由工区安全主管负责组织实施。本表一式3份，工区、项目部、监理部各留存1份。

隧道开挖初支 工前安全自检表　　　表 AW-029

分项工程名称：　　　　施工部位：　　　日期：　　　编号：

序号	检查项目	安全控制要点	控制级别	检查结果（接班班长填写）
1	作业环境	照明满足施工要求	一般	
2		运输通道畅通	一般	
3		抢险物资到位充足	主控	
5	作业条件	掌子面土体稳定/渗水情况	主控	
6		台阶长度/核心土/台阶坡度符合要求	一般	
7		临时支撑跟进及时	主控	
8		锁脚锚杆打设完成；上榀格栅节点连接情况	一般	
9		上循环喷混凝土密实/背后无空洞/连接筋连接/网片预留长度符合规范要求	一般	
10		高压风管接头可靠/密封	一般	
11		超前地质探测完成；管棚/小导管打设、注浆符合要求	一般	
12	施工用电	电缆走线合理，无碰头、绊脚、破损现象	一般	
13		电箱完整无损坏，箱门能正常开闭	一般	
14		焊钳绝缘完好，焊把线和地线绝缘完好	主控	
15	设备设施	混凝土喷射机、电焊机、空压机、搅拌机等状态良好，满足施工要求	一般	
16		运输车辆：刹车/灯/喇叭/反光镜齐全有效	主控	
17		高压风管接头连接牢固	一般	
18		作业平台是否可靠牢固，防护到位	一般	
19	劳动纪律	当班人员无酒后进场；无生病等状态不佳人员	主控	
20		接班人员劳动防护用品按规定佩戴齐全	一般	
21		班前活动完成，作业人员了解即将进行工作的危险点及正确操作规程	一般	
其他注意事项	（交班班长填写）			
	交班班长：　　　　接班班长：			
值班工程师意见	签字：　　　　日期：			
作业队长意见	签字：　　　　日期：			

说明：本表填写1份，由工区留存，适用于隧道开挖初支施工。

隧道开挖初支 过程检查巡视表　　表 AW-030

分项工程名称：　　　　施工部位：　　　　日期：　　　　编号：

序号	检查项目	安全控制要点	控制级别	检查情况	整改意见	整改负责人
1	防物体打击	作业人员正确佩戴安全帽等劳动防护用品	主控			
2	防坠落伤害	作业平台牢固可靠、护栏符合要求	主控			
3		作业点下方严禁站人	一般			
4	防触电伤害	用电设备电源入线压接牢固，无乱拉、扯、压、砸、裸露破损现象，线路无拖地、浸泡、缠绕、老化破损、交叉等现象	一般			
5		开挖及喷射机具等用电设备具有可靠的漏电保护装置，小型手持电动工具绝缘良好，电源线无接头、无损坏，状态良好	主控			
6		严禁使用倒顺开关、民用插排，严禁雨天露天进行带电作业	主控			
7		电焊机功能完备，状态良好，焊接时双线到位，严禁用其他导电体搭接，一、二次线符合长度要求等	主控			
8		配电箱完好，电缆绝缘完好，无破损现象	一般			
9		作业人员个人劳保防护用品到位	一般			
10	防机械伤害	吊车司机、信号工等作业人员持证上岗	主控			
11		起吊设备检查钢丝绳有无断丝、断股、乱绳以及卡扣、吊钩等连接牢固、符合安全使用要求	主控			
12		喷射机、电焊机等机械作业符合相应机械操作规程，严禁违章指挥及违章作业，施工机具功能完备，防护措施到位	主控			
13		存在交叉作业时有专人协调指挥	一般			
14	防坍塌伤害	作业面无渗漏水、积水；地层是否发生变化	主控			
15		严格依照开挖（如台阶长度、核心土留设等）、支护（如小导管打设、格栅架立与连接、锁脚锚管打设、喷射混凝土等）方案和参数实施	主控			
16		施工过程中支护结构无明显的变形、开裂；地面无裂缝，邻近建（构）筑物状态良好	主控			
17		应急物资充足、到位	主控			
18	其他	当班人员无酒后进场；无生病等状态不佳人员	一般			
19		现场有无违章作业、违章指挥	主控			
存在问题处理情况						
安全员签字：				日期：　年　月　日		

说明：1. 本表为安全员每班巡查表格，填写1份，由工区留存；
　　　2. 检查情况符合要求时打"√"，检查项目不合格项，由安全员明确整改意见，指定整改负责人；
　　　3. 主控项目由安全员下达专项安全整改通知单，一般项目由安全员通知到整改负责人，限期整改；
　　　4. 整改完成后报安全员复检。

扩大段施工 开工控制安全自（复）检审批表　　表 AW-031

单位工程名称：　　　　分项工程名称：　　　施工部位：　　　编号：

序号	检查项目	内容	安全控制要点	一检 检查结果	一检 责任人（签字）	二检 检查结果	二检 责任人（签字）	复检 检查结果	复检 责任人（签字）
1	针对性检查	环境风险保护	既有建筑物、管线核查，针对性保护措施		工区技术主管：		工程部：		监理工程师：
2		专项交底	对作业人员特殊段施工进行交底；每榀开挖变化尺寸、纵向连接筋连接方式						
3		施工降水	降水效果达到设计要求						
4		超前措施	管棚/小导管/全断面注浆完成						
5		掌子面情况	地层稳定/地质情况有无变化/渗漏水情况						
6		格栅准备	格栅拱架焊接质量、每榀尺寸验收合格；每榀变化格栅编号清楚						
7	通用性检查	施工技术	安全专项施工方案编制（包括应急预案）、审核、审批齐全有效，施工和安全技术交底到位；需监测的点位已布置并测取了初读数						
8		工程材料	进场材质证明资料齐全，检验合格						
9		内业资料 / 设备机具	进场验收记录齐全有效，特种设备安全技术档案齐全		工区安全主管：		机电管理部门：		监理工程师：
10		作业人员	拟上岗人员安全培训资料齐全，考核合格；特种作业人员类别和数量满足作业要求，操作证齐全				项目部安全工程师：		监理工程师：
11		其他	分包队伍资质、许可证等资料齐全，安全生产协议签署，人员资格满足作业要求且已到场						
12		运输条件	运输通道、人员进出通道畅通；运输设备与运输通道相匹配，满足安全施工要求		作业队长：		工区技术主管：		监理工程师：
13		现场准备 / 风、水、电	施工风、水、电已送往作业面，风、水、电路布置顺畅有序，方便施工						
14		作业面	作业范围内有无影响开工后正常安全施工的情况（台阶长度、坡度、核心土留置）						
15		设备机具	布置合理、放置稳固，防护齐全						
16		设施用具	防护设施、用具符合安全要求（作业平台、爬梯等）						
17		应急准备	应急物资到位，通讯畅通，应急照明、消防器材符合要求						
18	施工临电	总体布置	符合三级配电两级保护要求；接地符合规定		工区电工：		项目部安全工程师：		监理工程师：
19		线路与照明	线路布设、悬挂高度、护线套、线卡固定符合规定。作业区照明电压和灯具符合安全要求						
20		配电箱	电箱完整无损坏，箱内配置符合规范，并附线路图，无带电体明露及一闸多用等						

工区主管审批意见	签字：　　　　　　年　月　日		
项目部安全管理部门审批意见	签字：　　　年 月 日	项目部安全副经理审批意见	签字：　　　年 月 日
驻地监理工程师意见	签字：　　　年 月 日	总监办安全监理工程师审批意见	签字：　　　年 月 日

本表为扩大段施工开工控制安全检查审批表，在开工前由工区安全主管负责组织实施。本表一式3份，工区、项目部、监理各留存1份。

扩大段施工 工前安全自检表   表 AW-032

分项工程名称：　　　　　　施工部位：　　　　日期：　　　　编号：

序号	检查项目	安全控制要点	控制级别	检查结果（接班班长填写）
1	作业环境	照明满足施工要求	一般	
2		运输通道畅通	一般	
3		抢险物资到位充足	主控	
4	作业条件	对照专项交底核对格栅尺寸、编号准确无误	主控	
5		掌子面土体稳定/渗水情况	主控	
6		台阶长度/核心土/台阶坡度符合要求	一般	
7		临时支撑跟进及时	主控	
8		锁脚锚杆打设完成；上榀格栅节点连接情况	一般	
9		上循环喷混凝土密实/背后无空洞/连接筋连接/网片预留长度符合规范要求	一般	
10		高压风管接头可靠/密封	一般	
11		超前地质探测完成；管棚/小导管打设、注浆符合要求	一般	
12	施工用电	电缆走线合理，无碰头、绊脚、破损现象	一般	
13		电箱完整无损坏，箱门能正常开闭	一般	
14		焊钳绝缘完好，焊把线和地线绝缘完好	一般	
15	设备设施	喷射机、电焊机、空压机、搅拌机等状态良好，满足施工要求	一般	
16		运输车辆：刹车/灯/喇叭/反光镜齐全有效	主控	
17		高压风管接头连接牢固	一般	
18		作业平台是否可靠牢固，防护到位	一般	
19	劳动纪律	当班人员无酒后进场；无生病等状态不佳人员	主控	
20		劳动防护用品按规定佩戴齐全	一般	
21		班前活动完成，作业人员了解即将进行工作的危险点及正确操作规程	一般	
其他注意事项		（交班班长填写）交班班长：　　　　　　接班班长：		
值班工程师意见			签字：　　　　　日期：	
作业队长意见			签字：　　　　　日期：	

说明：本表填写1份，由工区留存，适用于扩大段施工。

扩大段施工 过程检查巡视表 表 AW-033

分项工程名称：　　　　　施工部位：　　　　日期：　　　　编号：

序号	检查项目	安全控制要点	控制级别	检查情况	整改意见	整改负责人
1	防物体打击	作业人员正确佩戴安全帽等劳动防护用品	主控			
2	防坠落伤害	作业平台牢固可靠，护栏符合要求	主控			
3		作业点下方严禁站人	一般			
4	防触电伤害	用电设备电源入线压接牢固，无乱拉、扯、压、砸、裸露破损现象，线路无拖地、浸泡、缠绕、老化破损、交叉等现象	一般			
5		开挖及喷射机具等用电设备具有可靠的漏电保护装置，小型手持电动工具绝缘良好，电源线无接头、无损坏，状态良好	主控			
6		严禁使用倒顺开关、民用插排，严禁雨天露天进行带电作业	主控			
7		电焊机功能完备，状态良好，焊接时双线到位，严禁用其他导电体搭接，一、二次线符合长度要求等	主控			
8		配电箱完好，电缆绝缘完好，无破损现象	一般			
9		作业人员个人劳保防护用品到位	一般			
10	防机械伤害	吊车司机、信号工等作业人员持证上岗	主控			
11		起吊设备检查钢丝绳有无断丝、断股、乱绳以及卡扣、吊钩等连接牢固，符合安全使用要求	主控			
12		喷射机、电焊机等机械作业符合相应机械操作规程，严禁违章指挥及违章作业，施工机具功能完备，防护措施到位	主控			
13		存在交叉作业时有专人协调指挥	一般			
14	防坍塌伤害	作业面无渗漏水、积水；地层是否发生变化	主控			
15		严格依照开挖（如台阶长度、核心土留设、放坡坡度等）、支护（如小导管打设、格栅架立与连接、锁脚锚管打设、喷射混凝土等）方案和参数实施	主控			
16		施工过程中支护结构无明显的变形、开裂；地面无裂缝，邻近建（构）筑物状态良好	主控			
17		应急物资充足、到位	主控			
18	其他	当班人员无酒后进场；无生病等状态不佳人员	一般			
19		现场有无违章作业、违章指挥	主控			
存在问题处理情况						
安全员签字：			日期：　年　月　日			

说明：1. 本表为安全员每班巡查表格，填写1份，由工区留存；
2. 检查情况符合要求时打"√"，检查项目不合格项，由安全员明确整改意见，指定整改负责人；
3. 主控项目由安全员下达专项安全整改通知单，一般项目由安全员通知到整改负责人，限期整改；
4. 整改完成后报安全员复检。

初支扣拱施工 开工控制安全自（复）检审批表　　表 AW-034

单位工程名称：　　　分项工程名称：　　　施工部位：　　　编号：

序号	检查项目		内容	安全控制要点	一检 检查结果	一检 责任人（签字）	二检 检查结果	二检 责任人（签字）	复检 检查结果	复检 责任人（签字）
1	针对性检查		环境风险保护	既有建筑物、管线核查，针对性保护措施		工区技术主管：		工程部：		监理工程师：
2			施工降水	降水效果达到设计要求						
3			结构稳定性	天梁强度达到要求						
4			超前措施	管棚/小导管/全断面注浆完成						
5	通用性检查	内业资料	施工技术	安全专项施工方案编制（包括应急预案）、审核、审批齐全有效，施工和安全技术交底到位；需监测的点位已布置并测取了初读数						
6			工程材料	进场材质证明资料齐全，检验合格						
7			设备机具	进场验收记录齐全有效，特种设备安全技术档案齐全		工区安全主管：		机电管理部门：		监理工程师：
8			作业人员	拟上岗人员安全培训资料齐全，考核合格；特种作业人员类别和数量满足作业要求，操作证齐全				项目部安全工程师：		监理工程师：
9			其他	分包队伍资质、许可证等资料齐全，安全生产协议已签署，人员资格满足作业要求且已到场						
10		现场准备	运输条件	运输通道、人员进出通道畅通；运输设备与运输通道相匹配，满足安全施工要求		作业队长：		工区技术主管：		监理工程师：
11			风、水、电	施工风、水、电已送往作业面，风、水、电路布置顺畅有序，方便施工						
12			设备机具	布置合理、放置稳固，防护齐全						
13			设施用具	防护设施、用具符合安全要求（作业平台、爬梯等）						
14			应急准备	应急物资到位，通讯畅通，应急照明、消防器材符合要求						
15		施工临电	总体布置	符合三级配电两级保护要求；接地符合规定		工区电工：		项目部安全工程师：		监理工程师：
16			线路与照明	线路布设、悬挂高度、护线套、线卡固定符合规定。作业区照明电压和灯具符合安全要求						
17			配电箱	电箱完整无损坏；箱内配置符合规范，并附线路图，无带电体明露及一闸多用等						

工区主管审批意见		签字：　　　　年　月　日	
项目部安全管理部门审批意见	签字：　　年　月　日	项目部安全副经理审批意见	签字：　　年　月　日
驻地监理工程师意见	签字：　　年　月　日	总监办安全监理工程师审批意见	签字：　　年　月　日

本表为初支扣拱施工开工控制安全检查审批表，在开工前由工区安全主管负责组织实施。本表一式3份，工区、项目部、监理部各留存1份。

初支扣拱施工 工前安全自检表　　表 AW-035

分项工程名称：　　　　施工部位：　　　　日期：　　　　编号：

序号	检查项目	安全控制要点	控制级别	检查结果（接班班长填写）
1	作业环境	照明满足施工要求	一般	
2		运输通道畅通	一般	
3		抢险物资到位充足	主控	
4	作业条件	掌子面土体稳定/渗水情况	主控	
5		台阶长度/核心土/台阶坡度符合要求	一般	
6		锁脚锚杆打设完成；上榀格栅节点连接情况	一般	
7		上循环喷混凝土密实/背后无空洞/连接筋连接/网片预留长度符合规范要求	一般	
8		高压风管接头可靠/密封	一般	
9		超前地质探测完成；管棚/小导管打设、注浆符合要求	一般	
10	施工用电	电缆走线合理，无绊人、碰人、破损现象	一般	
11		电箱完整无损坏，箱门能正常开闭	一般	
12		焊钳绝缘完好，焊把线和地线绝缘完好	一般	
13	设备设施	喷射机、电焊机、空压机、搅拌机等状态良好，满足施工要求	一般	
14		运输车辆：刹车/灯/喇叭/反光镜齐全有效	主控	
15		高压风管接头连接牢固	一般	
16		作业平台是否可靠牢固，防护到位	一般	
17	劳动纪律	当班人员无酒后进场；无生病等状态不佳人员	主控	
18		接班人员劳动防护用品按规定佩戴齐全	一般	
19		班前活动完成，作业人员了解即将进行工作的危险点及正确操作规程	一般	
其他注意事项		（交班班长填写）　　　　　　　　　　　　　　　　　　　　　　　　　　　　　交班班长：　　　　接班班长：		
值班工程师意见		签字：　　　　日期：		
作业队长意见		签字：　　　　日期：		

说明：本表填写 1 份，由工区留存。

初支扣拱施工 过程检查巡视表 表 AW-036

分项工程名称：　　　　　施工部位：　　　　日期：　　　　编号：

序号	检查项目	安全控制要点	控制级别	检查情况	整改意见	整改负责人
1	防物体打击	作业人员正确佩戴安全帽等劳动防护用品	主控			
2	防坠落伤害	作业平台牢固可靠、护栏符合要求	主控			
3		洞口防护是否到位	一般			
4		作业点下方严禁站人	一般			
5	防触电伤害	用电设备电源入线压接牢固，无乱拉、扯、压、砸、裸露破损现象，线路无拖地、浸泡、缠绕、老化破损、交叉等现象	一般			
6		开挖及喷射机具等用电设备具有可靠的漏电保护装置，小型手持电动工具绝缘良好，电源线无接头、无损坏，状态良好	主控			
7		严禁使用倒顺开关、民用插排，严禁雨天露天进行带电作业	主控			
8		电焊机功能完备，状态良好，焊接时双线到位，严禁用其他导电体搭接，一、二次线符合长度要求等	主控			
9		配电箱完好，电缆绝缘完好，无破损现象	一般			
10		作业人员个人劳保防护用品到位	一般			
11	防机械伤害	吊车司机、信号工等作业人员持证上岗	主控			
12		起吊设备检查钢丝绳有无断丝、断股、乱绳以及卡扣、吊钩等连接牢固、符合安全使用要求	主控			
13		喷射机、电焊机等机械作业符合相应机械操作规程，严禁违章指挥及违章作业，施工机具功能完备，防护措施到位	主控			
14		存在交叉作业时有专人协调指挥	一般			
15	防坍塌伤害	作业面无渗漏水、积水；地层是否发生变化	主控			
16		严格依照开挖（如分块数量、大小、核心土留设等）、支护（如拱部钢格栅与顶纵梁的连接、小导管打设、格栅架立与连接、锁脚锚管打设、喷射混凝土等）方案和参数实施	主控			
17		扣拱过程中支护结构无明显的变形、开裂；地面无裂缝，邻近建（构）筑物状态良好	主控			
18		应急物资充足、到位	主控			
19	其他	当班人员无酒后进场；无生病等状态不佳人员	一般			
20		现场有无违章作业、违章指挥	主控			

存在问题处理情况

安全员签字：　　　　　　　　　　　　　　　　日期：　　年　　月　　日

说明：1. 本表为安全员每班巡查表格，填写1份，由工区留存；
2. 检查情况符合要求时打"√"，检查项目不合格项，由安全员明确整改意见，指定整改负责人；
3. 主控项目由安全员下达专项安全整改通知单，一般项目由安全员通知到整改负责人，限期整改；
4. 整改完成后报安全员复检。

特级、一级风险源 开工控制安全自（复）检审批表　　表 AW-037

单位工程名称：　　　　　分项工程名称：　　　　　施工部位：　　　　　编号：

序号	检查项目	内容	安全控制要点	一检 检查结果	一检 责任人（签字）	二检 检查结果	二检 责任人（签字）	复检 检查结果	复检 责任人（签字）
1	针对性检查	审批手续	对特级风险评估、分析，专家论证完毕；产权单位、路政局审批手续齐全		工区技术主管：		工程部：		监理工程师：
2		监控量测	专项监测方案审批完成；监测的点位已布置，初始值已读取，控制值已确定						
3		施工降水	降水效果达到设计要求						
4		专项防护	风险源自身专项防护措施已完成						
5		超前支护	开挖前的管棚、小导管打设、全断面注浆等风险源保护措施完成						
6		掌子面情况	地层稳定/无渗漏水						
7	通用性检查	内业资料	施工技术	安全专项施工方案编制（包括应急预案）、审核、审批齐全有效，施工和安全技术交底到位					
8			工程材料	进场材质证明资料齐全，检验合格					
9			设备机具	进场验收记录齐全有效，特种设备安全技术档案齐全		工区安全主管：		机电管理部门：		监理工程师：
10			作业人员	拟上岗人员安全培训资料齐全，考核合格；特种作业人员类别和数量满足作业要求，操作证齐全						项目部安全工程师： 监理工程师：
11			其他	分包队伍资质、许可证等资料齐全，安全生产协议已签署，人员资格满足作业要求且已到场						
12		现场准备	运输条件	运输通道、人员进出通道畅通；运输设备与运输通道相匹配，满足安全施工要求		工区技术主管：		项目部总工：		监理工程师：
13			风、水、电	施工风、水、电已送往作业面，风、水、电路布置顺畅有序，方便施工						
14			作业面	作业范围内有无影响开工后正常安全施工的情况（台阶长度、坡度、核心土留置）						
15			设备机具	布置合理、放置稳固，防护齐全						
16			设施用具	防护设施、用具符合安全要求（作业平台、爬梯等）						
17			应急准备	应急物资到位，通讯畅通，应急照明、消防器材符合要求						
18		施工临电	总体布置	符合三级配电两级保护要求；接地符合规定		工区电工：		项目部安全工程师：		监理工程师：
19			线路与照明	线路布设、悬挂高度、护线套、线卡固定符合规定。作业区照明电压和灯具符合安全要求						
20			配电箱	电箱完整无损坏；箱内配置符合规范，并附线路图，无带电体明露及一闸多用等						

工区主管审批意见	签字：　　　年　月　日	项目部安全管理部门审批意见	签字：　　　年　月　日
项目部安全副经理审批意见	签字：　　　年　月　日	项目部经理审批意见	签字：　　　年　月　日
驻地监理工程师意见	签字：　　　年　月　日	总监理工程师审批意见	签字：　　　年　月　日

本表为特级风险源开工控制安全检查审批表，在开工前由工区安全主管负责组织实施。本表一式3份，工区、项目部、监理各留存1份。

特级、一级风险源 工前安全自检表　　表 AW-038

分项工程名称：　　施工部位：　　日期：　　编号：

序号	检查项目	安全控制要点	控制级别	检查结果（接班班长填写）
1	作业环境	照明满足施工要求	一般	
2		运输通道畅通	一般	
3		抢险物资到位充足	主控	
4	作业条件	特殊措施落实到位	主控	
5		掌子面土体稳定/渗水情况	主控	
6		台阶长度/核心土/台阶坡度符合要求	一般	
7		临时支撑跟进及时，回填注浆并跟进	主控	
8		锁脚锚杆打设完成；上榀格栅节点连接情况	一般	
9		上循环喷混凝土密实/背后无空洞/连接筋连接/网片预留长度符合要求	一般	
10		高压风管接头可靠/密封	一般	
11		超前地质探测完成；管棚/小导管打设、注浆符合要求	一般	
12	施工用电	电缆走线合理，无碰头、绊脚、破损现象	一般	
13		电箱完整无损坏，箱门能正常开闭	一般	
14		焊钳绝缘完好，焊把线和地线绝缘完好	一般	
15	设备设施	喷射机、电焊机、空压机、搅拌机等状态良好，满足施工要求	一般	
16		运输车辆：刹车/灯/喇叭/反光镜齐全有效	主控	
17		高压风管接头连接牢固	一般	
18		作业平台是否可靠牢固，防护到位	一般	
19	劳动纪律	当班人员无酒后进场；无生病等状态不佳人员	主控	
20		接班人员劳动防护用品按规定佩戴齐全	一般	
21		班前活动完成，作业人员了解即将进行工作的危险点及正确操作规程	一般	
其他注意事项	（交班班长填写）交班班长：　　接班班长：			
值班工程师意见			签字：　　日期：	
作业队长意见			签字：　　日期：	

说明：本表填写1份，由工区留存，适用于特级风险源施工。

特级、一级风险源 过程检查巡视表　　表 AW-039

分项工程名称：　　　施工部位：　　　日期：　　　编号：

序号	检查项目	安全控制要点	控制级别	检查情况	整改意见	整改负责人
1	防物体打击	作业人员正确佩戴安全帽等劳动防护用品	主控			
2	防坠落伤害	作业平台牢固可靠、护栏符合要求	主控			
3		作业点下方严禁站人	一般			
4	防触电伤害	用电设备电源入线压接牢固，无乱拉、扯、压、砸、裸露破损现象，线路无拖地、浸泡、缠绕、老化破损、交叉等现象	一般			
5		开挖及支护机具等用电设备具有可靠的漏电保护装置，小型手持电动工具绝缘良好，电源线无接头、无损坏、状态良好	主控			
6		严禁使用倒顺开关、民用插排，严禁雨天露天进行带电作业	主控			
7		电焊机功能完备，状态良好，焊接时双线到位，严禁用其他导电体搭接，一、二次线符合长度要求等	主控			
8		配电箱完好，电缆绝缘完好，无破损现象	一般			
9		作业人员个人劳保防护用品到位	一般			
10	防机械伤害	吊车司机、信号工等作业人员持证上岗	主控			
11		起吊设备检查钢丝绳有无断丝、断股、乱绳以及卡扣、吊钩等连接牢固、符合安全使用要求	主控			
12		龙门吊、电焊机等机械作业符合相应机械操作规程，严禁违章指挥及违章作业，施工机具功能完备，防护措施到位	主控			
13		存在交叉作业时有专人协调指挥	一般			
14	防坍塌伤害	作业面无渗漏水、积水；地层是否发生变化	主控			
15		严格依照专项施工方案实施	主控			
16		施工过程中支护结构无明显的变形、开裂；地面无裂缝，邻近建（构）筑物状态良好	主控			
17		应急物资充足、到位	主控			
18	其他	当班人员无酒后进场；无生病等状态不佳人员	一般			
19		现场有无违章作业、违章指挥	主控			
存在问题处理情况						

安全员签字：　　　　　　　　　　　　　　　日期：　　　年　月　日

说明：1. 本表为安全员每班巡查表格，填写1份，由工区留存；
2. 检查情况符合要求时打"√"，检查项目不合格项，由安全员明确整改意见，指定整改负责人；
3. 主控项目由安全员下达专项安全整改通知单，一般项目由安全员通知到整改负责人，限期整改；
4. 整改完成后报安全员复检。

桩/柱孔开挖 开工控制安全自（复）检审批表　　表 AW-040

单位工程名称：　　　分项工程名称：　　　施工部位：　　　编号：

序号	检查项目	内容	安全控制要点	一检 检查结果	一检 责任人（签字）	二检 检查结果	二检 责任人（签字）	复检 检查结果	复检 责任人（签字）
1	针对性检查	专项措施	已对作业人员进行交底；有害气体检测、通风设备、提升设备、抢险物资等措施到位		工区技术主管：		工程部：		监理工程师：
2		结构稳定性	上下导洞初期支护结构已基本稳定						
3	通用性检查	内业资料	施工技术	安全专项施工方案编制（包括应急预案）、审核、审批齐全有效，施工和安全技术交底到位；需监测的点位已布置					
4			工程材料	进场材质证明资料齐全，检验合格					
5			设备机具	进场验收记录齐全有效，特种设备安全技术档案齐全		工区安全主管：		机电管理部门：		监理工程师：
6			作业人员	拟上岗人员安全培训资料齐全，考核合格；特种作业人员类别和数量满足作业要求，操作证齐全				项目部安全工程师：		监理工程师：
7			其他	分包队伍资质、许可证等资料齐全，安全生产协议签署，人员资格满足作业要求且已到场						
8		现场准备	运输条件	运输通道、人员进出通道畅通；运输设备与运输通道相匹配，满足安全施工要求		作业队长：		工区技术主管：		监理工程师：
9			风、水、电	施工风、水、电已送往作业面，风水电路布置顺畅有序，方便施工						
10			设备机具	布置合理、放置稳固、防护齐全						
11			设施用具	防护设施、用具符合安全要求						
12			应急准备	应急物资到位，通讯畅通，应急照明、消防器材符合要求						
13		施工临电	总体布置	符合三级配电两级保护要求；接地符合规定		工区电工：		项目部安全工程师：		监理工程师：
14			线路与照明	线路布设、悬挂高度、护线套、线卡固定符合规定。作业区照明电压和灯具符合安全要求						
15			配电箱	电箱完整无损坏；箱内配置符合规范，并附线路图，无带电体明露及一闸多用等						

工区主管审批意见		签字：　　　　年　月　日
项目部安全管理部门审批意见	签字：　　　年　月　日	项目部安全副经理审批意见　　签字：　　　　年　月　日
驻地监理工程师意见	签字：　　　年　月　日	总监办安全监理工程师审批意见　签字：　　　　年　月　日

说明：本表为桩/柱孔开挖开工控制安全检查审批表，在开工前由工区安全主管负责组织实施。本表一式3份，工区、项目部、监理部各留存1份。

桩/柱孔开挖 工前安全自检表 表 AW-041

分项工程名称：　　　　施工部位：　　　　日期：　　　　编号：

序号	检查项目	安全控制要点	控制级别	检查结果（接班班长填写）
1	作业环境	照明满足施工要求	一般	
2		孔口四周杂物清理干净	一般	
3		挡土檐满足要求	一般	
4		运输通道畅通	一般	
5		抢险物资到位充足	主控	
6	作业条件	作业面土体稳定/渗水情况	主控	
7		上下爬梯牢固、安全	一般	
8		人员安全绳配备齐全	一般	
9		通风条件满足要求	主控	
10		上循环护壁强度满足要求	一般	
11	施工用电	电缆走线合理，无绊人、碰人、破损现象	一般	
12		电箱完整无损坏，箱门能正常开闭	一般	
13		焊钳绝缘完好，焊把线和地线绝缘完好	一般	
14	设备设施	喷浆机、电焊机、空压机、搅拌机等状态良好，满足施工要求	一般	
15		运输车辆：刹车/灯/喇叭/反光镜齐全有效	主控	
16		高压风管接头连接牢固	一般	
17		临边防护到位，安全标志齐全	一般	
18	劳动纪律	当班人员无酒后进场；无生病等状态不佳人员	主控	
19		接班人员劳动防护用品按规定佩戴齐全	一般	
20		班前活动完成，作业人员了解即将进行工作的危险点及正确操作规程	一般	

其他注意事项	（交班班长填写）
	交班班长：　　　　　　　接班班长：

值班工程师意见	签字：　　　　　　　日期：

作业队长意见	签字：　　　　　　　日期：

说明：本表填写 1 份，由工区留存。

桩/柱孔开挖 过程检查巡视表   表 AW-042

分项工程名称：　　　　　施工部位：　　　　　日期：　　　　　编号：

序号	检查项目	安全控制要点	控制级别	检查情况	整改意见	整改负责人
1	防物体打击	作业人员正确佩戴安全帽等劳动防护用品	主控			
2		孔底与孔口联系设施是否有效；物料提升时孔内应停止作业	主控			
3	防坠落伤害	作业平台牢固可靠、护栏符合要求	主控			
4		高处作业正确佩戴使用安全带	主控			
5		孔口防护是否到位	一般			
6		用电设备电源入线压接牢固，无乱拉、扯、压、砸、裸露破损现象，线路无拖地、浸泡、缠绕、老化破损、交叉等现象	一般			
7	防触电伤害	开挖及支护、提升等机具等用电设备具有可靠的漏电保护装置，小型手持电动工具绝缘良好，电源线无接头、无损坏，状态良好	主控			
8		严禁使用倒顺开关、民用插排，严禁雨天露天进行带电作业	主控			
9		电焊机功能完备、状态良好，焊接时双线到位，严禁用其他导电体搭接，一、二次线符合长度要求等	主控			
10		配电箱完好，电缆绝缘完好，无破损现象	一般			
11		作业人员个人劳保防护用品到位	一般			
12	防机械伤害	垂直提升机具和装置必须配有自动卡紧保险装置，设备运行良好；吊钩应有弹簧式脱钩装置	主控			
13		钢丝绳有无断丝、断股、乱绳以及卡扣、吊钩等连接牢固、符合安全使用要求	主控			
14		电焊机等机械作业符合相应机械操作规程，严禁违章指挥及违章作业，施工机具功能完备，防护措施到位	主控			
15		吊装作业时有专人协调指挥	一般			
16	防坍塌伤害	挖孔顺序是否合理，开挖后及时按方案支护	主控			
17		遇有孔壁渗漏水，应及时进行抽排，情况异常及时撤离	主控			
18		孔口周边堆载符合要求，周边地面无裂缝，邻近建（构）筑物状态良好	主控			
19		应急物资充足、到位	主控			
20	防中毒	孔深较大时，通风措施有效、到位	主控			
21	其他	当班人员无酒后进场；无生病等状态不佳人员	一般			
22		现场有无违章作业、违章指挥	主控			

存在问题处理情况：

安全员签字：　　　　　　　　　　　　日期：　　年　　月　　日

说明：1. 本表为安全员每班巡查表格，填写1份，由工区留存；
　　　2. 检查情况符合要求时打"√"，检查项目不合格项，由安全员明确整改意见，指定整改负责人；
　　　3. 主控项目由安全员下达专项安全整改通知单，一般项目由安全员通知到整改负责人，限期整改；
　　　4. 整改完成后报安全员复检。

钢管柱、钢筋笼吊装 开工控制安全自（复）检审批表　　表 AW-043

单位工程名称：　　　　分项工程名称：　　　施工部位：　　　　编号：

序号	检查项目	内容	安全控制要点	一检 检查结果	一检 责任人（签字）	二检 检查结果	二检 责任人（签字）	复检 检查结果	复检 责任人（签字）
1	针对性检查	吊装设备	吊装设备、支架验收合格，满足要求		工区技术主管：		工程部：		监理工程师：
2		柱孔支护	无变形、稳定牢固						
3		钢管柱	钢管柱现场验收合格、资料齐全						
4		运输	运输机械合格、通道畅通						
5	通用性检查	内业资料	施工技术	安全专项施工方案编制（包括应急预案）、审核、审批齐全有效，施工和安全技术交底到位		工区安全主管：		机电管理部门：		监理工程师：
6			工程材料	进场材质证明资料齐全，检验合格						
7			设备机具	进场验收记录齐全有效，特种设备安全技术档案齐全						
8			作业人员	拟上岗人员安全培训资料齐全，考核合格；特种作业人员类别和数量满足作业要求，操作证齐全				项目部安全工程师：		监理工程师：
9			其他	分包队伍资质、许可证等资料齐全，安全生产协议签署，人员资格满足作业要求且已到场						
10		现场准备	运输条件	运输通道、人员进出通道畅通；运输设备与运输通道相匹配，满足安全施工要求		作业队长：		工区技术主管：		监理工程师：
11			风、水、电	施工风、水、电已送往作业面，风水电路布置顺畅有序，方便施工						
12			作业面	作业范围内有无影响开工后正常安全施工的情况。（护壁无变形、底脚预埋螺栓满足施工要求）						
13			设备机具	布置合理放置稳固，防护齐全						
14			设施用具	临边防护齐全、用具符合安全要求						
15			应急准备	应急物资到位，通讯畅通，应急照明符合要求						
16		施工临电	总体布置	符合三级配电两级保护要求；接地符合规定		工区电工：		项目部安全工程师：		监理工程师：
17			线路与照明	线路布设、悬挂高度、护线套、线卡固定符合规定。作业区照明电压和灯具符合安全要求						
18			配电箱	电箱完整无损坏；箱内配置符合规范，并附线路图，无带电体明露及一闸多用等						

工区主管审批意见	签字：　　　　　　年　月　日		
项目部安全管理部门审批意见	签字：　　年　月　日	项目部安全副经理审批意见	签字：　　年　月　日
驻地监理工程师意见	签字：　　年　月　日	总监办安全监理工程师审批意见	签字：　　年　月　日

说明：本表为钢管柱、钢筋笼吊装开工控制安全检查审批表，在开工前由工区安全总监负责组织实施。本表一式3份，工区、项目部、监理部各留存1份。

钢管柱、钢筋笼吊装 工前安全自检表 表 AW-044

分项工程名称：　　　　　施工部位：　　　　日期：　　　　编号：

序号	检查项目	安全控制要点	控制级别	检查结果（接班班长填写）
1	作业环境	照明满足施工要求	一般	
2		运输通道畅通	一般	
3		消防设施配备齐全	一般	
4	作业条件	柱孔支护稳定，无变形	一般	
5		各种配件齐全，连接牢固	一般	
6		吊装范围内禁止站人	主控	
7	施工用电	电缆走线合理，无碰头、绊脚、破损现象	一般	
8		电箱完整无损坏，箱门能正常开闭	一般	
9		焊钳绝缘完好，焊把线和地线绝缘完好	主控	
10	设备设施	电焊机、空压机等状态良好，满足施工要求	一般	
11		运输车辆：刹车/灯/喇叭/反光镜齐全有效	一般	
12		吊装台架牢固可靠	一般	
13		高压风管接头连接牢固	一般	
14		孔口防护牢固可靠、警示标识齐全	一般	
15	劳动纪律	当班人员无酒后进场；无生病等状态不佳人员，严禁吸烟	主控	
16		接班人员劳动防护用品按规定佩戴齐全	一般	
17		班前活动完成，作业人员了解即将进行工作的危险点及正确操作规程	一般	
其他注意事项	（交班班长填写）			
	交班班长：　　　　　　　接班班长：			
值班工程师意见			签字：　　　日期：	
作业队长意见			签字：　　　日期：	

说明：本表填写1份，由工区留存。

钢管柱、钢筋笼吊装 过程检查巡视表　　表 AW-045

分项工程名称：　　　　施工部位：　　　　日期：　　　　编号：

序号	检查项目	安全控制要点	控制级别	检查情况	整改意见	整改负责人
1	防物体打击	作业人员正确佩戴安全帽等劳动防护用品	主控			
2		吊装范围设立安全标志	主控			
3		吊装范围内禁止站人	主控			
4	防坠落伤害	钢管柱、钢筋笼的构件连接牢固	主控			
5		高处作业正确佩戴使用安全带	主控			
6		孔口、临边防护是否到位	一般			
7	防触电伤害	用电设备电源入线压接牢固，无乱拉、扯、压、砸、裸露破损现象，线路无拖地、浸泡、缠绕、老化破损、交叉等现象	一般			
8		提升等机具等用电设备具有可靠的漏电保护装置，小型手持电动工具绝缘良好，电源线无接头、无损坏，状态良好	主控			
9		严禁使用倒顺开关、民用插排，严禁雨天露天进行带电作业	主控			
10		电焊机功能完备，状态良好，焊接时双线到位，严禁用其他导电体搭接，一、二次线符合长度要求等	主控			
11		配电箱完好，电缆绝缘完好，无破损现象	一般			
12		作业人员个人劳保防护用品到位	一般			
13	防机械伤害	垂直提升机具和装置必须配有自动卡紧保险装置，设备运行良好；吊钩应有弹簧式脱钩装置	主控			
14		钢丝绳有无断丝、断股、乱绳以及卡扣、吊钩等连接牢固，符合安全使用要求	主控			
15		电焊机等机械作业符合相应机械操作规程，严禁违章指挥及违章作业，施工机具功能完备，防护措施到位	主控			
16		吊装作业时有专人协调指挥	一般			
17	防止坍塌伤害	柱孔支护稳定，无变形	主控			
18	防中毒	孔深较大时，通风措施有效、到位	主控			
19	其他	当班人员无酒后进场；无生病等状态不佳人员	一般			
20		现场有无违章作业、违章指挥	主控			
存在问题处理情况						

安全员签字：　　　　　　　　　　　　　　　　　　日期：　　年　月　日

说明：1. 本表为安全员每班巡查表格，填写1份，由工区留存；
   2. 检查情况符合要求时打"√"，检查项目不合格项，由安全员明确整改意见，指定整改负责人；
   3. 主控项目由安全员下达专项安全整改通知单，一般项目由安全员通知到整改负责人，限期整改；
   4. 整改完成后报安全员复检。

柱孔灌注 开工控制安全自（复）检审批表　　表 AW-046

单位工程名称：　　　　分项工程名称：　　　　施工部位：　　　　编号：

序号	检查项目	内容	安全控制要点	一检 检查结果	一检 责任人（签字）	二检 检查结果	二检 责任人（签字）	复检 检查结果	复检 责任人（签字）
1	针对性检查	孔口临边防护	防护到位、安全标志齐全有效		工区技术主管：		工程部：		监理工程师：
2		柱底模板	支撑体系验收合格						
3		输送泵	验收合格，输送管连接牢固、可靠						
4	通用性检查	内业资料 施工技术	安全专项施工方案编制（包括应急预案）、审核、审批齐全有效，施工和安全技术交底到位						
5		工程材料	进场材质证明资料齐全，检验合格						
6		设备机具	进场验收记录齐全有效，特种设备安全技术档案齐全		工区安全主管：		机电管理部门：		监理工程师：
7		作业人员	拟上岗人员安全培训资料齐全，考核合格；特种作业人员类别和数量满足作业要求，操作证齐全				项目部安全工程师：		监理工程师：
8		其他	分包队伍资质、许可证等资料齐全，安全生产协议签署，人员资格满足作业要求且已到场						
9		现场准备 运输条件	运输通道、人员进出通道畅通；运输设备与运输通道相匹配，满足安全施工要求		作业队长：		工区技术主管：		监理工程师：
10		风、水、电	施工风、水、电已送往作业面，风水电路布置顺畅有序，方便施工						
11		作业面	作业范围内有无影响开工后正常安全施工的情况。（钢管柱支撑体系牢固可靠）						
12		设备机具	布置合理放置稳固，防护齐全						
13		设施用具	孔口防护设施、用具符合安全要求						
14		应急准备	应急物资到位，通讯畅通，应急照明符合要求						
15		施工临电 总体布置	符合三级配电两级保护要求；接地符合规定		工区电工：		项目部安全工程师：		监理工程师：
16		线路与照明	线路布设、悬挂高度、护线套、线卡固定符合规定。作业区照明电压和灯具符合安全要求						
17		配电箱	电箱完整无损坏；箱内配置符合规范，并附线路图，无带电体明露及一闸多用等						

工区主管审批意见		签字：　　　　年　月　日	
项目部安全管理部门审批意见	签字：　　年　月　日	项目部安全副经理审批意见	签字：　　年　月　日
驻地监理工程师意见	签字：　　年　月　日	总监办安全监理工程师审批意见	签字：　　年　月　日

说明：本表为柱孔灌注开工控制安全检查审批表，在开工前由工区安全总监负责组织实施。本表一式3份，工区、项目部、监理部各留存1份。

桩孔灌注 工前安全自检表　　表 AW-047

分项工程名称：　　　施工部位：　　　日期：　　　编号：

序号	检查项目	安全控制要点	控制级别	检查结果（接班班长填写）
1	作业环境	照明满足施工要求	一般	
2		运输通道畅通	一般	
3	作业条件	消防设施配备齐全	一般	
4		钢管柱是否牢固稳定	一般	
5		浇筑混凝土用管路是否连接牢固，管路固定是否符合要求	主控	
6		模板支撑体系牢固，看模人员已确定	一般	
7	施工用电	电缆走线合理，无碰头、绊脚、破损现象	一般	
8		电箱完整无损坏，箱门能正常开闭	一般	
9		焊钳绝缘完好，焊把线和地线绝缘完好	主控	
10	设备设施	手电锯、电刨机、手持电动工具、电焊机、空压机等状态良好，满足施工要求	一般	
11		运输车辆：刹车/灯/喇叭/反光镜齐全有效	一般	
12		高压风管接头连接牢固	一般	
13		临边防护牢固可靠，安全警示标志齐全	一般	
14	劳动纪律	当班人员无酒后进场；无生病等状态不佳人员，严禁吸烟	主控	
15		接班人员劳动防护用品按规定佩戴齐全	一般	
16		班前活动完成，作业人员了解即将进行工作的危险点及正确操作规程	一般	
其他注意事项	（交班班长填写）交班班长：　　　接班班长：			
值班工程师意见			签字：　　　日期：	
作业队长意见			签字：　　　日期：	

说明：本表填写1份，由工区留存。

柱孔灌注 过程检查巡视表　　　　表 AW-048

分项工程名称：　　　　施工部位：　　　　日期：　　　　编号：

序号	检查项目	安全控制要点	控制级别	检查情况	整改意见	整改负责人
1	防物体打击	作业人员正确佩戴安全帽等劳动防护用品	主控			
2		现场设立安全标志	一般			
3	防坠落伤害	作业台架稳固、护栏符合要求	主控			
4		浇筑混凝土的管路连接、固定牢固	主控			
5		高处作业正确佩戴使用安全带	主控			
6		孔口、临边防护是否到位	一般			
7	防触电伤害	用电设备电源入线压接牢固，无乱拉、扯、压、砸、裸露破损现象，线路无拖地、浸泡、缠绕、老化破损、交叉等现象	一般			
8		提升等机具等用电设备具有可靠的漏电保护装置，小型手持电动工具绝缘良好，电源线无接头、无损坏，状态良好	主控			
9		严禁使用倒顺开关、民用插排，严禁雨天露天进行带电作业	主控			
10		电焊机功能完备，状态良好，焊接时双线到位，严禁用其他导电体搭接，一、二次线符合长度要求等	主控			
11		配电箱完好，电缆绝缘完好，无破损现象	一般			
12		作业人员个人劳保防护用品到位	一般			
13	防机械伤害	垂直提升机具和装置必须配有自动卡紧保险装置，设备运行良好；吊钩应有弹簧式脱钩装置	主控			
14		钢丝绳有无断丝、断股、乱绳以及卡扣、吊钩等连接牢固、符合安全使用要求	主控			
15		电焊机等机械作业符合相应机械操作规程，严禁违章指挥及违章作业，施工机具功能完备，防护措施到位	主控			
16		运输车辆状态良好，运转正常	一般			
17	防止坍塌伤害	钢管柱牢固、稳定	主控			
18		模板体系牢固，有专人看模	主控			
19	防中毒	孔深较大时，通风措施有效、到位	主控			
20	其他	当班人员无酒后进场；无生病等状态不佳人员	一般			
21		现场有无违章作业、违章指挥	主控			

存在问题处理情况

安全员签字：　　　　　　　　　　　　　　日期：　　年　月　日

说明：1. 本表为安全员每班巡查表格，填写1份，由工区留存；
   2. 检查情况符合要求时打"√"，检查项目不合格项，由安全员明确整改意见，指定整改负责人；
   3. 主控项目由安全员下达专项安全整改通知单，一般项目由安全员通知到整改负责人，限期整改；
   4. 整改完成后报安全员复检。

台车安装 开工控制安全自（复）检审批表　　表 AW-049

单位工程名称：　　　　　　分项工程名称：　　　　施工部位：　　　　编号：

序号	检查项目	内容	安全控制要点	一检 检查结果	一检 责任人（签字）	二检 检查结果	二检 责任人（签字）	复检 检查结果	复检 责任人（签字）
1	内业资料	技术准备	台车组装调试方案已批复，应急预案已编制和批复；组装技术（工艺与步骤）和安全技术交底已完成		工区技术主管：		工程部：		监理工程师：
2		台车	设计技术资料完整，出厂合格证齐全				机电管理部门：		监理工程师：
3		设备机具	安装用设备（起重、运输等）安全技术资料齐全有效		工区安全主管：				
4		作业人员	安装人员资格满足安装要求				项目部安全工程师：		监理工程师：
5		其他	分包队伍资质、许可证等资料齐全，安全生产协议签署，人员资格满足作业要求且已到场						
6	现场准备	吊装系统	竖井吊装系统及洞内吊装系统满足吊装要求		作业队长：		工区技术主管：		监理工程师：
7		拼装组件	各种配件齐全，符合设计						
8		运输条件	运输通道、人员进出通道畅通；运输设备与运输通道相匹配，满足安全施工要求						
9		安装地点	安装地点场地整洁，空间满足安装要求						
10		设备机具	起重机具、焊机、气瓶等机具进场验收符合要求						
11		应急准备	应急物资到位，通讯畅通，应急照明、消防器材符合要求						
12	施工临电	总体布置	符合三级配电两级保护要求；接地符合规定		工区电工：		项目部安全工程师：		监理工程师：
13		线路与照明	线路布设、悬挂高度、护线套、线卡固定符合规定。作业区照明电压和灯具符合安全要求						
14		配电箱	电箱完整无损坏；箱内配置符合规范，并附线路图，无带电体明露及一闸多用等						

工区主管审批意见	签字：　　　　　　年　月　日		
项目部安全管理部门审批意见	签字：　　年　月　日	项目部安全副经理审批意见	签字：　　年　月　日
驻地监理工程师意见	签字：　　年　月　日	总监办安全监理工程师审批意见	签字：　　年　月　日

　　本表为模板台车组装开工控制安全检查审批表，在开工前由工区安全总监负责组织实施。本表一式3份，工区、项目部、监理部各留存1份。

台车组装调试 工前安全自检表   表 AW-050

分项工程名称：　　　　　　施工部位：　　　　　日期：　　　　编号：

序号	检查项目	安全控制要点	控制级别	检查结果（接班班长填写）
1	作业环境	照明满足施工要求	一般	
2		运输通道畅通	一般	
3		安装区域有明显安全警示；无关人员不得进入；消防器材配备齐全	主控	
4	作业条件	待安装构件摆放稳固、位置合适	一般	
5		台车轮有卡紧装置	主控	
6		现场起重工具正常、灵活	一般	
7		预埋吊钩牢固可靠无变形	主控	
8		现场吊具无裂纹，钢丝绳无明显变形、断丝数量不超规定	主控	
9	施工用电	电缆走线合理，无碰头、绊脚、破损现象	一般	
10		电箱完整无损坏，箱门能正常开闭	一般	
11		焊钳绝缘完好，焊把线和地线绝缘完好	一般	
12	设备机具	运输车辆：刹车/灯/喇叭/反光镜齐全有效	主控	
13		作业平台是否可靠牢固，防护到位	一般	
14	劳动纪律	当班人员无酒后进场；无生病等状态不佳人员	主控	
15		接班人员劳动防护用品按规定佩戴齐全	一般	
16		班前活动完成，作业人员了解即将进行工作的危险点及正确操作规程	一般	
其他注意事项	（交班班长填写）交班班长：　　　　　　接班班长：			
值班工程师意见	签字：　　　　　日期：			
作业队长意见	签字：　　　　　日期：			

说明：本表填写1份，由工区留存，适用于台车组装施工。

台车组装调试 过程检查巡视表   表 AW-051

分项工程名称：　　　　　　施工部位：　　　　　日期：　　　　　编号：

序号	检查项目	安全控制要点	控制级别	检查情况	整改意见	整改负责人
1	防物体打击	作业人员正确佩戴安全帽等劳动防护用品	主控			
2		组装范围设立安全标志	一般			
3	防坠落伤害	构件吊装范围内禁止站人	主控			
4		高处作业正确佩戴使用安全带	主控			
5		临边防护是否到位	一般			
6	防触电伤害	用电设备电源入线压接牢固，无乱拉、扯、压、砸、裸露破损现象，线路无拖地、浸泡、缠绕、老化破损、交叉等现象	一般			
7		提升等机具等用电设备具有可靠的漏电保护装置，小型手持电动工具绝缘良好，电源线无接头、无损坏、状态良好	主控			
8		严禁使用倒顺开关、民用插排，严禁雨天露天进行带电作业	主控			
9		电焊机功能完备，状态良好，焊接时双线到位，严禁用其他导电体搭接，一、二次线符合长度要求等	主控			
10		配电箱完好，电缆绝缘完好，无破损现象	一般			
11		作业人员个人劳保防护用品到位	一般			
12	防机械伤害	吊车司机等作业人员持证上岗	主控			
13		钢丝绳有无断丝、断股、乱绳以及卡扣、吊钩等连接牢固、符合安全使用要求	主控			
14		电焊机等机械作业符合相应机械操作规程，严禁违章指挥及违章作业，施工机具功能完备，防护措施到位	主控			
15		吊装作业时有专人协调指挥，严格遵守"十不吊"原则进行吊装作业	一般			
16	防止坍塌伤害	台车支撑体系稳定，无变形	主控			
17	其他	当班人员无酒后进场；无生病等状态不佳人员	一般			
18		现场有无违章作业、违章指挥	主控			

存在问题处理情况

安全员签字：　　　　　　　　　　　　　　　日期：　　年　　月　　日

说明：1. 本表为安全员每班巡查表格，填写1份，由工区留存；
2. 检查情况符合要求时打"√"，检查项目不合格项，由安全员明确整改意见，指定整改负责人；
3. 主控项目由安全员下达专项安全整改通知单，一般项目由安全员通知到整改负责人，限期整改；
4. 整改完成后报安全员复检。

台车衬砌 开工控制安全自（复）检审批表 表 AW-052

单位工程名称：　　　　　分项工程名称：　　　　　施工部位：　　　　　编号：

序号	检查项目	内容	安全控制要点	一检 检查结果	一检 责任人（签字）	二检 检查结果	二检 责任人（签字）	复检 检查结果	复检 责任人（签字）
1	针对性检查	台车	台车组装、调试完成，验收合格		工区技术主管：		工程部：		监理工程师：
2		初支验收	断面检查、基面处理完成						
3		行走轨道	符合设计高度、牢固、稳定						
4		线路布置	穿过台车衬砌段的电缆线路布置合理		工区机电工程师：				
5		消防设施	消防器材布置齐备，满足施工需要		工区安全主管：		项目部安全工程师：		监理工程师：
6	通用性检查	内业资料	施工技术	安全专项施工方案编制（包括应急预案）、审核、审批齐全有效，施工和安全技术交底到位		工区技术主管：		工程部：		监理工程师：
7			工程材料	进场材质证明资料齐全，检验合格						
8			设备机具	进场验收记录齐全有效，特种设备安全技术档案齐全		工区安全主管：		项目部安全工程师：		监理工程师：
9			作业人员	拟上岗人员安全培训资料齐全，考核合格；特种作业人员类别和数量满足作业要求，操作证齐全						
10			其他	分包队伍资质、许可证等资料齐全，安全生产协议签署，人员资格满足作业要求且已到场						
11		现场准备	运输条件	运输通道、人员进出通道畅通；运输设备与运输通道相匹配，满足安全施工要求		作业队长：		工区技术主管：		监理工程师：
12			风、水、电	施工风、水、电已送往作业面，风、水、电路布置顺畅有序，方便施工						
13			作业面	作业范围内有无影响开工后正常安全施工的情况。（基面处理、背后注浆、断面检查）						
14			设备机具	布置合理、放置稳固、防护齐全						
15			设施用具	防护设施、用具符合安全要求。（作业平台、爬梯等）						
16			应急准备	应急物资到位，通讯畅通，应急照明符合要求						
17		施工临电	总体布置	符合三级配电两级保护要求；接地符合规定		工区电工：		项目部安全工程师：		监理工程师：
18			线路与照明	线路布设、悬挂高度、护线套、线卡固定符合规定。作业区照明电压和灯具符合安全要求						
19			配电箱	电箱完整无损坏；箱内配置符合规范，并附线路图，无带电体明露及一闸多用等						

工区主管审批意见	签字：　　　　　年　月　日			
项目部安全管理部门审批意见	签字：　　　年　月　日	项目部安全副经理审批意见	签字：　　　年　月　日	
驻地监理工程师意见	签字：　　　年　月　日	总监办安全监理工程师审批意见	签字：　　　年　月　日	

说明：本表为台车衬砌开工控制安全检查审批表，在开工前由工区安全总监负责组织实施。本表一式 3 份，工区、项目部、监理各留存 1 份。

台车衬砌防水施工 工前安全自检表　　　表 AW-053

分项工程名称：　　　　　施工部位：　　　　日期：　　　　编号：

序号	检查项目	安全控制要点	控制级别	检查结果（接班班长填写）
1	作业环境	照明满足施工要求	一般	
2	作业环境	运输通道畅通	一般	
3	作业条件	防水专项安全交底已到位	一般	
4	作业条件	初期支护表面渗漏水及基面处理完成	一般	
5	作业条件	现场防水材料堆码整齐，消防设施配备齐全	主控	
6	施工用电	电缆走线合理，无碰头、绊脚、破损现象	一般	
7	施工用电	电箱完整无损坏，箱门能正常开闭	一般	
8	施工用电	焊钳绝缘完好，焊把线和地线绝缘完好	主控	
9	设备设施	焊枪、爬焊机状态良好，满足施工要求	一般	
10	设备设施	运输车辆：刹车/灯/喇叭/反光镜齐全有效	主控	
11	设备设施	作业平台是否可靠牢固，防护到位，警示标识齐全	主控	
12	劳动纪律	当班人员无酒后进场；无生病等状态不佳人员，严禁吸烟	主控	
13	劳动纪律	劳动防护用品按规定佩戴齐全	一般	
14	劳动纪律	班前活动完成，作业人员了解即将进行工作的危险点及正确操作规程	一般	
其他注意事项	（交班班长填写）　　交班班长：　　　　　　接班班长：			
值班工程师意见			签字：　　　　　　日期：	
作业队长意见			签字：　　　　　　日期：	

说明：本表填写1份，由工区留存，适用衬砌防水施工。

台车衬砌钢筋施工 工前安全自检表　　表 AW-054

分项工程名称：　　　　施工部位：　　　　日期：　　　　编号：

序号	检查项目	安全控制要点	控制级别	检查结果（接班班长填写）
1	作业环境	照明满足施工要求	一般	
2		运输通道畅通	一般	
3	作业条件	钢筋骨架稳定措施到位	主控	
4		各种动火设备，办理动火证情况	一般	
5		消防设施配备齐全	主控	
6	施工用电	电缆走线合理，无碰头、绊脚、破损现象	一般	
7		电箱完整无损坏，箱门能正常开闭	一般	
8		焊钳绝缘完好，焊把线和地线绝缘完好	主控	
9	设备设施	电焊机等状态良好，满足施工要求	一般	
10		运输车辆：刹车/灯/喇叭/反光镜齐全有效	主控	
11		高压风管接头连接牢固	一般	
12		作业平台是否可靠牢固，防护到位	一般	
13	劳动纪律	当班人员无酒后进场；无生病等状态不佳人员，严禁吸烟	主控	
14		劳动防护用品按规定佩戴齐全	一般	
15		班前活动完成，作业人员了解即将进行工作的危险点及正确操作规程	一般	
其他注意事项	（交班班长填写） 交班班长：　　　　接班班长：			
值班工程师意见	签字：　　　日期：			
作业队长意见	签字：　　　日期：			

说明：本表填写 1 份，由工区留存，适用于衬砌钢筋施工。

台车衬砌混凝土施工 工前安全自检表　　　表 AW-055

分项工程名称：　　　　施工部位：　　　日期：　　　编号：

序号	检查项目	安全控制要点	控制级别	检查结果（接班班长填写）
1	作业环境	照明满足施工要求	一般	
2		运输通道畅通	一般	
3		消防设施配备齐全	一般	
4	作业条件	行走轨道牢固、稳定，卡轨器配备齐全	主控	
5		台车行走、模板收缩运转良好	主控	
6		各种配件齐全，连接牢固	主控	
7		模板是否变形，变形模板有无调换	一般	
8		浇筑混凝土用管路是否连接牢固，管路固定是否符合要求	主控	
9		台车堵头加固牢固，看模人员已确定	一般	
10	施工用电	电缆走线合理，无碰头、绊脚、破损现象	一般	
11		电箱完整无损坏，箱门能正常开闭	一般	
12		焊钳绝缘完好，焊把线和地线绝缘完好	主控	
13	设备设施	手电锯、电刨机、手持电动工具、电焊机、空压机等状态良好，满足施工要求	一般	
14		运输车辆：刹车/灯/喇叭/反光镜齐全有效	一般	
15		高压风管接头连接牢固	一般	
16		作业平台是否可靠牢固，防护到位	一般	
17	劳动纪律	当班人员无酒后进场；无生病等状态不佳人员，严禁吸烟	主控	
18		接班人员劳动防护用品按规定佩戴齐全	一般	
19		班前活动完成，作业人员了解即将进行工作的危险点及正确操作规程	一般	
其他注意事项	（交班班长填写）			
	交班班长：　　　　　　　接班班长：			
值班工程师意见		签字：　　　　　日期：		
作业队长意见		签字：　　　　　日期：		

说明：本表填写 1 份，由工区留存，适用于模板台车衬砌施工。

台车衬砌 过程检查巡视表 表 AW-056

分项工程名称：　　　　　　施工部位：　　　　日期：　　　　编号：

序号	检查项目	安全控制要点	控制级别	检查情况	整改意见	整改负责人
1	防物体打击	作业人员正确佩戴安全帽等劳动防护用品	主控			
2		现场设立安全标志	一般			
3	防坠落伤害	作业台架稳固、护栏符合要求	主控			
4		浇筑混凝土的管路连接、固定牢固	主控			
5		高处作业正确佩戴使用安全带	主控			
6		洞口、临边防护是否到位	一般			
7	防触电伤害	用电设备电源入线压接牢固，无乱拉、扯、压、砸、裸露破损现象，线路无拖地、浸泡、缠绕、老化破损、交叉等现象	一般			
8		提升等机具等用电设备具有可靠的漏电保护装置，小型手持电动工具绝缘良好，电源线无接头、无损坏，状态良好	主控			
9		严禁使用倒顺开关、民用插排，严禁雨天露天进行带电作业	主控			
10		电焊机功能完备，状态良好，焊接时双线到位，严禁使用其他导电体搭接，一、二次线符合长度要求等	主控			
11		配电箱完好，电缆绝缘完好，无破损现象	一般			
12		作业人员个人劳保防护用品到位	一般			
13	防机械伤害	垂直提升机具和装置必须配有自动卡紧保险装置，设备运行良好；吊钩应有弹簧式脱钩装置	主控			
14		钢丝绳有无断丝、断股、乱绳以及卡扣、吊钩等连接牢固、符合安全使用要求	主控			
15		电焊机等机械作业符合相应机械操作规程，严禁违章指挥及违章作业，施工机具功能完备，防护措施到位	主控			
16		运输车辆状态良好，运转正常	一般			
17	防止坍塌伤害	行走轨道牢固、稳定，卡轨器配备齐全	主控			
18		台车支撑体系牢固，有专人看模	主控			
19	其他	当班人员无酒后进场；无生病等状态不佳人员	一般			
20		现场有无违章作业、违章指挥	主控			
存在问题处理情况						

安全员签字：　　　　　　　　　　　　　　　日期：　　　年　　月　　日

说明：1. 本表为安全员每班巡查表格，填写1份，由工区留存；
2. 检查情况符合要求时打"√"，检查项目不合格项，由安全员明确整改意见，指定整改负责人；
3. 主控项目由安全员下达专项安全整改通知单，一般项目由安全员通知到整改负责人，限期整改；
4. 整改完成后报安全员复检。

临时支撑拆除 开工控制安全自（复）检审批表　　表 AW-057

单位工程名称：　　　　分项工程名称：　　　　施工部位：　　　　编号：

序号	检查项目	内容	安全控制要点	一检 检查结果	一检 责任人（签字）	二检 检查结果	二检 责任人（签字）	复检 检查结果	复检 责任人（签字）
1	针对性检查	施工技术	临时支撑拆除专项方案已批复		工区技术主管：		工程部：		监理工程师：
2		监测情况	需监测的点位已布置，初始值已读取；初支拱顶沉降、收敛数值稳定						
3	通用性检查	内业资料	施工技术	安全专项施工方案编制（包括应急预案）、审核、审批齐全有效，施工和安全技术交底到位						
4			设备机具	进场验收记录齐全有效，特种设备安全技术档案齐全		工区安全主管：		机电管理部门：		监理工程师：
5			作业人员	拟上岗人员安全培训资料齐全，考核合格；特种作业人员类别和数量满足作业要求，操作证齐全				项目部安全工程师：		监理工程师：
6			其他	分包队伍资质、许可证等资料齐全，安全生产协议签署，人员资格满足作业要求且已到场						
7		现场准备	运输条件	运输通道、人员进出通道畅通；运输设备与运输通道相匹配，满足安全施工要求		作业队长：		工区技术主管：		监理工程师：
8			风、水、电	施工风水电已送往作业面，风水电路布置顺畅有序，方便施工						
9			作业面	作业范围内机具设备、材料已清除						
10			设备机具	布置合理、放置稳固，防护齐全						
11			设施用具	防护设施、用具符合安全要求。（作业平台、爬梯等）						
12			应急准备	应急物资到位，通讯畅通，应急照明、消防器材符合要求						
13		施工临电	总体布置	符合三级配电两级保护要求；接地符合规定		工区电工：		项目部安全工程师：		监理工程师：
14			线路与照明	线路布设、悬挂高度、护线套、线卡固定符合规定。作业区照明电压和灯具符合安全要求						
15			配电箱	电箱完整无损坏；箱内配置符合规范，并附线路图，无带电体明露及一闸多用等						

工区主管审批意见	签字：　　　　　　　　　　　　　　　　　　　　　年　月　日		
项目部安全管理部门审批意见	签字：　　　年　月　日	项目部安全副经理审批意见	签字：　　　年　月　日
驻地监理工程师意见	签字：　　　年　月　日	总监办安全监理工程师审批意见	签字：　　　年　月　日

说明：本表为临时支撑拆除开工控制安全检查审批表，在开工前由工区安全总监负责组织实施。本表一式3份，工区、项目部、监理部各留存1份。

临时支撑拆除 工前安全自检表　　表AW-058

分项工程名称：　　　施工部位：　　　日期：　　　编号：

序号	检查项目	安全控制要点	控制级别	检查结果（接班班长填写）
1	作业环境	照明满足施工要求	一般	
2		运输通道畅通	一般	
3		抢险物资到位充足	主控	
4	作业条件	分段破除长度是否符合要求	主控	
5		拆除位置结构变形情况是否较明显	主控	
6		拆除用架体及跳板是否按要求搭设	一般	
7		临边防护措施是否到位	主控	
8	施工用电	电缆走线合理，无碰头、绊脚、破损现象	一般	
9		电箱完整无损坏，箱门能正常开闭	一般	
10		焊钳绝缘完好，焊把线和地线绝缘完好	一般	
11	设备设施	电焊机、空压机等状态良好，满足施工要求	一般	
12		运输车辆：刹车/灯/喇叭/反光镜齐全有效	主控	
13		高压风管接头连接牢固	一般	
14		作业平台是否可靠牢固，防护到位	一般	
15	劳动纪律	当班人员无酒后进场；无生病等状态不佳人员	主控	
16		接班人员劳动防护用品按规定佩戴齐全	一般	
17		班前活动完成，作业人员了解即将进行工作的危险点及正确操作规程	一般	
其他注意事项	（交班班长填写）			
	交班班长：　　　接班班长：			
值班工程师意见			签字：　　　日期：	
作业队长意见			签字：　　　日期：	

说明：本表填写1份，由工区留存，适用于临时支撑拆除施工。

临时支撑拆除 过程检查巡视表　　　表 AW-059

分项工程名称：　　　　　施工部位：　　　　日期：　　　　编号：

序号	检查项目	安全控制要点	控制级别	检查情况	整改意见	整改负责人
1	防物体打击	作业人员正确佩戴安全帽等劳动防护用品	主控			
2		现场设立安全标志	一般			
3	防坠落伤害	作业台架稳固，护栏符合要求	主控			
4		高处作业正确佩戴使用安全带	主控			
5		孔口、临边防护是否到位	一般			
6	防触电伤害	用电设备电源入线压接牢固，无乱拉、扯、压、砸、裸露破损现象，线路无拖地、浸泡、缠绕、老化破损、交叉等现象	一般			
7		提升等机具等用电设备具有可靠的漏电保护装置，小型手持电动工具绝缘良好，电源线无接头、无损坏，状态良好	主控			
8		严禁使用倒顺开关、民用插排，严禁雨天露天进行带电作业	主控			
9		电焊机功能完备，状态良好，焊接时双线到位，严禁用其他导电体搭接，一、二次线符合长度要求等	主控			
10		配电箱完好，电缆绝缘完好，无破损现象	一般			
11		作业人员个人劳保防护用品到位	一般			
12	防机械伤害	垂直提升机具和装置必须配有自动卡紧保险装置，设备运行良好；吊钩应有弹簧式脱钩装置	主控			
13		钢丝绳有无断丝、断股、乱绳以及卡扣、吊钩等连接牢固、符合安全使用要求	主控			
14		电焊机等机械作业符合相应机械操作规程，严禁违章指挥及违章作业，施工机具功能完备，防护措施到位	主控			
15		运输车辆状态良好，运转正常	一般			
16	防止坍塌伤害	拆除的顺序、长度、范围等严格符合施工方案	主控			
17		拆除段周边的支护结构及临时支撑无明显变形、开裂	主控			
18		地面无裂缝，邻近建（构）筑物状态良好	主控			
19		应急物资充足、到位	主控			
20	其他	当班人员无酒后进场；无生病等状态不佳人员	一般			
21		现场有无违章作业、违章指挥	主控			
存在问题处理情况						

安全员签字：　　　　　　　　　　　　　　　　日期：　　年　月　日

说明：1. 本表为安全员每班巡查表格，填写1份，由工区留存；
　　　2. 检查情况符合要求时打"√"，检查项目不合格项，由安全员明确整改意见，指定整改负责人；
　　　3. 主控项目由安全员下达专项安全整改通知单，一般项目由安全员通知到整改负责人，限期整改；
　　　4. 整改完成后报安全员复检。

非台车衬砌 开工控制安全自（复）检审批表　　　表 AW-060

单位工程名称：　　　　　　分项工程名称：　　　　　施工部位：　　　　　编号：

序号	检查项目	内容	安全控制要点	一检 检查结果	一检 责任人（签字）	二检 检查结果	二检 责任人（签字）	复检 检查结果	复检 责任人（签字）
1	针对性检查	初支验收	断面检查、基面处理完成		工区技术主管：		工程部：		监理工程师：
2		模板体系	模板、定型支撑到位情况						
3		监控量测	初支结构已稳定，新增监测点位已布设且测取了初读数						
4		专项方案	跳段拆撑、跳段衬砌工况检算及专家论证完成						
5		消防设施	设置位置符合规定；配备数量满足需求		工区安全主管：		项目部安全工程师：		监理工程师：
6	通用性检查	内业资料	施工技术	安全专项施工方案编制（包括应急预案）、审核、审批齐全有效，施工和安全技术交底到位		工区技术主管：		工程部：		监理工程师：
7			工程材料	进场材质证明资料齐全，检验合格					
8			设备机具	进场验收记录齐全有效，特种设备安全技术档案齐全		工区安全主管：		机电管理部门：		监理工程师：
9			作业人员	拟上岗人员安全培训资料齐全，考核合格；特种作业人员类别和数量满足作业要求，操作证齐全				项目部安全工程师：		监理工程师：
10			其他	分包队伍资质、许可证等资料齐全，安全生产协议签署，人员资格满足作业要求且已到场						
11		现场准备	运输条件	运输通道、人员进出通道畅通；运输设备与运输通道相匹配，满足安全施工要求		作业队长：		工区技术主管：		监理工程师：
12			风、水、电	施工风、水、电已送往作业面，风、水、电路布置顺畅有序，方便施工						
13			作业面	作业范围内有无影响开工后正常安全施工的情况。（基面处理、背后注浆、断面检查）						
14			设备机具	布置合理、放置稳固，防护齐全						
15			设施用具	防护设施、用具符合安全要求。（作业平台、爬梯等）						
16			应急准备	应急物资到位，通讯畅通，应急照明符合要求						
17		施工临电	总体布置	符合三级配电两级保护要求；接地符合规定		工区电工：		项目部安全工程师：		监理工程师：
18			线路与照明	线路布设、悬挂高度、护线套、线卡固定符合规定。作业区照明电压和灯具符合安全要求						
19			配电箱	电箱完整无损坏；箱内配置符合规范，并附线路图，无带电体明露及一闸多用等						

工区主管审批意见					签字：　　　　年　月　日		
项目部安全管理部门审批意见	签字：　　年　月　日		项目部安全副经理审批意见			签字：　　年　月　日	
驻地监理工程师意见	签字：　　年　月　日		总监办安全监理工程师审批意见			签字：　　年　月　日	

说明：本表为非台车衬砌开工控制安全检查审批表，在开工前由工区安全总监负责组织实施。本表一式3份，工区、项目部、监理各留存1份。

非台车衬砌防水施工 工前安全自检表　　表 AW-061

分项工程名称：　　　　　施工部位：　　　　日期：　　　　编号：

序　号	检查项目	安全控制要点	控制级别	检查结果（接班班长填写）
1	作业环境	照明满足施工要求	一般	
2		运输通道畅通	一般	
3	作业条件	防水专项安全交底已到位	一般	
4		初期支护表面渗漏水及基面处理完成	一般	
5		现场防水材料堆码整齐，消防设施配备齐全	主控	
6	施工用电	电缆走线合理，无碰头、绊脚、破损现象	一般	
7		电箱完整无损坏，箱门能正常开闭	一般	
8		焊钳绝缘完好，焊把线和地线绝缘完好	主控	
9	设备设施	焊枪、爬焊机状态良好，满足施工要求	一般	
10		运输车辆：刹车/灯/喇叭/反光镜齐全有效	主控	
11		作业平台是否可靠牢固，防护到位，警示标识齐全	主控	
12	劳动纪律	当班人员无酒后进场；无生病等状态不佳人员，严禁吸烟	主控	
13		劳动防护用品按规定佩戴齐全	一般	
14		班前活动完成，作业人员了解即将进行工作的危险点及正确操作规程	一般	
其他注意事项	（交班班长填写） 交班班长：　　　　　　　　接班班长：			
值班工程师意见			签字：　　　　　　日期：	
作业队长意见			签字：　　　　　　日期：	

说明：本表填写1份，由工区留存，适用衬砌防水施工。

97

非台车衬砌钢筋施工 工前安全自检表　　表 AW-062

分项工程名称：　　　　施工部位：　　　　日期：　　　　编号：

序号	检查项目	安全控制要点	控制级别	检查结果（接班班长填写）
1	作业环境	照明满足施工要求	一般	
2		运输通道畅通	一般	
3	作业条件	钢筋骨架稳定措施到位	主控	
4		各种动火设备，办理动火证情况	一般	
5		消防设施配备齐全	主控	
6	施工用电	电缆走线合理，无碰头、绊脚、破损现象	一般	
7		电箱完整无损坏，箱门能正常开闭	一般	
8		焊钳绝缘完好，焊把线和地线绝缘完好	主控	
9	设备设施	电焊机等状态良好，满足施工要求	一般	
10		运输车辆：刹车/灯/喇叭/反光镜齐全有效	主控	
11		高压风管接头连接牢固	一般	
12		作业平台是否可靠牢固，防护到位	一般	
13	劳动纪律	当班人员无酒后进场；无生病等状态不佳人员，严禁吸烟	主控	
14		劳动防护用品按规定佩戴齐全	一般	
15		班前活动完成，作业人员了解即将进行工作的危险点及正确操作规程	一般	
其他注意事项	（交班班长填写）			
	交班班长：　　　　接班班长：			
值班工程师意见			签字：　　　日期：	
作业队长意见			签字：　　　日期：	

说明：本表填写 1 份，由工区留存，适用于衬砌钢筋施工。

非台车衬砌模板施工 工前安全自检表　　表 AW-063

分项工程名称：　　　　施工部位：　　　　日期：　　　　编号：

序 号	检查项目	安全控制要点	控制级别	检查结果（接班班长填写）
1	作业环境	照明满足施工要求	一般	
2		运输通道畅通	一般	
3	作业条件	已施做模板支撑体系稳定、牢固	主控	
4		模板、脚手架、定型支撑、梳型木等堆码符合安全要求	一般	
5		模板人工起吊设专区，并设警示标志	一般	
6		消防器材配备齐全	一般	
7	施工用电	电缆走线合理，无碰头、绊脚、破损现象	一般	
8		电箱完整无损坏，箱门能正常开闭	一般	
9		焊钳绝缘完好，焊把线和地线绝缘完好	主控	
10	设备设施	手电锯、电刨机、手持电动工具、电焊机、空压机等状态良好，满足施工要求	一般	
11		运输车辆：刹车/灯/喇叭/反光镜齐全有效	一般	
12		高压风管接头连接牢固	一般	
13		作业平台、爬梯可靠牢固，防护到位	主控	
14	劳动纪律	当班人员无酒后进场；无生病等状态不佳人员，严禁吸烟	主控	
15		接班人员劳动防护用品按规定佩戴齐全	一般	
16		班前活动完成，作业人员了解即将进行工作的危险点及正确操作规程	一般	
其他注意事项		(交班班长填写) 交班班长：　　　　接班班长：		
值班工程师意见			签字：　　　　日期：	
作业队长意见			签字：　　　　日期：	

说明：本表填写 1 份，由工区留存，适用于区间非标准段衬砌施工。

非台车衬砌混凝土施工 工前安全自检表 表 AW-064

分项工程名称： 施工部位： 日期： 编号：

序号	检查项目	安全控制要点	控制级别	检查结果（接班班长填写）
1	作业环境	照明满足施工要求	一般	
2		运输通道畅通	一般	
3		消防设施配备齐全	一般	
4	作业条件	模板支撑体系稳定、牢固	主控	
5		浇筑混凝土用管路是否连接牢固，管路固定是否符合要求	主控	
6		堵头加固牢固，看模人员已确定	一般	
7	施工用电	电缆走线合理，无碰头、绊脚、破损现象	一般	
8		电箱完整无损坏，箱门能正常开闭	一般	
9		焊钳绝缘完好，焊把线和地线绝缘完好	主控	
10	设备设施	振捣机具、手电锯、电刨机、手持电动工具、电焊机、空压机等状态良好，满足施工要求	一般	
11		运输车辆：刹车/灯/喇叭/反光镜齐全有效	一般	
12		高压风管接头连接牢固	一般	
13		作业平台是否可靠牢固，防护到位	一般	
14	劳动纪律	当班人员无酒后进场；无生病等状态不佳人员，严禁吸烟	主控	
15		接班人员劳动防护用品按规定佩戴齐全	一般	
16		班前活动完成，作业人员了解即将进行工作的危险点及正确操作规程	一般	
其他注意事项	（交班班长填写）			
	交班班长：		接班班长：	
值班工程师意见			签字：	日期：
作业队长意见			签字：	日期：

说明：本表填写1份，由工区留存，适用于区间非标准段衬砌施工。

非台车衬砌 过程检查巡视表　　表 AW-065

分项工程名称：　　　　施工部位：　　　　日期：　　　　编号：

序号	检查项目	安全控制要点	控制级别	检查情况	整改意见	整改负责人
1	防物体打击	作业人员正确佩戴安全帽等劳动防护用品	主控			
2	防坠落伤害	作业台架牢固可靠、护栏符合要求	主控			
3		临边防护到位	一般			
4		作业范围设立安全标志	主控			
5	防触电伤害	用电设备电源入线压接牢固，无乱拉、扯、压、砸、裸露破损现象，线路无拖地、浸泡、缠绕、老化破损、交叉等现象	一般			
6		用电设备具有可靠的漏电保护装置，小型手持电动工具绝缘良好、电源线无接头、无损坏，状态良好	主控			
7		严禁使用倒顺开关、民用插排，严禁雨天露天进行带电作业	主控			
8		电焊机功能完备，状态良好，焊接时双线到位，严禁用其他导电体搭接，一、二次线符合长度要求等	主控			
9		配电箱完好，电缆绝缘完好，无破损现象	一般			
10		作业人员个人劳保防护用品到位	一般			
11	防机械伤害	吊车司机等作业人员持证上岗	主控			
12		起吊设备检查钢丝绳有无断丝、断股、乱绳以及卡扣、吊钩等连接牢固、符合安全使用要求	主控			
13		电焊机等机械作业符合相应机械操作规程，严禁违章指挥及违章作业，施工机具功能完备，防护措施到位	主控			
14		存在交叉作业时有专人协调指挥	一般			
15	防坍塌伤害	壁面无渗漏水，仰拱无积水；有排水设施	主控			
16		支撑拆除和模板架设严格依照施工方案实施；浇筑过程模板及支架稳定、无大变形	主控			
17		初支无开裂，支撑无明显的变形；地面无裂纹，邻近建（构）筑物状态良好	主控			
18		应急物资充足、到位	主控			
19	其他	当班人员无酒后进场；无生病等状态不佳人员	一般			
20		现场有无违章作业、违章指挥	主控			
存在问题处理情况						

安全员签字：　　　　　　　　　　　　　日期：　　　年　　月　　日

说明：1. 本表为安全员每班巡查表格，填写 1 份，由工区留存；
　　　2. 检查情况符合要求时打"√"，检查项目不合格项，由安全员明确整改意见，指定整改负责人；
　　　3. 主控项目由安全员下达专项安全整改通知单，一般项目由安全员通知到整改负责人，限期整改；
　　　4. 整改完成后报安全员复检。

条基施工 开工控制安全自（复）检审批表　　表 AW-066

单位工程名称：　　　　分项工程名称：　　　施工部位：　　　　编号：

序号	检查项目	内容	安全控制要点	一检 检查结果	一检 责任人（签字）	二检 检查结果	二检 责任人（签字）	复检 检查结果	复检 责任人（签字）
1	针对性检查	专项方案	钢筋骨架支撑架立措施安全可靠		工区技术主管：		工程部：		监理工程师：
2		初期支护	表面渗漏水及基面处理完成						
3		消防设施	设置位置符合规定；配备数量满足需求		工区安全主管：		项目部安全工程师：		监理工程师：
4	通用性检查	内业资料	施工技术	安全专项施工方案编制（包括应急预案）、审核、审批齐全有效，施工和安全技术交底到位		工区技术主管：		工程部：		监理工程师：
5			工程材料	进场材质证明资料齐全，检验合格						
6			设备机具	进场验收记录齐全有效，特种设备安全技术档案齐全		工区安全主管：		机电管理部门：		监理工程师：
7			作业人员	拟上岗人员安全培训资料齐全，考核合格；特种作业人员类别和数量满足作业要求，操作证齐全				项目部安全工程师：		监理工程师：
8			其他	分包队伍资质、许可证等资料齐全，安全生产协议签署，人员资格满足作业要求且已到场						
9		现场准备	运输条件	运输通道、人员进出通道畅通；运输设备与运输通道相匹配，满足安全施工要求		作业队长：		工区技术主管：		监理工程师：
10			风、水、电	施工风、水、电已送往作业面，风、水、电路布置顺畅有序，方便施工						
11			设备机具	布置合理、放置稳固，防护齐全						
12			设施用具	防护设施、用具符合安全要求。（作业平台、爬梯等）						
13			应急准备	通讯畅通，应急照明符合要求						
14		施工临电	总体布置	符合三级配电两级保护要求；接地符合规定		工区电工：		项目部安全工程师：		监理工程师：
15			线路与照明	线路布设、悬挂高度、护线套、线卡固定符合规定。作业区照明电压和灯具符合安全要求						
16			配电箱	电箱完整无损坏；箱内配置符合规范，并附线路图，无带电体明露及一闸多用等						
工区主管审批意见				签字：　　　　　　　　　年 月 日					
项目部安全管理部门审批意见	签字：　　　年 月 日			项目部安全副经理审批意见	签字：　　　年 月 日				
驻地监理工程师意见	签字：　　　年 月 日			总监办安全监理工程师	签字：　　　年 月 日				

说明：本表为条基施工开工控制安全检查审批表，在开工前由工区安全总监负责组织实施。本表一式3份，工区、项目部、监理部各留存1份。

条基防水施工 工前安全自检表   表 AW-067

分项工程名称：　　　　　施工部位：　　　　日期：　　　　编号：

序号	检查项目	安全控制要点	控制级别	检查结果（接班班长填写）
1	作业环境	照明满足施工要求	一般	
2		运输通道畅通	一般	
3	作业条件	防水专项安全交底已到位	一般	
4		初期支护表面渗漏水及基面处理完成	一般	
5		现场防水材料堆码整齐，消防设施配备齐全	主控	
6	施工用电	电缆走线合理，无碰头、绊脚、破损现象	一般	
7		电箱完整无损坏，箱门能正常开闭	一般	
8		焊钳绝缘完好，焊把线和地线绝缘完好	主控	
9	设备设施	焊枪、爬焊机状态良好，满足施工要求	一般	
10		运输车辆：刹车/灯/喇叭/反光镜齐全有效	主控	
11		作业平台是否可靠牢固，防护到位，警示标识齐全	主控	
12	劳动纪律	当班人员无酒后进场；无生病等状态不佳人员，严禁吸烟	主控	
13		劳动防护用品按规定佩戴齐全	一般	
14		班前活动完成，作业人员了解即将进行工作的危险点及正确操作规程	一般	
其他注意事项	（交班班长填写）　　　　　　　　　　　　　　　　　　　　　交班班长：　　　　　　接班班长：			
值班工程师意见	签字：　　　　　　日期：			
作业队长意见	签字：　　　　　　日期：			

说明本表填写1份，由工区留存，适用衬砌防水施工。

条基钢筋施工 工前安全自检表　　　表 AW-068

分项工程名称：　　　　　　施工部位：　　　　日期：　　　　编号：

序号	检查项目	安全控制要点	控制级别	检查结果（接班班长填写）
1	作业环境	照明满足施工要求	一般	
2		运输通道畅通	一般	
3	作业条件	钢筋骨架稳定措施到位	主控	
4		各种动火设备，办理动火证情况	一般	
5		消防设施配备齐全	主控	
6	施工用电	电缆走线合理，无碰头、绊脚、破损现象	一般	
7		电箱完整无损坏，箱门能正常开闭	一般	
8		焊钳绝缘完好，焊把线和地线绝缘完好	主控	
9	设备设施	电焊机等状态良好，满足施工要求	一般	
10		运输车辆：刹车/灯/喇叭/反光镜齐全有效	主控	
11		高压风管接头连接牢固	一般	
12		作业平台是否可靠牢固，防护到位	一般	
13	劳动纪律	当班人员无酒后进场；无生病等状态不佳人员，严禁吸烟	主控	
14		劳动防护用品按规定佩戴齐全	一般	
15		班前活动完成，作业人员了解即将进行工作的危险点及正确操作规程	一般	
其他注意事项	（交班班长填写）　　　　　　　　　　　　　　　　　　　　　　　　　　　　　　　　　交班班长：　　　　　　　接班班长：			
值班工程师意见	签字：　　　　　　日期：			
作业队长意见	签字：　　　　　　日期：			

说明：本表填写1份，由工区留存，适用于衬砌钢筋施工。

条基模板施工 工前安全自检表   表 AW-069

分项工程名称：　　　　　施工部位：　　　　日期：　　　　编号：

序号	检查项目	安全控制要点	控制级别	检查结果（接班班长填写）
1	作业环境	照明满足施工要求	一般	
2		运输通道畅通	一般	
3	作业条件	已施做模板支撑体系稳定、牢固	一般	
4		模板、脚手架、定型支撑、梳型木等堆码符合安全要求	一般	
5		模板人工起吊设专区，并设警示标志	一般	
6		消防器材配备齐全	一般	
7	施工用电	电缆走线合理，无碰头、绊脚、破损现象	一般	
8		电箱完整无损坏，箱门能正常开闭	一般	
9		焊钳绝缘完好，焊把线和地线绝缘完好	主控	
10	设备设施	手电锯、电刨机、手持电动工具、电焊机、空压机等状态良好，满足施工要求	一般	
11		运输车辆：刹车/灯/喇叭/反光镜齐全有效	一般	
12		高压风管接头连接牢固	一般	
13		作业平台、爬梯可靠牢固，防护到位	一般	
14	劳动纪律	当班人员无酒后进场；无生病等状态不佳人员，严禁吸烟	主控	
15		接班人员劳动防护用品按规定佩戴齐全	一般	
16		班前活动完成，作业人员了解即将进行工作的危险点及正确操作规程	一般	
其他注意事项		（交班班长填写）　　　　　　　　　　　　　　　　　　　　　　　　　　　　　交班班长：　　　　　　接班班长：		
值班工程师意见			签字：　　　　　　日期：	
作业队长意见			签字：　　　　　　日期：	

说明：本表填写1份，由工区留存，适用于条基衬砌施工。

条基混凝土施工 工前安全自检表 表 AW-070

分项工程名称：　　　　　　施工部位：　　　　日期：　　　编号：

序号	检查项目	安全控制要点	控制级别	检查结果（接班班长填写）
1	作业环境	照明满足施工要求	一般	
2		运输通道畅通	一般	
3		消防设施配备齐全	一般	
4	作业条件	模板支撑体系稳定、牢固	主控	
5		浇筑混凝土用管路是否连接牢固，管路固定是否符合要求	主控	
6		堵头加固牢固，看模人员已确定	一般	
7	施工用电	电缆走线合理，无碰头、绊脚、破损现象	一般	
8		电箱完整无损坏，箱门能正常开闭	一般	
9		焊钳绝缘完好，焊把线和地线绝缘完好	主控	
10	设备设施	振捣机具、手电锯、电刨机、手持电动工具、电焊机、空压机等状态良好，满足施工要求	一般	
11		运输车辆：刹车/灯/喇叭/反光镜齐全有效	一般	
12		高压风管接头连接牢固	一般	
13		作业平台是否可靠牢固，防护到位	一般	
14	劳动纪律	当班人员无酒后进场；无生病等状态不佳人员，严禁吸烟	主控	
15		接班人员劳动防护用品按规定佩戴齐全	一般	
16		班前活动完成，作业人员了解即将进行工作的危险点及正确操作规程	一般	
其他注意事项	（交班班长填写）			
	交班班长：　　　　　　　　接班班长：			
值班工程师意见	签字：　　　　　　日期：			
作业队长意见	签字：　　　　　　日期：			

说明：本表填写1份，由工区留存，适用于条基衬砌施工。

条基施工 过程检查巡视表   表 AW-071

分项工程名称：　　　　　施工部位：　　　　日期：　　　　编号：

序号	检查项目	安全控制要点	控制级别	检查情况	整改意见	整改负责人
1	防物体打击	作业人员正确佩戴安全帽等劳动防护用品	主控			
2	防坠落伤害	作业台架牢固可靠、护栏符合要求	主控			
3		浇筑混凝土的管路连接、固定牢固	主控			
4		洞口、临边防护到位	一般			
5		作业范围设立安全标志	主控			
6	防触电伤害	用电设备电源入线压接牢固，无乱拉、扯、压、砸、裸露破损现象，线路无拖地、浸泡、缠绕、老化破损、交叉等现象	一般			
7		用电设备具有可靠的漏电保护装置，小型手持电动工具绝缘良好，电源线无接头、无损坏，状态良好	主控			
8		严禁使用倒顺开关、民用插排，严禁雨天露天进行带电作业	主控			
9		电焊机功能完备，状态良好，焊接时双线到位，严禁用其他导电体搭接，一、二次线符合长度要求等	主控			
10		配电箱完好，电缆绝缘完好，无破损现象	一般			
11		作业人员个人劳保防护用品到位	一般			
12	防机械伤害	吊车司机等作业人员持证上岗	主控			
13		起吊设备检查钢丝绳有无断丝、断股、乱绳以及卡扣、吊钩等连接牢固、符合安全使用要求	主控			
14		电焊机等机械作业符合相应机械操作规程，严禁违章指挥及违章作业，施工机具功能完备，防护措施到位	主控			
15		存在交叉作业时有专人协调指挥	一般			
16	防坍塌伤害	壁面无渗漏水，仰拱无积水；有排水设施	主控			
17		模板架设严格依照施工方案实施；浇筑过程模板及支撑体系稳定、牢固，有专人看模	主控			
18		应急物资充足、到位	主控			
19	其他	当班人员无酒后进场；无生病等状态不佳人员	一般			
20		现场有无违章作业、违章指挥	主控			
21		洞内通道畅通，照明满足要求	主控			
存在问题处理情况：						
安全员签字：　　　　　　　　　　　　　　日期：　　年　　月　　日						

说明：1. 本表为安全员每班巡查表格，填写1份，由工区留存；
2. 检查情况符合要求时打"√"，检查项目不合格项，由安全员明确整改意见，指定整改负责人；
3. 主控项目由安全员下达专项安全整改通知单，一般项目由安全员通知到整改负责人，限期整改；
4. 整改完成后报安全员复检。

天梁施工 开工控制安全自（复）检审批表　　表 AW-072

单位工程名称：　　　　分项工程名称：　　　　施工部位：　　　　编号：

序号	检查项目	内容	安全控制要点	一检 检查结果	一检 责任人（签字）	二检 检查结果	二检 责任人（签字）	复检 检查结果	复检 责任人（签字）
1	针对性检查	专项方案	钢筋骨架支撑架立措施安全可靠		工区技术主管：		工程部：		监理工程师：
2		初支验收	断面检查、基面处理完成						
3		钢管柱	钢管柱浇筑混凝土达到强度，且固定牢固						
4		监控量测	初支结构已稳定，新增监测点位已布设且测取了初读数						
5		消防设施	设置位置符合规定；配备数量满足需求		工区安全主管：		项目部安全工程师：		监理工程师：
6	通用性检查	内业资料	施工技术	安全专项施工方案编制（包括应急预案）、审核、审批齐全有效，施工和安全技术交底到位		工区技术主管：		工程部：		监理工程师：
7			工程材料	进场材质证明资料齐全，检验合格						
8			设备机具	进场验收记录齐全有效，特种设备安全技术档案齐全		工区安全主管：		机电管理部门：		监理工程师：
9			作业人员	拟上岗人员安全培训资料齐全，考核合格；特种作业人员类别和数量满足作业要求，操作证齐全				项目部安全工程师：		监理工程师：
10			其他	分包队伍资质、许可证等资料齐全，安全生产协议签署，人员资格满足作业要求且已到场						
11		现场准备	运输条件	运输通道、人员进出通道畅通；运输设备与运输通道相匹配，满足安全施工要求		作业队长：		工区技术主管：		监理工程师：
12			风、水、电	施工风、水、电已送往作业面，风水电路布置顺畅有序，方便施工						
13			作业面	作业范围内有无影响开工后正常安全施工的情况。（基面处理、背后注浆、断面检查）						
14			设备机具	布置合理放置稳固，防护齐全						
15			设施用具	防护设施、用具符合安全要求（作业平台、爬梯等）						
16			应急准备	通讯畅通，应急照明符合要求						
17		施工临电	总体布置	符合三级配电两级保护要求；接地符合规定		工区电工：		项目部安全工程师：		监理工程师：
18			线路与照明	线路布设、悬挂高度、护线套、线卡固定符合规定。作业区照明电压和灯具符合安全要求						
19			配电箱	电箱完整无损坏；箱内配置符合规范，并附线路图，无带电体明露及一闸多用等						
工区主管审批意见						签字：　　　　　　　年　月　日			
项目部安全管理部门审批意见		签字：　　　年　月　日		项目部安全副经理审批意见		签字：　　　年　月　日			
驻地监理工程师意见		签字：　　　年　月　日		总监办安全监理工程师审批意见		签字：　　　年　月　日			

说明：本表为天梁施工开工控制安全检查审批表，在开工前由工区安全总监负责组织实施。本表一式3份，工区、项目部、监理各留存1份。

天梁防水施工 工前安全自检表 表 AW-073

分项工程名称：　　　　　施工部位：　　　　日期：　　　　编号：

序号	检查项目	安全控制要点	控制级别	检查结果（接班班长填写）
1	作业环境	照明满足施工要求	一般	
2		运输通道畅通	一般	
3	作业条件	防水专项安全交底已落实到位	一般	
4		初期支护表面渗漏水及基面处理完成	一般	
5		防水板与拱顶初支密贴、连接牢固	一般	
6		现场防水材料堆码整齐，消防设施配备齐全	主控	
7	施工用电	电缆走线合理，无碰头、绊脚、破损现象	一般	
8		焊钳绝缘完好，焊把线和地线绝缘完好	主控	
9		电箱完整无损坏	一般	
10	设备设施	焊枪、爬焊机状态良好，满足施工要求	一般	
11		运输车辆：刹车/灯/喇叭/反光镜齐全有效	主控	
12		作业平台是否可靠牢固，防护到位，警示标识齐全	主控	
13	劳动纪律	当班人员无酒后进场；无生病等状态不佳人员，严禁吸烟	主控	
14		劳动防护用品按规定佩戴齐全	一般	
15		班前活动完成，作业人员了解即将进行工作的危险点及正确操作规程	一般	
其他注意事项	（交班班长填写）			
	交班班长：　　　　　　　接班班长：			
值班工程师意见	签字：　　　　　　　　　　　　日期：			
作业队长意见	签字：　　　　　　　　　　　　日期：			

说明：本表填写1份，由工区留存。

天梁钢筋施工 工前安全自检表　　　表 AW-074

分项工程名称：　　　　施工部位：　　　　日期：　　　　编号：

序号	检查项目	安全控制要点	控制级别	检查结果（接班班长填写）
1	作业环境	照明满足施工要求	一般	
2		运输通道畅通	一般	
3	作业条件	钢筋骨架稳定措施到位	主控	
4		各种动火设备，办理动火证情况	一般	
5		消防设施配备齐全	主控	
6	施工用电	电缆走线合理，无碰头、绊脚、破损现象	一般	
7		电箱完整无损坏，箱门能正常开闭	一般	
8		焊钳绝缘完好，焊把线和地线绝缘完好	主控	
9	设备设施	电焊机等状态良好，满足施工要求	一般	
10		运输车辆：刹车/灯/喇叭/反光镜齐全有效	主控	
11		作业平台是否可靠牢固，防护到位	一般	
12	劳动纪律	当班人员无酒后进场；无生病等状态不佳人员，严禁吸烟	主控	
13		劳动防护用品按规定佩戴齐全	一般	
14		班前活动完成，作业人员了解即将进行工作的危险点及正确操作规程	一般	
其他注意事项	（交班班长填写）			
	交班班长：	接班班长：		
值班工程师意见	签字：　　　　日期：			
作业队长意见	签字：　　　　日期：			

说明：本表填写1份，由工区留存。

天梁模板施工 工前安全自检表　　　表 AW-075

分项工程名称：　　　施工部位：　　　日期：　　　编号：

序号	检查项目	安全控制要点	控制级别	检查结果（接班班长填写）
1	作业环境	照明满足施工要求	一般	
2		运输通道畅通	一般	
3	作业条件	已施做模板支撑体系稳定、牢固	一般	
4		模板、脚手架、定型支撑、梳型木等堆码符合安全要求	一般	
5		模板人工起吊设专区，并设警示标志	一般	
6		消防器材配备齐全	一般	
7	施工用电	电缆走线合理，无碰头、绊脚、破损现象	一般	
8		电箱完整无损坏，箱门能正常开闭	一般	
9		焊钳绝缘完好，焊把线和地线绝缘完好	主控	
10	设备设施	手电锯、电刨机、手持电动工具、电焊机、空压机等状态良好，满足施工要求	一般	
11		运输车辆：刹车/灯/喇叭/反光镜齐全有效	一般	
12		高压风管接头连接牢固	一般	
13		作业平台、爬梯可靠牢固，防护到位	一般	
14	劳动纪律	当班人员无酒后进场；无生病等状态不佳人员，严禁吸烟	主控	
15		接班人员劳动防护用品按规定佩戴齐全	一般	
16		班前活动完成，作业人员了解即将进行工作的危险点及正确操作规程	一般	
其他注意事项	（交班班长填写）			
	交班班长：　　　　　接班班长：			
值班工程师意见	签字：　　　　　日期：			
作业队长意见	签字：　　　　　日期：			

说明：本表填写1份，由工区留存。

天梁混凝土施工 工前安全自检表　　　表 AW-076

分项工程名称：　　　　施工部位：　　　　日期：　　　　编号：

序号	检查项目	安全控制要点	控制级别	检查结果（接班班长填写）
1	作业环境	照明满足施工要求	一般	
2		运输通道畅通	一般	
3	作业条件	消防设施配备齐全	一般	
4		模板支撑体系稳定、牢固	主控	
5		浇筑混凝土用管路是否连接牢固，管路固定是否符合要求	主控	
6		堵头加固牢固，看模人员已确定	一般	
7	施工用电	电缆走线合理，无碰头、绊脚现象	一般	
8		电箱完整无损坏，箱门能正常开闭	一般	
9		焊钳绝缘完好，焊把线和地线绝缘完好	主控	
10	设备设施	振捣机具、手电锯、电刨机、手持电动工具、电焊机、空压机等状态良好，满足施工要求	一般	
11		运输车辆：刹车/灯/喇叭/反光镜齐全有效	一般	
12		高压风管接头连接牢固	一般	
13		作业平台是否可靠牢固，防护到位	一般	
14	劳动纪律	当班人员无酒后进场；无生病等状态不佳人员，严禁吸烟	主控	
15		接班人员劳动防护用品按规定佩戴齐全	一般	
16		班前活动完成，作业人员了解即将进行工作的危险点及正确操作规程	一般	
其他注意事项	（交班班长填写） 交班班长：　　　　　　　　接班班长：			
值班工程师意见	签字：　　　　　　　　日期：			
作业队长意见	签字：　　　　　　　　日期：			

说明：本表填写1份，由工区留存。

天梁施工 过程检查巡视表　　　表 AW-077

分项工程名称：　　　施工部位：　　　日期：　　　编号：

序号	检查项目	安全控制要点	控制级别	检查情况	整改意见	整改负责人
1	防物体打击	作业人员正确佩戴安全帽等劳动防护用品	主控			
2	防坠落伤害	作业台架、脚手架牢固可靠、护栏符合要求	主控			
3		浇筑混凝土的管路连接、固定牢固	主控			
4		高处作业防护，洞口、临边防护到位	主控			
5		钢筋骨架支撑稳定、可靠	一般			
6		模板起吊设专区，作业范围设立安全标志	主控			
7	防触电伤害	用电设备电源入线压接牢固，无乱拉、扯、压、砸、裸露破损现象，线路无拖地、浸泡、缠绕、老化破损、交叉等现象	一般			
8		用电设备具有可靠的漏电保护装置，小型手持电动工具绝缘良好，电源线无接头、无损坏，状态良好	主控			
9		严禁使用倒顺开关、民用插排，严禁雨天露天进行带电作业	主控			
10		电焊机功能完备，状态良好，焊接时双线到位，严禁用其他导电体搭接，一、二次线符合长度要求等	主控			
11		配电箱完好，电缆绝缘完好，无破损现象	一般			
12		作业人员个人劳保防护用品到位	一般			
13	防机械伤害	吊车司机等作业人员持证上岗	主控			
14		起吊设备检查钢丝绳有无断丝、断股、乱绳以及卡扣、吊钩等连接牢固、符合安全使用要求	主控			
15		电焊机等机械作业符合相应机械操作规程，严禁违章指挥及违章作业，施工机具功能完备，防护措施到位	主控			
16		存在交叉作业时有专人协调指挥	一般			
17	防坍塌伤害	壁面无渗漏水	主控			
18		模板及支撑体系架设严格依照施工方案实施；浇筑过程模板及支撑体系稳定、牢固，有专人看模	主控			
19		应急物资充足、到位	主控			
20	其他	当班人员无酒后进场；无生病等状态不佳人员	一般			
21		现场有无违章作业、违章指挥	主控			
22		洞内通道畅通，照明满足要求	主控			
存在问题处理情况						

安全员签字：　　　　　　　　　　　　　　　日期：　　　年　　月　　日

说明：1. 本表为安全员每班巡查表格，填写1份，由工区留存；
2. 检查情况符合要求时打"√"，检查项目不合格项，由安全员明确整改意见，指定整改负责人；
3. 主控项目由安全员下达专项安全整改通知单，一般项目由安全员通知到整改负责人，限期整改；
4. 整改完成后报安全员复检。

拱部衬砌 开工控制安全自(复)检审批表　　表 AW-078

单位工程名称：　　　　分项工程名称：　　　　施工部位：　　　　编号：

序号	检查项目	内容	安全控制要点	一检 检查结果	一检 责任人(签字)	二检 检查结果	二检 责任人(签字)	复检 检查结果	复检 责任人(签字)
1	针对性检查	初支验收	断面检查、基面处理完成		工区技术主管：		工程部：		监理工程师
2		监控量测	初支结构已稳定，新增监测点位已布设且已测取了初读数						
3		专项方案	跳段拆撑、跳段衬砌工况检算及专家论证完成						
4		消防设施	设置位置符合规定；配备数量满足需求		工区安全主管：		项目部安全工程师		监理工程师
5	通用性检查	内业资料	施工技术	安全专项施工方案编制(包括应急预案)、审核、审批齐全有效，施工和安全技术交底到位		工区技术主管：		工程部：		监理工程师
6			工程材料	进场材质证明资料齐全，检验合格						
7			设备机具	进场验收记录齐全有效，特种设备安全技术档案齐全		工区安全主管：		机电管理部门；		监理工程师
8			作业人员	拟上岗人员安全培训资料齐全，考核合格；特种作业人员类别和数量满足作业要求，操作证齐全				项目部安全工程师		监理工程师
9			其他	分包队伍资质、许可证等资料齐全，安全生产协议签署，人员资格满足作业要求且已到场						
10		现场准备	运输条件	运输通道、人员进出通道畅通；运输设备与运输通道相匹配，满足安全施工要求		作业队长		工区技术主管：		监理工程师
11			风、水、电	施工风、水、电已送往作业面，风水电路布置顺畅有序，方便施工						
12			作业面	作业范围内有无影响开工后正常安全施工的情况。(基面处理、背后注浆、断面检查)						
13			设备机具	布置合理放置稳固，防护齐全						
14			设施用具	防护设施、用具符合安全要求(作业平台、爬梯等)						
15			应急准备	应急物资到位，通讯畅通，应急照明符合要求						
16		施工临电	总体布置	符合三级配电两级保护要求；接地符合规定		工区电工：		项目部安全工程师		监理工程师
17			线路与照明	线路布设、悬挂高度、护线套、线卡固定符合规定。作业区照明电压和灯具符合安全要求						
18			配电箱	电箱完整无损坏；箱内配置符合规范，并附线路图，无带电体明露及一闸多用等						
工区主管审批意见				签字：　　　　　　年　月　日					
项目部安全管理部门审批意见	签字：　　年　月　日		项目部安全副经理审批意见	签字：　　　　年　月　日					
驻地监理工程师意见	签字：　　年　月　日		总监办安全监理工程师审批意见	签字：　　　　年　月　日					

说明：本表为车站拱部衬砌开工控制安全检查审批表，在开工前由工区安全总监负责组织实施。本表一式3份，工区、项目部、监理部各留存1份。

拱部衬砌防水施工 工前安全自检表　　表 AW-079

分项工程名称：　　　　施工部位：　　　　日期：　　　　编号：

序号	检查项目	安全控制要点	控制级别	检查结果（接班班长填写）
1	作业环境	照明满足施工要求	一般	
2		运输通道畅通	一般	
3	作业条件	防水专项安全交底已到位	一般	
4		防水板与结构初支密贴、连接牢固	一般	
5		初期支护表面渗漏水及基面处理完成	一般	
6		现场防水材料堆码整齐，消防设施配备齐全	主控	
7	施工用电	电缆走线合理，无碰头、绊脚、破损现象	一般	
8		电箱完整无损坏，箱门能正常开闭	一般	
9		焊钳绝缘完好，焊把线和地线绝缘完好	主控	
10	设备设施	焊枪、爬焊机状态良好，满足施工要求	一般	
11		运输车辆：刹车/灯/喇叭/反光镜齐全有效	主控	
12		作业平台是否可靠牢固，防护到位，警示标识齐全	主控	
13	劳动纪律	当班人员无酒后进场；无生病等状态不佳人员，严禁吸烟	主控	
14		劳动防护用品按规定佩戴齐全	一般	
15		班前活动完成，作业人员了解即将进行工作的危险点及正确操作规程	一般	
其他注意事项	（交班班长填写）　　　　　　　　　　　　　　　　　　　　　　　　　　　交班班长：　　　　　　　接班班长：			
值班工程师意见			签字：　　　　日期：	
作业队长意见			签字：　　　　日期：	

说明：本表填写 1 份，由工区留存。

拱部衬砌钢筋施工 工前安全自检表   表 AW-080

分项工程名称：　　　　　　施工部位：　　　　　日期：　　　　编号：

序号	检查项目	安全控制要点	控制级别	检查结果（接班班长填写）
1	作业环境	照明满足施工要求	一般	
2		运输通道畅通	一般	
3	作业条件	钢筋骨架稳定措施到位	主控	
4		各种动火设备，办理动火证情况	一般	
5		消防设施配备齐全	主控	
6	施工用电	电缆走线合理，无碰头、绊脚、破损现象	一般	
7		电箱完整无损坏，箱门能正常开闭	一般	
8		焊钳绝缘完好，焊把线和地线绝缘完好	主控	
9	设备设施	电焊机等状态良好，满足施工要求	一般	
10		运输车辆：刹车/灯/喇叭/反光镜齐全有效	主控	
11		高压风管接头连接牢固	一般	
12		作业平台是否可靠牢固，防护到位	一般	
13	劳动纪律	当班人员无酒后进场；无生病等状态不佳人员，严禁吸烟	主控	
14		劳动防护用品按规定佩戴齐全	一般	
15		班前活动完成，作业人员了解即将进行工作的危险点及正确操作规程	一般	

序号	其他注意事项	（交班班长填写）		
		交班班长：		接班班长：
	值班工程师意见		签字：	日期：
	作业队长意见		签字：	日期：

说明：本表填写 1 份，由工区留存。

拱部衬砌模板施工 工前安全自检表　　　　表 AW-081

分项工程名称：　　　　施工部位：　　　　日期：　　　　编号：

序号	检查项目	安全控制要点	控制级别	检查结果（接班班长填写）
1	作业环境	照明满足施工要求	一般	
2		运输通道畅通	一般	
3	作业条件	已施做模板支撑体系稳定、牢固	主控	
4		模板、脚手架、定型支撑、梳型木等堆码符合安全要求	一般	
5		模板人工起吊设专区，并设警示标志	一般	
6		消防器材配备齐全	一般	
7	施工用电	电缆走线合理，无碰头、绊脚、破损现象	一般	
8		电箱完整无损坏，箱门能正常开闭	一般	
9		焊钳绝缘完好，焊把线和地线绝缘完好	主控	
10	设备设施	手电锯、电刨机、手持电动工具、电焊机、空压机等状态良好，满足施工要求	一般	
11		运输车辆：刹车/灯/喇叭/反光镜齐全有效	一般	
12		高压风管接头连接牢固	一般	
13		作业平台、爬梯可靠牢固，防护到位	主控	
14	劳动纪律	当班人员无酒后进场；无生病等状态不佳人员，严禁吸烟	主控	
15		接班人员劳动防护用品按规定佩戴齐全	一般	
16		班前活动完成，作业人员了解即将进行工作的危险点及正确操作规程	一般	

其他注意事项	（交班班长填写）		
	交班班长：	接班班长：	
值班工程师意见		签字：	日期：
作业队长意见		签字：	日期：

说明：本表填写1份，由工区留存。

拱部衬砌混凝土施工 工前安全自检表　　表 AW-082

分项工程名称：　　　　　施工部位：　　　　日期：　　　　编号：

序号	检查项目	安全控制要点	控制级别	检查结果（接班班长填写）
1	作业环境	照明满足施工要求	一般	
2		运输通道畅通	一般	
3		消防设施配备齐全	一般	
4	作业条件	模板支撑体系稳定、牢固	主控	
5		浇筑混凝土用管路是否连接牢固，管路固定是否符合要求	主控	
6		堵头加固牢固，看模人员已确定	一般	
7	施工用电	电缆走线合理，无碰头、绊脚、破损现象	一般	
8		电箱完整无损坏，箱门能正常开闭	一般	
9		焊钳绝缘完好，焊把线和地线绝缘完好	主控	
10	设备设施	振捣机具、手电锯、电刨机、手持电动工具、电焊机、空压机等状态良好，满足施工要求	一般	
11		运输车辆：刹车/灯/喇叭/反光镜齐全有效	一般	
12		高压风管接头连接牢固	一般	
13		作业平台是否可靠牢固，防护到位	一般	
14	劳动纪律	当班人员无酒后进场；无生病等状态不佳人员，严禁吸烟	主控	
15		接班人员劳动防护用品按规定佩戴齐全	一般	
16		班前活动完成，作业人员了解即将进行工作的危险点及正确操作规程	一般	
其他注意事项	（交班班长填写）			
	交班班长：		接班班长：	
值班工程师意见			签字：　　　　日期：	
作业队长意见			签字：　　　　日期：	

说明：本表填写 1 份，由工区留存。

拱部衬砌 过程检查巡视表　　表 AW-083

分项工程名称：　　　　施工部位：　　　　日期：　　　　编号：

序号	检查项目	安全控制要点	控制级别	检查情况	整改意见	整改负责人
1	防物体打击	作业人员正确佩戴安全帽等劳动防护用品	主控			
2	防坠落伤害	作业台架、脚手架牢固可靠、护栏符合要求	主控			
3		浇筑混凝土的管路连接、固定牢固	主控			
4		高处作业防护，洞口、临边防护到位	主控			
5		模板起吊设专区，作业范围设立安全标志	主控			
6	防触电伤害	用电设备电源入线压接牢固，无乱拉、扯、压、砸、裸露破损现象，线路无拖地、浸泡、缠绕、老化破损、交叉等现象	一般			
7		用电设备具有可靠的漏电保护装置，小型手持电动工具绝缘良好，电源线无接头、无损坏，状态良好	主控			
8		严禁使用倒顺开关、民用插排，严禁雨天露天进行带电作业	主控			
9		电焊机功能完备，状态良好，焊接时双线到位，严禁用其他导电体搭接，一、二次线符合长度要求等	主控			
10		配电箱完好，电缆绝缘完好，无破损现象	一般			
11		作业人员个人劳保防护用品到位	一般			
12	防机械伤害	吊车司机等作业人员持证上岗	主控			
13		起吊设备检查钢丝绳有无断丝、断股、乱绳以及卡扣、吊钩等连接牢固、符合安全使用要求	主控			
14		电焊机等机械作业符合相应机械操作规程，严禁违章指挥及违章作业，施工机具功能完备，防护措施到位	主控			
15		存在交叉作业时有专人协调指挥	一般			
16	防坍塌伤害	壁面无渗漏水	主控			
17		模板及支撑体系架设严格依照施工方案实施；浇筑过程模板及支撑体系稳定、牢固，有专人看模	主控			
18		应急物资充足、到位	主控			
19	其他	当班人员无酒后进场；无生病等状态不佳人员	一般			
20		现场有无违章作业、违章指挥	主控			
21		洞内通道畅通，照明满足要求	主控			
存在问题处理情况						

安全员签字：　　　　　　　　　　　　　　日期：　　年　　月　　日

说明：1. 本表为安全员每班巡查表格，填写1份，由工区留存；
　　　2. 检查情况符合要求时打"√"，检查项目不合格项，由安全员明确整改意见，指定整改负责人；
　　　3. 主控项目由安全员下达专项安全整改通知单，一般项目由安全员通知到整改负责人，限期整改；
　　　4. 整改完成后报安全员复检。

中板衬砌 开工控制安全自（复）检审批表   表 AW-084

单位工程名称： 　　　　　分项工程名称： 　　　　施工部位： 　　　　编号：

序号	检查项目	内容	安全控制要点	一检 检查结果	一检 责任人（签字）	二检 检查结果	二检 责任人（签字）	复检 检查结果	复检 责任人（签字）
1	内业资料	施工技术	安全专项施工方案编制（包括应急预案）、审核、审批齐全有效，施工和安全技术交底到位；需监测的点位已布置		工区技术主管：		工程部：		监理工程师：
2		工程材料	进场材质证明资料齐全，检验合格						
3		设备机具	进场验收记录齐全有效，特种设备安全技术档案齐全		工区安全主管：		机电管理部门：		监理工程师：
4		作业人员	拟上岗人员安全培训资料齐全，考核合格；特种作业人员类别和数量满足作业要求，操作证齐全				项目部安全工程师：		
5		其他	分包队伍资质、许可证等资料齐全，安全生产协议签署，人员资格满足作业要求且已到场						
6	通用性检查	现场准备	运输通道、人员进出通道畅通；运输设备与运输通道相匹配，满足安全施工要求		作业队长：		工区技术主管：		监理工程师：
7		风、水、电	施工风、水、电已送往作业面，风水电路布置顺畅有序，方便施工						
8		作业面	作业范围内有无影响开工后正常安全施工的情况。（基面平整、标高控制）						
9		设备机具	布置合理放置稳固，防护齐全						
10		设施用具	临边防护牢固可靠、警示标识齐全						
11		应急准备	应急物资到位，通讯畅通，应急照明、消防器材符合要求						
12	施工临电	总体布置	符合三级配电两级保护要求；接地符合规定		工区电工：		项目部安全工程师：		监理工程师：
13		线路与照明	线路布设、悬挂高度、护线套、线卡固定符合规定。作业区照明电压和灯具符合安全要求						
14		配电箱	电箱完整无损坏；箱内配置符合规范，并附线路图，无带电体明露及一闸多用等						
工区主管审批意见				签字： 　　　　　　　　　　　　年 月 日					
项目部安全管理部门审批意见		签字： 　　年 月 日		项目部安全副经理审批意见		签字： 　　年 月 日			
驻地监理工程师意见		签字： 　　年 月 日		总监办安全监理工程师审批意见		签字： 　　年 月 日			

说明：本表为中板衬砌开工控制安全检查审批表，在开工前由工区安全总监负责组织实施。本表一式3份，工区、项目部、监理部各留存1份。

中板衬砌钢筋施工 工前安全自检表　　　表 AW-085

分项工程名称：　　　　　施工部位：　　　　日期：　　　　编号：

序号	检查项目	安全控制要点	控制级别	检查结果（接班班长填写）
1	作业环境	照明满足施工要求	一般	
2		运输通道畅通	一般	
3	作业条件	钢筋骨架稳定	主控	
4		各种动火设备，办理动火证情况	一般	
5		消防设施配备齐全	主控	
6	施工用电	电缆走线合理，无碰头、绊脚、破损现象	一般	
7		电箱完整无损坏，箱门能正常开闭	一般	
8		焊钳绝缘完好，焊把线和地线绝缘完好	主控	
9	设备设施	电焊机等状态良好，满足施工要求	一般	
10		运输车辆：刹车/灯/喇叭/反光镜齐全有效	主控	
11		高压风管接头连接牢固	一般	
12		临边防护到位，警示标识齐全	一般	
13	劳动纪律	当班人员无酒后进场；无生病等状态不佳人员，严禁吸烟	主控	
14		劳动防护用品按规定佩戴齐全	一般	
15		班前活动完成，作业人员了解即将进行工作的危险点及正确操作规程	一般	

其他注意事项	（交班班长填写）		
	交班班长：　　　　　　接班班长：		
值班工程师意见		签字：　　　　　　日期：	
作业队长意见		签字：　　　　　　日期：	

说明：本表填写 1 份，由工区留存。

中板衬砌模板施工 工前安全自检表　　表 AW-086

分项工程名称：　　　　　施工部位：　　　　日期：　　　　编号：

序 号	检查项目	安全控制要点	控制级别	检查结果（接班班长填写）
1	作业环境	照明满足施工要求	一般	
2		运输通道畅通	一般	
3	作业条件	消防设施配备齐全	一般	
4		浇筑混凝土用管路是否连接牢固，管路固定是否符合要求	主控	
5		模板堵头加固牢固，看模人员已确定	一般	
6	施工用电	电缆走线合理，无碰头、绊脚现象	一般	
7		电箱完整无损坏，箱门能正常开闭	一般	
8		焊钳绝缘完好，焊把线和地线绝缘完好	主控	
9	设备设施	手电锯、电刨机、手持电动工具、电焊机、空压机等状态良好，满足施工要求	一般	
10		运输车辆：刹车/灯/喇叭/反光镜齐全有效	一般	
11		高压风管接头连接牢固	一般	
12		临边防护到位，警示标识齐全	一般	
13	劳动纪律	当班人员无酒后进场；无生病等状态不佳人员，严禁吸烟	主控	
14		接班人员劳动防护用品按规定佩戴齐全	一般	
15		班前活动完成，作业人员了解即将进行工作的危险点及正确操作规程	一般	
其他注意事项	（交班班长填写）			
	交班班长：　　　　　　　接班班长：			
值班工程师意见			签字：　　日期：	
作业队长意见			签字：　　日期：	

说明：本表填写 1 份，由工区留存。

中板衬砌混凝土施工 工前安全自检表　　表 AW-087

分项工程名称：　　　施工部位：　　　日期：　　　编号：

序号	检查项目	安全控制要点	控制级别	检查结果（接班班长填写）
1	作业环境	照明满足施工要求	一般	
2		运输通道畅通	一般	
3		消防设施配备齐全	一般	
4	作业条件	浇筑混凝土用管路是否连接牢固，管路固定是否符合要求	主控	
5		堵头加固牢固，看模人员已确定	一般	
6	施工用电	电缆走线合理，无碰头、绊脚、破损现象	一般	
7		电箱完整无损坏，箱门能正常开闭	一般	
8		焊钳绝缘完好，焊把线和地线绝缘完好	主控	
9	设备设施	振捣机具、手电锯、电刨机、手持电动工具、电焊机、空压机等状态良好，满足施工要求	一般	
10		运输车辆：刹车/灯/喇叭/反光镜齐全有效	一般	
11		高压风管接头连接牢固	一般	
12		作业平台是否可靠牢固，防护到位	一般	
13	劳动纪律	当班人员无酒后进场；无生病等状态不佳人员，严禁吸烟	主控	
14		接班人员劳动防护用品按规定佩戴齐全	一般	
15		班前活动完成，作业人员了解即将进行工作的危险点及正确操作规程	一般	
其他注意事项	（交班班长填写）			
	交班班长：　　　　　　接班班长：			
值班工程师意见			签字：　　　日期：	
作业队长意见			签字：　　　日期：	

说明：本表填写 1 份，由工区留存。

中板衬砌 过程检查巡视表 表 AW-088

分项工程名称：　　　　　施工部位：　　　　日期：　　　　编号：

序号	检查项目	安全控制要点	控制级别	检查情况	整改意见	整改负责人
1	防物体打击	作业人员正确佩戴安全帽等劳动防护用品	主控			
2	防坠落伤害	浇筑混凝土的管路连接、固定牢固	主控			
3		洞口、临边防护到位	主控			
4		作业范围设立安全标志	一般			
5	防触电伤害	用电设备电源入线压接牢固，无乱拉、扯、压、砸、裸露破损现象，线路无拖地、浸泡、缠绕、老化破损、交叉等现象	一般			
6		用电设备具有可靠的漏电保护装置，小型手持电动工具绝缘良好，电源线无接头、无损坏，状态良好	主控			
7		严禁使用倒顺开关、民用插排，严禁雨天露天进行带电作业	主控			
8		电焊机功能完备，状态良好，焊接时双线到位，严禁用其他导电体搭接，一、二次线符合长度要求等	主控			
9		配电箱完好，电缆绝缘完好，无破损现象	一般			
10		作业人员个人劳保防护用品到位	一般			
11	防机械伤害	吊车司机等作业人员持证上岗	主控			
12		起吊设备检查钢丝绳有无断丝、断股、乱绳以及卡扣、吊钩等连接牢固、符合安全使用要求	主控			
13		电焊机等机械作业符合相应机械操作规程，严禁违章指挥及违章作业，施工机具功能完备，防护措施到位	主控			
14		存在交叉作业时有专人协调指挥	一般			
15	防坍塌伤害	模板堵头加固牢固，且有专人看模	主控			
16	其他	当班人员无酒后进场；无生病等状态不佳人员	一般			
17		现场有无违章作业、违章指挥	主控			
18		洞内通道畅通，照明满足要求	主控			

存在问题处理情况

安全员签字：　　　　　　　　　　　　　　　　　　　日期：　　年　月　日

说明：1. 本表为安全员每班巡查表格，填写1份，由工区留存；
　　　2. 检查情况符合要求时打"√"，检查项目不合格项，由安全员明确整改意见，指定整改负责人；
　　　3. 主控项目由安全员下达专项安全整改通知单，一般项目由安全员通知到整改负责人，限期整改；
　　　4. 整改完成后报安全员复检。

车站边墙衬砌 开工控制安全自（复）检审批表　　表 AW-089

单位工程名称：　　　　　分项工程名称：　　　　　施工部位：　　　　　编号：

序号	检查项目	内容	安全控制要点	一检 检查结果	一检 责任人（签字）	二检 检查结果	二检 责任人（签字）	复检 检查结果	复检 责任人（签字）
1	针对性检查	初支验收	断面检查、基面处理完成		工区技术主管：		工程部：		监理工程师：
2		模板体系	模板、支撑构件验收合格						
3		消防设施	设置位置符合规定；配备数量满足需求		工区安全主管：		项目部安全工程师：		监理工程师：
4	内业资料	施工技术	安全专项施工方案编制（包括应急预案）、审核、审批齐全有效，施工和安全技术交底到位		工区技术主管：		工程部：		监理工程师：
5		工程材料	进场材质证明资料齐全，检验合格						
6		设备机具	进场验收记录齐全有效，特种设备安全技术档案齐全		工区安全主管：		机电管理部门：		监理工程师：
7		作业人员	拟上岗人员安全培训资料齐全，考核合格；特种作业人员类别和数量满足作业要求，操作证齐全				项目部安全工程师：		监理工程师：
8		其他	分包队伍资质、许可证等资料齐全，安全生产协议签署，人员资格满足作业要求且已到场						
9	通用性检查	现场准备	运输条件	运输通道、人员进出通道畅通；运输设备与运输通道相匹配，满足安全施工要求	作业队长：		工区技术主管：		监理工程师：
10			风、水、电	施工风、水、电已送往作业面，风水电路布置顺畅有序，方便施工					
11			作业面	作业范围内有无影响开工后正常安全施工的情况。（基面处理、断面检查）					
12			设备机具	布置合理、放置稳固，防护齐全					
13			设施用具	防护设施、用具符合安全要求。（作业平台、爬梯等）					
14			应急准备	应急物资到位，通讯畅通，应急照明符合要求					
15		施工临电	总体布置	符合三级配电两级保护要求；接地符合规定		工区电工：		项目部安全工程师：		监理工程师：
16			线路与照明	线路布设、悬挂高度、护线套、线卡固定符合规定。作业区照明电压和灯具符合安全要求					
17			配电箱	电箱完整无损坏；箱内配置符合规范，并附线路图，无带电体明露及一闸多用等					
工区主管审批意见				签字：				年　月　日	
项目部安全管理部门审批意见		签字：	年　月　日	项目部安全副经理审批意见		签字：		年　月　日	
驻地监理工程师意见		签字：	年　月　日	总监办安全监理工程师审批意见		签字：		年　月　日	

说明：本表为车站边墙衬砌开工控制安全检查审批表，在开工前由工区安全总监负责组织实施。本表一式 3 份，工区、项目部、监理部各留存 1 份。

车站边墙衬砌防水施工 工前安全自检表 表 AW-090

分项工程名称：　　　　　施工部位：　　　　日期：　　　　编号：

序号	检查项目	安全控制要点	控制级别	检查结果（接班班长填写）
1	作业环境	照明满足施工要求	一般	
2		运输通道畅通	一般	
3	作业条件	防水专项安全交底已到位	一般	
4		基面渗漏水及处理完成	一般	
5		现场防水材料堆码整齐，消防设施配备齐全	主控	
6	施工用电	电缆走线合理，无碰头、绊脚、破损现象	一般	
7		电箱完整无损坏，箱门能正常开闭	一般	
8		焊钳绝缘完好，焊把线和地线绝缘完好	主控	
9	设备设施	焊枪、爬焊机状态良好，满足施工要求	一般	
10		运输车辆：刹车/灯/喇叭/反光镜齐全有效	主控	
11		作业平台是否可靠牢固，防护到位，警示标识齐全	主控	
12	劳动纪律	当班人员无酒后进场；无生病等状态不佳人员，严禁吸烟	主控	
13		劳动防护用品按规定佩戴齐全	一般	
14		班前活动完成，作业人员了解即将进行工作的危险点及正确操作规程	一般	
其他注意事项	（交班班长填写）交班班长：　　　接班班长：			
值班工程师意见			签字：　　　日期：	
作业队长意见			签字：　　　日期：	

说明：本表填写1份，由工区留存。

车站边墙衬砌钢筋施工 工前安全自检表　　表 AW-091

分项工程名称：　　　　施工部位：　　　日期：　　　编号：

序号	检查项目	安全控制要点	控制级别	检查结果（接班班长填写）
1	作业环境	照明满足施工要求	一般	
2		运输通道畅通	一般	
3	作业条件	钢筋骨架稳定措施到位	主控	
4		各种动火设备，办理动火证情况	一般	
5		消防设施配备齐全	主控	
6	施工用电	电缆走线合理，无碰头、绊脚、破损现象	一般	
7		电箱完整无损坏，箱门能正常开闭	一般	
8		焊钳绝缘完好，焊把线和地线绝缘完好	主控	
9	设备设施	电焊机等状态良好，满足施工要求	一般	
10		运输车辆：刹车/灯/喇叭/反光镜齐全有效	主控	
11		高压风管接头连接牢固	一般	
12		作业平台是否可靠牢固，防护到位	一般	
13	劳动纪律	当班人员无酒后进场；无生病等状态不佳人员，严禁吸烟	主控	
14		劳动防护用品按规定佩戴齐全	一般	
15		班前活动完成，作业人员了解即将进行工作的危险点及正确操作规程	一般	
其他注意事项	（交班班长填写）			
	交班班长：　　　　　接班班长：			
值班工程师意见			签字：　　　　日期：	
作业队长意见			签字：　　　　日期：	

说明：本表填写 1 份，由工区留存。

车站边墙衬砌模板施工 工前安全自检表   表 AW-092

分项工程名称：　　　　　　施工部位：　　　　日期：　　　编号：

序号	检查项目	安全控制要点	控制级别	检查结果（接班班长填写）
1	作业环境	照明满足施工要求	一般	
2		运输通道畅通	一般	
3	作业条件	已施做模板支撑体系稳定、牢固	主控	
4		模板、脚手架、定型支撑、梳型木等堆码符合安全要求	一般	
5		模板人工起吊设专区，并设警示标志	一般	
6		消防器材配备齐全	一般	
7	施工用电	电缆走线合理，无碰头、绊脚现象	一般	
8		电箱完整无损坏，箱门能正常开闭	一般	
9		焊钳绝缘完好，焊把线和地线绝缘完好	主控	
10	设备设施	手电锯、电刨机、手持电动工具、电焊机、空压机等状态良好，满足施工要求	一般	
11		运输车辆：刹车/灯/喇叭/反光镜齐全有效	一般	
12		高压风管接头连接牢固	一般	
13		作业平台、爬梯可靠牢固，防护到位	主控	
14	劳动纪律	当班人员无酒后进场；无生病等状态不佳人员，严禁吸烟	主控	
15		接班人员劳动防护用品按规定佩戴齐全	一般	
16		班前活动完成，作业人员了解即将进行工作的危险点及正确操作规程	一般	
其他注意事项	（交班班长填写）　　　　交班班长：　　　　接班班长：			
值班工程师意见			签字：　　　日期：	
作业队长意见			签字：　　　日期：	

说明：本表填写1份，由工区留存。

车站边墙衬砌混凝土施工 工前安全自检表 表 AW-093

分项工程名称：　　　　施工部位：　　　　日期：　　　　编号：

序号	检查项目	安全控制要点	控制级别	检查结果（接班班长填写）
1	作业环境	照明满足施工要求	一般	
2		运输通道畅通	一般	
3	作业条件	消防设施配备齐全	一般	
4		模板支撑体系稳定、牢固	主控	
5		浇筑混凝土用管路是否连接牢固，管路固定是否符合要求	主控	
6		堵头加固牢固，看模人员已确定	一般	
7	施工用电	电缆走线合理，无碰头、绊脚、破损现象	一般	
8		电箱完整无损坏，箱门能正常开闭	一般	
9		焊钳绝缘完好，焊把线和地线绝缘完好	主控	
10	设备设施	振捣机具、手电锯、电刨机、手持电动工具、电焊机、空压机等状态良好，满足施工要求	一般	
11		运输车辆：刹车/灯/喇叭/反光镜齐全有效	一般	
12		高压风管接头连接牢固	一般	
13		作业平台是否可靠牢固，防护到位	一般	
14	劳动纪律	当班人员无酒后进场；无生病等状态不佳人员，严禁吸烟	主控	
15		接班人员劳动防护用品按规定佩戴齐全	一般	
16		班前活动完成，作业人员了解即将进行工作的危险点及正确操作规程	一般	
其他注意事项	（交班班长填写）			
	交班班长：		接班班长：	
值班工程师意见			签字：　　　日期：	
作业队长意见			签字：　　　日期：	

说明：本表填写1份，由工区留存。

车站边墙衬砌 过程检查巡视表 表 AW-094

分项工程名称：　　　　　施工部位：　　　日期：　　　编号：

序号	检查项目	安全控制要点	控制级别	检查情况	整改意见	整改负责人
1	防物体打击	作业人员正确佩戴安全帽等劳动防护用品	主控			
2	防坠落伤害	作业台架、脚手架牢固可靠、护栏符合要求	主控			
3		浇筑混凝土的管路连接、固定牢固	主控			
4		高处作业防护，洞口、临边防护到位	主控			
5		模板起吊设专区，作业范围设立安全标志	主控			
6	防触电伤害	用电设备电源入线压接牢固，无乱拉、扯、压、砸、裸露破损现象，线路无拖地、浸泡、缠绕、老化破损、交叉等现象	一般			
7		用电设备具有可靠的漏电保护装置，小型手持电动工具绝缘良好，电源线无接头、无损坏，状态良好	主控			
8		严禁使用倒顺开关、民用插排，严禁雨天露天进行带电作业	主控			
9		电焊机功能完备，状态良好，焊接时双线到位，严禁用其他导电体搭接，一、二次线符合长度要求等	主控			
10		配电箱完好，电缆绝缘完好，无破损现象	一般			
11		作业人员个人劳保防护用品到位	一般			
12	防机械伤害	吊车司机等作业人员持证上岗	主控			
13		起吊设备检查钢丝绳有无断丝、断股、乱绳以及卡扣、吊钩等连接牢固、符合安全使用要求	主控			
14		电焊机等机械作业符合相应机械操作规程，严禁违章指挥及违章作业，施工机具功能完备，防护措施到位	主控			
15		存在交叉作业时有专人协调指挥	一般			
16	防坍塌伤害	壁面无渗漏水	主控			
17		模板及支撑体系架设严格依照施工方案实施；浇筑过程模板及支撑体系稳定、牢固，有专人看模	主控			
18		应急物资充足、到位	主控			
19	其他	当班人员无酒后进场；无生病等状态不佳人员	一般			
20		现场有无违章作业、违章指挥	主控			
21		洞内通道畅通，照明满足要求	主控			

存在问题处理情况

安全员签字：　　　　　　　　　　　　　　日期：　　年　月　日

说明：1. 本表为安全员每班巡查表格，填写1份，由工区留存；
　　　2. 检查情况符合要求时打"√"，检查项目不合格项，由安全员明确整改意见，指定整改负责人；
　　　3. 主控项目由安全员下达专项安全整改通知单，一般项目由安全员通知到整改负责人，限期整改；
　　　4. 整改完成后报安全员复检。

车站土方开挖及底板施工 开工控制安全自（复）检审批表

表 AW-095

单位工程名称：　　　　　分项工程名称：　　　　　施工部位：　　　　　编号：

序号	检查项目	内容	安全控制要点	一检 检查结果	一检 责任人（签字）	二检 检查结果	二检 责任人（签字）	复检 检查结果	复检 责任人（签字）
1	针对性检查	专项交底	对钢管柱护壁结构破除及中板下地模清除进行专项交底		工区技术主管：		工程部：		监理工程师：
2		结构稳定	中板、拱顶混凝土达到强度						
3		施工机械	开挖机械设备到位，机械作业半径内严禁站人		工区安全主管：		项目部安全工程师：		监理工程师：
4	内业资料	施工技术	安全专项施工方案编制（包括应急预案）、审核、审批齐全有效，施工和安全技术交底到位；需监测的点位已布置，且已测取初读数		工区技术主管：		工程部：		监理工程师：
5		工程材料	进场材质证明资料齐全，检验合格						
6		设备机具	进场验收记录齐全有效，特种设备安全技术档案齐全		工区安全主管：		机电管理部门：		监理工程师：
7		作业人员	拟上岗人员安全培训资料齐全，考核合格，特种作业人员类别和数量满足作业要求，操作证齐全				项目部安全工程师：		监理工程师：
8		其他	分包队伍资质、许可证等资料齐全，安全生产协议签署，人员资格满足作业要求且已到场						
9	通用性检查	运输条件	运输通道、人员进出通道畅通；运输设备与运输通道相匹配，满足安全施工要求		作业队长：		工区技术主管：		监理工程师：
10		风、水、电	施工风、水、电已送往作业面，风水电路布置顺畅有序，方便施工						
11	现场准备	作业面	作业范围内有无影响开工后正常安全施工的情况（施工通道初支边墙已破除）						
12		设备机具	布置合理、放置稳固，防护齐全						
13		设施用具	防护设施、用具符合安全要求（作业平台、爬梯等）						
14		应急准备	应急物资到位，通讯畅通，应急照明、消防器材符合要求						
15	施工临电	总体布置	符合三级配电两级保护要求；接地符合规定		工区电工：		项目部安全工程师：		监理工程师：
16		线路与照明	线路布设、悬挂高度、护线套、线卡固定符合规定。作业区照明电压和灯具符合安全要求						
17		配电箱	电箱完整无损坏；箱内配置符合规范，并附线路图，无带电体明露及一闸多用等						

工区主管审批意见		签字：　　　　　年　月　日	
项目部安全管理部门审批意见	签字：　　　年　月　日	项目部安全副经理审批意见	签字：　　　年　月　日
驻地监理工程师意见	签字：　　　年　月　日	总监办安全监理工程师审批意见	签字：　　　年　月　日

说明：本表为车站土方开挖及底板施工开工控制安全检查审批表，在开工前由工区安全总监负责组织实施。本表一式3份，工区、项目部、监理部各留存1份。

车站土方开挖 工前安全自检表　　　表 AW-096

分项工程名称：　　　　施工部位：　　　日期：　　　编号：

序号	检查项目	安全控制要点	控制级别	检查结果（接班班长填写）
1	作业环境	照明满足施工要求	一般	
2		运输通道畅通	一般	
3		抢险物资到位充足	主控	
4	作业条件	开挖面坡度符合要求	一般	
5		上部桩间喷射混凝土施作情况符合要求	一般	
6	施工用电	电缆走线合理，无碰头、绊脚、破损现象	一般	
7		电箱完整无损坏，箱门能正常开闭	一般	
8		焊钳绝缘完好，焊把线和地线绝缘完好	一般	
9	设备设施	喷射机、电焊机、空压机、搅拌机等状态良好，满足施工要求	一般	
10		运输车辆：刹车/灯/喇叭/反光镜齐全有效	主控	
11		土方开挖设备状态良好	一般	
12		高压风管接头连接牢固	一般	
13		临边防护是否可靠牢固，防护到位	一般	
14	劳动纪律	当班人员无酒后进场；无生病等状态不佳人员	主控	
15		劳动防护用品按规定佩戴齐全	一般	
16		班前活动完成，作业人员了解即将进行工作的危险点及正确操作规程	一般	
其他注意事项	（交班班长填写）			
	交班班长：		接班班长：	
值班工程师意见			签字：	日期：
作业队长意见			签字：	日期：

说明：说明：本表填写1份，由工区留存，适用于车站土方开挖施工。

底板防水施工 工前安全自检表　　表 AW-097

分项工程名称：　　　　　施工部位：　　　　日期：　　　　编号：

序号	检查项目	安全控制要点	控制级别	检查结果（接班班长填写）
1	作业环境	照明满足施工要求	一般	
2		运输通道畅通	一般	
3	作业条件	防水专项安全交底已到位	一般	
4		底板表面渗漏水及基面处理完成	一般	
5		现场防水材料堆码整齐，消防设施配备齐全	主控	
6	施工用电	电缆走线合理，无碰头、绊脚、破损现象	一般	
7		电箱完整无损坏，箱门能正常开闭	一般	
8		焊钳绝缘完好，焊把线和地线绝缘完好	主控	
9	设备设施	焊枪、爬焊机状态良好，满足施工要求	一般	
10		运输车辆：刹车/灯/喇叭/反光镜齐全有效	主控	
11		临边防护到位，警示标识齐全	主控	
12	劳动纪律	当班人员无酒后进场；无生病等状态不佳人员，严禁吸烟	主控	
13		劳动防护用品按规定佩戴齐全	一般	
14		班前活动完成，作业人员了解即将进行工作的危险点及正确操作规程	一般	

其他注意事项	(交班班长填写)		
	交班班长：	接班班长：	
值班工程师意见		签字：　　　　日期：	
作业队长意见		签字：　　　　日期：	

说明：本表填写1份，由工区留存，适用车站底板衬砌防水施工。

底板钢筋施工 工前安全自检表　　表 AW-098

分项工程名称：　　　　施工部位：　　　　日期：　　　　编号：

序号	检查项目	安全控制要点	控制级别	检查结果（接班班长填写）
1	作业环境	照明满足施工要求	一般	
2		运输通道畅通	一般	
3	作业条件	钢筋骨架稳定	主控	
4		各种动火设备，办理动火证情况	一般	
5		消防设施配备齐全	主控	
6	施工用电	电缆走线合理，无碰头、绊脚、破损现象	一般	
7		电箱完整无损坏，箱门能正常开闭	一般	
8		焊钳绝缘完好，焊把线和地线绝缘完好	主控	
9	设备设施	电焊机等状态良好，满足施工要求	一般	
10		运输车辆：刹车/灯/喇叭/反光镜齐全有效	主控	
11		高压风管接头连接牢固	一般	
12		临边防护到位，警示标识齐全	一般	
13	劳动纪律	当班人员无酒后进场；无生病等状态不佳人员，严禁吸烟	主控	
14		劳动防护用品按规定佩戴齐全	一般	
15		班前活动完成，作业人员了解即将进行工作的危险点及正确操作规程	一般	
其他注意事项	（交班班长填写）　　　　　　　　　　　　　　　　　　　　　　　　　　　　　　　　　　　交班班长：　　　　　　　　　接班班长：			
值班工程师意见			签字：　　　　　　　　　日期：	
作业队长意见			签字：　　　　　　　　　日期：	

说明：本表填写 1 份，由工区留存，适用于车站底板衬砌钢筋施工。

底板混凝土施工 工前安全自检表 表 AW-099

分项工程名称：　　　　施工部位：　　　　日期：　　　　编号：

序号	检查项目	安全控制要点	控制级别	检查结果（接班班长填写）
1	作业环境	照明满足施工要求	一般	
2		运输通道畅通	一般	
3		消防设施配备齐全	一般	
4	作业条件	浇筑混凝土用管路是否连接牢固，管路固定是否符合要求	主控	
5		堵头加固牢固，看模人员已确定	一般	
6	施工用电	电缆走线合理，无碰头、绊脚现象	一般	
7		电箱完整无损坏，箱门能正常开闭	一般	
8		焊钳绝缘完好，焊把线和地线绝缘完好	主控	
9	设备设施	手电锯、电刨机、手持电动工具、电焊机、空压机等状态良好，满足施工要求	一般	
10		运输车辆：刹车/灯/喇叭/反光镜齐全有效	一般	
11		高压风管接头连接牢固	一般	
12		临边防护到位，警示标识齐全	一般	
13	劳动纪律	当班人员无酒后进场；无生病等状态不佳人员，严禁吸烟	主控	
14		接班人员劳动防护用品按规定佩戴齐全	一般	
15		班前活动完成，作业人员了解即将进行工作的危险点及正确操作规程	一般	
其他注意事项	（交班班长填写） 交班班长：　　　　接班班长：			
值班工程师意见			签字：　　　日期：	
作业队长意见			签字：　　　日期：	

说明：本表填写1份，由工区留存，适用于车站底板衬砌混凝土施工。

车站土方开挖 过程检查巡视表　　表 AW-100

分项工程名称：　　　　施工部位：　　　　日期：　　　　编号：

序号	检查项目	安全控制要点	控制级别	检查情况	整改意见	整改负责人
1	防物体打击	作业人员正确佩戴安全帽等劳动防护用品	主控			
2	防坠落伤害	开挖机械作业半径内严禁站人	主控			
3		临边防护到位	主控			
4		作业范围设立安全标志	一般			
5	防触电伤害	用电设备电源入线压接牢固，无乱拉、扯、压、砸、裸露破损现象，线路无拖地、浸泡、缠绕、老化破损、交叉等现象	一般			
6		开挖机具等用电设备具有可靠的漏电保护装置，小型手持电动工具绝缘良好，电源线无接头、无损坏，状态良好	主控			
7		严禁使用倒顺开关、民用插排，严禁雨天露天进行带电作业	主控			
8		电焊机功能完备，状态良好，焊接时双线到位，严禁用其他导电体搭接，一、二次线符合长度要求等	主控			
9		配电箱完好，电缆绝缘完好，无破损现象	一般			
10		作业人员个人劳保防护用品到位	一般			
11	防机械伤害	吊车司机等作业人员持证上岗	主控			
12		起吊设备检查钢丝绳有无断丝、断股、乱绳以及卡扣、吊钩等连接牢固、符合安全使用要求	主控			
13		电焊机等机械作业符合相应机械操作规程，严禁违章指挥及违章作业，施工机具功能完备，防护措施到位	主控			
14		存在交叉作业时有专人协调指挥	一般			
15	防坍塌伤害	无渗漏水及积水	主控			
16		严格按照方案开挖土方及架设支撑，开挖面放坡符合要求且稳定	主控			
17		支护结构无明显变形、开裂；地面无裂缝；邻近建（构）筑物状态良好	主控			
18	其他	当班人员无酒后进场；无生病等状态不佳人员	一般			
19		现场有无违章作业、违章指挥	主控			
20		洞内通道畅通，照明满足要求	主控			
存在问题处理情况						

安全员签字：　　　　　　　　　　　　　　日期：　　年　　月　　日

说明：1. 本表为安全员每班巡查表格，填写1份，由工区留存；
　　　2. 检查情况符合要求时打"√"，检查项目不合格项，由安全员明确整改意见，指定整改负责人；
　　　3. 主控项目由安全员下达专项安全整改通知单，一般项目由安全员通知到整改负责人，限期整改；
　　　4. 整改完成后报安全员复检。

车站底板施工 过程检查巡视表   表 AW-101

分项工程名称：　　　　　施工部位：　　　　日期：　　　　编号：

序号	检查项目	安全控制要点	控制级别	检查情况	整改意见	整改负责人
1	防物体打击	作业人员正确佩戴安全帽等劳动防护用品	主控			
2	防坠落伤害	浇筑混凝土的管路连接、固定牢固	主控			
3		临边防护到位	主控			
4		作业范围设立安全标志	一般			
5	防触电伤害	用电设备电源入线压接牢固，无乱拉、扯、压、砸、裸露破损现象，线路无拖地、浸泡、缠绕、老化破损、交叉等现象	一般			
6		用电设备具有可靠的漏电保护装置，小型手持电动工具绝缘良好，电源线无接头、无损坏，状态良好	主控			
7		严禁使用倒顺开关、民用插排，严禁雨天露天进行带电作业	主控			
8		电焊机功能完备，状态良好，焊接时双线到位，严禁用其他导电体搭接，一、二次线符合长度要求等	主控			
9		配电箱完好，电缆绝缘完好，无破损现象	一般			
10		作业人员个人劳保防护用品到位	一般			
11	防机械伤害	吊车司机等作业人员持证上岗	主控			
12		起吊设备检查钢丝绳有无断丝、断股、乱绳以及卡扣、吊钩等连接牢固、符合安全使用要求	主控			
13		电焊机等机械作业符合相应机械操作规程，严禁违章指挥及违章作业，施工机具功能完备，防护措施到位	主控			
14		存在交叉作业时有专人协调指挥	一般			
15	防坍塌伤害	模板堵头加固牢固，且有专人看模	主控			
16	其他	当班人员无酒后进场；无生病等状态不佳人员	一般			
17		现场有无违章作业、违章指挥	主控			
18		洞内通道畅通，照明满足要求	主控			

存在问题处理情况：

安全员签字：　　　　　　　　　　　　　日期：　　年　月　日

说明：1. 本表为安全员每班巡查表格，填写1份，由工区留存；
　　　2. 检查情况符合要求时打"√"，检查项目不合格项，由安全员明确整改意见，指定整改负责人；
　　　3. 主控项目由安全员下达专项安全整改通知单，一般项目由安全员通知到整改负责人，限期整改；
　　　4. 整改完成后报安全员复检。

浅埋暗挖法施工 定期安全自检表　　　　表 AW-102

工区：　　　　　　施工部位：　　　　　日期：　　　　　编号：

序号	项目	检查部门及检查人	检查要点	存在问题	整改要求	整改负责人	整改完成时间	备注
1	内业资料		各种安全教育培训及记录					
2			各项安全交底及其记录					
3			班前安全活动记录及安全施工日志					
4			起重机械设备运行、检查维修保养记录					
5			大型机械设备检查维修保养记录					
6			临电记录，包括：漏电开关模拟记录、电阻测试记录，电工日常巡检维修记录，电气绝缘强度测试记录等					
7	施工管理		现场是否严格按照批复的方案施工					
8			设备运转记录，特种设备维修保养记录是否按照规定填写					
9			动火作业是否有动火证					
10			安全标志、安全警示，操作规程是否齐全完整					
11		项目部安全管理部门检查人签字：	专兼职安全员袖标是否佩戴					
12	劳动纪律		劳动防护用品穿戴和使用正确					
13			穿戴与所从事的作业是否相符					
14			特殊工种持证上岗					
15			各类违章和不合规行为					
16			有无不正常作业行为人员；有无酒后、生病等状态不佳人员					
17	安全防护		井口及基坑有符合规定的防护围栏和明显警示标志					
18			井口门禁系统有效，可随时查验洞内人员数量					
19			起吊机械、土方开挖机械作业半径内严禁人员停留，并配置指挥人员					
20			临边作业有可靠防护					
21			所有洞、孔均有可靠防护					
22	文明施工		防大气污染、渣土、细颗粒材料密闭存放、专人清扫保洁洒水压尘					
23			材料、工具和构、配件码放整齐，稳固					
24			管线布置顺畅，合理有序					
25			道路畅通，不积水，不凹凸不平					
26			防噪声污染强噪声机具采取封闭措施、人为活动噪声有控制措施					

续表 AW-102

序号	项目	检查部门及检查人	检查要点	存在问题	整改要求	整改负责人	整改完成时间	备注
27	施工用电	项目部机电管理部门 检查人签字：	外电高压线防护符合规定					
28			施工现场临电平面布置图应标明1、2级配电箱位置及线路走向、固定用电作业点等位置					
29			施工区线路架设、配电线路符合标准，装设的照明设备、灯具符合规范标准					
30			施工区配电符合规定，开关箱安装位置合理。满足"一机、一箱、一闸、一漏"					
31			配电线路穿过衬砌区域有可靠措施。满足安全要求					
32			配电箱箱体牢固、防雨（水），箱内无杂物、整洁，有编号，停用后断电加锁					
33			配电箱、开关箱内无带电体明露，无一闸多用现象					
34			1级和2级配电箱有可靠接地					
35			1级配电箱应设置配电室，2级设置防护棚，且各项防护措施（防雨、防火、排水等）到位					
36			作业地段照明符合安全规定					
37			手持电动工具绝缘良好，电源线无接头、损坏；电焊机安装、使用符合标准					
38	机械设备		起重设备	合格证、验收手续齐全；运行符合操作规程				
39				标牌、标识齐全，干净、清晰				
40				钢丝绳有无断丝、断股、无乱绳、卡扣连接牢固、润滑良好、符合安全使用要求，是否按规定配置信号工				
41				限位装置灵敏可靠、卡口和挂钩可靠				
42				防过放绳装置的功能是否正常				
43				设备干净，运行状态良好				
44			大型机械设备	合格证、验收手续齐全；运行符合操作规程				
45				标牌、标识齐全，干净、清晰				
46				设备干净，运行状态良好				
47			中小型机械	合格证、验收手续齐全；运行符合操作规程或使用要求				
48				标牌、标识齐全，干净、清晰				
49				设备干净，运行状态良好				

续表 AW-102

序号	项目	检查部门及检查人	检查要点	存在问题	整改要求	整改负责人	整改完成时间	备注
50	开挖与支护	工程部 检查人签字：	管棚、小导管是否按要求打设/注浆					
51			台阶长度是否合理。上台阶核心土、下台阶坡度是否合理					
52			施工工序是否符合规定					
53			掌子面或其他部位是否有渗漏水，地层是否发生变化					
54			钢格栅和临时支撑架设、连接，洞桩法施工的钢管支撑架设是否符合要求					
55			初支是否有裂缝					
56	衬砌		防排水系统施工工艺是否符合安全规定					
57			临时作业架子是否符合安全要求					
58			模板支撑系统是否满足安全要求					
59			二衬质量是否满足标准要求且可以接受					
60	施工对环境影响		地下管线是否有异常					
61			地面是否有裂缝或发生突变的沉降					
62			周边建（构）筑物的状况是否良好					
63	消防与保卫	办公室 检查人签字：	消防的设置是否符合规范/标准/规程或相关法规、条例、文件的要求					
64			现场有明显的防火标志，有足够使用的消防器材；消防器材未过期；相关人员是否能正确使用消防器材					
65			门卫系统：非施工人员和无关人员不得进入施工现场					
66			有防汛值班，现场有足够的防汛应急物资					
67	卫生防疫		食堂的卫生防疫是否符合规范/标准/规程或相关法规、条例、文件的要求					
68			卫生间的卫生防疫是否符合要求					
69			宿舍的卫生防疫是否符合要求					
70	宿舍管理		宿舍整洁，无私拉乱接现象					
71			无私自改变统一布置现象					
其他								

本表适用于工区和项目部的定期安全自检。本表作为原始记录。根据检查出的问题严重程度，做出相应的处理措施。本表一式两份，检查单位和被检查单位各一份。被检查出的问题整改完成后回复，由检查单位安全人员复查验证。

浅埋暗挖法施工 定期安全复检表 表 AW-103

工区：　　　　　　施工部位：　　　　　　日期：　　　　　　编号：

序号	项目	检查人（签字）	检查要点	存在问题	整改要求	整改负责人	整改完成时间	备注
1	内业资料		各种安全教育培训及记录					
2			各项安全交底及其记录					
3			班前安全活动记录及安全施工日志					
4			起重机械设备运行、检查维修保养记录					
5			大型机械设备检查维修保养记录					
6			临电记录，包括：漏电开关模拟记录、电阻测试记录，电工日常巡检维修记录，电气绝缘强度测试记录等					
7	施工管理		现场是否严格按照批复的方案施工					
8			设备运转记录，特种设备维修保养记录是否按照规定填写					
9			动火作业是否有动火证					
10			安全标志、安全警示，操作规程是否齐全完整					
11			专兼职安全员袖标是否佩戴					
12	劳动纪律	监理工程师	劳动防护用品穿戴和使用正确					
13			穿戴与所从事的作业是否相符					
14			特殊工种持证上岗					
15			各类违章和不合规行为					
16			有无不正常作业行为人员；有无酒后、生病等状态不佳人员					
17	安全防护		井口及基坑有符合规定的防护围栏和明显警示标志					
18			井口门禁系统有效，可随时查验洞内人员数量					
19			起吊机械、土方开挖机械作业半径内严禁人员停留，并配置指挥人员					
20			临边作业有可靠防护					
21			所有洞、孔均有可靠防护					
22	文明施工		防大气污染、渣土、细颗粒材料密闭存放、专人清扫保洁洒水压尘					
23			材料、工具和构、配件码放整齐，稳固					
24			管线布置顺畅，合理有序					
25			道路畅通，不积水，不凹凸不平					
26			防噪声污染强噪声机具采取封闭措施、人为活动噪声有控制措施					

续表 AW-103

序号	项目	检查人（签字）	检查要点		存在问题	整改要求	整改负责人	整改完成时间	备注
27	施工用电	监理工程师	外电高压线防护符合规定						
28			施工现场临电平面布置图应标明1、2级配电箱位置及线路走向、固定用电作业点等位置						
29			施工区线路架设、配电线路符合标准，装设的照明设备、灯具符合规范标准						
30			施工区配电符合规定，开关箱安装位置合理。满足"一机、一箱、一闸、一漏"						
31			配电线路穿过衬砌区域有可靠措施。满足安全要求						
32			配电箱箱体牢固、防雨（水），箱内无杂物、整洁，有编号，停用后断电加锁						
33			配电箱、开关箱内无带电体明露，无一闸多用现象						
34			1级和2级配电箱有可靠接地						
35			1级配电箱应设置配电室，2级设置防护棚，且各项防护措施（防雨、防火、排水等）到位						
36			作业地段照明符合安全规定						
37			手持电动工具绝缘良好，电源线无接头、损坏；电焊机安装、使用符合标准						
38	机械设备		起重设备	合格证、验收手续齐全；运行符合操作规程					
39				标牌、标识齐全，干净、清晰					
40				钢丝绳有无断丝、断股、无乱绳、卡扣连接牢固、润滑良好、符合安全使用要求，是否按规定配置信号工					
41				限位装置灵敏可靠、卡口和挂钩可靠					
42				防过放绳装置的功能是否正常					
43				设备干净，运行状态良好					
44			大型机械设备	合格证、验收手续齐全；运行符合操作规程					
45				标牌、标识齐全，干净、清晰					
46				设备干净，运行状态良好					
47			中小型机械	合格证、验收手续齐全；运行符合操作规程或使用要求					
48				标牌、标识齐全，干净、清晰					
49				设备干净，运行状态良好					

续表 AW-103

序号	项目	检查人(签字)	检查要点	存在问题	整改要求	整改负责人	整改完成时间	备注
50	开挖与支护	监理工程师	管棚、小导管是否按要求打设/注浆					
51			台阶长度是否合理。上台阶核心土、下台阶坡度是合理					
52			施工工序是否符合规定					
53			掌子面或其他部位是否有渗漏水,地层是否发生变化					
54			钢格栅和临时支撑架设、连接,洞桩法施工的钢管支撑架设是否符合要求					
55			初支是否有裂缝					
56	衬砌		防排水系统施工工艺是否符合安全规定					
57			临时作业架子是否符合安全要求					
58			模板支撑系统是否满足安全要求					
59			二衬质量是否满足标准要求且可以接受					
60	施工对环境影响		地下管线是否有异常					
61			地面是否有裂缝或发生突变的沉降					
62			周边建(构)筑物的状况是否良好					
63	消防与保卫	监理工程师	消防的设置是否符合规范/标准/规程或相关法规、条例、文件的要求					
64			现场有明显的防火标志,有足够使用的消防器材;消防器材未过期;相关人员是否能正确使用消防器材					
65			门卫系统:非施工人员和无关人员不得进入施工现场					
66			有防汛值班,现场有足够的防汛应急物资					
67	卫生防疫		食堂的卫生防疫是否符合规范/标准/规程或相关法规、条例、文件的要求					
68			卫生间的卫生防疫是否符合要求					
69			宿舍的卫生防疫是否符合要求					
70	宿舍管理		宿舍整洁,无私拉乱接现象					
71			无私自改变统一布置现象					
72	其他							
驻地监理工程师意见		签字: 日期:		总监理工程师审批意见		签字: 日期:		

本表适用于监理单位的定期安全自检。本表作为原始记录。根据检查出的问题严重程度,做出相应的处理措施。本表一式两份,检查单位和被检查单位各一份。被检查出的问题整改完成后回复,由监理工程师复查验证。

二、明挖法主要工序日常施工安全自（复）检体系

目 录

第1章 围护结构 149
1.1 钻孔灌注桩 149
1.2 旋喷桩 150
1.3 人工挖孔桩 150
1.4 地下连续墙 151
1.5 土钉墙施工 152

第2章 土方开挖与支护 154
2.1 土方开挖与桩间喷护 154
2.2 钢支撑及围檩 155
2.3 锚索施工 155

第3章 结构施工 157
3.1 防水施工 157
3.2 钢筋工程 157
3.3 模板及支撑 158
3.4 混凝土工程 159

第4章 其他工程 161
4.1 拆除工程 161
4.2 回填工程 161

第5章 定期自检与复检 163

附表 164

钻孔灌注桩 开工控制安全自（复）检审批表 表MW-001 164
施工临电 安全检查巡视表（通用） 表MW-002 165
人工探孔 工前安全自检表 表MW-003 166
钻孔灌注桩成桩 工前安全自检表 表MW-004 167
人工探孔 过程检查巡视表 表MW-005 168
钻孔灌注桩成桩 过程检查巡视表 表MW-006 169
旋喷桩 开工控制安全自（复）检审批表 表MW-007 170
旋喷桩人工探槽 工前安全自检表 表MW-008 171
旋喷桩成桩 工前安全自检表 表MW-009 172
旋喷桩人工探槽 过程检查巡视表 表MW-010 173
旋喷桩成桩 过程检查巡视表 表MW-011 174
人工挖孔桩 开工控制安全自（复）检审批表 表MW-012 175
人工挖孔桩 工前安全自检表 表MW-013 176
人工挖孔桩 过程检查巡视表 表MW-014 177

连续墙 开工控制安全自（复）检审批表 表MW-015	178
连续墙人工探槽 工前安全自检表 表MW-016	179
连续墙成墙 工前安全自检表 表MW-017	180
连续墙人工探槽 过程检查巡视表 表MW-018	181
连续墙 过程检查巡视表 表MW-019	182
土钉墙 开工控制安全自（复）检审批表 表MW-020	183
土钉墙 工前安全自检表 表MW-021	184
土钉墙 过程检查巡视表 表MW-022	185
土方开挖与锚喷支护 开工控制安全自（复）检审批表 表MW-023	186
土方开挖 工前安全自检表 表MW-024	187
桩间喷护 工前安全自检表 表MW-025	188
土方开挖与桩间喷护 过程检查巡视表 表MW-026	189
钢支撑及围檩 开工控制安全自（复）检审批表 表MW-027	190
钢支撑及围檩安装 工前安全自检表 表MW-028	191
钢支撑及围檩拆除 工前安全自检表 表MW-029	192
钢支撑及围檩安装 过程检查巡视表 表MW-030	193
钢支撑及围檩拆除 过程检查巡视表 表MW-031	194
锚索 开工控制安全自（复）检审批表 表MW-032	195
锚索 工前安全自检表 表MW-033	196
锚索 过程检查巡视表 表MW-034	197
防水施工 开工控制安全自（复）检审批表 表MW-035	198
防水施工 工前安全自检表 表MW-036	199
防水施工 过程检查巡视表 表MW-037	200
钢筋工程 开工控制安全自（复）检审批表 表MW-038	201
钢筋工程 工前安全自检表 表MW-039	202
钢筋工程 过程检查巡视表 表MW-040	203
模板及支撑 开工控制安全自（复）检审批表 表MW-041	204
模板及支撑安装 工前安全自检表 表MW-042	205
模板及支撑拆除 工前安全自检表 表MW-043	206
模板及支撑安装、拆除 过程检查巡视表 表MW-044	207
混凝土工程 开工控制安全自（复）检审批表 表MW-045	208
混凝土工程 工前安全自检表 表MW-046	209
混凝土浇筑 过程检查巡视表 表MW-047	210
拆除工程 开工控制安全自（复）检审批表 表MW-048	211
拆除工程 工前安全自检表 表MW-049	212
拆除工程 过程检查巡视表 表MW-050	213
土方回填 开工控制安全自（复）检审批表 表MW-051	214
土方回填 工前安全自检表 表MW-052	215
土方回填 过程检查巡视表 表MW-053	216
明挖法施工 定期安全自检表 表MW-054	217
明挖法施工 定期安全复检表 表MW-055	220

第1章 围护结构

1.1 钻孔灌注桩

1.1.1 开工控制

根据钻孔灌注桩开工前安全控制的内容，分为内业资料、作业环境、施工机具、施工临电及开工前置条件五部分进行分类控制，见表 MW-001《钻孔灌注桩 开工控制安全自（复）检审批表》。

开工安全控制是以钻孔桩分项工程或（部分钻孔桩）作为一批进行控制，由工区安全主管工程师组织实施。分别由工区安全主管、技术主管、机电工程师及工区电工等对表中对应内容进行一检，一检完成后分别填写检查结果并签字认可；由项目部安全管理部门、工程部及机电管理部门对开工安全控制表中的对应内容进行二检，合格后签字认可。由工区主管审核并签署意见后，报项目部安全管理部门负责人审批，最后由项目部安全副经理签署审批意见。自检合格后，由项目部安全管理部门报监理单位进行复检。

作为开工控制的一个重点控制环节，由监理工程师对检查项目进行安全复检，检查合格后填写检查结果并签字认可，经报驻地监理工程师签署意见，并报总监办安全监理工程师签署审批意见后，方可开工。

1.1.2 工前控制

钻孔灌注桩施工安全控制主要分人工挖探及成桩两个环节进行控制。根据作业内容的安全控制要点，分别编制了《人工探孔 工前安全自检表》、《钻孔灌注桩成桩 工前安全自检表》（表 MW-003、表 MW-004），并根据安全控制要点中不安全因素出现的频率及出现的后果，列出了主控项目。

工前自检表为每班工前检查表，由工区安全主管负责组织实施。接班班长与交班班长在交接班时对控制要点进行检查，并填写检查结果签字认可，由工区专职安全员负责对安全控制要点的主控项目进行复检并签字认可，最后由工区值班领导签署审批意见后方可开工。

1.1.3 过程检查与巡视

根据对钻孔灌注桩人工挖探及成桩作业中不安全因素的分析，分别确定了《人工探孔 过程检查巡视表》、《钻孔灌注桩成桩 过程检查巡视表》及《施工临电 安全检查巡视表（通用）》（表 MW-005、表 MW-006、表 MW-002），并根据安全控制要点中不安全因素出现的频率及出现的后果，列出了主控项目。

过程检查巡视表由安全员（施工临电为工区电工）每班巡查填写。检查情况符合要求时打"√"，检查项目不合格项，由安全员明确整改意见，指定整改负责人；整改完成后报安全员复检。

1.2 旋喷桩

1.2.1 开工控制

根据旋喷桩开工前安全控制的内容，分为内业资料、作业环境、施工机具、施工临电及开工前置条件五部分进行分类控制（表 MW-007《旋喷桩 开工控制安全自（复）检审批表》）。

开工安全控制是以旋喷桩分项工程或（部分旋喷桩）作为一批进行控制，由工区安全主管工程师组织实施。分别由工区安全主管、技术主管、机电工程师及工区电工等对表中对应内容进行一检，一检完成后分别填写检查结果并签字认可；由项目部安全管理部门、工程部及机电管理部门对开工安全控制表中的对应内容进行二检，合格后签字认可。由工区主管审核并签署意见后，报项目部安全管理部门负责人审批，最后由项目部安全副经理签署审批意见。自检合格后，由项目部安全管理部门报监理单位进行复检。

作为开工控制的一个重点控制环节，由监理工程师对检查项目进行安全复检，检查合格后填写检查结果并签字认可，经报驻地监理工程师签署意见，并报总监办安全监理工程师签署审批意见后，方可开工。

1.2.2 工前控制

根据旋喷桩作业内容的安全控制要点，编制了《旋喷桩人工探槽 工前安全自检表》、《旋喷桩成桩 工前安全自检表》（表 MW-008、表 MW-009），并根据安全控制要点中不安全因素出现的频率及出现的后果，列出了主控项目。

工前自检表为每班工前检查表，由工区安全主管负责组织实施。接班班长与交班班长在交接班时对控制要点进行检查，并填写检查结果签字认可，由工区专职安全员负责对安全控制要点的主控项目进行复检并签字认可，最后由工区值班领导签署审批意见后方可开工。

1.2.3 过程检查与巡视

根据对旋喷桩作业内容中不安全因素的分析，编制了《旋喷桩人工探槽 过程检查巡视表》、《旋喷桩成桩 过程检查巡视表》及《施工临电 安全检查巡视表（通用）》（表 MW-010、表 MW-011、表 MW-002），并根据安全控制要点中不安全因素出现的频率及出现的后果，列出了主控项目。

过程检查巡视表由安全员（施工临电为工区电工）每班巡查填写。检查情况符合要求时打"√"，检查项目不合格项，由安全员明确整改意见，指定整改负责人；整改完成后报安全员复检。

1.3 人工挖孔桩

1.3.1 开工控制

根据人工挖孔桩开工前安全控制的内容，分为内业资料、作业环境、施工机具、施工临电及开工前置条件五部分进行分类控制，见表 MW-012《人工挖孔桩 开工控制安全自（复）检审批表》。

开工安全控制是以人工挖孔桩分项工程或（部分人工挖孔桩）作为一批进行控制，由工区安全主管工程师组织实施。分别由工区安全主管、技术主管、机电工程师及工区电工等对表中对应内容进行一检，一检完成后分别填写检查结果并签字认可；由项目部安全管理部门、工程部及机电管理部门对开工安全控制表中的对应内容进行二检，合格后签字认可。由工区主管审核并签署意见后，报项目部安全管理部门负责人审批，最后由项目部安全副经理签署审批意见。自检合格后，由项目部安全管理部门报监理单位进行复检。

作为开工控制的一个重点控制环节，由监理工程师对检查项目进行安全复检，检查合格后填写检查结果并签字认可，经报驻地监理工程师签署意见，并报总监办安全监理工程师签署审批意见后，方可开工。

1.3.2 工前控制

根据人工挖孔桩作业内容的安全控制要点，编制了《人工挖孔桩 工前安全自检表》（表MW-013），并根据安全控制要点中不安全因素出现的频率及出现的后果，列出了主控项目。

工前自检表为每班工前检查表，由工区安全主管负责组织实施。接班班长与交班班长在交接班时对控制要点进行检查，并填写检查结果签字认可，由工区专职安全员负责对安全控制要点的主控项目进行复检并签字认可，最后由工区值班领导签署审批意见后方可开工。

1.3.3 过程检查与巡视

根据对人工挖孔桩作业内容中不安全因素的分析，编制了《人工挖孔桩 过程检查巡视表》及《施工临电 安全检查巡视表（通用）》（表MW-014、表MW-002），并根据安全控制要点中不安全因素出现的频率及出现的后果，列出了主控项目。

过程检查巡视表由安全员（施工临电为工区电工）每班巡查填写。检查情况符合要求时打"√"，检查项目不合格项，由安全员明确整改意见，指定整改负责人；整改完成后报安全员复检。

1.4 地下连续墙

1.4.1 开工控制

根据地下连续墙开工前安全控制的内容，分为内业资料、作业环境、施工机具、施工临电及开工前置条件五部分进行分类控制，表MW-015《连续墙 开工控制安全自（复）检审批表》。

开工安全控制是以地下连续墙分项工程或（部分地下连续墙）作为一批进行控制，由工区安全主管工程师组织实施。分别由工区安全主管、技术主管、机电工程师及工区电工等对表中对应内容进行一检，一检完成后分别填写检查结果并签字认可；由项目部安全管理部门、工程部及机电管理部门对开工安全控制表中的对应内容进行二检，合格后签字认可。由工区主管审核并签署意见后，报项目部安全管理部门负责人审批，最后由项目部安全副经理签署审批意见。自检合格后，由项目部安全管理部门报监理单位进行复检。

作为开工控制的一个重点控制环节，由监理工程师对检查项目进行安全复检，检查合格后填写检查结果并签字认可，经报驻地监理工程师签署意见，并报总监办安全监理工程师签署审批意见后，方可开工。

1.4.2 工前控制

地下连续墙施工安全控制主要分人工探槽及连续墙成墙两个环节进行控制。根据作业内容的安全控制要点，分别编制了《连续墙人工探槽 工前安全自检表》、《连续墙成墙工前安全自检表》（表MW-016、表MW-017），并根据安全控制要点中不安全因素出现的频率及出现的后果，列出了主控项目。

工前自检表为每班工前检查表，由工区安全主管负责组织实施。接班班长与交班班长在交接班时对控制要点进行检查，并填写检查结果签字认可，由工区专职安全员负责对安全控制要点的主控项目进行复检并签字认可，最后由工区值班领导签署审批意见后方可开工。

1.4.3 过程检查与巡视

根据对地下连续墙人工挖探及成墙作业中不安全因素的分析，分别确定了《连续墙人工探槽 过程检查巡视表》、《连续墙 过程检查巡视表》及《施工临电 安全检查巡视表（通用）》（表MW-018、表MW-019、表MW-002），并根据安全控制要点中不安全因素出现的频率及出现的后果，列出了主控项目。

过程检查巡视表由安全员（施工临电为工区电工）每班巡查填写。检查情况符合要求时打"√"，检查项目不合格项，由安全员明确整改意见，指定整改负责人；整改完成后报安全员复检。

1.5 土钉墙施工

1.5.1 开工控制

根据土钉墙开工前安全控制的内容，分为内业资料、作业环境、施工机具、施工临电及开工前置条件五部分进行分类控制，见《土钉墙 开工控制安全自（复）检审批表》（表MW-020）。

开工安全控制是以土钉墙分项工程或（部分土钉墙）作为一批进行控制，由工区安全主管工程师组织实施。分别由工区安全主管、技术主管、机电工程师及工区电工等对表中对应内容进行一检，一检完成后分别填写检查结果并签字认可；由项目部安全管理部门、工程部及机电管理部门对开工安全控制表中的对应内容进行二检，合格后签字认可。由工区主管审核并签署意见后，报项目部安全管理部门负责人审批，最后由项目部安全副经理签署审批意见。自检合格后，由项目部安全管理部门报监理单位进行复检。

作为开工控制的一个重点控制环节，由监理工程师对检查项目进行安全复检，检查合格后填写检查结果并签字认可，经报驻地监理工程师签署意见，并报总监办安全监理工程师签署审批意见后，方可开工。

1.5.2 工前控制

根据土钉墙施工作业内容的安全控制要点，编制了《土钉墙 工前安全自检表》（表MW-021），并根据安全控制要点中不安全因素出现的频率及出现的后果，列出了主控项目。

工前自检表为每班工前检查表，由工区安全主管负责组织实施。接班班长与交班班长在交接班时对控制要点进行检查，并填写检查结果签字认可，由工区专职安全员负责对安全控制要点的主控项目进行复检并签字认可，最后由工区值班领导签署审批意见后方可开工。

1.5.3 过程检查与巡视

根据对土钉墙施工作业中不安全因素的分析，编制了《土钉墙　过程检查巡视表》及《施工临电　安全检查巡视表（通用）》（表 MW-022、表 MW-002），并根据安全控制要点中不安全因素出现的频率及出现的后果，列出了主控项目。

过程检查巡视表由安全员（施工临电为工区电工）每班巡查填写。检查情况符合要求时打"√"，检查项目不合格项，由安全员明确整改意见，指定整改负责人；整改完成后报安全员复检。

第 2 章 土方开挖与支护

2.1 土方开挖与桩间喷护

2.1.1 开工控制

根据土方开挖与桩间喷护开工前安全控制的内容，分为内业资料、作业环境、施工机具、施工临电及开工前置条件五部分进行分类控制，见表 MW-023《土方开挖与锚喷支护开工控制安全自（复）检审批表》。

开工安全控制是以土方开挖与桩间喷护分项工程或（部分土方开挖与桩间喷护）作为一批进行控制，由工区安全主管工程师组织实施。分别由工区安全主管、技术主管、机电工程师及工区电工等对表中对应内容进行一检，一检完成后分别填写检查结果并签字认可；由项目部安全管理部门、工程部及机电管理部门对开工安全控制表中的对应内容进行二检，合格后签字认可。由工区主管审核并签署意见后，报项目部安全管理部门负责人审批，最后由项目部安全副经理签署审批意见。自检合格后，由项目部安全管理部门报监理单位进行复检。

作为开工控制的一个重点控制环节，由监理工程师对检查项目进行安全复检，检查合格后填写检查结果并签字认可，经报驻地监理工程师签署意见，并报总监办安全监理工程师签署审批意见后，方可开工。

2.1.2 工前控制

土方开挖与桩间喷护施工安全控制主要分土方开挖及桩间喷护两个环节进行控制。根据作业内容的安全控制要点，分别编制了《土方开挖 工前安全自检表》及《桩间喷护 工前安全自检表》（表 MW-024、表 MW-025），并根据安全控制要点中不安全因素出现的频率及出现的后果，列出了主控项目。

工前自检表为每班工前检查表，由工区安全主管负责组织实施。接班班长与交班班长在交接班时对控制要点进行检查，并填写检查结果签字认可，由工区专职安全员负责对安全控制要点的主控项目进行复检并签字认可，最后由工区值班领导签署审批意见后方可开工。

2.1.3 过程检查与巡视

根据对土方开挖与桩间喷护作业中不安全因素的分析，分别确定了《土方开挖与桩间喷护 过程检查巡视表》及《施工临电 安全检查巡视表（通用）》（表 MW-026、表 MW-002），并根据安全控制要点中不安全因素出现的频率及出现的后果，列出了主控项目。

过程检查巡视表由安全员（施工临电为工区电工）每班巡查填写。检查情况符合要求时打"√"，检查项目不合格项，由安全员明确整改意见，指定整改负责人；整改完成后报安全员复检。

2.2 钢支撑及围檩

2.2.1 开工控制

根据钢支撑及围檩开工前安全控制的内容，分为内业资料、作业环境、施工机具、施工临电及开工前置条件五部分进行分类控制，见表 MW-027《钢支撑及围檩 开工控制安全自（复）检审批表》。

开工安全控制是以钢支撑及围檩分项工程或（部分钢支撑及围檩）作为一批进行控制，由工区安全主管工程师组织实施。分别由工区安全主管、技术主管、机电工程师及工区电工等对表中对应内容进行一检，一检完成后分别填写检查结果并签字认可；由项目部安全管理部门、工程部及机电管理部门对开工安全控制表中的对应内容进行二检，合格后签字认可。由工区主管审核并签署意见后，报项目部安全管理部门负责人审批，最后由项目部安全副经理签署意见。自检合格后，由项目部安全管理部门报监理单位进行复检。

作为开工控制的一个重点控制环节，由监理工程师对检查项目进行安全复检，检查合格后填写检查结果并签字认可，经报驻地监理工程师签署意见，并报总监办安全监理工程师签署审批意见后，方可开工。

2.2.2 工前控制

钢支撑及围檩施工安全控制主要分为钢支撑及围檩安装和钢支撑及围檩拆除两个环节进行控制。根据作业内容的安全控制要点，分别编制了《钢支撑及围檩安装 工前安全自检表》及《钢支撑及围檩拆除 工前安全自检表》（见表 MW-028、表 MW-029），并根据安全控制要点中不安全因素出现的频率及出现的后果，列出了主控项目。

工前自检表为每班工前检查表，由工区安全主管负责组织实施。接班班长与交班班长在交接班时对控制要点进行检查，并填写检查结果签字认可，由工区专职安全员负责对安全控制要点的主控项目进行复检并签字认可，最后由工区值班领导签署审批意见后方可开工。

2.2.3 过程检查与巡视

根据对钢支撑及围檩施工作业中不安全因素的分析，分别确定了《钢支撑及围檩安装 过程检查巡视表》、《钢支撑及围檩拆除 过程检查巡视表》及《施工临电 安全检查巡视表（通用）》（表 MW-030、表 MW-031、表 MW-002），并根据安全控制要点中不安全因素出现的频率及出现的后果，列出了主控项目。

过程检查巡视表由安全员（施工临电为工区电工）每班巡查填写。检查情况符合要求时打"√"，检查项目不合格项，由安全员明确整改意见，指定整改负责人；整改完成后报安全员复检。

2.3 锚索施工

2.3.1 开工控制

根据锚索施工开工前安全控制的内容，分为内业资料、作业环境、施工机具、施工临电及开工前置条件五部分进行分类控制，见表 MW-032《锚索 开工控制安全自（复）检审批表》。

开工安全控制是以锚索分项工程或（部分锚索）作为一批进行控制，由工区安全主管工程师组织实施。分别由工区安全主管、技术主管、机电工程师及工区电工等对表中对应内容进行一检，一检完成后分别填写检查结果并签字认可；由项目部安全管理部门、工程部及机电管理部门对开工安全控制表中的对应内容进行二检，合格后签字认可。由工区主管审核并签署意见后，报项目部安全管理部门负责人审批，最后由项目部安全副经理签署审批意见。自检合格后，由项目部安全管理部门报监理单位进行复检。

作为开工控制的一个重点控制环节，由监理工程师对检查项目进行安全复检，检查合格后填写检查结果并签字认可，经报驻地监理工程师签署意见，并报总监办安全监理工程师签署审批意见后，方可开工。

2.3.2 工前控制

根据锚索施工作业内容的安全控制要点，编制了《锚索 工前安全自检表》（表 MW-033），并根据安全控制要点中不安全因素出现的频率及出现的后果，列出了主控项目。

工前自检表为每班工前检查表，由工区安全主管负责组织实施。接班班长与交班班长在交接班时对控制要点进行检查，并填写检查结果签字认可，由工区专职安全员负责对安全控制要点的主控项目进行复检并签字认可，最后由工区值班领导签署审批意见后方可开工。

2.3.3 过程检查与巡视

根据对锚索施工作业中不安全因素的分析，编制了《锚索 过程检查巡视表》及《施工临电 安全检查巡视表（通用）》（表 MW-034、表 MW-002），并根据安全控制要点中不安全因素出现的频率及出现的后果，列出了主控项目。

过程检查巡视表由安全员（施工临电为工区电工）每班巡查填写。检查情况符合要求时打"√"，检查项目不合格项，由安全员明确整改意见，指定整改负责人；整改完成后报安全员复检。

第3章 结构施工

3.1 防水施工

3.1.1 开工控制

根据防水施工开工前安全控制的内容，分为内业资料、作业环境、施工机具、施工临电及开工前置条件五部分进行分类控制，见表 MW-035《防水施工 开工控制安全自(复)检审批表》。

开工安全控制是以防水施工分项工程或（部分防水工程）作为一批进行控制，由工区安全主管工程师组织实施。分别由工区安全主管、技术主管、机电工程师及工区电工等对表中对应内容进行一检，一检完成后分别填写检查结果并签字认可；由项目部安全管理部门、工程部及机电管理部门对开工安全控制表中的对应内容进行二检，合格后签字认可。由工区主管审核并签署意见后，报项目部安全管理部门负责人审批，最后由项目部安全副经理签署审批意见。自检合格后，由项目部安全管理部门报监理单位进行复检。

作为开工控制的一个重点控制环节，由监理工程师对检查项目进行安全复检，检查合格后填写检查结果并签字认可，经报驻地监理工程师签署意见，并报总监办安全监理工程师签署审批意见后，方可开工。

3.1.2 工前控制

根据防水施工作业内容的安全控制要点，编制了《防水施工 工前安全自检表》（表MW-036），并根据安全控制要点中不安全因素出现的频率及出现的后果，列出了主控项目。

工前自检表为每班工前检查表，由工区安全主管负责组织实施。接班班长与交班班长在交接班时对控制要点进行检查，并填写检查结果签字认可，由工区专职安全员负责对安全控制要点的主控项目进行复检并签字认可，最后由工区值班领导签署审批意见后方可开工。

3.1.3 过程检查与巡视

根据对防水施工作业中不安全因素的分析，分别确定了《防水施工 过程检查巡视表》及《施工临电 安全检查巡视表（通用）》（表 MW-037、表 MW-002），并根据安全控制要点中不安全因素出现的频率及出现的后果，列出了主控项目。

过程检查巡视表由安全员（施工临电为工区电工）每班巡查填写。检查情况符合要求时打"√"，检查项目不合格项，由安全员明确整改意见，指定整改负责人；整改完成后报安全员复检。

3.2 钢筋工程

3.2.1 开工控制

根据钢筋工程施工开工前安全控制的内容分为内业资料、作业环境、施工机具、施工临电及开工前置条件五部分进行分类控制，见表 MW-038《钢筋工程 开工控制安全自（复）检审批表》。

开工安全控制是以钢筋工程施工分项工程或（部分钢筋工程）作为一批进行控制，由工区安全主管工程师组织实施。分别由工区安全主管、技术主管、机电工程师及工区电工等对表中对应内容进行一检，一检完成后分别填写检查结果并签字认可；由项目部安全管理部门、工程部及机电管理部门对开工安全控制表中的对应内容进行二检，合格后签字认可。由工区主管审核并签署意见后，报项目部安全管理部门负责人审批，最后由项目部安全副经理签署审批意见。自检合格后，由项目部安全管理部门报监理单位进行复检。

作为开工控制的一个重点控制环节，由监理工程师对检查项目进行安全复检，检查合格后填写检查结果并签字认可，经报驻地监理工程师签署意见，并报总监办安全监理工程师签署审批意见后，方可开工。

3.2.2 工前控制

根据钢筋工程施工作业内容的安全控制要点，编制了《钢筋工程 工前安全自检表》（表 MW-039），并根据安全控制要点中不安全因素出现的频率及出现的后果，列出了主控项目。

工前自检表为每班工前检查表，由工区安全主管负责组织实施。接班班长与交班班长在交接班时对控制要点进行检查，并填写检查结果签字认可，由工区专职安全员负责对安全控制要点的主控项目进行复检并签字认可，最后由工区值班领导签署审批意见后方可开工。

3.2.3 过程检查与巡视

根据对钢筋工程施工作业中不安全因素的分析，分别编制了《钢筋工程 过程检查巡视表》及《施工临电 安全检查巡视表（通用）》（表 MW-040、表 MW-002），并根据安全控制要点中不安全因素出现的频率及出现的后果，列出了主控项目。

过程检查巡视表由安全员（施工临电为工区电工）每班巡查填写。检查情况符合要求时打"√"，检查项目不合格项，由安全员明确整改意见，指定整改负责人；整改完成后报安全员复检。

3.3 模板及支撑

3.3.1 开工控制

根据模板及支撑工程开工前安全控制的内容，分为内业资料、作业环境、施工机具、施工临电及开工前置条件五部分进行分类控制，见表 MW-041《模板及支撑 开工控制安全自（复）检审批表》。

开工安全控制是以模板及支撑分项工程或（部分模板与支撑）作为一批进行控制，由工区安全主管工程师组织实施。分别由工区安全主管、技术主管、机电工程师及工区电工等对表中对应内容进行一检，一检完成后分别填写检查结果并签字认可；由项目部安全管理部门、工程部及机电管理部门对开工安全控制表中的对应内容进行二检，合格后签字认可。由工区主管审核并签署意见后，报项目部安全管理部门负责人审批，最后由项目部安全副经理签署审批意见。自检合格后，由项目部安全管理部门报监理单位进行复检。

作为开工控制的一个重点控制环节，由监理工程师对检查项目进行安全复检，检查合格后填写检查结果并签字认可，经报驻地监理工程师签署意见，并报总监办安全监理工程师签署审批意见后，方可开工。

3.3.2 工前控制

模板及支撑施工安全控制主要分模板及支撑安装及模板及支撑拆除两个环节进行控制。根据作业内容的安全控制要点，分别编制了《模板及支撑安装 工前安全自检表》及《模板及支撑拆除 工前安全自检表》（表 MW-042、表 MW-043），并根据安全控制要点中不安全因素出现的频率及出现的后果，列出了主控项目。

工前自检表为每班工前检查表，由工区安全主管负责组织实施。接班班长与交班班长在交接班时对控制要点进行检查，并填写检查结果签字认可，由工区专职安全员负责对安全控制要点的主控项目进行复检并签字认可，最后由工区值班领导签署审批意见后方可开工。

3.3.3 过程检查与巡视

根据对模板及支撑施工作业中不安全因素的分析，分别确定了《模板及支撑安装、拆除过程检查巡视表》及《施工临电 安全检查巡视表（通用）》（表 MW-044、表 MW-002），并根据安全控制要点中不安全因素出现的频率及出现的后果，列出了主控项目。

过程检查巡视表由安全员（施工临电为工区电工）每班巡查填写。检查情况符合要求时打"√"，检查项目不合格项，由安全员明确整改意见，指定整改负责人；整改完成后报安全员复检。

3.4 混凝土工程

3.4.1 开工控制

根据混凝土工程施工开工前安全控制的内容，分为内业资料、作业环境、施工机具、施工临电及开工前置条件五部分进行分类控制，见表 MW-045《混凝土工程 开工控制安全自（复）检审批表》。

开工安全控制是以混凝土工程施工分项工程或（部分混凝土工程）作为一批进行控制，由工区安全主管工程师组织实施。分别由工区安全主管、技术主管、机电工程师及工区电工等对表中对应内容进行一检，一检完成后分别填写检查结果并签字认可；由项目部安全管理部门、工程部及机电管理部门对开工安全控制表中的对应内容进行二检，合格后签字认可。由工区主管审核并签署意见后，报项目部安全管理部门负责人审批，最后由项目部安全副经理签署审批意见。自检合格后，由项目部安全管理部门报监理单位进行复检。

作为开工控制的一个重点控制环节，由监理工程师对检查项目进行安全复检，检查合格后填写检查结果并签字认可，经报驻地监理工程师签署意见，并报总监办安全监理工程师签署审批意见后，方可开工。

3.4.2 工前控制

根据混凝土工程施工作业内容的安全控制要点，编制了《混凝土工程 工前安全自检表》（表 MW-046），并根据安全控制要点中不安全因素出现的频率及出现的后果，列出了主控项目。

工前自检表为每班工前检查表，由工区安全主管负责组织实施。接班班长与交班班长在交接班时对控制要点进行检查，并填写检查结果签字认可，由工区专职安全员负责对安全控制要点的主控项目进行复检并签字认可，最后由工区值班领导签署审批意见后方可开工。

3.4.3 过程检查与巡视

根据对混凝土工程施工作业中不安全因素的分析，分别编制了《混凝土浇筑 过程检查巡视表》及《施工临电 安全检查巡视表（通用）》（见表 MW-047、表 MW-002），并根据安全控制要点中不安全因素出现的频率及出现的后果，列出了主控项目。

过程检查巡视表由安全员（施工临电为工区电工）每班巡查填写。检查情况符合要求时打"√"，检查项目不合格项，由安全员明确整改意见，指定整改负责人；整改完成后报安全员复检。

第4章 其他工程

4.1 拆除工程

4.1.1 开工控制

根据拆除工程施工开工前安全控制的内容，分为内业资料、作业环境、施工机具、施工临电及开工前置条件五部分进行分类控制，见表 MW-048《拆除工程 开工控制安全自（复）检审批表》。

开工安全控制是以拆除工程分项工程或（部分拆除工程）作为一批进行控制，由工区安全主管工程师组织实施。分别由工区安全主管、技术主管、机电工程师及工区电工等对表中对应内容进行一检，一检完成后分别填写检查结果并签字认可；由项目部安全管理部门、工程部及机电管理部门对开工安全控制表中的对应内容进行二检，合格后签字认可。由工区主管审核并签署意见后，报项目部安全管理部门负责人审批，最后由项目部安全副经理签署审批意见。自检合格后，由项目部安全管理部门报监理单位进行复检。

作为开工控制的一个重点控制环节，由监理工程师对检查项目进行安全复检，检查合格后填写检查结果并签字认可，经报驻地监理工程师签署意见，并报总监办安全监理工程师签署审批意见后，方可开工。

4.1.2 工前控制

根据拆除工程施工作业内容的安全控制要点，编制了《拆除工程 工前安全自检表》（表 MW-049），并根据安全控制要点中不安全因素出现的频率及出现的后果，列出了主控项目。

工前自检表为每班工前检查表，由工区安全主管负责组织实施。接班班长与交班班长在交接班时对控制要点进行检查，并填写检查结果签字认可，由工区专职安全员负责对安全控制要点的主控项目进行复检并签字认可，最后由工区值班领导签署审批意见后方可开工。

4.1.3 过程检查与巡视

根据对拆除工程施工作业中不安全因素的分析，分别确定了《拆除工程 过程检查巡视表》及《施工临电 安全检查巡视表（通用）》（表 MW-050、表 MW-002），并根据安全控制要点中不安全因素出现的频率及出现的后果，列出了主控项目。

过程检查巡视表由安全员（施工临电为工区电工）每班巡查填写。检查情况符合要求时打"√"，检查项目不合格项，由安全员明确整改意见，指定整改负责人；整改完成后报安全员复检。

4.2 回填工程

4.2.1 开工控制

根据回填工程施工开工前安全控制的内容，分为内业资料、作业环境、施工机具、施工临电及开工前置条件五部分进行分类控制，见表 MW-051《土方回填 开工控制安全自（复）检审批表》。

开工安全控制是以回填工程分项工程或（部分回填工程）作为一批进行控制，由工区安全主管工程师组织实施。分别由工区安全主管、技术主管、机电工程师及工区电工等对表中对应内容进行一检，一检完成后分别填写检查结果并签字认可；由项目部安全管理部门、工程部及机电管理部门对开工安全控制表中的对应内容进行二检，合格后签字认可。由工区主管审核并签署意见后，报项目部安全管理部门负责人审批，最后由项目部安全副经理签署意见。自检合格后，由项目部安全管理部门报监理单位进行复检。

作为开工控制的一个重点控制环节，由监理工程师对检查项目进行安全复检，检查合格后填写检查结果并签字认可，经报驻地监理工程师签署意见，并报总监办安全监理工程师签署审批意见后，方可开工。

4.2.2 工前控制

根据回填工程施工作业内容的安全控制要点，编制了《土方回填 工前安全自检表》（表 MW-052），并根据安全控制要点中不安全因素出现的频率及出现的后果，列出了主控项目。

工前自检表为每班工前检查表，由工区安全主管负责组织实施。接班班长与交班班长在交接班时对控制要点进行检查，并填写检查结果签字认可，由工区专职安全员负责对安全控制要点的主控项目进行复检并签字认可，最后由工区值班领导签署审批意见后方可开工。

4.2.3 过程检查与巡视

根据对回填工程施工作业中不安全因素的分析，分别确定了《土方回填 过程检查巡视表》及《施工临电 安全检查巡视表（通用）》（表 MW-053、表 MW-002），并根据安全控制要点中不安全因素出现的频率及出现的后果，列出了主控项目。

过程检查巡视表由安全员（施工临电为工区电工）每班巡查填写。检查情况符合要求时打"√"，检查项目不合格项，由安全员明确整改意见，指定整改负责人；整改完成后报安全员复检。

第 5 章 定期自检与复检

　　项目部应根据施工具体情况组织对现场施工进行综合性安全自检,检查频率视情确定。定期安全自检由安全副经理负责,安全管理部门具体组织,项目部各部室负责人、各工区负责人及安全主管参加。定期自检包括内业资料、施工管理、劳动纪律、安全防护、文明施工、施工用电、机械设备、围护结构施作、开挖与支撑、结构施工、施工对环境的影响、消防与保卫、卫生防疫、宿舍管理等方面,检查结果应填写《明挖法施工　定期安全自检表》(表 MW-054)。

　　监理单位应根据施工具体情况组织对现场施工进行综合性安全复检,检查频率视情况而定。定期安全复检由驻地监理工程师负责,组织监理工程师对内业资料、施工管理、劳动纪律、安全防护、文明施工、施工用电、机械设备、围护结构施作、开挖与支撑、结构施工、施工对环境的影响、消防与保卫、卫生防疫、宿舍管理等方面进行检查,检查结果应填写《明挖法施工　定期安全复检表》(表 MW-055)。

附表

钻孔灌注桩 开工控制安全自（复）检审批表　　表 MW-001

单位工程名称：　　　　分项工程名称：　　　　施工部位：　　　　编号：

序号	检查项目及内容		安全控制要点	一检		二检		复检	
				检查结果	责任人（签字）	检查结果	责任人（签字）	检查结果	责任人（签字）
1	内业资料	安全资料	钻孔灌注桩安全生产技术交底，安全教育记录、考试及培训，安全事故应急预案，安全生产协议等符合要求		工区安全主管：		项目部安全工程师：		监理工程师：
2		技术资料	钻孔桩施工方案、安全专项施工方案编制及审批齐全有效，施工技术交底到位，钢筋等进场材料全部验收合格等						
3		队伍、人员资质	施工队伍资质合格，合同签订，特殊工种证件数量齐全有效，施工人员培训记录，机车司机岗位证书等符合要求						
4	作业环境核查	地上环境	作业范围内无地上架空线或高度满足施工作业要求，施工作业现场的建、构筑物满足钻机、吊车等机械作业安全距离要求，现场道路平整且满足施工作业荷载要求等		工区技术主管：		工程部：		监理工程师：
5		地下环境	地下管线核查完毕，桩位及周边管线具有安全控制措施，其他地下建、构筑物满足施工作业条件，作业范围内无暗沟、空洞，工程水文地质满足作业条件等						
6	施工机具		钻机、吊车、电焊机、钢筋切割机等设备进场验收记录齐全有效，验收合格，使用存放符合规定等		工区安全主管：		机电管理部门：		监理工程师：
7	施工临电	临电器材	配电箱等所有临电器材质量合格，具有相应的合格证明材料等		工区电工：		项目部安全工程师：		监理工程师：
8		线路与照明	检查线路布设合理，架空线须采用瓷瓶、护线套、线卡固定，埋地线路应符合规范，地面设置警示标识，符合安全电压要求等						
9		配电箱	配电箱、开关箱安装和箱内配置符合规范及相关规定，并附线路图，选型合理，器件标明用途，无带电体明露及一闸多用等						
10		保护	检查电力施工设备有可靠接零或接地，配电箱、开关箱内保护装置灵敏有效等						
主要前置条件			管线等迁改完成；钻机、吊车等机械完成进场验收程序；钢筋笼验收合格，数量充足；施工现场平整验收完毕		工区技术主管：		工程部：		监理工程师：
工区主管审批意见						签字：　　年　月　日			
项目部安全管理部门审批意见			签字：　　年　月　日	项目部安全副经理审批意见			签字：　　年　月　日		
驻地监理工程师意见			签字：　　年　月　日	总监办安全监理工程师审批意见			签字：　　年　月　日		

说明：本表为各分项（或分部）工程开工控制安全检查审批表，在分项（或分部）工程开工前由工区安全主管负责组织实施。本表一式3份，工区、项目部、监理部各留存1份；检查情况符合要求打"√"，不合格项需及时整改。

施工临电 安全检查巡视表（通用）　　表 MW-002

分项工程名称：　　　　施工部位：　　　　日期：　　　　编号：

序号	检查项目	检查内容	控制级别	检查情况	处理意见
1	线路与照明	线路布设合理，架空线须采用瓷瓶、护线套、线卡固定，埋地线路应符合规范，地面应设置警示标识	一般		
2		线路无拖地、浸泡、缠绕、老化破损、交叉等现象	主控		
3		手持式灯具有绝缘防护，有保护罩	一般		
4	配电箱	配电箱、开关箱安装位置合理，采用"一机、一闸、一漏、一箱"	主控		
5		配电箱、开关箱安装和箱内配置符合规范，并附线路图，选型合理，器件标明用途，无带电体明露及一闸多用	主控		
6		箱体牢固、防雨，箱内无杂物、整洁、编号，各项安全警示标识齐全，责任人明确	一般		
7	用电设备	临时用电器材产品合格证齐全或验收合格	一般		
8		钻机、泥浆泵、电焊机等设备电源入线压接牢固，无乱拉、扯、压、砸、裸露破损现象	一般		
9		严禁使用民用插排，严禁使用倒顺开关，严禁雨天露天进行带电作业	主控		
10		电焊机手柄无损坏，功能完备，状态良好，焊接时双线到位，严禁用其他导电体搭接，一、二次线长度符合规范要求等	一般		
11		机电设备具有可靠的漏电保护装置，电气开关有防雨、防潮设施，手持电动工具绝缘良好，有漏保，电源线无接头、无损坏	主控		
12	保护	配电系统按规范采用三相五线制 TN-S 接零保护系统	一般		
13		电力施工机具有可靠接零或接地，配电箱、开关箱内保护装置灵敏有效	一般		
14		电工必须持证上岗并熟知本工程的用电情况，作业时防护用品穿戴齐全，检修时应断电，并悬挂警示牌或有专人值守	主控		

工区电工签字：　　　　　　　　　　　　　　　　日期：　　年　月　日

说明：本表为日检表格，填写 1 份，由工区留存，检查情况符合要求打"√"，不合格项需及时整改。

人工探孔 工前安全自检表　　　　表 MW-003

分项工程名称：　　　　施工部位：　　　　日期：　　　　编号：

序号	检查项目	安全控制要点	控制级别	检查结果（接班班长填写）
1	作业环境	核查挖探作业范围内的地下管线情况	主控	
2		孔内设应急爬梯，供人员上下井	主控	
3		探孔周边范围 1m 内无地面堆载，机动车辆的通行不得对井壁的安全造成影响	一般	
4		探孔口设置护圈，防止雨水倒灌，周边排水良好	一般	
5		探孔口临边防护措施到位	一般	
6		大风（六级以上）或雨、雪等恶劣天气是否满足作业要求	一般	
7	施工临电	通风机、提升机及照明等用电设备电源入线压接牢固，无乱拉、扯、压、砸、裸露破损现象	一般	
8		严禁使用民用插排、严禁使用倒顺开关，严禁雨天露天进行带电作业	一般	
9		线路无拖地、浸泡、缠绕、老化破损、交叉等现象	一般	
10	施工机具	垂直提升机具和装置，必须配有自动卡紧保险装置，设备运行良好	主控	
11		钢丝绳有无断丝、断股、乱绳以及卡扣、吊钩等连接牢固，符合安全使用要求	一般	
12		垂直提升吊钩应有弹簧式脱钩装置	一般	
13		提升机具等维修保养记录齐全有效，设备性能状态良好	一般	
14	作业人员	钻机司机、吊车司机、信号工等人员持证上岗，现场指挥人员到位，当班人员无酒后进场，无生病等状态不佳人员	主控	
15		完成班前交底，作业人员了解即将进行工作的危险点及正确操作规程	一般	
16		安全帽、安全带、手套等个人防护用品及劳保用品配置到位	一般	
其他注意事项	（交班班长填写）交班班长：　　　　　　　接班班长：			
值班工程师意见	签字：　　　　日期：			
作业队长意见	签字：　　　　日期：			

说明：本表填写 1 份，由工区留存。

钻孔灌注桩成桩 工前安全自检表　　　　表 MW-004

分项工程名称：　　　　施工部位：　　　　日期：　　　　编号：

序号	检查项目	安全控制要点	控制级别	检查结果（接班班长填写）
1	作业环境	人工挖探挖至原状土，核查地下管线情况，并通过监理验收合格	主控	
2		施工场地平整，无暗沟暗槽，施工机械作业区域地基稳固，满足重载作业的承载力要求	一般	
3		作业场地邻近的周边建、构筑物满足安全作业距离	主控	
4		架空线附近作业，是否满足安全距离	主控	
5		泥浆池、孔口等临边防护到位	一般	
6		大风（六级以上）或雨、雪等恶劣天气是否满足作业要求	一般	
7	施工临电	电焊机、钢筋切割机、潜水泵等设备电源入线压接牢固，无乱拉、扯、压、砸、裸露破损现象	一般	
8		严禁使用民用插排、严禁使用倒顺开关，严禁雨天露天进行带电作业	一般	
9		线路无拖地、浸泡、缠绕、老化破损、交叉等现象	一般	
10	施工机具	钻机、汽车吊机、装渣车辆等机械维修保养记录齐全有效，施工机械状态良好	主控	
11		钢筋加工设备、泥浆制拌设备等小型机具设备性能良好，具有完备的防护装置	一般	
12		汽车吊钢丝绳有无断丝、断股、乱绳，卡扣、吊钩等连接牢固，符合安全使用要求	主控	
13	作业人员	钻机司机、吊车司机、信号工等人员持证上岗，现场指挥人员到位；当班人员无酒后进场，无生病等状态不佳人员	主控	
14		完成班前交底，作业人员了解即将进行工作的危险点及正确操作规程	一般	
15		安全帽、安全带、手套等个人防护用品及劳保用品配置到位	一般	
其他注意事项	（交班班长填写） 交班班长：　　　　接班班长：			
值班工程师意见	签字：　　　　日期：			
作业队长意见	签字：　　　　日期：			

说明：本表填写1份，由工区留存。

人工探孔 过程检查巡视表　　表 MW-005

分项工程名称：　　　施工部位：　　　日期：　　　编号：

序号	检查项目	安全控制要点	控制级别	检查情况	处理意见
1	防物体打击	作业人员正确佩戴安全帽；物料提升时桩孔内人员必须停止作业	主控		
2		孔口设置护板，不得有石子等杂物落入桩孔内	一般		
3		装渣作业时有无专人看护指挥等	主控		
4	防坠落伤害	高处作业正确系挂使用安全带	主控		
5		孔口临边防护措施是否到位	一般		
6	防触电伤害	钻机、泥浆泵、电焊机等设备电源入线压接牢固，无乱拉、扯、压、砸、裸露破损现象，线路无拖地、浸泡、缠绕、老化破损、交叉等现象	一般		
7		钻机、泥浆泵、电焊机等设备用电设备具有可靠的漏电保护装置，小型手持电动工具绝缘良好，电源线无接头、无损坏、状态良好	一般		
8		严禁使用倒顺开关、民用插排，严禁雨天露天进行带电作业	一般		
9		作业人员个人劳保防护用品到位	一般		
10	防机械伤害	垂直提升机具和装置，必须配有自动卡紧保险装置，设备运行良好	一般		
11		钢丝绳有无断丝、断股、乱股以及卡扣、吊钩等连接牢固、符合安全使用要求	主控		
12		垂直提升吊钩应有弹簧式脱钩装置	一般		
13		钻机司机、吊车司机、信号工等作业人员持证上岗，土方装运等作业有专人协调指挥	一般		
14		施工机械及小型机具作业符合相应机械操作规程，严禁违章指挥及违章作业	主控		
15	防坍塌伤害	挖孔顺序是否合理，开挖后及时进行混凝土护壁的施作	一般		
16		遇有孔壁渗漏水，应及时进行抽排，情况异常及时撤离	主控		
17		探孔口周边堆载符合要求，周边地面无裂纹，邻近建、构筑物状态良好	一般		
其他问题处理情况					

安全员签字：　　　　　　　　　　　　日期：　　年　月　日

说明：本表为日检表格，填写1份，由工区留存，检查情况符合要求打"√"，不合格项需及时整改。

钻孔灌注桩成桩 过程检查巡视表 表 MW-006

分项工程名称：　　　　施工部位：　　　　日期：　　　　编号：

序号	检查项目	安全控制要点	控制级别	检查情况	处理意见
1	防物体打击	作业人员正确佩戴安全帽	一般		
2		装渣作业时周边是否设置警戒线，或有无专人看护指挥等	主控		
3	防坠落伤害	高处作业正确系挂使用安全带	主控		
4		作业平台搭设牢固可靠，周边防护到位	主控		
5		泥浆池、孔口临边防护到位	一般		
6	防触电伤害	用电设备电源入线压接牢固，无乱拉、扯、压、砸、裸露破损现象，线路无拖地、浸泡、缠绕、老化破损、交叉等现象	一般		
7		钻机、泥浆泵、电焊机等用电设备具有可靠的漏电保护装置，小型手持电动工具绝缘良好，电源线无接头、无损坏，状态良好	一般		
8		严禁使用倒顺开关、民用插排，严禁雨天露天进行带电作业	主控		
9		电焊机功能完备，状态良好，焊接时双线到位，严禁用其他导电体搭接，一、二次线符合长度要求等	主控		
10		作业人员个人劳保防护用品到位	一般		
11	防机械伤害	钻机司机、吊车司机、信号工等作业人员持证上岗，吊装、土方装运等作业有专人协调指挥	主控		
12		存在交叉作业时有专人协调指挥	一般		
13		起吊设备检查钢丝绳有无断丝、断股、乱绳以及卡扣、吊钩等连接牢固、符合安全使用要求	主控		
14		钻机、汽车吊、电焊机、钢筋切割机等机械作业符合相应机械操作规程，严禁违章指挥及违章作业，施工机具功能完备，防护措施到位	主控		
15	防坍塌伤害	钻孔灌注桩有坍塌的防护措施，有出现塌孔的应对措施	一般		
16		孔口周边堆载符合要求，周边地面无裂纹，邻近建、构筑物状态良好	主控		
其他问题处理情况					
安全员签字：			日期：　年　月　日		

说明：本表为日检表格，填写1份，由工区留存，检查情况符合要求打"√"，不合格项需及时整改。

旋喷桩 开工控制安全自（复）检审批表　表 MW-007

单位工程名称：　　　　　分项工程名称：　　　　　施工部位：　　　　　编号：

序号	检查项目及内容		安全控制要点	一检		二检		复检	
				检查结果	责任人（签字）	检查结果	责任人（签字）	检查结果	责任人（签字）
1	内业资料	安全资料	旋喷桩施工安全生产技术交底，安全教育记录、考试及培训，安全事故应急预案，安全生产协议，临时用电施组编制与现场验收等符合要求		工区安全主管：		项目部安全工程师：		监理工程师：
2		技术资料	旋喷桩施工方案编制及审批齐全有效，施工技术交底到位，水泥等进场材料全部验收合格等						
3		队伍、人员资质	施工队伍资质合格，合同签订，特殊工种证件数量齐全有效，施工人员培训记录，机车司机岗位证书等符合要求。						
4	作业环境核查	地上环境	旋喷钻机作业范围内无地上架空线或高度满足施工作业要求，施工作业现场的建、构筑物满足钻机等机械作业安全距离要求，现场道路平整且满足施工作业荷载要求等		工区技术主管：		工程部：		监理工程师：
5		地下环境	地下管线核查完毕，桩位及周边管线具有安全控制措施，其他地下建、构筑物满足施工作业条件，作业范围内无暗沟、空洞，工程水文地质满足作业条件等						
6	施工机具		钻机、泥浆搅拌机、挖掘机等设备进场验收记录齐全有效，验收合格；使用存放符合规定等		工区安全主管：		机电管理部门：		监理工程师：
7	施工临电	临电器材	配电箱等所有临电器材质量合格，具有相应的合格证明材料等		工区电工：		项目部安全工程师：		监理工程师：
8		线路与照明	检查线路布设合理，架空线须采用瓷瓶、护线套、线卡固定，埋地线路应符合规范，地面设置警示标识，符合安全电压要求等						
9		配电箱	配电箱、开关箱安装和箱内配置符合规范及相关规定，并附线路图，选型合理，器件标明用途，无带电体明露及一闸多用等						
10		保护	检查电力施工设备有可靠接零或接地，配电箱、开关箱内保护装置灵敏有效等						
主要前置条件			管线等迁改完成；钻机、泥浆搅拌机、挖掘机等机械完成进场验收程序；水泥等材料进场验收合格；高压泵检验合格；施工现场平整验收完毕		工区技术主管：		工程部：		监理工程师：

工区主管审批意见			签字：　　　　年　月　日		
项目部安全管理部门审批意见	签字：　　年　月　日	项目部安全副经理审批意见		签字：　　年　月　日	
驻地监理工程师意见	签字：　　年　月　日	总监办安全监理工程师审批意见		签字：　　年　月　日	

说明：本表为各分项（或分部）工程开工控制安全检查审批表，在分项（或分部）工程开工前由工区安全主管负责组织实施。本表一式3份，工区、项目部、监理部各留存1份；检查情况符合要求打"√"，不合格项需及时整改。

旋喷桩人工探槽 工前安全自检表　　表 MW-008

分项工程名称：　　　　施工部位：　　　　日期：　　　　编号：

序号	检查项目	安全控制要点	控制级别	检查结果（接班班长填写）
1	作业环境	核查挖探沟槽作业范围内的地下管线情况	主控	
2		沟槽内设人员上下通道	主控	
3		沟槽周边范围1m内无地面堆载，机动车辆的通行不得对沟槽的安全造成影响	一般	
4		探槽设置挡水墙，防止雨水倒灌，周边排水良好	一般	
5		沟槽临边防护措施到位	一般	
6		大风（六级以上）或雨、雪等恶劣天气是否满足作业要求	一般	
7	施工临电	旋喷钻机、泥浆搅拌机等设备电源入线压接牢固，无乱拉、扯、压、砸、裸露破损现象	一般	
8		严禁使用民用插排，严禁使用倒顺开关，严禁雨天露天进行带电作业	一般	
9		线路无拖地、浸泡、缠绕、老化破损、交叉等现象	一般	
10	施工机具	挖掘机、装渣车辆等维修保养记录齐全有效，设备性能状态良好	主控	
11	作业人员	旋喷桩机司机、挖掘机司机、信号工等人员持证上岗，现场指挥人员到位；当班人员无酒后进场，无生病等状态不佳人员	主控	
12		完成班前交底，作业人员了解即将进行工作的危险点及正确操作规程	一般	
13		安全帽、手套、防滑鞋等个人防护用品及劳保用品配置到位	一般	

其他注意事项	（交班班长填写） 交班班长：　　　　　　　　　接班班长：
值班工程师意见	签字：　　　　　　　　　　日期：
作业队长意见	签字：　　　　　　　　　　日期：

说明：本表填写1份，由工区留存。

旋喷桩成桩 工前安全自检表　　　　表MW-009

分项工程名称:　　　　施工部位:　　　　日期:　　　　编号:

序号	检查项目	安全控制要点	控制级别	检查结果（接班班长填写）
1	作业环境	人工挖探挖至原状土，核查地下管线情况，并通过监理验收合格	主控	
2		施工场地平整，无暗沟暗槽，施工机械作业区域地基稳固，满足重载作业的承载力要求	主控	
3		作业场地邻近的周边、构筑物满足安全作业距离	主控	
4		架空线附近作业，是否满足安全距离	一般	
5		泥浆池、孔口等临边防护到位	一般	
6		大风（六级以上）或雨、雪等恶劣天气是否满足作业要求	一般	
7	施工临电	用电设备电源入线压接牢固，无乱拉、扯、压、砸、裸露破损现象	一般	
8		严禁使用民用插排，严禁使用倒顺开关，严禁雨天露天进行带电作业	一般	
9		线路无拖地、浸泡、缠绕、老化破损、交叉等现象	一般	
10	施工机具	旋喷桩机维修保养记录齐全有效，施工机械状态良好	主控	
11		压力表正常、压缩机曲轴箱内油位正常，各螺栓无松动	一般	
12		压缩机气缸头、缸体、排气管处设置烫伤警示	一般	
13		压力表正常、高压胶管足够安全	一般	
14		压缩机的工作压力严禁超过额定排气压力	一般	
15	作业人员	旋喷桩机司机等人员持证上岗，现场指挥人员到位；当班人员无酒后进场，无生病等状态不佳人员	主控	
16		完成班前交底，作业人员了解即将进行工作的危险点及正确操作规程	一般	
17		安全帽、手套、防滑鞋等个人防护用品及劳保用品配置到位	一般	
其他注意事项		（交班班长填写）　　　　　　　　　　　　　　　　　交班班长:　　　　接班班长:		
值班工程师意见		签字:　　　　日期:		
作业队长意见		签字:　　　　日期:		

说明：本表填写1份，由工区留存。

旋喷桩人工探槽 过程检查巡视表　　表 MW-010

分项工程名称：　　　　施工部位：　　　　日期：　　　　编号：

序号	检查项目	安全控制要点	控制级别	检查情况	处理意见
1	防物体打击	作业人员正确佩戴安全帽；物料提升时桩孔内人员必须停止作业	主控		
2		孔口设置护板，不得有石子等杂物落入桩孔内	一般		
3		装渣作业时有无专人看护指挥等	主控		
4	防坠落伤害	高处作业正确系挂使用安全带	主控		
5		孔口临边防护措施是否到位	一般		
6	防触电伤害	用电设备电源入线压接牢固，无乱拉、扯、压、砸、裸露破损现象，线路无拖地、浸泡、缠绕、老化破损、交叉等现象	一般		
7		用电设备具有可靠的漏电保护装置，小型手持电动工具绝缘良好，电源线无接头、无损坏，状态良好	一般		
8		严禁使用倒顺开关、民用插排，严禁雨天露天进行带电作业	主控		
9		作业人员安全帽、安全带、手套等个人劳保防护用品到位	一般		
10	防机械伤害	垂直提升机具和装置，必须配有自动卡紧保险装置，设备运行良好	一般		
11		钢丝绳有无断丝、断股、乱绳以及卡扣、吊钩等连接牢固，符合安全使用要求	主控		
12		垂直提升吊钩应有弹簧式脱钩装置	一般		
13		信号工等作业人员持证上岗，土方装运等作业有专人协调指挥	一般		
14		小型机具作业符合相应机械操作规程，严禁违章指挥及违章作业	主控		
15	防坍塌伤害	挖孔顺序是否合理，开挖后及时进行混凝土护壁的施作	一般		
16		遇有孔壁渗漏水，应及时进行抽排，情况异常及时撤离	主控		
17		探孔口周边堆载符合要求，周边地面无裂纹，邻近建、构筑物状态良好	一般		
其他问题处理情况					
安全员签字：			日期：　　年　月　日		

说明：本表为日检表格，填写 1 份，由工区留存，检查情况符合要求打"√"，不合格项需及时整改。

旋喷桩成桩 过程检查巡视表　　　　表 MW-011

分项工程名称：　　　　施工部位：　　　　日期：　　　　编号：

序号	检查项目	安全控制要点	控制级别	检查情况	处理意见
1	防物体打击	作业人员正确佩戴安全帽	一般		
2		装渣作业时周边是否设置警戒线，或有无专人看护指挥等	主控		
3	防坠落伤害	高处作业正确系挂使用安全带	主控		
4		泥浆池、孔口临边防护到位	一般		
5	防触电伤害	旋喷桩机、泥浆搅拌机等设备电源入线压接牢固，无乱拉、扯、压、砸、裸露破损现象，线路无拖地、浸泡、缠绕、老化破损、交叉等现象	一般		
6		旋喷桩机、泥浆搅拌机等用电设备具有可靠的漏电保护装置，小型手持电动工具绝缘良好，电源线无接头、无损坏，状态良好	一般		
7		严禁使用倒顺开关、民用插排，严禁雨天露天进行带电作业	主控		
8		作业人员安全帽、防滑鞋、手套等个人劳保防护用品到位	一般		
9	防机械伤害	旋喷作业旋喷至地面下 2m 时，必须停喷，以防高压水柱射出伤人	主控		
10		旋喷桩机司机、挖掘机、信号工等作业人员持证上岗，吊装、土方装运等作业有专人协调指挥	一般		
11		存在交叉作业时有专人协调指挥	一般		
12		施工机械及小型机具作业符合相应机械操作规程，严禁违章指挥及违章作业，施工机具功能完备，防护措施到位	主控		
13		高压水泥浆管压力表读书正常，严禁超过规范要求	一般		
14		旋转皮带、叶轮等固定牢固、无松动	一般		
其他问题处理情况					
安全员签字：			日期：　年　月　日		

说明：本表为日检表格，填写 1 份，由工区留存，检查情况符合要求打"√"，不合格项需及时整改。

人工挖孔桩 开工控制安全自（复）检审批表　　表 MW-012

单位工程名称：　　　分项工程名称：　　　施工部位：　　　编号：

序号	检查项目及内容		安全控制要点	一检 检查结果	一检 责任人（签字）	二检 检查结果	二检 责任人（签字）	复检 检查结果	复检 责任人（签字）
1	内业资料	安全资料	人工挖孔桩施工安全生产技术交底、安全教育记录、考试及培训、安全事故应急预案、安全生产协议、临时用电现场验收等符合要求		工区安全主管：		项目部安全工程师：		监理工程师：
2		技术资料	人工挖孔桩施工方案、人工挖孔桩安全专项施工方案编制及审批齐全有效，施工技术交底到位，钢筋等进场材料全部验收合格等						
3		队伍、人员资质	施工队伍资质合格，特殊工种证件数量齐全有效，施工人员培训记录，机车司机岗位证书等符合要求						
4	作业环境核查	地上环境	吊车作业范围内无地上架空线或高度满足施工作业要求，施工作业现场的建、构筑物满足吊车作业安全距离要求，施工现场道路平整且满足施工作业荷载要求，无沟槽陷坑等		工区技术主管：		工程部：		监理工程师：
5		地下环境	地下建、构筑物及地下管线情况满足施工作业条件，作业范围内无暗沟、空洞，工程水文地质满足作业条件，达到降水效果等						
6	施工机具		通风设备、汽车吊、电焊机等设备进场验收记录齐全有效，验收合格；使用存放符合规定等		工区安全主管：		机电管理部门：		监理工程师：
7	施工临电	临电器材	配电箱等所有临电器材质量合格，具有相应的合格证明材料等		工区电工：		项目部安全工程师：		监理工程师：
8		线路与照明	检查线路布设合理，架空线须采用瓷瓶、护线套、线卡固定，埋地线路应符合规范，地面设置警示标识，符合安全电压要求等						
9		配电箱	配电箱、开关箱安装和箱内配置符合规范及相关规定，并附线路图，选型合理，器件标明用途，无带电体明露及一闸多用等						
10		保护	检查电力施工设备有可靠接零或接地，配电箱、开关箱内保护装置灵敏有效等						
主要前置条件			人工挖孔桩专项安全方案论证审批完毕；管线等迁改完成；汽车吊、通风设备等机械完成进场验收程序；钢筋笼验收合格，数量充足；施工现场平整验收完毕		工区技术主管：		工程部：		监理工程师：

工区主管审批意见	签字：　　　　　年　月　日		
项目部安全管理部门审批意见	签字：　　　年　月　日	项目部安全副经理审批意见	签字：　　　年　月　日
驻地监理工程师意见	签字：　　　年　月　日	总监办安全监理工程师审批意见	签字：　　　年　月　日

说明：本表为各分项（或分部）工程开工控制安全检查审批表，在分项（或分部）工程开工前由工区安全主管负责组织实施。本表一式3份，工区、项目部、监理部各留存1份；检查情况符合要求打"√"，不合格项需及时整改。

人工挖孔桩 工前安全自检表　　表 MW-013

分项工程名称：　　　施工部位：　　　日期：　　　编号：

序号	检查项目	安全控制要点	控制级别	检查结果（接班班长填写）
1	作业环境	核查挖孔作业范围内的地下管线情况，有无管线防护措施	主控	
2		检测井下的有毒有害气体，并应有足够的安全措施	主控	
3		桩孔开挖应配有专门的送风设备向井下输送洁净空气	主控	
4		桩孔开挖较深时，应配备安全可靠的照明设施	一般	
5		孔内设应急爬梯，供人员上下井	主控	
6		桩孔口与下部作业人员应有可靠的联络设施	一般	
7		探孔周边范围 1m 内无地面堆载，机动车辆的通行不得对井壁的安全造成影响	一般	
8		孔口设置护圈，防止雨水倒灌，周边排水良好；有必要的话，应在井口备用高扬程水泵	一般	
9		孔口临边防护措施到位	一般	
10		大风（六级以上）或雨、雪等恶劣天气是否满足作业要求	一般	
11	施工临电	提升设备、通气设备等用电设备电源入线压接牢固，无乱拉、扯、压、砸、裸露破损现象	一般	
12		严禁使用民用插排，严禁使用倒顺开关，严禁雨天露天进行带电作业	一般	
13		线路无拖地、浸泡、缠绕、老化破损、交叉等现象	一般	
14	施工机具	垂直提升机具和装置，必须配有自动卡紧保险装置，设备运行良好	主控	
15		钢丝绳有无断丝、断股、乱绳以及卡扣、吊钩等连接牢固、符合安全使用要求	主控	
16		垂直提升吊钩应有弹簧式脱钩装置	主控	
17		汽车吊机、装渣车辆、提升机具等维修保养记录齐全有效，设备性能状态良好	一般	
18	作业人员	完成班前交底，作业人员了解即将进行工作的危险点及正确操作规程；当班人员无酒后进场，无生病等状态不佳人员	主控	
19		安全帽、安全带、手套等个人防护用品及劳保用品配置到位	一般	
其他注意事项		（交班班长填写）　　交班班长：　　　　接班班长：		
值班工程师意见		签字：　　　　日期：		
作业队长意见		签字：　　　　日期：		

说明：本表填写 1 份，由工区留存。

人工挖孔桩 过程检查巡视表　　　表 MW-014

分项工程名称：　　　　　施工部位：　　　　　日期：　　　　　编号：

序号	检查项目	安全控制要点	控制级别	检查情况	处理意见
1	防物体打击	作业人员正确佩戴安全帽；物料提升时桩孔内人员必须停止作业	主控		
2		孔口设置护板，不得有石子等杂物落入桩孔内	一般		
3		吊装、装渣作业时周边是否设置警戒线，或有无专人看护指挥等	主控		
4	防坠落伤害	高处作业正确系挂使用安全带	主控		
5		作业平台搭设牢固可靠，周边防护到位	主控		
6		孔口临边防护措施是否到位	一般		
7	防触电伤害	用电设备电源入线压接牢固，无乱拉、扯、压、砸、裸露破损现象，线路无拖地、浸泡、缠绕、老化破损、交叉等现象	一般		
8		提升设备、通气设备等用电设备具有可靠的漏电保护装置，小型手持电动工具绝缘良好，电源线无接头、无损坏，状态良好	一般		
9		严禁使用倒顺开关、民用插排，严禁雨天露天进行带电作业	主控		
10		电焊机功能完备，状态良好，焊接时双线到位，严禁用其他导电体搭接，一、二次线符合长度要求等	主控		
11		作业人员个人劳保防护用品到位	一般		
12	防机械伤害	垂直提升机具和装置，必须配有自动卡紧保险装置，设备运行良好	一般		
13		钢丝绳有无断丝、断股、乱绳以及卡扣、吊钩等连接牢固、符合安全使用要求	主控		
14		垂直提升吊钩应有弹簧式脱钩装置	一般		
15		吊装、土方装运等作业有专人协调指挥	一般		
16		施工机械及小型机具作业符合相应机械操作规程，严禁违章指挥及违章作业	主控		
17	防坍塌伤害	挖孔顺序是否合理，开挖后及时按方案支护	主控		
18		遇有孔壁渗漏水，应及时进行抽排，情况异常及时撤离	主控		
19		孔口周边堆载符合要求，周边地面无裂纹，邻近建、构筑物状态良好	主控		
20	防中毒	桩孔较深时，通风措施有效、到位	主控		
其他问题处理情况					
安全员签字：			日期：　　年　　月　　日		

说明：本表为日检表格，填写1份，由工区留存，检查情况符合要求打"√"，不合格项需及时整改。

连续墙 开工控制安全自（复）检审批表 表 MW-015

单位工程名称：　　　　　分项工程名称：　　　　　施工部位：　　　　　编号：

序号	检查项目及内容		安全控制要点	一检 检查结果	一检 责任人（签字）	二检 检查结果	二检 责任人（签字）	复检 检查结果	复检 责任人（签字）
1	内业资料	安全资料	连续墙施工安全生产技术交底，安全教育记录、考试及培训，安全事故应急预案，安全生产协议，临时用电施组编制与现场验收等符合要求		工区安全主管：		项目部安全工程师：		监理工程师：
2		技术资料	地下连续墙施工方案编制及审批齐全有效，施工技术交底到位，钢筋等进场材料全部验收合格等						
3		队伍、人员资质	施工队伍资质合格，特殊工种证件数量齐全有效，施工人员培训记录，成槽机司机、信号工等岗位证书等符合要求						
4	作业环境核查	地上环境	成槽机、吊车等作业范围内无地上架空线或高度满足施工作业要求，施工作业现场的建、构筑物满足作业安全距离要求，施工现场道路平整且满足施工作业荷载要求，无沟槽陷坑等		工区技术主管：		工程部：		监理工程师：
5		地下环境	地下建、构筑物及地下管线情况满足施工作业条件，作业范围内无暗沟、空洞，工程水文地质满足作业条件等						
6	施工机具		成槽机、挖掘机、履带（汽车）吊机、渣土运输车、泥浆泵、泥浆搅拌机、电焊机、液压千斤顶等设备进场验收记录齐全有效，施工现场所有使用的施工机械设备具备合格证或验收合格、验收手续齐全；使用存放符合规定等		工区安全主管：		机电管理部门：		监理工程师：
7	施工临电	临电器材	配电箱等所有临电器材质量合格，具有相应的合格证明材料等		工区电工：		项目部安全工程师：		监理工程师：
8		线路与照明	检查线路布设合理，架空线须采用瓷瓶、护线套、线卡固定，埋地线路应符合规范，地面设置警示标识，符合安全电压要求等						
9		配电箱	配电箱、开关箱安装和箱内配置符合规范及相关规定，并附线路图，选型合理，器件标明用途，无带电体明露及一闸多用等						
10		保护	检查电力施工设备有可靠接零或接地，配电箱、开关箱内保护装置灵敏有效等						
主要前置条件			管线等迁改完成；成槽机、履带（汽车）吊机、挖掘机、液压千斤顶等机械完成进场验收程序；钢筋笼验收合格，数量充足；施工现场平整验收完毕		工区技术主管：		工程部：		监理工程师：
工区主管审批意见						签字：　　　年　月　日			
项目部安全管理部门审批意见			签字：　　　年　月　日	项目部安全副经理审批意见			签字：　　　年　月　日		
驻地监理工程师意见			签字：　　　年　月　日	总监办安全监理工程师审批意见			签字：　　　年　月　日		

说明：本表为各分项（或分部）工程开工控制安全检查审批表，在分项（或分部）工程开工前由工区安全主管负责组织实施。本表一式3份，工区、项目部、监理部各留存1份；检查情况符合要求打"√"，不合格项需及时整改。

连续墙人工探槽 工前安全自检表   表 MW-016

分项工程名称： 施工部位： 日期： 编号：

序号	检查项目	安全控制要点	控制级别	检查结果（接班班长填写）
1	作业环境	核查挖探沟槽作业范围内的地下管线情况	主控	
2		沟槽内设人员上下通道	主控	
3		沟槽周边范围1m内无地面堆载，机动车辆的通行不得对沟槽的安全造成影响	一般	
4		探槽设置挡水墙，防止雨水倒灌，周边排水良好	一般	
5		沟槽临边防护措施到位	一般	
6		大风（六级以上）或雨、雪等恶劣天气是否满足作业要求	一般	
7	施工临电	用电设备电源入线压接牢固，无乱拉、扯、压、砸、裸露破损现象	一般	
8		严禁使用民用插排、严禁使用倒顺开关、严禁雨天露天进行带电作业	一般	
9		线路无拖地、浸泡、缠绕、老化破损、交叉等现象	一般	
10	施工机具	挖掘机、装渣车辆等维修保养记录齐全有效，设备性能状态良好	主控	
11	作业人员	成槽机司机、吊车司机、信号工等人员持证上岗，现场指挥人员到位，当班人员无酒后进场，无生病等状态不佳人员	主控	
12		完成班前交底，作业人员了解即将进行工作的危险点及正确操作规程	一般	
13		安全帽、安全带、手套等个人防护用品及劳保用品配置到位	一般	
其他注意事项		（交班班长填写） 交班班长： 接班班长：		
值班工程师意见		签字： 日期：		
作业队长意见		签字： 日期：		

说明：本表填写1份，由工区留存。

连续墙成墙 工前安全自检表　　　　　表 MW-017

分项工程名称：　　　　施工部位：　　　　日期：　　　　编号：

序号	检查项目	安全控制要点	控制级别	检查结果（接班班长填写）
1	作业环境	人工挖探挖至原状土，核查地下管线情况	主控	
2		施工场地平整，无暗沟暗槽，施工机械作业区域地基稳固，满足重载作业的承载力要求	主控	
3		作业场地邻近的周边建、构筑物满足安全作业距离	主控	
4		架空线附近作业，是否满足安全距离	一般	
5		泥浆池、槽口等临边防护到位	一般	
6		大风（六级以上）或雨、雪等恶劣天气是否满足作业要求	一般	
7	施工临电	泥浆搅拌机、电焊机等用电设备电源入线压接牢固，无乱拉、扯、压、砸、裸露破损现象	一般	
8		严禁使用民用插排，严禁使用倒顺开关，严禁雨天露天进行带电作业	一般	
9		线路无拖地、浸泡、缠绕、老化破损、交叉等现象	一般	
10	施工机具	成槽机、履带（汽车）吊机、装渣车辆等机械维修保养记录齐全有效，施工机械状态良好	主控	
11		钢筋加工设备、泥浆制拌设备、液压千斤顶等小型机具设备性能良好，具有完备的防护装置	一般	
12		履带（汽车）吊机、提升装置钢丝绳有无断丝、断股、乱绳、卡扣、吊钩等连接牢固，符合安全使用要求	主控	
13	作业人员	成槽机司机、履带（汽车）吊机司机、信号工等人员持证上岗，现场指挥人员到位；当班人员无酒后进场，无生病等状态不佳人员	主控	
14		完成班前交底，作业人员了解即将进行工作的危险点及正确操作规程	一般	
15		安全帽、安全带、手套、防护罩等个人防护用品及劳保用品配置到位	一般	
其他注意事项		（交班班长填写）		
		交班班长：　　　　　　　　　　接班班长：		
值班工程师意见				
		签字：　　　　　日期：		
作业队长意见				
		签字：　　　　　日期：		

说明：本表填写 1 份，由工区留存。

连续墙人工探槽 过程检查巡视表　　表 MW-018

分项工程名称：　　　　施工部位：　　　　日期：　　　　编号：

序号	检查项目	安全控制要点	控制级别	检查情况	处理意见
1	防物体打击	作业人员正确佩戴安全帽	主控		
2		探槽周边不得有石子等杂物落入作业沟槽内	一般		
3		装渣作业时有无专人看护指挥等	主控		
4	防坠落伤害	高处作业正确系挂使用安全带	主控		
5		深度超过2m的沟、槽等临边防护到位	一般		
6	防触电伤害	用电设备电源入线压接牢固，无乱拉、扯、压、砸、裸露破损现象，线路无拖地、浸泡、缠绕、老化破损、交叉等现象	一般		
7		用电设备具有可靠的漏电保护装置，小型手持电动工具绝缘良好，电源线无接头、无损坏，状态良好	一般		
8		严禁使用倒顺开关、民用插排，严禁雨天露天进行带电作业	主控		
9		作业人员的安全帽、安全带、手套等个人劳保防护用品到位	一般		
10	防机械伤害	渣土运输车司机等作业人员持证上岗，土方装运等作业有专人协调指挥	一般		
11		施工机械及小型机具作业符合相应机械操作规程，严禁违章指挥及违章作业	主控		
12	防坍塌伤害	开挖顺序是否合理，是否按要求设置边坡	主控		
13		遇有沟槽内渗漏水，应及时进行抽排，情况异常及时撤离	主控		
14		探槽周边范围1m内无地面堆载及重车通过	一般		
15		探孔口周边堆载符合要求，周边地面无裂纹，邻近建、构筑物状态良好	主控		
其他问题处理情况					

安全员签字：　　　　　　　　　　　　　日期：　　年　月　日

说明：本表为日检表格，填写1份，由工区留存，检查情况符合要求打"√"，不合格项需及时整改。

连续墙 过程检查巡视表　　　　表 MW-019

分项工程名称：　　　　施工部位：　　　　日期：　　　　编号：

序号	检查项目	安全控制要点	控制级别	检查情况	处理意见
1	防物体打击	作业人员正确佩戴安全帽	一般		
2		成槽、吊装、装渣作业时周边是否设置警戒线，或有无专人看护指挥等	主控		
3	防坠落伤害	高处作业正确系挂使用安全带	主控		
4		作业平台搭设牢固可靠，周边防护到位	主控		
5		泥浆池、槽口临边防护到位，安全标识明显醒目	一般		
6	防触电伤害	泥浆搅拌机、电焊机等用电设备电源入线压接牢固，无乱拉、扯、压、砸、裸露破损现象，线路无拖地、浸泡、缠绕、老化破损、交叉等现象	一般		
7		泥浆搅拌机、电焊机等用电设备具有可靠的漏电保护装置，小型手持电动工具绝缘良好，电源线无接头、无损坏，状态良好	一般		
8		严禁使用倒顺开关、民用插排，严禁雨天露天进行带电作业	主控		
9		电焊机功能完备，状态良好，焊接时双线到位，严禁用其他导电体搭接，一、二次线符合长度要求等	主控		
10		作业人员安全帽、手套、防护罩等个人劳保防护用品到位	一般		
11	防机械伤害	成槽机司机、履带（汽车）吊机司机、信号工等作业人员持证上岗，成槽、吊装、土方装运等作业有专人协调指挥	主控		
12		履带（汽车）吊机检查钢丝绳有无断丝、断股、乱绳以及卡扣、吊钩等连接牢固、符合安全使用要求	主控		
13		施工机械及小型机具作业符合相应机械操作规程，严禁违章指挥及违章作业，施工机具功能完备，防护措施到位	主控		
14		存在交叉作业时有专人协调指挥	一般		
15	防坍塌伤害	成槽有坍塌的防护措施，有出现塌孔的应对措施	一般		
16		连续墙槽口周边堆载符合要求，重型机械通行或作业对槽壁稳定无影响	主控		
其他问题处理情况					

安全员签字：　　　　　　　　　　　　　　日期：　　年　月　日

说明：本表为日检表格，填写 1 份，由工区留存，检查情况符合要求打"√"，不合格项需及时整改。

土钉墙 开工控制安全自（复）检审批表　表 MW-020

单位工程名称：　　　　　分项工程名称：　　　　　施工部位：　　　　　编号：

序号	检查项目及内容		安全控制要点	一检		二检		复检	
				检查结果	责任人（签字）	检查结果	责任人（签字）	检查结果	责任人（签字）
1	内业资料	安全资料	安全生产技术交底，安全教育记录、考试及培训，安全事故应急预案，安全生产协议，临时用电施组编制与现场验收等符合要求		工区安全主管：		项目部安全工程师：		监理工程师：
2		技术资料	土钉墙施工方案编制及审批齐全有效，施工技术交底到位，钢筋、水泥、砂石料等进场材料全部验收合格等						
3		队伍、人员资质	施工队伍资质合格，特殊工种证件数量齐全有效，施工人员培训记录，机车司机岗位证书等符合要求						
4	作业环境核查	地上环境	作业范围内无地上架空线或高度满足施工作业要求，施工作业现场的建、构筑物满足作业安全距离要求，施工现场道路平整且满足施工作业荷载要求，无沟槽陷坑等		工区技术主管：		工程部：		监理工程师：
5		地下环境	地下建、构筑物及地下管线情况满足施工作业条件，作业范围内无暗沟、空洞，工程水文地质满足作业条件等						
6	施工机具		空压机、麻花钻机、喷锚机、注浆机等设备进场验收记录齐全有效，施工现场所有使用的施工机械设备具备合格证或验收合格、验收手续齐全；使用存放符合规定等		工区安全主管：		机电管理部门：		监理工程师：
7	施工临电	临电器材	配电箱等所有临电器材质量合格，具有相应的合格证明材料等		工区电工：		项目部安全工程师：		监理工程师：
8		线路与照明	检查线路布设合理，架空线须采用瓷瓶、护线套、线卡固定，埋地线路应符合规范，地面设置警示标识，符合安全电压要求等						
9		配电箱	配电箱、开关箱安装和箱内配置符合规范及相关规定，并附线路图，选型合理，器件标明用途，无带电体明露及一闸多用等						
10		保护	检查电力施工设备有可靠接零或接地，配电箱、开关箱内保护装置灵敏有效等						
主要前置条件			管线等迁改完成；空压机、喷锚机、麻花钻机、注浆机等机械完成进场验收程序；钢筋验收合格；施工现场验收完毕		工区技术主管：		工程部：		监理工程师：

工区主管审批意见			签字：　　　年　月　日	
项目部安全管理部门审批意见	签字：　　　年　月　日	项目部安全副经理审批意见	签字：　　　年　月　日	
驻地监理工程师意见	签字：　　　年　月　日	总监办安全监理工程师审批意见	签字：　　　年　月　日	

说明：本表为各分项（或分部）工程开工控制安全检查审批表，在分项（或分部）工程开工前由工区安全主管负责组织实施。本表一式3份，工区、项目部、监理部各留存1份；检查情况符合要求打"√"，不合格项需及时整改。

土钉墙 工前安全自检表 表 MW-021

分项工程名称：　　　　　施工部位：　　　　　日期：　　　　　编号：

序号	检查项目	安全控制要点	控制级别	检查结果（接班班长填写）
1	作业环境	土体坡面开挖符合要求，坡体稳定	主控	
2		施工场地平整，无暗沟暗槽，施工机械作业区域地基稳固，满足重载作业的承载力要求	主控	
3		土钉墙施工区域有无交叉作业	主控	
4		大风（六级以上）或雨、雪等恶劣天气是否满足作业要求	一般	
5	施工临电	空压机、喷锚机、麻花钻机、注浆机等设备电源入线压接牢固，无乱拉、扯、压、砸、裸露破损现象	一般	
6		严禁使用民用插排、严禁使用倒顺开关，严禁雨天露天进行带电作业	一般	
7		线路无拖地、浸泡、缠绕、老化破损、交叉等现象	一般	
8	施工机具	麻花钻机、喷锚机、注浆机等机械维修保养记录齐全有效，施工机械状态良好	主控	
9		钢筋加工机械安装在符合要求的防护棚内；设备的安全装置齐全有效；各控制装置灵敏可靠	一般	
10		钢筋切割设备漏电保护装置齐全可靠	主控	
11	作业人员	完成班前交底，作业人员了解即将进行工作的危险点及正确操作规程；当班人员无酒后进场，无生病等状态不佳人员	主控	
12		安全帽、口罩、手套等个人防护用品及劳保用品配置到位	一般	

其他注意事项	（交班班长填写） 交班班长：　　　　　接班班长：
值班工程师意见	签字：　　　　　日期：
作业队长意见	签字：　　　　　日期：

说明：本表填写1份，由工区留存，检查情况符合要求打"√"；不合格项需及时整改。

土钉墙 过程检查巡视表　　表 MW-022

分项工程名称：　　　施工部位：　　　日期：　　　编号：

序号	检查项目	安全控制要点	控制级别	检查情况	处理意见
1	防物体打击	作业人员正确佩戴安全帽	一般		
2	防物体打击	交叉作业时防护网等防护措施到位	主控		
3	防坠落伤害	高处作业正确系挂使用安全带	主控		
4	防坠落伤害	作业平台搭设牢固可靠,临边防护符合标准	主控		
5	防坠落伤害	深度超过2m的沟、槽等临边防护到位	主控		
6	防触电伤害	麻花钻机、喷锚机、空压机、注浆机等用电设备电源入线压接牢固,无乱拉、扯、压、砸、裸露破损现象,线路无拖地、浸泡、缠绕、老化破损、交叉等现象	一般		
7	防触电伤害	麻花钻机、喷锚机、空压机、注浆机等用电设备具有可靠的漏电保护装置,小型手持电动工具绝缘良好,电源线无接头、无损坏,状态良好	主控		
8	防触电伤害	严禁使用倒顺开关、民用插排,严禁雨天露天进行带电作业	主控		
9	防机械伤害	作业人员个人劳保防护用品到位	一般		
10	防机械伤害	有交叉作业时有专人协调指挥	主控		
11	防机械伤害	施工机械及小型机具作业符合相应机械操作规程,严禁违章指挥及违章作业,施工机具功能完备,防护措施到位	主控		
12	防坍塌伤害	有土体坍塌的防护措施,有出现坍塌的应对措施	主控		
13	防坍塌伤害	基坑周边堆载符合要求,周边地面无裂纹,邻近建、构筑物状态良好	一般		
其他问题处理情况					
安全员签字：			日期：　　年　　月　　日		

说明：本表为日检表格,填写1份,由工区留存,检查情况符合要求打"√",不合格项需及时整改。

土方开挖与锚喷支护 开工控制安全自（复）检审批表　　表MW-023

单位工程名称：　　　　分项工程名称：　　　　施工部位：　　　　编号：

序号	检查项目及内容		安全控制要点	一检		二检		复检	
				检查结果	责任人（签字）	检查结果	责任人（签字）	检查结果	责任人（签字）
1	内业资料	安全资料	土方开挖及喷锚支护安全生产技术交底，土方开挖及喷锚支护工班的安全教育记录、考试及培训，土方开挖安全事故应急预案，安全生产协议，临时用电施组编制与现场验收等符合要求	工区安全主管：		项目部安全工程师：		监理工程师：	
2		技术资料	土方开挖施工方案、土方开挖安全专项施工方案编制及审批齐全有效，土方开挖及喷锚支护的施工技术交底到位，钢筋、水泥、膨胀螺栓等材料全部验收合格等						
3		队伍、人员资质	土方开挖及喷锚支护施工队伍资质合格，挖掘机、装载机、吊车、行走龙门吊司机、电焊工、压力容器司机等特殊工种证件数量齐全有效，施工人员培训记录，机车司机岗位证书等符合要求						
4	作业环境核查	地上环境	土方开挖作业范围内无地上架空线或高度满足施工作业要求，土方开挖作业现场的建、构筑物满足作业安全距离要求，施工现场道路平整且满足施工作业荷载要求，无沟槽陷坑等	工区技术主管：		工程部：		监理工程师：	
5		地下环境	土方开挖前地下建、构筑物及地下管线情况满足施工作业条件，土方开挖作业范围内无暗沟、空洞，工程水文地质满足作业条件，达到降水效果等						
6		施工机具	挖掘机、装载机、拌合机、吊车、行走龙门等机械设备进场验收记录齐全有效，土方开挖及喷锚支护施工过程中所有使用的挖掘机、装载机、拌合机、千斤顶具备合格证或验收合格；使用存放符合规定等	工区安全主管：		机电管理部门：		监理工程师：	
7	施工临电	临电器材	配电箱等所有临电器材质量合格，具有相应的合格证明材料等	工区电工：		项目部安全工程师：		监理工程师：	
8		线路与照明	检查线路布设合理，架空线须采用瓷瓶、护线套、线卡固定，埋地线路应符合规范，地面设置警示标识，符合安全电压要求等						
9		配电箱	配电箱、开关箱安装和箱内配置符合规范及相关规定，并附线路图，选型合理，器件标明用途，无带电体明露及一闸多用等						
10		保护	检查电力施工设备有可靠接零或接地，配电箱、开关箱内保护装置灵敏有效等						
主要前置条件			管线等迁改完成；基坑围护结构施工完毕；场地平整，风水电等到位；降水井施工完成且正常使用；挖掘机、装载机、吊车、行走龙门等机械完成进场验收程序	工区技术主管：		工程部：		监理工程师：	

工区主管审批意见			签字：　　　年　月　日		
项目部安全管理部门审批意见	签字：　　年　月　日		项目部安全副经理审批意见	签字：　　年　月　日	
驻地监理工程师意见	签字：　　年　月　日		总监办安全监理工程师审批意见	签字：　　年　月　日	

说明：本表为各分项（或分部）工程开工控制安全检查审批表，在分项（或分部）工程开工前由工区安全主管负责组织实施。本表一式3份，工区、项目部、监理部各留存1份；检查情况符合要求打"√"，不合格项需及时整改。

土方开挖 工前安全自检表 表 MW-024

分项工程名称：　　　　　施工部位：　　　　　日期：　　　　　编号：

序号	检查项目	安全控制要点	控制级别	检查结果（接班班长填写）
1	作业环境	土方开挖过程中及时架设钢支撑，完成预加轴力，并固定牢固，支撑具有防脱落装置等	主控	
2		基坑周边堆载符合要求，周边地面无裂纹，邻近建、构筑物状态良好	主控	
3		土体开挖放坡拉槽符合要求，无陡坡、反坡等。挖掘机、吊车、装载机等机械作业区域地基稳固，满足重载作业的承载力要求	一般	
4		挖掘机、装载机、自卸车等满足与支撑、格构柱等的安全距离要求	一般	
5		基坑周边防护栏杆符合要求，人行步梯（马道）牢固可靠，防护符合要求	一般	
6		大风（六级以上）或雨、雪等恶劣天气是否满足作业要求	一般	
7	施工临电	用电设备电源入线压接牢固，无乱拉、扯、压、砸、裸露破损现象	一般	
8		严禁使用民用插排、严禁使用倒顺开关	一般	
9		线路无拖地、浸泡、缠绕、老化破损、交叉等现象	一般	
10	施工机具	挖掘机、自卸车、装载机及提升设备等机械维修保养记录齐全有效，施工机械状态良好	主控	
11		起吊设备检查钢丝绳有无断丝、断股、乱绳以及卡扣、吊钩等连接牢固，符合安全使用要求	主控	
12	作业人员	挖掘机、吊车、装载机、行走龙门等作业司机、信号工人员持证上岗，现场指挥人员到位；当班人员无酒后进场，无生病等状态不佳人员	主控	
13		土方开挖前完成班前交底，作业人员了解即将进行工作的危险点及正确操作规程	一般	
14		安全帽、安全绳、防护手套等个人防护用品及劳保用品配置到位	一般	
其他注意事项	（交班班长填写）交班班长：　　　　　　　　　　接班班长：			
值班工程师意见	签字：　　　　　　日期：			
作业队长意见	签字：　　　　　　日期：			

说明：本表填写1份，由工区留存。

桩间喷护 工前安全自检表 表 MW-025

分项工程名称：　　　　施工部位：　　　　日期：　　　　编号：

序号	检查项目	安全控制要点	控制级别	检查结果（接班班长填写）
1	作业环境	喷锚支护作业平台搭设牢固可靠，周边防护到位	主控	
2		基坑周边防护栏杆符合要求，人行步梯（马道）牢固可靠，防护符合要求	一般	
3		大风（六级以上）或雨、雪等恶劣天气是否满足作业要求	一般	
4	施工临电	喷锚机、空压机、拌和机等用电设备电源入线压接牢固，无乱拉、扯、压、砸、裸露破损现象	一般	
5		严禁使用民用插排、严禁使用倒顺开关	一般	
6		线路无拖地、浸泡、缠绕、老化破损、交叉等现象	一般	
7	施工机具	检查空压机、拌合机、喷锚机（管）、电焊机、调直机及钢筋切断机等设备状态完好，功能齐备，维修保养记录齐全有效等	主控	
8		起吊设备检查钢丝绳有无断丝、断股、乱绳以及卡扣、吊钩等连接牢固，符合安全使用要求	主控	
9		小型手持电动工具绝缘良好，电源线无接头、损坏，状态良好	一般	
10	作业人员	作业司机、信号工等人员持证上岗，现场指挥人员到位；当班人员无酒后进场，无生病等状态不佳人员	主控	
11		完成喷锚支护班前交底，作业人员了解即将进行工作的危险点及正确操作规程	一般	
12		安全帽、安全绳、护目镜等个人防护用品及劳保用品配置到位	一般	
其他注意事项	（交班班长填写）			
	交班班长：　　　　接班班长：			
值班工程师意见	签字：　　　　日期：			
作业队长意见	签字：　　　　日期：			

说明：本表填写1份，由工区留存。

土方开挖与桩间喷护 过程检查巡视表   表 MW-026

分项工程名称：　　　　　施工部位：　　　　　日期：　　　　　编号：

序号	检查项目	安全控制要点	控制级别	检查情况	处理意见
1	防物体打击	基坑周边挡水墙及防护栏杆符合要求，人行步梯（马道）牢固可靠，挡脚板及护栏符合要求	一般		
2		土方开挖及喷锚支护工班作业人员正确佩戴安全帽，交叉作业时防护网等防护措施到位	主控		
3		土方开挖装渣作业时周边是否设置警戒线，或有无专人看护指挥等	一般		
4	防坠落伤害	喷锚过程中高处作业正确系挂使用安全带	主控		
5		喷锚支护作业平台搭设牢固可靠，周边防护到位	主控		
6		土方开挖深度超过 2m 的沟、槽等临边防护到位	一般		
7	防触电伤害	用电设备电源入线压接牢固，无乱拉、扯、压、砸、裸露破损现象，线路无拖地、浸泡、缠绕、老化破损、交叉等现象	一般		
8		土方开挖及喷锚支护用电设备具有可靠的漏电保护装置，小型手持电动工具绝缘良好，电源线无接头、无损坏，状态良好	一般		
9		严禁使用倒顺开关、民用插排，严禁雨天露天进行带电作业	主控		
10		电焊机功能完备，状态良好，焊接时双线到位，严禁用其他导电体搭接，一、二次线符合长度要求等	主控		
11		土方开挖及喷锚支护工班作业人员个人劳保防护用品到位	一般		
12	防机械伤害	司机、信号工等作业人员持证上岗，吊装、起重及土方开挖装运等作业有专人协调指挥，严格遵守"十不吊"原则进行吊装作业	主控		
13		起吊设备检查钢丝绳有无断丝、断股、乱绳以及卡扣、吊钩等连接牢固，符合安全使用要求	主控		
14		土方开挖及喷锚支护作业施工机械及小型机具作业符合相应机械操作规程，严禁违章指挥及违章作业，施工机具功能完备，防护措施到位	主控		
15	防坍塌伤害	基坑内无积水，有排水设施，围护结构有坍塌的防护措施，桩间土体稳定且无渗流水等	一般		
16		桩间喷护及钢支撑架设及时，符合规范设计要求，严禁欠挖，禁止超挖	一般		
17		基坑周边堆载符合要求，周边地面无裂纹，邻近建、构筑物状态良好	主控		
18		雨天或雨后开挖土体坡度满足要求，防止土体滑落	一般		
19		基坑开挖严格依照施工方案实施，严禁反掏开挖土体，开挖坡度、深度等符合要求	主控		
其他问题处理情况					

安全员签字：　　　　　　　　　　　　　　　　　　日期：　　年　　月　　日

说明：本表为日检表格，填写 1 份，由工区留存，检查情况符合要求打"√"，不合格项需及时整改。

钢支撑及围檩 开工控制安全自（复）检审批表   表MW-027

单位工程名称：　　　　分项工程名称：　　　　施工部位：　　　　编号：

序号	检查项目及内容		安全控制要点	一检		二检		复检	
				检查结果	责任人（签字）	检查结果	责任人（签字）	检查结果	责任人（签字）
1	内业资料	安全资料	钢支撑、围檩架设及拆除安全生产技术交底，钢支撑工班安全教育记录、考试及培训，有安全事故应急预案或应急预案中有相关内容，安全生产协议，临时用电施组编制与现场验收等符合要求	工区安全主管：		项目部安全工程师：		监理工程师：	
2		技术资料	施工方案、安全专项施工方案编制及审批齐全有效，钢支撑、围檩架设及拆除施工技术交底到位，钢管、工字钢、钢板、角钢、胀管螺栓等进场材料全部验收合格等						
3		队伍、人员资质	钢支撑架设施工队伍资质合格，电焊、气割、吊车司机等特殊工种证件数量齐有效，钢支撑架设工班施工人员培训记录，机车司机岗位证书等符合要求						
4	作业环境核查	地上环境	钢支撑架设及拆除作业范围内无地上架空线或高度满足施工作业要求，施工作业现场的建、构筑物满足作业安全距离要求，施工现场道路平整且满足施工作业荷载要求，无沟槽陷坑等	工区技术主管：		工程部：		监理工程师：	
5		地下环境	地下建、构筑物及地下管线情况满足施工作业条件，作业范围内无暗沟、空洞，工程水文地质满足作业条件，达到降水效果等						
6	施工机具		吊车、电焊机、油压千斤顶、电锤等施工机具和设备进场验收记录齐全有效，施工现场所有使用的施工机械设备具备合格证或验收合格；使用存放符合规定等	工区安全主管：		机电管理部门：		监理工程师：	
7	施工临电	临电器材	配电箱等所有临电器材质量合格，具有相应的合格证明材料等	工区电工：		项目部安全工程师：		监理工程师：	
8		线路与照明	检查线路布设合理，架空线须采用瓷瓶、护线套、线卡固定，埋地线路应符合规范，地面设置警示标识，符合安全电压要求等						
9		配电箱	配电箱、开关箱安装和箱内配置符合规范及相关规定，并附线路图，选型合理，器件标明用途，无带电体明露及一闸多用等						
10		保护	检查电力施工设备有可靠接零或接地，配电箱、开关箱内保护装置灵敏有效等						
主要前置条件			钢支撑预埋件、牛腿托架等加工安设完成；钢支撑、活络头、钢围檩等准备齐全，油压千斤顶检定验收报验合格，土方开挖至钢支撑所在位置，吊车等起吊机械现场准备完毕	工区技术主管：		工程部：		监理工程师：	

工区主管审批意见			签字：　　　　　　　　年　月　日		
项目部安全管理部门审批意见	签字：　　年　月　日	项目部安全副经理审批意见		签字：　　　　　　　年　月　日	
驻地监理工程师意见	签字：　　年　月　日	总监办安全监理工程师审批意见		签字：　　　　　　　年　月　日	

说明：本表为各分项（或分部）工程开工控制安全检查审批表，在分项（或分部）工程开工前由工区安全主管负责组织实施。本表一式3份，工区、项目部、监理部各留存1份；检查情况符合要求打"√"，不合格项需及时整改。

钢支撑及围檩安装 工前安全自检表　　表 MW-028

分项工程名称：　　　施工部位：　　　日期：　　　编号：

序号	检查项目	安全控制要点	控制级别	检查结果（接班班长填写）
1	作业环境	吊车等施工机械作业区域地基稳固，满足重载作业的承载力要求	主控	
2		吊装作业满足与支撑、格构柱等的安全距离要求	主控	
3		基坑周边堆载符合要求，周边地面无裂纹，邻近建、构筑物状态良好	一般	
4		基坑内无积水，桩间土体稳定且无渗流水，无不良地质等	一般	
5		基坑周边防护栏杆符合要求，人行步梯（马道）牢固可靠，防护符合要求	一般	
6		大风（六级以上）或雨、雪等恶劣天气禁止作业	一般	
7	施工临电	用电设备电源入线压接牢固，无乱拉、扯、压、砸、裸露破损现象	一般	
8		严禁使用民用插排、严禁使用倒顺开关，严禁雨天露天进行带电作业	一般	
9		线路无拖地、浸泡、缠绕、老化破损、交叉等现象，手持式灯具有绝缘防护，有保护罩等	一般	
10	施工机具	提升设备等机械维修保养记录齐全有效，施工机械状态良好	主控	
11		油压千斤顶验收合格，标定准确，防护措施到位	一般	
12		气割、电焊机、电钻等小型设备功能完备，状态良好，防护措施到位	主控	
13	作业人员	作业司机、信号工等人员持证上岗，现场指挥人员到位；当班人员无酒后进场，无生病等状态不佳人员	主控	
14		完成班前交底，作业人员了解即将进行工作的危险点及正确操作规程	一般	
15		安全帽、安全带、安全绳、护目镜等个人防护用品及劳保用品配置到位	一般	
其他注意事项	（交班班长填写）			
	交班班长：　　　　　　接班班长：			
值班工程师意见	签字：　　　　　　日期：			
作业队长意见	签字：　　　　　　日期：			

说明：本表填写 1 份，由工区留存。

钢支撑及围檩拆除 工前安全自检表　　　表 MW-029

分项工程名称：　　　　施工部位：　　　　日期：　　　　编号：

序号	检查项目	安全控制要点	控制级别	检查结果（接班班长填写）
1	作业环境	是否按方案要求达到拆除条件	主控	
2		支撑及围檩拆除区域施工现场易燃物品清理干净，灭火器等消防措施完备	主控	
3		吊装作业满足与支撑、格构柱等的安全距离要求	主控	
4		基坑周边堆载符合要求，周边地面无裂纹，邻近建、构筑物状态良好	一般	
5		吊车、走形龙门等施工机械作业区域地基稳固，满足重载作业的承载力要求	一般	
6		基坑周边防护栏杆符合要求，人行步梯（马道）牢固可靠，防护符合要求	一般	
7		大风（六级以上）或雨、雪等恶劣天气禁止作业	一般	
8	施工临电	用电设备电源入线压接牢固，无乱拉、扯、压、砸、裸露破损现象	一般	
9		严禁使用民用插排、严禁使用倒顺开关，严禁雨天露天进行带电作业	一般	
10		线路无拖地、浸泡、缠绕、老化破损、交叉等现象，手持式灯具有绝缘防护，有保护罩等	一般	
11	施工机具	提升设备等机械维修保养记录齐全有效，施工机械状态良好，电焊机、气割等小型设备功能完备，状态良好，防护措施到位	主控	
12		氧气、乙炔瓶使用、放置符合要求，质量合格。氧气乙炔切割枪，输气管等无破损，功能状态完好	主控	
13		起吊设备检查钢丝绳有无断丝、断股、乱绳以及卡扣、吊钩等连接牢固、符合安全使用要求	主控	
14	作业人员	作业司机、信号工等人员持证上岗，现场指挥人员到位；当班人员无酒后进场，无生病等状态不佳人员	主控	
15		完成班前交底，作业人员了解即将进行工作的危险点及正确操作规程	一般	
16		安全帽、安全带、安全绳、护目镜、防护手套等个人防护用品及劳保用品配置到位	一般	
其他注意事项	（交班班长填写）			
	交班班长：		接班班长：	
值班工程师意见			签字：　　　　日期：	
作业队长意见			签字：　　　　日期：	

说明：本表填写1份，由工区留存。

钢支撑及围檩安装 过程检查巡视表　　　表 MW-030

分项工程名称：　　　　施工部位：　　　　日期：　　　　编号：

序号	检查项目	安全控制要点	控制级别	检查情况	处理意见
1	防物体打击	基坑周边挡水墙及防护栏杆符合要求，人行步梯（马道）牢固可靠，挡脚板及护栏符合要求	一般		
2		作业人员正确佩戴安全帽，交叉作业时防护网等防护措施到位	主控		
3		支撑及围檩存放高度符合要求，存放及转运有防滑落措施	一般		
4		严禁将手拉葫芦等固定在上层支撑或围檩上进行下层支撑的安装	一般		
5		吊装作业时周边是否设置警戒线，或有无专人看护指挥等	主控		
6	防坠落伤害	高处作业正确系挂使用安全带，严禁在支撑围檩上方行走	主控		
7		作业平台搭设牢固可靠，脚手板满铺，周边防护到位	主控		
8		深度超过 2m 的沟、槽等临边防护到位	一般		
9	防触电伤害	用电设备电源入线压接牢固，无乱拉、扯、压、砸、裸露破损现象，线路无拖地、浸泡、缠绕、老化破损、交叉等现象	一般		
10		用电设备具有可靠的漏电保护装置，小型手持电动工具绝缘良好，电源线无接头、无损坏，状态良好	一般		
11		严禁使用倒顺开关、民用插排，严禁雨天露天进行带电作业	一般		
12		电焊机功能完备，状态良好，焊接时双线到位，严禁用其他导电体搭接，一、二次线符合长度要求等	一般		
13		作业人员个人劳保防护用品到位	一般		
14	防机械伤害	司机、信号工等作业人员持证上岗，吊装、起重等作业有专人协调指挥，严格遵守"十不吊"原则进行吊装作业	主控		
15		施工机械及小型机具作业符合相应机械操作规程，严禁违章指挥及违章作业，施工机具功能完备，防护措施到位	主控		
16		气割设备使用是否违规（摆放间距小于 5m，回火、平放、气瓶在烈日下暴晒等）	主控		
17	防坍塌伤害	基坑内无积水，有排水设施，围护结构有坍塌的防护措施，桩间土体稳定且无渗流水，无不良地质等	一般		
18		基坑周边堆载符合要求，周边地面无裂纹，邻近建、构筑物状态良好	一般		
19		雨天或雨后开挖土体坡度满足要求，防止土体滑落	一般		
20		严禁反掏开挖土体，开挖坡度、深度等符合要求	一般		
其他问题处理情况					

安全员签字：　　　　　　　　　　　　　　　日期：　　年　月　日

说明：本表为每班巡查表，填写1份，由工区留存，检查情况符合要求打"√"，不合格项需及时整改。

钢支撑及围檩拆除 过程检查巡视表　　表 MW-031

分项工程名称：　　　　施工部位：　　　　日期：　　　　编号：

序号	检查项目	安全控制要点	控制级别	检查情况	处理意见
1	防物体打击	基坑周边挡水墙及防护栏杆符合要求，人行步梯（马道）牢固可靠，挡脚板及护栏符合要求	一般		
2		作业人员正确佩戴安全帽，交叉作业时防护网等防护措施到位	主控		
3		支撑及围檩存放高度符合要求，存放及转运有防滑落措施	一般		
4		严禁将手拉葫芦等固定在上层支撑或围檩上进行下层支撑的拆除作业	主控		
5		吊装作业时周边是否设置警戒线，或有无专人看护指挥等	一般		
6	防坠落伤害	高处作业正确系挂使用安全带，严禁在支撑围檩上方行走	主控		
7		作业平台搭设牢固可靠，周边防护到位	主控		
8		结构"四口"等临边防护到位	一般		
9	防触电伤害	用电设备电源入线压接牢固，无乱拉、扯、压、砸、裸露破损现象，线路无拖地、浸泡、缠绕、老化破损、交叉等现象	一般		
10		用电设备具有可靠的漏电保护装置，小型手持电动工具绝缘良好，电源线无接头、无损坏，状态良好	一般		
11		严禁使用倒顺开关、民用插排，严禁雨天露天进行带电作业	一般		
12		电焊机功能完备，状态良好，焊接时双线到位，严禁用其他导电体搭接，一、二次线符合长度要求等	一般		
13		作业人员个人劳保防护用品到位	一般		
14	防机械伤害	司机、信号工等作业人员持证上岗，吊装、起重等作业有专人协调指挥，严格遵守"十不吊"原则进行吊装作业	主控		
15		施工机械及小型机具作业符合相应机械操作规程，严禁违章指挥及违章作业，施工机具功能完备，防护措施到位	主控		
16		气割设备使用是否违规（摆放间距小于5m，回火、平放、气瓶在烈日下暴晒等）	主控		
17	防坍塌伤害	基坑周边堆载符合要求，周边地面无裂纹，邻近建、构筑物状态良好	一般		
其他问题处理情况					

安全员签字：　　　　　　　　　　　　　　日期：　　年　月　日

说明：本表为每班巡查表，填写1份，由工区留存，检查情况符合要求打"√"，不合格项需及时整改。

锚索 开工控制安全自（复）检审批表　　表 MW-032

单位工程名称：　　　　分项工程名称：　　　　施工部位：　　　　编号：

序号	检查项目及内容		安全控制要点	一检		二检		复检	
				检查结果	责任人（签字）	检查结果	责任人（签字）	检查结果	责任人（签字）
1	内业资料	安全资料	锚索施工及张拉安全生产技术交底，锚索工班安全教育记录、考试及培训，安全事故应急预案，安全生产协议，临时用电施组编制与现场验收等符合要求	工区安全主管：		项目部安全工程师：		监理工程师：	
2		技术资料	锚索施工方案、安全专项施工方案编制及审批齐全有效，锚索安装及张拉施工技术交底到位，钢绞线、钢板等进场材料全部验收合格等						
3		队伍、人员资质	锚索施工队伍资质合格，特殊工种证件数量齐全有效，施工人员培训记录，机车司机岗位证书等符合要求						
4	作业环境核查	地上环境	锚索钻进施工作业范围内无地上架空线或高度满足施工作业要求，施工作业现场的建、构筑物满足作业安全距离要求，施工现场道路平整且满足施工作业荷载要求，无沟槽陷坑等	工区技术主管：		工程部：		监理工程师：	
5		地下环境	地下建、构筑物及地下管线情况满足施工作业条件，锚索钻进施工作业范围内无暗沟、空洞，工程水文地质满足作业条件，达到降水效果等						
6	施工机具		地质钻机、油压千斤顶、钢筋切断机、注浆泵等施工机具和设备进场验收记录齐全有效，施工现场所有使用的施工机械设备具备合格证或验收合格；使用存放符合规定等	工区安全主管：		机电管理部门：		监理工程师：	
7	施工临电	临电器材	配电箱等所有临电器材质量合格，具有相应的合格证明材料等	工区电工：		项目部安全工程师：		监理工程师：	
8		线路与照明	检查线路布设合理，架空线须采用瓷瓶、护线套、线卡固定，埋地线路应符合规范，地面设置警示标识，符合安全电压要求等						
9		配电箱	配电箱、开关箱安装和箱内配置符合规范及相关规定，并附线路图，选型合理，器件标明用途，无带电体明露及一闸多用等						
10		保护	检查电力施工设备有可靠接零或接地，配电箱、开关箱内保护装置灵敏有效等						
主要前置条件			油压千斤顶、地质钻机、注浆泵等设备完成进场验收程序；钢绞线、锚头夹具等材料进场报验完成；土方开挖至锚索施工部位；锚索预埋件等加工安设完成	工区技术主管：		工程部：		监理工程师：	

工区主管审批意见	签字：　　　　年　月　日		
项目部安全管理部门审批意见	签字：　　　年　月　日	项目部安全副经理审批意见	签字：　　　年　月　日
驻地监理工程师意见	签字：　　　年　月　日	总监办安全监理工程师审批意见	签字：　　　年　月　日

说明：本表为各分项（或分部）工程开工控制安全检查审批表，在分项（或分部）工程开工前由工区安全主管负责组织实施。本表一式3份，工区、项目部、监理部各留存1份；检查情况符合要求打"√"，不合格项需及时整改。

锚索 工前安全自检表　　表 MW-033

分项工程名称:　　　施工部位:　　　日期:　　　编号:

序号	检查项目	安全控制要点	控制级别	检查结果（接班班长填写）
1	作业环境	土体坡面开挖符合要求，坡体稳定	主控	
2		施工场地平整，无暗沟暗槽；施工机械作业区域地基稳固，满足重载作业的承载力要求	主控	
3		锚索施工区域有无交叉作业	主控	
4		锚索施工作业平台搭设牢固可靠，临边防护措施到位	一般	
5		大风（六级以上）或雨、雪等恶劣天气是否满足作业要求	一般	
6	施工临电	用电设备电源入线压接牢固，无乱拉、扯、压、砸、裸露破损现象	一般	
7		严禁使用民用插排，严禁使用倒顺开关，严禁雨天露天进行带电作业	一般	
8		线路无拖地、浸泡、缠绕、老化破损、交叉等现象	一般	
9	施工机具	地质钻机、注浆机、油压千斤顶等机械维修保养记录齐全有效，施工机械状态良好	主控	
10		张拉设备状态良好，各压力接口牢固可靠	一般	
11		钢筋加工机械安装在符合要求的防护棚内；设备的安全装置齐全有效；各控制装置灵敏可靠	一般	
12	作业人员	作业司机、信号工等人员持证上岗，现场指挥人员到位；当班人员无酒后进场，无生病等状态不佳人员	主控	
13		完成班前交底，作业人员了解即将进行工作的危险点及正确操作规程	一般	
14		安全帽、防护手套等个人防护用品及劳保用品配置到位	一般	
其他注意事项	（交班班长填写）　　　　交班班长：　　　　　　接班班长：			
值班工程师意见	签字：　　　　　　　　　　　　　　　　日期：			
作业队长意见	签字：　　　　　　　　　　　　　　　　日期：			

说明：本表填写 1 份，由工区留存。

锚索 过程检查巡视表　　　　表 MW-034

分项工程名称：　　　　施工部位：　　　　日期：　　　　编号：

序号	检查项目	安全控制要点	控制级别	检查情况	处理意见
1	防物体打击	作业人员正确佩戴安全帽	一般		
2		交叉作业时防护网等防护措施到位	主控		
3	防坠落伤害	高处作业正确系挂使用安全带	主控		
4		作业平台搭设牢固可靠，临边防护符合标准	主控		
5		深度超过2m的沟、槽等临边防护到位	主控		
6	防触电伤害	用电设备电源入线压接牢固，无乱拉、扯、压、砸、裸露破损现象，线路无拖地、浸泡、缠绕、老化破损、交叉等现象	一般		
7		用电设备具有可靠的漏电保护装置，小型手持电动工具绝缘良好，电源线无接头、无损坏，状态良好	主控		
8		严禁使用倒顺开关、民用插排，严禁雨天露天进行带电作业	主控		
9		电焊机功能完备，状态良好，焊接时双线到位，严禁用其他导电体搭接，一、二次线符合长度要求等	主控		
10	防机械伤害	作业人员安全帽、安全带、防护手套等个人劳保防护用品到位	一般		
11		司机、信号工等作业人员持证上岗	一般		
12		锚索施工与开挖支护等交叉作业时有专人协调指挥	主控		
13		地质钻机、油压千斤顶、钢筋切断机、注浆泵等施工机械及小型机具作业符合相应机械操作规程，严禁违章指挥及违章作业，施工机具功能完备，防护措施到位	主控		
14	防坍塌伤害	有土体坍塌的防护措施，有出现坍塌的应对措施	主控		
15		基坑周边堆载符合要求，周边地面无裂纹，邻近建、构筑物状态良好	一般		
其他问题处理情况					

安全员签字：　　　　　　　　　　　　　　　　　日期：　　年　月　日

说明：本表为每班巡查表，填写1份，由工区留存，检查情况符合要求打"√"，不合格项需及时整改。

防水施工 开工控制安全自（复）检审批表　　表 MW-035

单位工程名称：　　　　　分项工程名称：　　　　　施工部位：　　　　　编号：

序号	检查项目及内容		安全控制要点	一检		二检		复检	
				检查结果	责任人（签字）	检查结果	责任人（签字）	检查结果	责任人（签字）
1	内业资料	安全资料	防水安全生产技术交底，防水施工安全教育记录、考试及培训，安全事故应急预案，安全生产协议，临时用电施组编制与现场验收等符合要求		工区安全主管：		项目部安全工程师：		监理工程师：
2		技术资料	防水施工方案、安全专项施工方案编制及审批齐全有效，施工技术交底到位，防水板、无纺布、防水涂料等进场材料全部验收合格等						
3		队伍、人员资质	防水施工队伍资质合格，特殊工种证件数量齐全有效，防水施工人员培训记录，机车司机岗位证书等符合要求						
4	作业环境核查		作业范围内无地上架空线或高度满足施工作业要求，施工作业现场的建、构筑物满足作业安全距离要求等		工区技术主管：		工程部：		监理工程师：
5	施工机具		爬行焊机等施工机具和设备进场验收记录齐全有效，施工现场所有使用的爬行焊机等施工机械设备具备合格证或验收合格；使用存放符合规定等		工区安全主管：		机电管理部门：		监理工程师：
6	施工临电	临电器材	配电箱等所有临电器材质量合格，具有相应的合格证明材料等		工区电工：		项目部安全工程师：		监理工程师：
7		线路与照明	检查线路布设合理，架空线须采用瓷瓶、护线套、线卡固定，埋地线路应符合规范，地面设置警示标识，符合安全电压要求等						
8		配电箱	配电箱、开关箱安装和箱内配置符合规范及相关规定，并附线路图，选型合理，器件标明用途，无带电体明露及一闸多用等						
9		保护	检查电力施工设备有可靠接零或接地，配电箱、开关箱内保护装置灵敏有效等						
主要前置条件			钢支撑拆除完成并通过验收；爬行焊机、射钉枪等设备完成进场验收程序		工区技术主管：		工程部：		监理工程师：

工区主管审批意见			签字：　　　年　月　日		
项目部安全管理部门审批意见	签字：　　　年　月　日		项目部安全副经理审批意见	签字：　　　年　月　日	
驻地监理工程师意见	签字：　　　年　月　日		总监办安全监理工程师审批意见	签字：　　　年　月　日	

说明：本表为各分项（或分部）工程开工控制安全检查审批表，在分项（或分部）工程开工前由工区安全主管负责组织实施。本表一式3份，工区、项目部、监理部各留存1份；检查情况符合要求打"√"，不合格项需及时整改。

防水施工 工前安全自检表 表 MW-036

分项工程名称：　　　　施工部位：　　　　日期：　　　　编号：

序号	检查项目	安全控制要点	控制级别	检查结果（接班班长填写）
1	作业环境	基坑周边防护栏杆符合要求，人行步梯（马道）牢固可靠，防护符合要求	一般	
2		结构"四口"等临边防护到位	主控	
3		ECB板、土工布等防水材料存放有专门库房及场地，设置防火措施	一般	
4		交叉作业时防护网等措施到位，且有专人指挥	主控	
5		密闭空间或通风不畅位置防水施工时，设置通风设施	主控	
6		露天作业大风（六级以上）或雨、雪等恶劣天气时禁止作业	一般	
7	施工临电	爬行焊机、龙门吊等用电设备电源入线压接牢固，无乱拉、扯、压、砸、裸露破损现象	一般	
8		防水作业时严禁使用民用插排、严禁使用倒顺开关，严禁雨天露天进行带电作业	一般	
9		线路无拖地、浸泡、缠绕、老化破损、交叉等现象，手持式灯具有绝缘防护，有保护罩等	一般	
10	施工机具	龙门吊、吊车等提升设备机械维修保养记录齐全有效，施工机械状态良好	主控	
11		防水焊机、射钉枪性等小型设备性能完好，漏保装置齐全，喷灯有专人保管和使用	主控	
12	作业人员	运输车司机、起吊信号工等人员持证上岗，现场指挥人员到位，当班人员无酒后进场，无生病等状态不佳人员	主控	
13		完成防水施工班前交底，作业人员了解即将进行工作的危险点及正确操作规程	一般	
14		安全帽、安全带等个人防护用品及劳保用品配置到位	一般	
其他注意事项	（交班班长填写）交班班长：　　　　接班班长：			
值班工程师意见	签字：　　　　日期：			
作业队长意见	签字：　　　　日期：			

说明：本表填写1份，由工区留存。

防水施工 过程检查巡视表　　　表 MW-037

分项工程名称：　　　　　施工部位：　　　　　日期：　　　　　编号：

序号	检查项目	安全控制要点	控制级别	检查情况	处理意见
1	防物体打击	基坑周边挡水墙及防护栏杆符合要求，人行步梯（马道）牢固可靠，挡脚板及护栏符合要求	一般		
2		防水作业人员正确佩戴安全帽，交叉作业时防护网等防护措施到位	主控		
3		吊装作业时周边是否设置警戒线，或有无专人看护指挥等	一般		
4	防坠落伤害	防水人员高处作业正确系挂使用安全带，严禁在支撑围檩上方行走	主控		
5		作业平台搭设牢固可靠，满铺脚手板，周边防护到位	一般		
6		结构"四口"等临边防护到位	主控		
7	防触电伤害	龙门吊、吊车和爬行焊机等用电设备电源入线压接牢固，无乱拉、扯、压、砸、裸露破损现象，线路无拖地、浸泡、缠绕、老化破损、交叉等现象	一般		
8		用电设备具有可靠的漏电保护装置，小型手持电动工具绝缘良好，电源线无接头、无损坏，状态良好	一般		
9		严禁使用倒顺开关、民用插排，严禁雨天露天进行带电作业	一般		
10		防水和电工等作业人员个人劳保防护用品到位	一般		
11	防机械伤害	运输司机、信号工等作业人员持证上岗，吊装、起重等作业有专人指挥，严格遵守"十不吊"原则进行吊装作业	主控		
12		施工机械及小型机具作业符合相应机械操作规程，严禁违章指挥及违章作业，施工机具功能完备，防护措施到位	一般		
13		气割设备使用是否违规（摆放间距小于5m，回火、平放、气瓶在烈日下暴晒等），是否有动火证、看火人、灭火器等消防措施	主控		
14	防毒气中毒	密闭空间或通风不畅位置防水施工时，设置通风设施	主控		
15		作业人员防毒面罩、胶皮手套等个人防护用品正确佩带使用，避免中毒、化学溶剂灼伤皮肤、眼睛等	一般		
16	防火措施	防水施工过程中，对ECB板和无纺布等防水材料进行适当的防火保护、现场作业面有防火措施	主控		
其他问题处理情况					

安全员签字：　　　　　　　　　　　　　　日期：　　年　　月　　日

说明：本表为每班巡查表，填写1份，由工区留存，检查情况符合要求打"√"，不合格项需及时整改。

钢筋工程 开工控制安全自（复）检审批表　　　　表 MW-038

单位工程名称：　　　　分项工程名称：　　　　施工部位：　　　　编号：

序号	检查项目及内容		安全控制要点	一检 检查结果	一检 责任人（签字）	二检 检查结果	二检 责任人（签字）	复检 检查结果	复检 责任人（签字）
1	内业资料	安全资料	钢筋施工安全生产技术交底，钢筋施工安全教育记录、考试及培训，安全事故应急预案，安全生产协议，临时用电施组编制与现场验收等符合要求		工区安全主管：		项目部安全工程师：		监理工程师：
2		技术资料	钢筋施工方案、安全专项施工方案编制及审批齐全有效，施工技术交底到位，进场材料全部验收合格等						
3		队伍、人员资质	钢筋施工队伍资质合格，电焊机、弯曲机、龙门吊等特殊工种证件数量齐全有效，施工人员培训记录，机车司机岗位证书等符合要求						
4	作业环境核查	地上环境	作业范围内无地上架空线或高度满足施工作业要求，施工作业现场的建、构筑物满足作业安全距离要求，施工现场道路平整且满足施工作业荷载要求，无沟槽陷坑等		工区技术主管：		工程部：		监理工程师：
5		地下环境	地下建、构筑物及地下管线情况满足施工作业条件，钢支撑围檩等满足钢筋吊运的安全距离要求						
6	施工机具		电焊机、弯曲机和吊车等施工机具和设备进场验收记录齐全有效，施工现场所有使用的电焊机、弯曲机和吊车等施工机械设备具备合格证或验收合格；使用存放符合规定等		工区安全主管：		机电管理部门：		监理工程师：
7	施工临电	临电器材	配电箱等所有临电器材质量合格，具有相应的合格证明材料等		工区电工：		项目部安全工程师：		监理工程师：
8		线路与照明	检查线路布设合理，架空线须采用瓷瓶、护线套、线卡固定，埋地线路应符合规范，地面设置警示标识，符合安全电压要求等						
9		配电箱	配电箱、开关箱安装和箱内配置符合规范及相关规定，并附线路图，选型合理，器件标明用途，无带电体明露及一闸多用等						
10		保护	检查电力施工设备有可靠接零或接地，配电箱、开关箱内保护装置灵敏有效等						
主要前置条件			防水板铺设并验收完成；电焊机、弯曲机、对焊机、切断机、调直机、油压千斤顶、力矩扳手和吊车等机械完成进场验收合格；模板施工验收合格；施工现场平整验收完毕		工区技术主管：		工程部：		监理工程师：

工区主管审批意见				签字： 　　　年　月　日		
项目部安全管理部门审批意见	签字：　　年　月　日		项目部安全副经理审批意见	签字：	年	月　日
驻地监理工程师意见	签字：　　年　月　日		总监办安全监理工程师审批意见	签字：	年	月　日

说明：本表为各分项（或分部）工程开工控制安全检查审批表，在分项（或分部）工程开工前由工区安全主管负责组织实施。本表一式3份，工区、项目部、监理部各留存1份；检查情况符合要求打"√"，不合格项需及时整改。

钢筋工程 工前安全自检表   表 MW-039

分项工程名称：　　　　　　施工部位：　　　　　　日期：　　　　　　编号：

序号	检查项目	安全控制要点	控制级别	检查结果（接班班长填写）
1	作业环境	钢筋存放与加工区与生活办公区隔离，现场安全标识标牌齐全	一般	
2		钢筋存放场与加工场地平整、整洁，防雨、消防、照明措施是否符合要求	主控	
3		钢筋原材及成品的现场存放符合要求	一般	
4		钢筋安装作业平台搭设牢固可靠，临边防护措施到位	主控	
5		钢筋卸料平台是否牢固可靠	一般	
6		作业人员上下作业平台或行走通道是否符合要求	主控	
7		大风（六级以上）或雨、雪等恶劣天气是否满足作业要求	一般	
8	施工临电	电焊机、切割机、切断机、砂轮切割机、调直机和油压千斤顶等用电设备电源入线压接牢固，无乱拉、扯、压、砸、裸露破损现象	主控	
9		严禁使用民用插排、严禁使用倒顺开关，严禁雨天露天进行带电作业	一般	
10		线路无拖地、浸泡、缠绕、老化破损、交叉等现象	一般	
11	施工机具	龙门吊（或汽车吊机）、车辆等机械维修保养记录齐全有效，施工机械状态良好	主控	
12		龙门吊（或汽车吊）提升装置钢丝绳有无断丝、断股、乱绳、卡扣、吊钩等连接牢固，符合安全使用要求	一般	
13		调直机和砂轮切割机等钢筋加工机具、交（直）流焊机、对焊机等焊接设备、倒运工具等小型机具设备性能良好，具有完备的防护装置	主控	
14		氧气、乙炔瓶使用、放置符合要求，质量合格。氧气乙炔切割枪、输气管等无破损，功能状态完好	主控	
15	作业人员	龙门吊、汽车吊和塔吊等作业司机、钢筋工、信号工等人员持证上岗，现场指挥人员到位；当班人员无酒后进场，无生病等状态不佳人员	主控	
16		完成班前交底，龙门吊、汽车吊和塔吊等作业司机、电焊工和钢筋工等作业人员了解即将进行工作的危险点及正确操作规程	一般	
17		钢筋工、电焊工和电工等个人防护用品及劳保用品配置到位	一般	
其他注意事项		（交班班长填写） 交班班长：　　　　　接班班长：		
值班工程师意见			签字：　　　　　日期：	
作业队长意见			签字：　　　　　日期：	

说明：本表填写1份，由工区留存。

钢筋工程 过程检查巡视表　　表 MW-040

分项工程名称：　　　　施工部位：　　　　日期：　　　　编号：

序号	检查项目	安全控制要点	控制级别	检查情况	处理意见
1	防物体打击	作业人员正确佩戴安全帽	一般		
2		钢筋水平运输、垂直吊运作业时有无专人看护指挥	主控		
3		作业过程中有无高处抛物现象	一般		
4		存在交叉作业时有专人协调指挥	主控		
5	防坠落伤害	高处作业正确系挂使用安全带	主控		
6		作业平台搭设牢固可靠,脚手架板铺设符合要求,周边防护到位	主控		
7		作业人员通道是否通畅,有无杂物堆放	主控		
8		结构"四口"等临边防护到位	主控		
9		钢筋架立时防倾倒措施是否到位	一般		
10		卸料平台是否牢靠,有无超荷堆载现象	主控		
11	防触电伤害	电焊机、切割机、切断机、砂轮切割机、调直机和油压千斤顶等用电设备电源入线压接牢固,无乱拉、扯、压、砸、裸露破损现象,线路无拖地、浸泡、缠绕、老化破损、交叉等现象	一般		
12		用电设备具有可靠的漏电保护装置,小型手持电动工具绝缘良好,电源线无接头、无损坏,状态良好	一般		
13		严禁使用倒顺开关、民用插排,严禁雨天露天进行带电作业	主控		
14		电焊机功能完备,状态良好,焊接时双线到位,严禁用其他导电体搭接,一、二次线符合长度要求等	主控		
15		作业人员个人劳保防护用品到位	一般		
16	防机械伤害	司机、信号工、钢筋工等作业人员持证上岗,钢筋倒运、吊装等作业有专人协调指挥	主控		
17		起吊设备检查钢丝绳有无断丝、断股、乱绳以及卡扣、吊钩等连接牢固、符合安全使用要求	一般		
18		施工机械及小型机具作业符合相应机械操作规程,严禁违章指挥及违章作业,施工机具功能完备,防护措施到位	主控		
19		气割设备使用是否违规(摆放间距小于5m,回火、平放、气瓶在烈日下暴晒等)	主控		
其他问题处理情况					

安全员签字：　　　　　　　　　　　　　　日期：　　年　　月　　日

说明：本表为每班巡查表,填写1份,由工区留存,检查情况符合要求打"√",不合格项需及时整改。

模板及支撑 开工控制安全自（复）检审批表　　表 MW-041

单位工程名称：　　　　分项工程名称：　　　　施工部位：　　　　编号：

序号	检查项目及内容		安全控制要点	一检		二检		复检	
				检查结果	责任人（签字）	检查结果	责任人（签字）	检查结果	责任人（签字）
1	内业资料	安全资料	模板及支撑安全生产技术交底，安全教育记录、考试及培训，安全事故应急预案，安全生产协议，临时用电施组编制与现场验收等符合要求		工区安全主管：		项目部安全工程师：		监理工程师：
2		技术资料	模板及支撑施工方案、安全专项施工方案编制及审批齐全有效，施工技术交底到位，进场材料全部验收合格等						
3		队伍、人员资质	模板及支撑施工队伍资质合格，架子工和信号工等特殊工种证件数量齐全有效，施工人员培训记录，机车司机岗位证书等符合要求						
4	作业环境核查	地上环境	作业范围内无地上架空线或高度满足施工作业要求，施工作业现场的建、构筑物满足作业安全距离要求，施工现场道路平整且满足施工作业荷载要求，无沟槽陷坑等		工区技术主管：		工程部：		监理工程师：
5		地下环境	地下建、构筑物及地下管线情况满足施工作业条件，钢支撑围檩间距满足模板调运作业要求等						
6	施工机具		木工台床等施工机具和设备进场验收记录齐全有效，施工现场所有使用的施工机械设备具备合格证或验收合格；使用存放符合规定等		工区安全主管：		机电管理部门：		监理工程师：
7	施工临电	临电器材	配电箱等所有临电器材质量合格，具有相应的合格证明材料等		工区电工：		项目部安全工程师：		监理工程师：
8		线路与照明	检查线路布设合理，架空线须采用瓷瓶、护线套、线卡固定，埋地线路应符合规范，地面设置警示标识，符合安全电压要求等						
9		配电箱	配电箱、开关箱安装和箱内配置符合规范及相关规定，并附线路图，选型合理，器件标明用途，无带电体明露及一闸多用等						
10		保护	检查电力施工设备有可靠接零或接地，配电箱、开关箱内保护装置灵敏有效等						
主要前置条件			钢筋安装完成并验收合格；场地及结构预留口等临边防护完成；模板支撑基础牢固；电焊机、手电锯、木工台床、龙门吊或汽车吊等机械完成进场验收程序		工区技术主管：		工程部：		监理工程师：

工区主管审批意见	签字　　　　　　　　　　　　年　月　日		
项目部安全管理部门审批意见	签字　　　　年　月　日	项目部安全副经理审批意见	签字　　　　年　月　日
驻地监理工程师意见	签字　　　　年　月　日	总监办安全监理工程师审批意见	签字　　　　年　月　日

说明：本表为各分项（或分部）工程开工控制安全检查审批表，在分项（或分部）工程开工前由工区安全主管负责组织实施。本表一式3份，工区、项目部、监理部各留存1份；检查情况符合要求打"√"，不合格项需及时整改。

模板及支撑安装 工前安全自检表 表 MW-042

分项工程名称：　　　　　施工部位：　　　　　日期：　　　　　编号：

序号	检查项目	安全控制要点	控制级别	检查结果（接班班长填写）
1	作业环境	检查作业区域上方钢支撑及围檩是否牢固可靠，牛腿支撑是否变形，焊缝是否开裂等	主控	
2		结构"四口"等临边防护到位，交叉作业时防护网等措施到位，且有专人指挥	主控	
3		吊装作业满足与支撑、格构柱等的安全距离要求	主控	
4		作业现场材料码放高度符合要求，易燃物品清理干净	一般	
5		基坑周边防护栏杆符合要求，人行步梯（马道）牢固可靠，防护符合要求	一般	
6		大风（六级以上）或雨、雪等恶劣天气禁止作业	一般	
7	施工临电	电焊机、木工台床、龙门吊等用电设备电源入线压接牢固，无乱拉、扯、压、砸、裸露破损现象	一般	
8		严禁使用民用插排、严禁使用倒顺开关，严禁雨天露天进行带电作业	一般	
9		线路无拖地、浸泡、缠绕、老化破损、交叉等现象，手持式灯具有绝缘防护，有保护罩等	一般	
10	施工机具	龙门吊、汽车吊或塔吊等提升设备等机械维修保养记录齐全有效，施工机械状态良好	主控	
11		氧气、乙炔瓶使用、放置符合要求，质量合格。氧气乙炔切割枪，输气管等无破损，功能状态完好	一般	
12		电焊机、手电锯、电刨机、手持电动工具等小型设备功能完备，状态良好，防护罩等防护措施到位	主控	
13	作业人员	汽车吊、龙门吊等作业司机、信号工和架子工等人员持证上岗，现场指挥人员到位；当班人员无酒后进场，无生病等状态不佳人员	主控	
14		完成班前交底，作业人员了解即将进行工作的危险点及正确操作规程	一般	
15		安全帽、安全带等个人防护用品及劳保用品配置到位	一般	
其他注意事项	（交班班长填写）交班班长：　　　　　　接班班长：			
值班工程师意见			签字：　　　　日期：	
作业队长意见			签字：　　　　日期：	

说明：本表填写1份，由工区留存。

模板及支撑拆除 工前安全自检表　　表 MW-043

分项工程名称：　　　　　施工部位：　　　　　日期：　　　　　编号：

序号	检查项目	安全控制要点	控制级别	检查结果（接班班长填写）
1	作业环境	混凝土是否达到强度要求，是否经过批准达到拆模条件	主控	
2		检查作业区域上方钢支撑及围檩是否牢固可靠，牛腿支撑是否变形，焊缝是否开裂等	主控	
3		结构"四口"等临边防护到位，交叉作业时防护网等措施到位，且有专人指挥	主控	
4		模板及支撑吊装作业满足与支撑、格构柱等的安全距离要求	一般	
5		作业现场材料码放高度符合要求，易燃物品清理干净	一般	
6		基坑周边防护栏杆符合要求，人行步梯（马道）牢固可靠，防护符合要求	一般	
7		大风（六级以上）或雨、雪等恶劣天气禁止作业	一般	
8	施工临电	电焊机、手电锯、木工台床、龙门吊等用电设备电源入线压接牢固，无乱拉、扯、压、砸、裸露破损现象	一般	
9		严禁使用民用插排、严禁使用倒顺开关，严禁雨天露天进行带电作业	一般	
10		线路无拖地、浸泡、缠绕、老化破损、交叉等现象，手持式灯具有绝缘防护，有保护罩等	一般	
11	施工机具	提升设备等机械维修保养记录齐全有效，施工机械状态良好	主控	
12		氧气、乙炔瓶使用、放置符合要求，质量合格。氧气乙炔切割枪，输气管等无破损，功能状态完好	一般	
13		电焊机、手电锯、电刨机、手持电动工具等小型设备功能完备，状态良好，防护罩等防护措施到位	主控	
14	作业人员	作业司机、信号工、架子工等人员持证上岗，现场指挥人员到位；当班人员无酒后进场，无生病等状态不佳人员	主控	
15		完成班前交底，作业人员了解即将进行工作的危险点及正确操作规程	一般	
16		安全帽、安全带等个人防护用品及劳保用品配置到位	一般	
其他注意事项	（交班班长填写） 交班班长：　　　　　　　　　　接班班长：			
值班工程师意见			签字：　　　　　　　　日期：	
作业队长意见			签字：　　　　　　　　日期：	

说明：本表填写1份，由工区留存。

模板及支撑安装、拆除 过程检查巡视表　　表 MW-044

分项工程名称：　　　施工部位：　　　日期：　　　编号：

序号	检查项目	安全控制要点	控制级别	检查情况	处理意见
1	防物体打击	基坑周边挡水墙及防护栏杆符合要求，人行步梯（马道）牢固可靠，挡脚板及护栏符合要求	一般		
2		作业人员正确佩戴安全帽，交叉作业时防护网等防护措施到位	主控		
3		模板及支撑存放高度符合要求，存放及转运有防滑落措施	一般		
4		严禁将上层钢支撑、围檩等作为模板安装、拆除时受力构件使用	主控		
5		模板及支撑的拆除严格遵循"先安装的后拆、后安装的先拆"原则实施	主控		
6		临时无法拆除的模板下方不得悬空，或有防坠落的防护措施	一般		
7		严禁在安装、拆除模板时，上下抛掷模板或其他物品	一般		
8		吊装作业时周边是否设置警戒线，或有无专人看护指挥等	一般		
9	防坠物伤害	高处作业正确系挂使用安全带，严禁在支撑围檩上方行走	主控		
10		结构"四口"等临边防护到位，作业平台搭设牢固可靠，脚手板满铺，周边防护到位	一般		
11	防触电伤害	电焊机、手电锯、木工台床、龙门吊等用电设备电源入线压接牢固，无乱拉、扯、压、砸、裸露破损现象，线路无拖地、浸泡、缠绕、老化破损、交叉等现象	一般		
12		用电设备具有可靠的漏电保护装置，小型手持电动工具绝缘良好，电源线无接头、无损坏、状态良好	一般		
13		严禁使用倒顺开关、民用插排，严禁雨天露天进行带电作业	一般		
14		作业人员个人劳保防护用品到位	一般		
15	防机械伤害	司机、信号工等作业人员持证上岗，吊装、起重等作业有专人协调指挥，严格遵守"十不吊"原则进行吊装作业	主控		
16		施工机械及小型机具作业符合相应机械操作规程，严禁违章指挥及违章作业，施工机具功能完备，防护措施到位	主控		
17		气割设备使用是否违规（摆放间距小于 5m，回火、平放、气瓶在烈日下暴晒等），是否有动火证、看火人、灭火器等消防措施	一般		
其他问题处理情况					
安全员签字：			日期：　　年　月　日		

说明：本表为每班巡查表，填写 1 份，由工区留存，检查情况符合要求打"√"，不合格项需及时整改。

混凝土工程 开工控制安全自（复）检审批表　　表 MW-045

单位工程名称：　　　　分项工程名称：　　　　施工部位：　　　　编号：

序号	检查项目及内容		安全控制要点	一检		二检		复检	
				检查结果	责任人（签字）	检查结果	责任人（签字）	检查结果	责任人（签字）
1	内业资料	安全资料	混凝土工程安全生产技术交底，混凝土工程安全教育记录、考试及培训，安全事故应急预案，临时用电施组编制与现场验收等符合要求		工区安全主管：		项目部安全工程师：		监理工程师：
2		技术资料	混凝土工程施工方案、混凝土工程安全专项施工方案编制及审批齐全有效，施工技术交底到位，进场材料全部验收合格等						
3		队伍、人员资质	混凝土工程施工队伍资质合格，特殊工种证件数量齐全有效，施工人员培训记录，混凝土输送泵车、运输车等机车司机岗位证书等符合要求						
4	作业环境核查	地上环境	作业范围内无地上架空线或高度满足施工作业要求，施工作业现场的建、构筑物满足作业安全距离要求，施工现场道路平整且满足施工作业荷载要求，无沟槽陷坑等		工区技术主管：		工程部：		监理工程师：
5		地下环境	地下建、构筑物及地下管线情况满足施工作业条件，围檩支撑等满足汽车泵作业的安全距离等						
6	施工机具		施工机具和设备进场验收记录齐全有效，施工现场所有使用的施工机械设备具备合格证或验收合格；使用存放符合规定等		工区安全主管		机电管理部门：		监理工程师：
7	施工临电	临电器材	配电箱等所有临电器材质量合格，具有相应的合格证明材料等		工区电工：		项目部安全工程师：		监理工程师：
8		线路与照明	检查线路布设合理，架空线须采用瓷瓶、护线套、线卡固定，埋地线路应符合规范，地面设置警示标识，符合安全电压要求等						
9		配电箱	配电箱、开关箱安装和箱内配置符合规范及相关规定，并附线路图，选型合理，器件标明用途，无带电体明露及一闸多用等						
10		保护	检查强制拌和机等电力施工设备有可靠接零或接地，配电箱、开关箱内保护装置灵敏有效等						
主要前置条件			混凝土工程施工方案、混凝土工程安全专项施工方案编制及审批完成；强制拌和机、振动棒、汽车吊等机械完成进场验收程序；钢筋、模板、预留洞和预埋件等验收合格；施工现场平整验收完毕		工区技术主管：		工程部：		监理工程师：

工区主管审批意见	签字：　　　年　月　日		
项目部安全管理部门审批意见	签字：　　　年　月　日	项目部安全副经理审批意见	签字：　　　年　月　日
驻地监理工程师意见	签字：　　　年　月　日	总监办安全监理工程师审批意见	签字：　　　年　月　日

说明：本表为各分项（或分部）工程开工控制安全检查审批表，在分项（或分部）工程开工前由工区安全主管负责组织实施。本表一式3份，工区、项目部、监理部各留存1份；检查情况符合要求打"√"，不合格项需及时整改。

混凝土工程 工前安全自检表　　　表MW-046

分项工程名称：　　　施工部位：　　　日期：　　　编号：

序号	检查项目	安全控制要点	控制级别	检查结果（接班班长填写）
1	作业环境	模板支撑系统是否按方案要求搭设完成，是否通过监理验收合格	主控	
2		检查作业区域上方钢支撑及围檩是否牢固可靠，牛腿支撑是否变形，焊缝是否开裂等	一般	
3		结构"四口"等临边防护到位，交叉作业时防护网等措施到位，且有专人指挥	一般	
4		作业区域是否满足汽车泵、吊车等作业空间要求	一般	
5		基坑周边防护栏杆符合要求，人行步梯（马道）牢固可靠，防护符合要求	一般	
6	作业环境	作业平台搭设牢固可靠，满足作业时最大荷载要求，脚手板满铺，周边防护到位	主控	
7		吊车、汽车泵等施工机械作业区域地基稳固，满足重载作业的承载力要求	一般	
8		大风（六级以上）或雨、雪等恶劣天气是否满足作业条件	一般	
9	施工临电	强制拌合机及振动棒等用电设备电源入线压接牢固，无乱拉、扯、压、砸、裸露破损现象	一般	
10		严禁使用民用插排，严禁使用倒顺开关，严禁雨天露天进行带电作业	一般	
11		线路无拖地、浸泡、缠绕、老化破损、交叉等现象，手持式灯具有绝缘防护，有保护罩等	一般	
12	施工机具	混凝土泵车等机械维修保养记录齐全有效，状态良好	一般	
13		振动棒等小型设备功能完备，状态良好，防护罩等防护措施到位	一般	
14		混凝土输送泵管设有专人检查泵管及连接卡扣的质量，是否有破损、开裂、裂纹以及卡扣是否匹配等	一般	
15	作业人员	作业司机、信号工等人员持证上岗，现场指挥人员到位；当班人员无酒后进场，无生病等状态不佳人员	主控	
16		完成班前交底，作业人员了解即将进行工作的危险点及正确操作规程	一般	
17		安全帽、安全带等个人防护用品及劳保用品配置到位	一般	
其他注意事项	（交班班长填写） 交班班长：　　　接班班长：			
值班工程师意见	签字：　　　日期：			
作业队长意见	签字：　　　日期：			

说明：本表填写1份，由工区留存。

混凝土浇筑 过程检查巡视表　　　　表 MW-047

分项工程名称：　　　　施工部位：　　　　日期：　　　　编号：

序号	检查项目	安全控制要点	控制级别	检查情况	处理意见
1	防物体打击	基坑周边挡水墙及防护栏杆符合要求，人行步梯（马道）牢固可靠，挡脚板及护栏符合要求	一般		
2		作业人员正确佩戴安全帽，交叉作业时防护网等防护措施到位，吊装作业时周边是否设置警戒线，或有无专人看护指挥等	主控		
3		混凝土输送泵管设有专人检查泵管及连接卡扣的质量，是否有破损、开裂、裂纹以及卡扣是否匹配等，泵管垂直安装时固定是否牢固	一般		
4		吹管作业时，在管口需设置安全挡板等防护措施	主控		
5		混凝土施工需设置专门的看模人，对模板支撑体系、作业平台等进行看护	主控		
6		严禁将上层钢支撑、围檩等作混凝土施工时受力构建使用	一般		
7	防坠落伤害	高处作业正确系挂使用安全带，严禁在支撑围檩上方行走	主控		
8		结构"四口"等临边防护到位，作业平台搭设牢固可靠，脚手板满铺，周边防护到位，作业平台放置堆积物品不大于最大荷载要求	一般		
9	防触电伤害	强制拌合机及振动棒等用电设备电源入线压接牢固，无乱拉、扯、压、砸、裸露破损现象，线路无拖地、浸泡、缠绕、老化破损、交叉等现象	一般		
10		用电设备具有可靠的漏电保护装置，小型手持电动工具绝缘良好，电源线无接头、无损坏，状态良好	一般		
11		严禁使用倒顺开关、民用插排，严禁雨天露天进行带电作业	一般		
12		作业人员个人劳保防护用品到位	一般		
13		司机、信号工等作业人员持证上岗，吊装、起重等作业有专人协调指挥，严格遵守"十不吊"原则进行吊装作业	主控		
14		施工机械及小型机具作业符合相应机械操作规程，严禁违章指挥及违章作业，施工机具功能完备，防护措施到位	主控		
15	防机械伤害	现场混凝土罐车、汽车泵、吊车等机械施工，应设有专人协调指挥混凝土振捣器正确使用，作业人员佩戴防护手套	一般		
16		汽车泵、吊车以及塔吊等提升设备施工作业时，应与架空线、周边建构筑物及钢支撑等保持安全距离，避免碰撞。吊斗摆动幅度满足与支撑、围檩及格构柱等的安全距离	一般		
17		施工机械作业区域地基稳固，满足重载作业的承载力要求	一般		
18		专、兼职安全员是否到位	一般		
19		作业人员需佩戴手套等劳保用品	一般		
其他问题处理情况					

安全员签字：　　　　　　　　　　　　　　日期：　　年　　月　　日

说明：本表为每班巡查表，填写1份，由工区留存，检查情况符合要求打"√"，不合格项需及时整改。

拆除工程 开工控制安全自（复）检审批表　　表 MW-048

单位工程名称：　　　分项工程名称：　　　施工部位：　　　编号：

序号	检查项目及内容		安全控制要点	一检		二检		复检	
				检查结果	责任人（签字）	检查结果	责任人（签字）	检查结果	责任人（签字）
1	内业资料	安全资料	混凝土拆除工程安全生产技术交底，拆除工班安全教育记录、考试及培训，安全事故应急预案，安全生产协议，临时用电施组编制与现场验收等符合要求		工区安全主管：		项目部安全工程师：		监理工程师：
2		技术资料	拆除工程施工方案、安全专项施工方案编制及审批齐全有效，拆除工程施工技术交底到位，进场机械设备全部验收合格等						
3		队伍、人员资质	拆除工程施工队伍资质合格，吊车、电焊、气割等特殊工种证件数量齐全有效，施工人员培训记录，机车司机岗位证书等符合要求						
4	作业环境核查		作业范围内无地上架空线或高度满足施工作业要求，施工作业现场的建、构筑物满足作业安全距离要求，施工现场道路平整且满足施工作业荷载要求，无沟槽陷坑等		工区技术主管：		工程部：		监理工程师：
5	施工机具		风镐、绳锯、炮锤、吊车等施工机具和设备进场验收记录齐全有效，施工现场所有使用的施工机械设备具备合格证或验收合格；使用存放符合规定等		工区安全主管：		机电管理部门：		监理工程师：
6	施工临电	临电器材	配电箱等所有临电器材质量合格，具有相应的合格证明材料等		工区电工：		项目部安全工程师：		监理工程师：
7		线路与照明	检查线路布设合理，架空线须采用瓷瓶、护线套、线卡固定，埋地线路应符合规范，地面设置警示标识，符合安全电压要求等						
8		配电箱	配电箱、开关箱安装和箱内配置符合规范，并附线路图，选型合理，器件标明用途，无带电体明露及一闸多用等						
9		保护	检查电力施工设备有可靠接零或接地，配电箱、开关箱内保护装置灵敏有效等						
主要前置条件			风镐、绳锯、炮锤、吊车等设备完成进场验收程序；拆除作业面场地平整具备作业条件；拆除作业平台搭设完成并验收合格		工区技术主管：		工程部：		监理工程师：
工区主管审批意见							签字：　　　年　月　日		
项目部安全管理部门审批意见			签字：　　　年　月　日		项目部安全副经理审批意见	签字：　　　年　月　日			
驻地监理工程师意见			签字：　　　年　月　日		总监办安全监理工程师审批意见	签字：　　　年　月　日			

说明：本表为各分项（或分部）工程开工控制安全检查审批表，在分项（或分部）工程开工前由工区安全主管负责组织实施。本表一式3份，工区、项目部、监理部各留存1份；检查情况符合要求打"√"，不合格项需及时整改。

拆除工程 工前安全自检表　　　　　表 MW-049

分项工程名称：　　　　　施工部位：　　　　日期：　　　　编号：

序号	检查项目	安全控制要点	控制级别	检查结果（接班班长填写）
1	作业环境	拆除作业影响范围内人员、材料等是否撤离，是否设置安全警戒线	主控	
2		拆除作业区域满足机具作业的安全空间要求	主控	
3		垂直吊运作业满足与支撑、格构柱、作业机械等的安全距离要求	主控	
4		拆除作业人员上下通道或行步梯（马道）牢固可靠，挡脚板及护栏符合要求	一般	
5		结构"四口"等临边防护到位	一般	
6		拆除作业平台搭设牢固可靠，临边防护措施到位	一般	
7		大风（六级以上）或雨、雪等恶劣天气禁止作业	一般	
8	施工临电	拆除用电设备电源入线压接牢固，无乱拉、扯、压、砸、裸露破损现象	一般	
9		严禁使用民用插排、严禁使用倒顺开关，严禁雨天露天进行带电作业	一般	
10		线路无拖地、浸泡、缠绕、老化破损、交叉等现象，手持式灯具有绝缘防护，有保护罩等	一般	
11	施工机具	提升设备、拆除机械等机械维修保养记录齐全有效，施工机械状态良好，风镐等小型设备功能完备，状态良好，防护措施到位	主控	
12		氧气、乙炔瓶使用、放置符合要求，质量合格。氧气乙炔切割枪，输气管等无破损，功能状态完好	一般	
13		起吊设备检查钢丝绳有无断丝、断股、乱绳以及卡扣、吊钩等连接牢固、符合安全使用要求	主控	
14	作业人员	作业司机、信号工、架子工等人员持证上岗，现场指挥人员到位；当班人员无酒后进场，无生病等状态不佳人员	主控	
15		完成班前交底，作业人员了解即将进行工作的危险点及正确操作规程	一般	
16		安全帽、安全带等个人防护用品及劳保用品配置到位	一般	
其他注意事项		（交班班长填写） 交班班长：　　　　　　接班班长：		
值班工程师意见		签字：　　　　日期：		
作业队长意见		签字：　　　　日期：		

说明：本表填写 1 份，由工区留存。

拆除工程 过程检查巡视表　　　　表 MW-050

分项工程名称：　　　　　施工部位：　　　　　日期：　　　　　编号：

序号	检查项目	安全控制要点	控制级别	检查情况	处理意见
1	防物体打击	人员上下通道或行步梯（马道）牢固可靠，挡脚板及护栏符合要求	一般		
2		作业人员正确佩戴安全帽等个人防护用品，防护网等防护措施到位	主控		
3		拆除作业影响范围是否设置警戒线，或有无专人看护指挥等	一般		
4		拆除物件垂直吊运作业下方严禁站人	主控		
5	防坠落伤害	高处作业正确系挂使用安全带	主控		
6		作业平台搭设牢固可靠，周边防护到位	主控		
7		结构"四口"等临边防护到位	一般		
8	防触电伤害	用电设备电源入线压接牢固，无乱拉、扯、压、砸、裸露破损现象，线路无拖地、浸泡、缠绕、老化破损、交叉等现象	一般		
9		用电设备具有可靠的漏电保护装置，小型手持电动工具绝缘良好，电源线无接头、无损坏，状态良好	一般		
10		拆除作业时严禁使用倒顺开关、民用插排，严禁雨天露天进行带电作业	一般		
11		拆除作业人员个人劳保防护用品到位	一般		
12	防机械伤害	司机、信号工等作业人员持证上岗，吊装、起重等作业有专人协调指挥，严格遵守"十不吊"原则进行吊装作业	主控		
13		施工机械及小型机具作业符合相应机械操作规程，严禁违章指挥及违章作业，施工机具功能完备，防护措施到位	主控		
14		气割设备使用是否违规（摆放间距小于5m，回火、平放、气瓶在烈日下暴晒等）	主控		
其他问题处理情况					

安全员签字：　　　　　　　　　　　　　日期：　　年　月　日

说明：本表为每班巡查表，填写1份，由工区留存，检查情况符合要求打"√"，不合格项需及时整改。

土方回填 开工控制安全自（复）检审批表　　表 MW-051

单位工程名称：　　　分项工程名称：　　　施工部位：　　　编号：

序号	检查项目及内容		安全控制要点	一检		二检		复检	
				检查结果	责任人（签字）	检查结果	责任人（签字）	检查结果	责任人（签字）
1	内业资料	安全资料	土方回填安全生产技术交底、安全教育记录、考试及培训、安全事故应急预案、安全生产协议、临时用电施组编制与现场验收等符合要求		工区安全主管：		项目部安全工程师：		监理工程师：
2		技术资料	土方回填施工方案、安全专项施工方案编制及审批齐全有效，施工技术交底到位，进场材料全部验收合格等						
3		队伍、人员资质	土方回填施工队伍资质合格，特殊工种证件数量齐全有效，土方回填工班施工人员培训记录，装载机等司机岗位证书等符合要求						
4	作业环境核查	地上环境	施工作业现场的建、构筑物满足作业安全距离要求，施工现场道路平整且满足施工作业荷载要求，无沟槽陷坑等		工区技术主管：		工程部：		监理工程师：
5		地下环境	地下建、构筑物及地下管线情况满足施工作业条件，作业范围内无暗沟、空洞，工程水文地质满足作业条件等						
6	施工机具		装载机、挖掘机、自卸车、压路机、打夯机等施工机具和设备进场验收记录齐全有效，施工现场所有使用的施工机械设备具备合格证或验收合格；使用存放符合规定等		工区安全主管：		机电管理部门：		监理工程师：
7	施工临电	临电器材	配电箱等所有临电器材质量合格，具有相应的合格证明材料等		工区电工：		项目部安全工程师：		监理工程师：
8		线路与照明	检查线路布设合理，架空线须采用瓷瓶、护线套、线卡固定，埋地线路应符合规范，地面设置警示标识，符合安全电压要求等						
9		配电箱	配电箱、开关箱安装和箱内配置符合规范，并附线路图，选型合理，器件标明用途，无带电体明露及一闸多用等						
10		保护	检查电力施工设备有可靠接零或接地，配电箱、开关箱内保护装置灵敏有效等						
主要前置条件			结构施工完成并验收合格；防水铺设完成并浇筑顶板混凝土垫层；回填土质进场验收合格		工区技术主管：		工程部：		监理工程师：

工区主管审批意见	签字：　　　年　月　日		
项目部安全管理部门审批意见	签字：　　年　月　日	项目部安全副经理审批意见	签字：　　年　月　日
驻地监理工程师意见	签字：　　年　月　日	总监办安全监理工程师审批意见	签字：　　年　月　日

说明：本表为各分项（或分部）工程开工控制安全检查审批表，在分项（或分部）工程开工前由工区安全主管负责组织实施。本表一式3份，工区、项目部、监理部各留存1份；检查情况符合要求打"√"，不合格项需及时整改。

土方回填 工前安全自检表　　　表MW-052

分项工程名称：　　　施工部位：　　　日期：　　　编号：

序号	检查项目	安全控制要点	控制级别	检查结果（接班班长填写）
1	作业环境	是否达到回填条件	一般	
2		土方回填影响范围内人员、材料等是否撤离，是否设置安全警戒线，管线是否得到有效保护	主控	
3		施工作业区域满足机具作业的安全空间要求	主控	
4		人员上下通道或行步梯（马道）牢固可靠，挡脚板及护栏符合要求	一般	
5		结构"四口"等临边防护到位	一般	
6		预埋件、管线等是否明显标识	主控	
7		大风（六级以上）或雨、雪等恶劣天气是否满足作业要求	一般	
8	施工临电	用电设备电源入线压接牢固，无乱拉、扯、压、砸、裸露破损现象	一般	
9		严禁使用民用插排、严禁使用倒顺开关，严禁雨天露天进行带电作业	一般	
10		线路无拖地、浸泡、缠绕、老化破损、交叉等现象	一般	
11	施工机具	挖掘机、运渣车、压路机等机械维修保养记录齐全有效，施工机械状态良好	主控	
12		挖掘机不能距离基坑过近	一般	
13		打夯机等小型设备功能完备，状态良好	主控	
14	作业人员	作业司机、信号工等人员持证上岗，现场指挥人员到位；当班人员无酒后进场，无生病等状态不佳人员	主控	
15		完成班前交底，作业人员了解即将进行工作的危险点及正确操作规程	一般	
16		安全帽等个人防护用品及劳保用品配置到位	一般	

其他注意事项	（交班班长填写）　　交班班长：　　　接班班长：
值班工程师意见	签字：　　　日期：
作业队长意见	签字：　　　日期：

说明：本表填写1份，由工区留存。

土方回填 过程检查巡视表　　　　表 MW-053

分项工程名称：　　　　施工部位：　　　　日期：　　　　编号：

序号	检查项目	安全控制要点	控制级别	检查情况	处理意见
1	防物体打击	人行步梯（马道）牢固可靠，挡脚板及护栏符合要求	一般		
2		土方回填现场有指挥协调人员，作业人员正确佩戴安全帽	主控		
3		回填作业时周边是否设置警戒线，或有无专人看护指挥等	一般		
4	防坠落伤害	深度超过2m的沟、槽等临边防护到位	主控		
5	防触电伤害	用电设备电源入线压接牢固，无乱拉、扯、压、砸、裸露破损现象，线路无拖地、浸泡、缠绕、老化破损、交叉等现象	一般		
6		用电设备具有可靠的漏电保护装置，小型手持电动工具绝缘良好，电源线无接头、无损坏，状态良好	一般		
7		严禁使用倒顺开关、民用插排，严禁雨天露天进行带电作业	主控		
8		作业人员个人劳保防护用品到位	一般		
9	防机械伤害	司机、信号工等作业人员持证上岗，土方装运、碾压等作业有专人协调指挥	主控		
10		施工机械及小型机具作业符合相应机械操作规程，严禁违章指挥及违章作业，施工机具功能完备，防护措施到位	主控		
其他问题处理情况					

安全员签字：　　　　　　　　　　　　　　　日期：　　年　　月　　日

说明：本表为每班巡查表，填写1份，由工区留存，检查情况符合要求打"√"，不合格项需及时整改。

明挖法施工 定期安全自检表   表 MW-054

工区：　　　　　施工部位：　　　　　日期：　　　　　编号：

序号	项目	检查部门及检查人	检查要点	存在问题	整改要求	整改负责人	整改完成时间	备注
1	内业资料	项目部安全管理部门 检查人签字：	各种安全教育培训及记录					
2			各项安全交底及其记录					
3			班前安全活动记录及安全施工日志					
4			起重机械设备运行、检查维修保养记录					
5			大型机械设备检查维修保养记录					
6			临电记录，包括：漏电开关模拟记录、电阻测试记录，电工日常巡检维修记录，电气绝缘强度测试记录等					
7	施工管理		现场是否严格按照批复的方案施工					
8			设备运转记录，特种设备维修保养记录是否按照规定填写					
9			动火作业是否有动火证					
10			安全标志、安全警示，操作规程是否齐全完整					
11			专兼职安全员袖标是否佩戴					
12	劳动纪律		劳动防护用品穿戴和使用正确					
13			穿戴与所从事的作业是否相符					
14			特殊工种持证上岗					
15			各类违章和不合规行为					
16			有无不正常作业行为人员；有无酒后、生病等状态不佳人员					
17	安全防护		井口及基坑有符合规定的防护围栏和明显警示标志					
18			井口门禁系统有效，可随时查验洞内人员数量					
19			起吊机械、土方开挖机械作业半径内严禁人员停留，并配置指挥人员					
20			临边作业有可靠防护					
21			所有洞、孔均有可靠防护					
22	文明施工		防大气污染、渣土、细颗粒材料密闭存放、专人清扫保洁洒水压尘					
23			材料、工具和构、配件码放整齐，稳固					
24			管线布置顺畅，合理有序					
25			道路畅通，不积水，不凹凸不平					
26			防噪声污染强噪声机具采取封闭措施、人为活动噪声有控制措施					

续表 MW-054

序号	项目	检查部门及检查人	检查要点		存在问题	整改要求	整改负责人	整改完成时间	备注
27	施工用电	项目部机电管理部门 检查人签字：	外电高压线防护符合规定						
28			施工现场临电平面布置图应标明1、2级配电箱位置及线路走向、固定用电作业点等位置						
29			施工区线路架设、配电线路符合标准，装设的照明设备、灯具符合规范标准						
30			施工区配电符合规定，开关箱安装位置合理。满足"一机、一箱、一闸、一漏"						
31			配电线路穿过衬砌区域有可靠措施。满足安全要求						
32			配电箱箱体牢固、防雨（水），箱内无杂物、整洁，有编号，停用后断电加锁						
33			配电箱、开关箱内无带电体明露，无一闸多用现象						
34			1级和2级配电箱有可靠接地						
35			1级配电箱应设置配电室，2级设置防护棚，且各项防护措施（防雨、防火、排水等）到位						
36			作业地段照明符合安全规定						
37			手持电动工具绝缘良好，电源线无接头、损坏；电焊机安装、使用符合标准						
38	机械设备		起重设备	合格证、验收手续齐全；运行符合操作规程					
39				标牌、标识齐全，干净、清晰					
40				钢丝绳有无断丝、断股、无乱绳、卡扣连接牢固、润滑良好、符合安全使用要求，是否按规定配置信号工					
41				限位装置灵敏可靠、卡口和挂钩可靠					
42				防过放绳装置的功能是否正常					
43				设备干净，运行状态良好					
44			大型机械设备	合格证、验收手续齐全；运行符合操作规程					
45				标牌、标识齐全，干净、清晰					
46				设备干净，运行状态良好					
47			中小型机械	合格证、验收手续齐全；运行符合操作规程或使用要求					
48				标牌、标识齐全，干净、清晰					
49				设备干净，运行状态良好					

续表 MW-054

序号	项目	检查部门及检查人	检查要点	存在问题	整改要求	整改负责人	整改完成时间	备注
50	围护结构	工程部 检查人签字：	围护结构的施作是否严格按照施工方案进行					
51			人工挖孔桩、钻孔灌注桩、旋喷桩、地下连续墙等施工过程中的安全防护是否符合要求					
52	开挖与支撑		土方开挖是否严格按照施工方案进行					
53			桩间喷护是否按要求及时施作					
54			是否按要求及时架设钢支撑，做到随挖随撑，支撑预加轴力是否符合设计要求					
55			是否按要求及时施作锚索支撑，做到随挖随支，锚索张拉及锁定是否符合设计要求					
56	结构施工		坑壁是否有渗漏水，坑底是否有积水					
57			防排水系统施工工艺是否符合安全规定					
58			临时作业架子是否符合安全要求					
59			模板支撑系统是否满足安全要求					
60			二衬质量是否满足标准要求且可以接受					
61	施工对环境影响		地下管线是否有异常					
62			地面是否有裂缝或发生突变的沉降					
63			周边建（构）筑物的状况是否良好					
64	消防与保卫	办公室 检查人签字：	消防的设置是否符合规范/标准/规程或相关法规、条例、文件的要求					
65			现场有明显的防火标志，有足够使用的消防器材；消防器材未过期；相关人员是否能正确使用消防器材					
66			门卫系统：非施工人员和无关人员不得进入施工现场					
67			有防汛值班，现场有足够的防汛应急物资					
68	卫生防疫		食堂的卫生防疫是否符合规范/标准/规程或相关法规、条例、文件的要求					
69			卫生间的卫生防疫是否符合要求					
70			宿舍的卫生防疫是否符合要求					
71	宿舍管理		宿舍整洁，无私拉乱接现象					
72			无私自改变统一布置现象					
其他								

说明：本表适用于工区和项目部的定期安全自检。本表作为原始记录。根据检查出的问题严重程度，做出相应的处理措施。本表一式两份，检查单位和被检查单位各一份。被检查出的问题整改完成后回复，由检查单位安全人员复查验证。

明挖法施工 定期安全复检表 表 MW-055

工区：　　　　　施工部位：　　　　　日期：　　　　　编号：

序号	项目	检查人（签字）	检查要点	存在问题	整改要求	整改负责人	整改完成时间	备注
1	内业资料		各种安全教育培训及记录					
2			各项安全交底及其记录					
3			班前安全活动记录及安全施工日志					
4			起重机械设备运行、检查维修保养记录					
5			大型机械设备检查维修保养记录					
6			临电记录，包括：漏电开关模拟记录、电阻测试记录，电工日常巡检维修记录，电气绝缘强度测试记录等					
7	施工管理		现场是否严格按照批复的方案施工					
8			设备运转记录，特种设备维修保养记录是否按照规定填写					
9			动火作业是否有动火证					
10			安全标志、安全警示，操作规程是否齐全完整					
11			专兼职安全员袖标是否佩戴					
12	劳动纪律	监理工程师	劳动防护用品穿戴和使用正确					
13			穿戴与所从事的作业是否相符					
14			特殊工种持证上岗					
15			各类违章和不合规行为					
16			有无不正常作业行为人员；有无酒后、生病等状态不佳人员					
17	安全防护		井口及基坑有符合规定的防护围栏和明显警示标志					
18			井口门禁系统有效，可随时查验洞内人员数量					
19			起吊机械、土方开挖机械作业半径内严禁人员停留，并配置指挥人员					
20			临边作业有可靠防护					
21			所有洞、孔均有可靠防护					
22	文明施工		防大气污染、渣土、细颗粒材料密闭存放、专人清扫保洁洒水压尘					
23			材料、工具和构、配件码放整齐，稳固					
24			管线布置顺畅，合理有序					
25			道路畅通，不积水，不凹凸不平					
26			防噪声污染强噪声机具采取封闭措施、人为活动噪声有控制措施					

续表 MW-055

序号	项目	检查人（签字）	检查要点	存在问题	整改要求	整改负责人	整改完成时间	备注
27	施工用电	监理工程师：	外电高压线防护符合规定					
28			施工现场临电平面布置图应标明1、2级配电箱位置及线路走向、固定用电作业点等位置					
29			施工区线路架设、配电线路符合标准，装设的照明设备、灯具符合规范标准					
30			施工区配电符合规定，开关箱安装位置合理。满足"一机、一箱、一闸、一漏"					
31			配电线路穿过衬砌区域有可靠措施。满足安全要求					
32			配电箱箱体牢固、防雨（水），箱内无杂物、整洁，有编号，停用后断电加锁					
33			配电箱、开关箱内无带电体明露，无一闸多用现象					
34			1级和2级配电箱有可靠接地					
35			1级配电箱应设置配电室，2级设置防护棚，且各项防护措施（防雨、防火、排水等）到位					
36			作业地段照明符合安全规定					
37			手持电动工具绝缘良好，电源线无接头、损坏；电焊机安装、使用符合标准					
38	机械设备		起重设备	合格证、验收手续齐全；运行符合操作规程				
39				标牌、标识齐全，干净、清晰				
40				钢丝绳有无断丝、断股、无乱绳、卡扣连接牢固、润滑良好、符合安全使用要求，是否按规定配置信号工				
41				限位装置灵敏可靠、卡口和挂钩可靠				
42				防过放绳装置的功能是否正常				
43				设备干净，运行状态良好				
44			大型机械设备	合格证、验收手续齐全；运行符合操作规程				
45				标牌、标识齐全，干净、清晰				
46				设备干净，运行状态良好				
47			中小型机械	合格证、验收手续齐全；运行符合操作规程或使用要求				
48				标牌、标识齐全，干净、清晰				
49				设备干净，运行状态良好				

续表 MW-055

序号	项目	检查人（签字）	检查要点	存在问题	整改要求	整改负责人	整改完成时间	备注
50	围护结构	监理工程师：	围护结构的施作是否严格按照施工方案进行					
51			人工挖孔桩、钻孔灌注桩、旋喷桩、地下连续墙等施工过程中的安全防护是否符合要求					
52	开挖与支撑		土方开挖是否严格按照施工方案进行					
53			桩间喷护是否按要求及时施作					
54			是否按要求及时架设钢支撑，做到随挖随撑，支撑预加轴力是否符合设计要求					
55			是否按要求及时施作锚索支撑，做到随挖随支，锚索张拉及锁定是否符合设计要求					
56			坑壁是否有渗漏水，坑底是否有积水					
57	结构施工		防排水系统施工工艺是否符合安全规定					
58			临时作业架子是否符合安全要求					
59			模板支撑系统是否满足安全要求					
60			二衬质量是否满足标准要求且可以接受					
61	施工对环境影响		地下管线是否有异常					
62			地面是否有裂缝或发生突变的沉降					
63			周边建（构）筑物的状况是否良好					
64	消防与保卫	监理工程师：	消防的设置是否符合规范/标准/规程或相关法规、条例、文件的要求					
65			现场有明显的防火标志，有足够使用的消防器材；消防器材未过期；相关人员是否能正确使用消防器材					
66			门卫系统：非施工人员和无关人员不得进入施工现场					
67			有防汛值班，现场有足够的防汛应急物资					
68	卫生防疫		食堂的卫生防疫是否符合规范/标准/规程或相关法规、条例、文件的要求					
69			卫生间的卫生防疫是否符合要求					
70			宿舍的卫生防疫是否符合要求					
71	宿舍管理		宿舍整洁，无私拉乱接现象					
72			无私自改变统一布置现象					
73	其他							
驻地监理工程师意见			签字： 日期：	总监理工程师审批意见		签字： 日期：		

说明：本表适用于监理单位的定期安全复检。本表作为原始记录。根据检查出的问题严重程度，做出相应的处理措施。本表一式两份，检查单位和被检查单位各一份。被检查出的问题整改完成后回复，由监理工程师复查验证。

三、盾构法主要工序日常施工安全自（复）检体系

目 录

引言 ·· 227
第1章 盾构运输 ·· 228
第2章 盾构吊装及组装调试 ·· 229
  2.1 盾构吊装 ·· 229
    1. 开工控制 ·· 229
    2. 工前控制 ·· 229
    3. 过程检查与巡视 ··· 230
  2.2 盾构组装与调试 ·· 230
    1. 工前控制 ·· 230
    2. 过程检查与巡视 ··· 230
第3章 盾构始发 ··· 231
  1. 开工控制 ··· 231
  2. 工前控制 ··· 231
  3. 过程检查与巡视 ·· 232
第4章 盾构掘进 ··· 233
  4.1 盾构换装 ·· 233
  4.2 盾构掘进 ·· 233
    1. 工前控制 ·· 233
    2. 过程检查与巡视 ··· 233
第5章 盾构开仓 ··· 235
  1. 开工控制 ··· 235
  2. 工前控制 ··· 235
  3. 过程检查与巡视 ·· 236
第6章 盾构到达 ··· 237
  1. 开工控制 ··· 237
  2. 工前控制 ··· 237
  3. 过程检查与巡视 ·· 237
第7章 调头（平移、过站）及解体吊装 ·· 239
  7.1 盾构调头/平移/过站 ··· 239
  7.2 盾构解体吊装 ··· 239
    1. 开工控制 ·· 239
    2. 工前控制 ·· 240
    3. 过程检查与巡视 ··· 240

第8章 盾构区间附属结构管片开口施工 ······ 241
    1. 开工控制 ······ 241
    2. 工前控制 ······ 241
    3. 过程检查与巡视 ······ 241
第9章 穿越特殊风险工程 ······ 243
第10章 盾构施工的定期安全自检与复检 ······ 244
    附表 ······ 245

    盾构运输　开工控制安全自（复）检审批表　表 DG-001 ······ 245

    盾构吊装　开工控制安全自（复）检审批表　表 DG-002 ······ 246

    盾构吊装　工前安全自检表　表 DG-003 ······ 247

    盾构吊装　过程检查巡视表　表 DG-004 ······ 248

    盾构组装及调试　工前安全自检表　表 DG-005 ······ 249

    盾构组装及调试　过程检查巡视表　表 DG-006 ······ 250

    盾构始发　开工控制安全自（复）检审批表　表 DG-007 ······ 251

    盾构始发负环阶段　工前安全自检表　表 DG-008-1 ······ 252

    盾构始发正环阶段　工前安全自检表　表 DG-008-2 ······ 253

    盾构始发　过程检查巡视表　表 DG-009 ······ 254

    盾构换装　过程检查巡视表　表 DG-010 ······ 255

    盾构掘进　掘进班组工前安全自检表　表 DG-011-1 ······ 256

    盾构掘进　地面班组工前安全自检表　表 DG-011-2 ······ 257

    盾构掘进　过程检查巡视表（1）　表 DG-012-1 ······ 258

    盾构掘进　过程检查巡视表（2）　表 DG-012-2 ······ 259

    盾构开仓　开工控制安全自（复）检审批表　表 DG-013 ······ 260

    盾构带压开仓　工前安全自检表　表 DG-014-1 ······ 261

    盾构常压开仓　工前安全自检表　表 DG-014-2 ······ 262

    盾构带压开仓　过程检查巡视表　表 DG-015-1 ······ 263

    盾构常压开仓　过程检查巡视表　表 DG-015-2 ······ 264

    盾构到达　开工控制安全自（复）检审批表　表 DG-016 ······ 265

    盾构到达　工前安全自检表　表 DG-017 ······ 266

    盾构到达　过程检查巡视表　表 DG-018 ······ 267

    盾构调头/平移/过站　开工控制安全自（复）检审批表　表 DG-019 ······ 268

    盾构解体吊装　开工控制安全自（复）检审批表　表 DG-020 ······ 269

    盾构解体吊装　工前安全自检表　表 DG-021 ······ 270

    盾构解体吊装　过程检查巡视表　表 DG-022 ······ 271

    盾构区间附属结构管片开口施工　开工控制安全自（复）检审批表　表 DG-023 ······ 272

    盾构区间附属结构管片开口施工　工前安全自检表　表 DG-024 ······ 273

    盾构区间附属结构管片开口施工　过程检查巡视表　表 DG-025 ······ 274

    穿越特殊风险工程　开工控制安全自（复）检审批表　表 DG-026 ······ 275

    盾构法施工　定期安全自检表　表 DG-027 ······ 276

    盾构法施工　定期安全复检表　表 DG-028 ······ 279

引 言

截至目前，北京地铁工程盾构法隧道施工一般采用单洞单线的土压平衡式盾构。为了更好地促进各盾构施工总包单位严格规范施工步序，对施工过程中可能出现的安全事故做到防患于未然，对日常施工安全切实做到全方位、全过程的自我检查与控制，特制定土压平衡盾构日常施工安全自（复）检体系。

本自（复）检体系按照土压平衡盾构法的施工流程进行编制，包括盾构运输、吊装、始发（含分体始发）、掘进、开仓（带压与常压）、到达、调头（平移、过站）及解体吊装、区间附属结构管片开口施工、穿越特殊风险工程、盾构施工定期安全自检与复检，共十部分。

每道工序通过开工控制安全自（复）检审批表、工前安全自检表和过程检查巡视表三个表格对施工过程中的安全隐患进行控制和逐一排查，其中个别工序因其特殊性并不完全包含以上三个表格。

开工控制安全自（复）检审批表主要是对开工前的资料、人员情况进行核查，并对施工前的准备工作进行检查，确保能够满足现场施工要求，先由施工单位进行自检，自检合格后报监理单位进行复检，复检合格并签署审批意见后，方可施工。

工前安全自检表是在交接班过程中由交班班组先进行自检，然后对本班组的施工情况及存在的问题进行总结，尽量以文字形式表现于表格中，与接班班组进行交接，使接班班组能尽快了解前一工班的施工情况。

过程检查与巡视主要由安全员、专职工程师每个班次对施工过程中可能存在安全隐患的项目按照施工频率进行检查，起到对施工过程的安全控制作用。

定期安全自检与复检表是在盾构施工过程中进行的全面性、综合性的安全检查，检查频率一般为每周（每旬）、每月，也可根据需要确定。

盾构法主要工序日常施工安全自（复）检体系的表格编号为表 DG-001～表 DG-028。

第1章 盾构运输

盾构运输属于大件分块运输,需要由具有相应资质的运输单位负责,盾构总包单位负责监督管理。为此专门编制了《盾构运输 开工控制安全自(复)检审批表》(表 DG-001)。

在资料核查方面,首先,对运输单位的资质及作业人员进行审查,同时对其运输方案、预案审批程序,尤其对运输线路进行现场核查,确认其可行性,其次,在运输工作开始前必须对所有作业人员进行安全教育。

在运输前的准备工作方面,首先,需要进行盾构设备的吊运,这项工作涉及起重机、吊索具及运输车辆的验收;其次,需要对设备的捆绑牢固性进行检查,同时在超长、超宽的设备外轮廓上布设警示灯以满足夜间运输安全要求;最后,需要配备必要的应急物资及临时交通疏导工具,并对运输过程的天气进行调查,避开雨、雪、雾及大风天气。

盾构运输开工安全控制应作为盾构施工过程中的一项重点工作,由工区安全主管组织实施。分别由工区安全主管、工区机电工程师对表中对应内容进行一检,由项目部机电管理部门、项目部安全管理部门进行二检,检查完成后分别填写检查结果并签字认可;由工区主管审核并签署意见后,报项目部安全管理部门负责人审批,最后由项目部安全副经理签署审批意见。自检合格后,由项目部安全管理部门报监理单位进行复检。

作为开工控制的一个重点控制环节,由监理工程师对检查项目进行安全复检,检查合格后填写检查结果并签字认可,经报驻地监理工程师签署意见,并报总监办安全监理工程师签署审批意见后,方可进行盾构运输。

第 2 章 盾构吊装及组装调试

2.1 盾构吊装

1. 开工控制

盾构进场吊装需要由具有相应资质的起重吊装单位负责。在资料核查方面，首先，对吊装单位的资质及作业人员进行审查，同时对吊装方案及预案审批程序进行审查；其次，在吊装工作开始前必须对所有作业人员进行现场的技术交底及安全教育，这些工作均需要签字归档。

在吊装条件检查方面，首先，要对进场的起重机、需要使用的吊索具进行进场验收，对吊装区域进行管线、障碍物排查，对吊车站位区域需要进行地基承载力测试及地面平整度检查；其次，要对各个部件的吊耳位置、焊缝质量或螺栓紧固性进行检查，并对井下的托架、反力架及洞门钢环进行质量检查及定位核查；最后，要对施工现场进行一般性的检查，如警戒线及警示标志、照明情况及天气情况等。

盾构吊装开工安全控制应作为盾构施工过程中的一项重点工作，由工区安全主管（安全工程师）组织实施。分别由工区安全主管、工区机电工程师、工区技术主管对表中对应内容进行一检，由项目部工程部、项目部机电管理部门、项目部安全管理部门进行二检，检查完成后分别填写检查结果并签字认可；由工区主管审核并签署意见后，报项目部安全管理部门负责人审批，最后由项目部安全副经理签署审批意见。自检合格后，由项目部安全管理部门报监理单位进行复检。

作为开工控制的一个重点控制环节，由监理工程师对检查项目进行安全复检，检查合格后填写检查结果并签字认可，经报驻地监理工程师签署意见，并报总监办安全监理工程师签署审批意见后，方可进行盾构吊装。填写《盾构吊装 开工控制安全自（复）检审批表》（表 DG-002）。

2. 工前控制

盾构机进场吊装属于大件吊装，每次交接班时需由交接班班组对现场情况进行交接。首先，是对大型起吊设备的站位及本班组的运行情况进行检查，同时，观察站位区域内地基情况；其次，是对吊装过程中所使用的吊索具及吊装作业人员的资格进行审查；最后，要对施工现场进行一般性的检查，如现场照明情况及天气情况等。

盾构吊装交接班由值班领导组织实施。各控制内容根据其重要性，划分为主控及一般的控制级别，主要由安全员对本班组的吊装情况进行交接。交接班时，交班班组需对本班的吊装情况及出现的问题向接班班组详细说明，并在表格中体现；未解决的问题，由值班领导组织，安全员负责整改落实；最后，由值班领导签字确认。填写《盾构吊装 工前安全自检表》（表 DG-003）。

3. 过程检查与巡视

对盾构机每个部件在吊装过程中可能存在的安全隐患进行分项检查。首先，是对开工控制表进行检查，检查合格后方可进行施工；其次，在吊装前对吊装小组的就位情况及吊索具的使用情况及吊具紧固性及挂钩进行检查，起吊后先对部件进行试吊，吊装过程中要时刻注意吊装区域地基变形情况；最后，要对吊装过程进行一般性的检查（如：吊装物的稳定性、垂直运输安全防护、施工人员防护）。

各控制内容根据其重要性，划分为主控及一般的控制级别。吊装的全程均由安全工程师进行安全巡视，并对表中的主控项目进行反复核查，对过程中存在的安全隐患，要及时进行整改，处理完成后填写意见；遇其他情况须填写其他情况说明，确认无误后签字确认。填写《盾构吊装　过程检查巡视表》（表 DG-004）。

过程检查巡视表，由安全员/安全工程师每班巡查填写。

2.2 盾构组装与调试

1. 工前控制

盾构机组装和调试属于机内施工，每次交接班时需由交接班班组对现场情况进行交接，由工班长对高空坠落防护措施、消防设施配备、物体打击防护措施、机械伤害防护措施等日常安全防护进行检查；同时由值班电工对防触电检查、配电柜及变电箱警示标志等用电安全进行检查。

盾构机组装和调试交接班由值班领导组织实施。各控制内容根据其重要性，划分为主控及一般的控制级别，主要由工班长和值班电工对本班组的组装和调试的安全防护情况进行交接。交接班时，交班班组需对本班的组装和调试的安全防护情况及出现的问题向接班班组详细说明并在表格中体现，未解决的问题，由值班领导组织，工班长和值班电工负责整改落实；最后，由值班领导签字确认。填写《盾构组装及调试　工前安全自检表》（表 DG-005）。

2. 过程检查与巡视

对组装调试过程中可能存在的安全隐患进行分项检查。首先，是对高空坠落防护，物体打击防护，机械伤害防护，垂直运输安全防护，电、气焊安全防护，消防设施配备及盾构机内防滑措施等安全施工防护措施进行检查；然后，对临时用电等设施、配电柜及变电箱等电气设备的配备及使用情况进行检查；在设备试运转前，应检查设备运转区域的人员防护。

各控制内容根据其重要性，划分为主控及一般的控制级别。安全员/安全工程师应对主控项目进行反复核查，对过程中存在的安全隐患，要进行及时整改，处理完成后填写意见；遇其他情况须填写其他情况说明，确认无误后签字确认。填写《盾构组装及调试　过程检查巡视表》（表 DG-006）。

过程检查巡视表，由安全员/安全工程师每班巡查填写。

第3章 盾构始发

1. 开工控制

盾构始发是盾构正常掘进前的重要工序和控制环节。在资料审查方面，首先，应对始发方案及应急预案进行审查，同时对特殊工种人员是否持证上岗进行核查；其次，应在始发开始前对全体施工人员进行现场的技术交底和班前安全教育。这些工作均需要签字归档备查。

在始发准备方面，首先，应对地面监控量测点的布设及初读数的测量、托架及反力架加固及盾构位置进行检查；其次，是对洞门止水装置进行检查，对洞门土体加固效果和盾构调试情况进行核查；最后，是对洞门范围围护桩、混凝土结构凿除效果及洞门导轨稳定性进行检查。

盾构始发开工安全控制应作为盾构施工过程中的一项重点工作，由工区安全主管（安全工程师）组织实施。分别由工区安全主管、工区技术主管对表中对应内容进行一检，由项目部工程部、项目部安全管理部门进行二检，检查完成后分别填写检查结果并签字认可；由工区主管审核并签署意见后，报项目部安全管理部门负责人、项目部安全副经理审批，最后由项目部经理签署审批意见。自检合格后，由项目部安全管理部门报监理单位进行复检。

作为开工控制的一个重点控制环节，由监理工程师对检查项目进行安全复检，检查合格后填写检查结果并签字认可，经报驻地监理工程师签署意见，并报总监理工程师签署审批意见后，盾构方可始发。填写《盾构始发　开工控制安全自（复）检审批表》（表 DG-007）。

2. 工前控制

盾构始发按照施工顺序分为负环阶段和正环阶段。

盾构始发负环阶段，每次交接班时，需由交接班班组对现场情况进行交接。首先，在刀盘未接触掌子面前，需检查掌子面的稳定性情况，当刀盘初始贯入土体时，注意土仓压力建立的情况，在盾尾进入钢环后需对洞门密封装置的效果进行检查；其次，观察托架和反力架的变形情况，并对管片拼装所使用吊装头的质量进行检查；最后，是对电瓶车组的运行情况进行检查。

盾构始发正环阶段，每次交接班时，需由交接班班组对现场情况进行交接。首先，要对土仓压力的情况、盾构姿态及参数记录表、土仓压力及排土量等操作参数进行检查；然后，对盾尾的密封效果、注浆情况和管片吊装头质量进行检查；最后，对托架、反力架的变形情况和电瓶车组的运行情况进行检查。

盾构机始发交接班由值班领导组织实施。各控制内容根据其重要性，划分为主控和一般两个控制等级，主要由机长和工班长对本班组的始发情况进行交接，交接班时，交班班组需对本班的始发情况及出现的问题向接班班组详细说明并在表格中体现，未解决的问题，由值班领导组织，机长和工班长负责整改落实，最后由值班领导签字确认。填写《盾

构始发负环阶段　工前安全自检表》（表 DG-008-1），《盾构始发正环阶段　工前安全自检表》（表 DG-008-2）。

3. 过程检查与巡视

对始发过程中可能存在的安全隐患进行分项检查。首先，是对始发托架和反力架及洞门土体的稳定性进行检查；同时检查盾构延长管线交叉、拉紧度的情况；其次，是对地表变形情况和管片及材料的堆放情况进行检查，当盾尾进入钢环后对洞门的密封效果进行检查；最后，是对始发过程中安全防护的检查，包括施工人员安全防护、垂直运输安全防护。

各控制内容根据其重要性，划分为主控和一般两个控制等级。始发的全程均由安全员进行巡视，并对主控项目进行反复核查。对过程中存在的安全隐患，要进行及时整改，处理完成后填写意见。遇其他情况须填写其他情况说明，确认无误后签字确认。填写《盾构始发　过程检查巡视表》（表 DG-009）。

过程检查巡视表，由安全员每班巡查填写。

第4章 盾构掘进

4.1 盾构换装

根据盾构掘进过程中可能出现的盾构换装，特编制了《盾构换装 过程检查巡视表》。

对换装过程中可能存在的安全隐患进行分项检查。首先，是吊装所用吊索具的检查；其次，是安全防护检查，包括反力架拆除安全防护、垂直运输安全防护、井上井下高压电缆安全防护、电焊及气割安全防护；最后，要对换装过程进行一般性的检查，包括轨枕、轨道（含道岔）安装质量检查及电瓶车编组、运行性能检查。

各控制内容根据其重要性，划分为主控和一般两个控制等级。换装的全程均由安全工程师进行安全巡视，并对主控项目进行反复核查，对过程中存在的安全隐患，要进行及时整改，处理完成后填写意见；遇其他情况须填写其他情况说明，确认无误后签字确认。填写《盾构换装 过程检查巡视表》（表 DG-010）。

过程检查巡视表，由安全工程师每班巡查填写。

4.2 盾构掘进

1. 工前控制

盾构掘进按照分工不同分为掘进班组和地面班组。

掘进班组每次交接班时需由交接班班组对现场情况进行交接，首先对盾构机姿态及参数情况、盾尾油脂的密封效果、土仓压力及排土量进行检查；然后对注浆情况、管片吊装头质量和电瓶车组的运行情况进行检查。

地面班组每次交接班时需由交接班班组对现场情况进行交接，地面班组主要是对现场材料堆放、龙门吊的运行情况、吊索具的使用情况、搅拌站和渣土外运设备进行检查。

盾构机掘进由掘进队长组织实施。各控制内容根据其重要性，划分为主控和一般两个控制等级，主要由机长和工班长对本班组的掘进情况进行交接。交接班时，交班班组需对本班的掘进情况及出现的问题向接班班组详细说明并在表格中体现，未解决的问题，由掘进队长组织，机长和工班长负责整改落实。最后，由掘进队长签字确认。盾构掘进的掘进班组和地面班组的工前控制应分别按表 DG-011-1 和表 DG-011-2 的规定填写。

2. 过程检查与巡视

对掘进过程中可能存在的安全隐患进行分项检查。按盾构机械、设备的状况和施工过程的安全防护、洞内设施，分别对掘进过程中可能存在的安全隐患进行巡查。

（1）盾构机械、设备的状况的安全巡视。首先，是对施工机械、设备的检查，包括盾构机工作状况、电瓶车组运行情况、浆液供应系统检修和保养、龙门吊及吊索具工作性能；其次，是检查有害气体装置正常使用情况；最后是对地上、地下用电及线路的检查。

各控制内容根据其重要性，划分为主控和一般两个控制等级。掘进的全程均由机电工程师进行安全巡视，并对主控项目进行反复核查，对过程中存在的安全隐患，要进行及时整改，处理完成后填写意见；遇其他情况须填写其他情况说明，确认无误后签字确认。盾构机械、设备状况的过程检查与巡视应按表DG-012-1的规定，由机电工程师负责填写。过程检查巡视表，由机电工程师每班巡查填写。

（2）施工过程的安全防护、洞内设施的安全巡视。首先，是对施工过程中的安全防护情况的检查，包括盾构机内管片、材料等吊运过程的安全防护、管片拼装区域的安全防护、洞内外高压电缆的安全防护、垂直运输过程的安全防护、浆液供应系统施工过程的安全防护及材料堆放过程中的安全防护；其次，是对洞内设施的检查，包括材料有轨运输稳固性、隧道内轨道轨枕及走台板、循环水管渗漏性、电瓶车限速及鸣笛、防溜车措施；最后，是对地表变形及成型隧道检查。

各控制内容根据其重要性，划分为主控和一般两个控制等级。掘进的全程均由安全员进行安全巡视，并对主控项目进行反复核查，对过程中存在的安全隐患，要及时进行整改，处理完成后填写意见；遇其他情况须填写其他情况说明，确认无误后签字确认。施工过程的安全防护、洞内设施的过程检查与巡视应按表DG-012-2的规定，由安全员负责在每班巡查后填写。

第5章 盾构开仓

1. 开工控制

盾构开仓属于重大风险工程。在资料审核方面,首先,对开仓及应急方案进行审查,同时对进仓人员身体状况进行检查及培训;其次,在开仓开始前对全体施工人员进行现场的技术交底和班前安全教育。这些工作均需要签字归档备查。

在开仓前准备方面,首先,对地面沉降监控量测点的布设及初读数的测量、地面和洞内的加固措施和效果进行检查;其次,就是对土仓内有害气体和通风设施配备进行核查;最后,要对施工现场进行一般性的检查,如开仓区域地面警戒线和警示标志等。

盾构开仓开工安全控制应作为盾构施工过程中的一项重点工作,由工区安全主管组织实施。分别由工区安全主管、工区技术主管对表中对应内容进行一检,由项目部工程部、项目部安全管理部门进行二检,检查完成后分别填写检查结果并签字认可;由工区主管审核并签署意见后,报项目部安全管理部门负责人、项目部安全副经理审批,最后由项目部经理签署审批意见。自检合格后,由项目部安全管理部门报监理单位进行复检。

作为开工控制的一个重点控制环节,由监理工程师对检查项目进行安全复检,检查合格后填写检查结果并签字认可,经报驻地监理工程师签署意见,并报总监理工程师签署审批意见后,盾构方可开仓。填写《盾构开仓 开工控制安全自(复)检审批表》(表DG-013)。

2. 工前控制

由于施工地质环境不同,分为常压和带压开仓两种情况。

带压进仓每次交接班时,需由交接班班组对现场情况进行交接。首先,对土仓的土量和压力、刀盘的锁定及仓内有害有毒气体含量进行检查;然后,对入闸内各种仪器设备、空气压缩机系统和临时用电进行检查;最后,是对进仓人员的身体状况、安全防护用具的配备、仓内的使用工具和吊运设备及进出仓的工具材料数量进行检查。

常压开仓每次交接班时,需由交接班班组对现场情况进行交接。首先,对土仓的土量、刀盘的锁定、仓内有害有毒气体含量及临时用电进行检查;然后,是对进仓人员的身体状况、安全防护用具的配备、仓内的使用工具和吊运设备及进出仓的工具材料数量进行检查。

盾构机开仓由盾构施工负责人组织实施。各控制内容根据其重要性,划分为主控和一般两个控制等级,主要由机长、安全工程师、机电工程师和工班长对本班组的开仓情况进行交接,交接班时,交班班组需对本班的开仓情况及出现的问题向接班班组详细说明并在表格中体现,未解决的问题,由盾构施工负责人组织,机长、安全工程师、机电工程师和工班长负责整改落实,最后由工区主管签字确认。盾构带压开仓和常压开仓的工前控制应分别按表DG-014-1和表DG-014-2的规定填写。

3. 过程检查与巡视

对带压开仓过程中可能存在的安全隐患进行分项检查。首先，对地表沉降监测、开仓区域地面警戒线和警示标志设置进行检查；其次，是对各级人员就位情况、仓内有害有毒气体检测、安全防护用具的配备、消防设施配备、低压照明情况进行检查，检查合格后方可进仓；在施工过程中对加压与减压速度及入闸操作等严格控制。

对常压开仓过程中可能存在的安全隐患进行分项检查。首先对地表沉降监测、开仓区域地面警戒线和警示标志设置进行检查；其次是对各级人员就位情况、仓内有害有毒气体检测、安全防护用具的配备、消防设施配备、通风设施配备、低压照明情况进行检查，检查合格后方可进仓。

各控制内容根据其重要性，划分为主控和一般两个控制等级。开仓的全程均由安全工程师进行安全巡视，并对主控项目进行反复核查，对过程中存在的安全隐患，要进行及时整改，处理完成后填写意见；遇其他情况须填写其他情况说明，确认无误后签字确认。盾构带压开仓和常压开仓的过程检查与巡视应分别按表 DG-015-1 和表 DG-015-2 的规定填写。过程检查巡视表，由安全工程师每班巡查填写。

第6章 盾构到达

1. 开工控制

盾构隧道的最后 30～50m 为盾构到达段。在资料审核方面，首先，对到达及应急预案进行审查；其次，在到达开始前对全体施工人员进行现场的技术交底和班前安全教育。这些工作均需要签字归档备查。

在到达准备方面，首先，对盾构姿态复核及盾构到达段掘进参数进行合理设定；同时对接收洞门土体加固效果、地面沉降监测点布设及初读数、洞门密封止水装置的安装情况进行检查；最后，对洞门范围围护桩、混凝土凿除效果及洞门钢环、接收托架定位核查情况进行检查。

盾构到达开工安全控制应作为盾构施工过程中的一项重点工作，由工区安全主管（安全工程师）组织实施。分别由工区安全主管、工区技术主管对表中对应内容进行一检，由项目部工程部、项目部安全管理部门进行二检，检查完成后分别填写检查结果并签字认可；由工区主管审核并签署意见后，报项目部安全管理部门负责人、项目部安全副经理审批，最后由项目部经理签署审批意见。自检合格后，由项目部安全管理部门报监理单位进行复检。

作为开工控制的一个重点控制环节，由监理工程师对检查项目进行安全复检，检查合格后填写检查结果并签字认可，经报驻地监理工程师签署意见，并报总监理工程师签署审批意见后，盾构方可开始到达阶段的推进。填写《盾构到达　开工控制安全自（复）检审批表》（表 DG-016）。

2. 工前控制

盾构到达过程中，每次交接班时需由交接班班组对现场情况进行交接。首先，对盾构姿态及参数情况、盾尾油脂密封效果、土仓压力及排土量进行检查；然后，是对同步注浆情况、管片吊装头的紧固性及电瓶车组的运行情况进行检查。

盾构机到达由掘进队长组织实施。各控制内容根据其重要性，划分为主控和一般两个控制等级，主要由机长和工班长对本班组的到达情况进行交接，交接班时，交班班组需对本班的情况及出现的问题向接班班组详细说明并在表格中体现，未解决的问题，由掘进队长组织，机长和工班长负责整改落实，最后由掘进队长签字确认。填写《盾构到达　工前安全自检表》（表 DG-017）。

3. 过程检查与巡视

对到达过程中可能存在的安全隐患进行分项检查。首先，是对盾构推进主要参数进行确定，同时对洞门掌子面稳定性、地表变形等进行检查；当刀盘推出钢环后，对洞门导轨的稳定性、接收段管片的加固情况及托架的变形移位情况进行检查；当盾尾脱出钢环后及时对洞门密封效果、洞门注浆效果进行检查。

各控制内容根据其重要性，划分为主控和一般两个控制等级。到达的全程均由安全员进行安全巡视，并对主控项目进行反复核查，对过程中存在的安全隐患，要进行及时整改，处理完成后填写意见；遇其他情况须填写其他情况说明，确认无误后签字确认。填写《盾构到达　过程检查巡视表》（表 DG-018）。

过程检查巡视表，由安全员每班巡查填写。

第7章 调头（平移、过站）及解体吊装

7.1 盾构调头/平移/过站

本过程中可能会存在因盾构调头、平移及过站而需要盾构解体吊装，特编制了《盾构调头/平移/过站 开工控制安全自（复）检审批表》。

盾构调头、平移或过站为盾构施工中可能出现的环节。在资料审查方面，首先，对调头、平移或过站专项施工方案及应急预案进行审查，同时对特殊工种人员是否持证上岗进行审查；其次，在调头、平移或过站开始前对全体施工人员进行现场的技术交底和班前安全教育。这些工作均需要签字归档备查。

在施工前准备方面，首先，对盾构移动区域场地平整度和滑动钢板、钢轨紧固性及润滑进行检查；其次，是对盾体及配套台车分离施工安全防护和电焊、气割安全防护的核查；最后，要对施工现场进行一般性的检查，如危险区域警戒线及警示标志、应急物资、设备配备和盾构机内防滑措施等。

盾构调头/平移/过站开工安全控制应作为盾构施工过程中的一项重点工作，由工区安全主管（安全工程师）组织实施。分别由工区安全主管、工区机电工程师对表中对应内容进行一检，由项目部机电管理部门、项目部安全管理部门进行二检，检查完成后分别填写检查结果并签字认可；由工区主管审核并签署意见后，报项目部安全管理部门负责人、项目部安全副经理审批，最后由项目部经理签署审批意见。自检合格后，由项目部安全管理部门报监理单位进行复检。

作为开工控制的一个重点控制环节，由监理工程师对检查项目进行安全复检，检查合格后填写检查结果并签字认可，经报驻地监理工程师签署意见，并报总监理工程师签署审批意见后，盾构方可实施调头/平移/过站。填写《盾构调头/平移/过站 开工控制安全自（复）检审批表》（表 DG-019）。

7.2 盾构解体吊装

1. 开工控制

盾构解体吊装需要由具有相应资质的起重吊装单位负责。在资料核查方面，首先，对解体吊装方案及预案审批程序进行审查，同时对吊装单位的资质及作业人员进行审查；其次，在吊装工作开始前必须对所有作业人员进行现场的技术交底及安全教育。这些工作均需要签字归档备查。

在吊装条件检查方面，首先，要对进场的起重机、需要使用的吊索具进行进场验收，对吊装区域进行管线、障碍物排查，对吊车站位区域需要进行地基承载力测试及地面平整

度检查；其次，要对各个部件的吊耳位置、焊缝质量或螺栓紧固性进行检查，并对井下的托架、反力架及洞门钢环进行质量检查及定位核查；最后，要对施工现场进行一般性的检查，如警戒线及警示标志、照明情况及天气情况等。

盾构解体吊装的开工安全控制应作为盾构施工过程中的一项重点工作，由工区安全主管（安全工程师）组织实施。分别由工区安全主管、工区机电工程师、工区技术主管对表中对应内容进行一检，由项目部工程部、项目部机电管理部门、项目部安全管理部门进行二检，检查完成后分别填写检查结果并签字认可；由工区主管审核并签署意见后，报项目部安全管理部门负责人、项目部安全副经理审批，最后由项目部经理签署审批意见。自检合格后，由项目部安全管理部门报监理单位进行复检。

作为开工控制的一个重点控制环节，由监理工程师对检查项目进行安全复检，检查合格后填写检查结果并签字认可，经报驻地监理工程师签署意见，并报总监理工程师签署审批意见后，盾构方可实施解体吊装。填写《盾构解体吊装 开工控制安全自（复）检审批表》（表 DG-020）。

2. 工前控制

盾构解体吊装每次交接班时，需由交接班班组对现场情况进行交接。首先，是对大型起吊设备的站位、本班组的工作情况、设备的工作性能及吊装区域内地基情况进行检查；其次，在吊装前需对被吊部件的连接情况、所使用的吊索具及吊装作业人员的资格进行核查；最后，要对施工现场进行一般性的检查，如现场照明情况及天气情况等。

盾构吊装交接班由盾构施工负责人组织实施。各控制内容根据其重要性，划分为主控和一般两个控制等级，主要由机械工程师、检测工程师、工班长和安全员对本班组的解体吊装情况进行交接。交接班时，交班班组需对本班的解体吊装情况及出现的问题向接班班组详细说明并在表格中体现。未解决的问题，由盾构施工负责人组织，机械工程师、检测工程师、工班长和安全员负责整改落实。最后，由盾构施工负责人签字确认。填写《盾构解体吊装 工前安全自检表》（表 DG-021）。

3. 过程检查与巡视

对盾构机解体吊装过程中可能存在的安全隐患进行分项检查。首先，是对开工控制表进行检查，签字完整后才可进行施工；其次，是对吊装小组的就位情况及吊索具的使用情况进行检查，在吊装过程中对吊车区域地基变形、吊装物的稳定性进行检查；最后，要对吊装过程中的安全防护进行检查，包括电、气焊安全防护，配电柜及变电箱警示标志检查，机械伤害防护，物体打击防护，施工人员防护，防触电及消防设施的配备进行检查。

各控制内容根据其重要性，划分为主控和一般两个控制等级。解体吊装的全程均由安全工程师进行安全巡视，并对主控项目进行反复核查，对过程中存在的安全隐患，要进行及时整改，处理完成后填写意见。遇其他情况须填写其他情况说明，确认无误后签字确认。填写《盾构解体吊装 过程检查巡视表》（表 DG-022）。

过程检查巡视表，由安全工程师每班巡查填写。

第8章 盾构区间附属结构管片开口施工

1. 开工控制

盾构区间附属结构处的管片开口施工需要特殊的材料和设备。在资料核查方面,首先,对开口施工方案及预案审批程序进行审查,同时对设备材料合格性和进场检验报告进行审查;其次,在施工工作开始前必须对所有作业人员进行现场的技术交底及安全教育。这些工作均需要签字归档备查。

在施工前准备方面,首先,要对地表及洞内监控量测点的布设、初读数的测量进行检查;其次,要对开口处临时钢拱架支撑的架设进行检查,并对管片开口处地层加固效果进行核查;最后,要对施工现场进行一般性的检查,如临时用水、用电安全、应急物资配备等。

盾构区间附属结构管片开口的开工安全控制应作为盾构施工过程中的一项重点工作,由工区安全主管(安全工程师)组织实施。分别由工区安全主管、工区机电工程师、工区技术主管对表中对应内容进行一检,由项目部工程部、项目部机电管理部门、项目部安全管理部门进行二检,检查完成后分别填写检查结果并签字认可;由工区主管审核并签署意见后,报项目部安全管理部门负责人、项目部安全副经理审批,最后由项目部经理签署审批意见。自检合格后,由项目部安全管理部门报监理单位进行复检。

作为开工控制的一个重点控制环节,由监理工程师对检查项目进行安全复检,检查合格后填写检查结果并签字认可,经报驻地监理工程师签署意见,并报总监理工程师签署审批意见后,方可实施盾构区间附属结构管片开口。填写《盾构区间附属结构管片开口施工 开工控制安全自(复)检审批表》(表DG-023)。

2. 工前控制

盾构区间附属结构管片开口施工每次交接班时,需由交接班班组对现场情况进行交接。首先,是对开口处地面沉降变形及管片变形情况进行检查;其次,是管片破除及吊运过程中的安全防护和钢拱架的外观进行检查。

盾构区间附属结构管片开口交接班由值班领导组织实施。各控制内容根据其重要性,划分为主控和一般两个控制等级,主要由检测工程师和工班长对本班组的开口情况进行交接。交接班时,交班班组需对本班的开口情况及出现的问题向接班班组详细说明并在表格中体现。未解决的问题,由值班领导组织,检测工程师和工班长负责整改落实。最后,由值班领导签字确认。《盾构区间附属结构管片开口施工 工前安全自检表》(表DG-024)的规定填写。

3. 过程检查与巡视

对开口施工过程中可能存在的安全隐患进行分项检查。首先,是对钢拱架外观进行检查;其次,是施工过程中的安全防护检查,包括临时用电安全检查、安全防护用具、消防设施的配备和施工区域运输安全防护及电、气焊安全防护;最后,要对开口施工过程进行一般性的检查（如：安全警示标志、照明与通风设备的配备与检查）。

各控制内容根据其重要性，划分为主控和一般两个控制等级。开口施工的全程均由安全员进行安全巡视，并对主控项目进行反复核查，对过程中存在的安全隐患，要进行及时整改，处理完成后填写意见。遇其他情况须填写其他情况说明，确认无误后签字确认。《盾构区间附属结构管片开口施工　过程检查巡视表》（表 DG-025）的规定填写。

过程检查巡视表，由安全员每班巡查填写。

第9章 穿越特殊风险工程

盾构施工中可能穿越风险工程，由于风险的等级不同，故编制了《穿越特殊风险工程开工控制安全自（复）检审批表》。

在资料核查方面，首先对其专项施工方案、预案审批程序进行检查，其次在开工开始前必须对所有作业人员进行现场的技术交底及安全教育，均需签字归档。

在施工前准备方面，首先，要对与相关的产权单位沟通协调，确定通过时间和保护措施；还要对风险源影响区域内监控量测布点和加固措施及效果进行检查；其次，还要对盾构掘进的参数和机体及配套系统全面检查结果进行核查；最后，要对施工现场进行一般性的检查，如危险区域警戒线及警示标志、应急物资、设备配备等。

盾构区间穿越特殊风险工程的开工安全控制应作为盾构施工过程中的一项重点工作，由工区安全主管（安全工程师）组织实施。分别由工区安全主管、工区机电工程师、工区技术主管对表中对应内容进行一检，由项目部工程部、项目部机电管理部门、项目部安全管理部门进行二检，检查完成后分别填写检查结果并签字认可；由工区主管审核并签署意见后，报项目部安全管理部门负责人、项目部安全副经理审批，最后由项目部经理签署审批意见。自检合格后，由项目部安全管理部门报监理单位进行复检。

作为开工控制的一个重点控制环节，由监理工程师对检查项目进行安全复检，检查合格后填写检查结果并签字认可，经报驻地监理工程师签署意见，并报总监理工程师签署审批意见后，盾构区间方可开始穿越特殊风险工程。填写《穿越特殊风险工程　开工控制安全自（复）检审批表》（表DG-026）。

第 10 章　盾构施工的定期安全自检与复检

项目部每周/旬、每月组织对现场施工进行综合性安全自检。由安全副经理负责，安全生产部（安全质量部）组织，项目部各部室负责人、各工区负责人及安全主管参加。定期检查包括内业资料、施工管理、劳动纪律、安全防护、文明施工、施工用电、机械设备、盾构机、隧道内、水平运输设备、垂直提升设备、地面作业面、施工对环境的影响、消防与保卫、卫生防疫、宿舍管理等方面，检查结果应填写《盾构法施工　定期安全自检表》（表 DG-027）。

监理单位每周/旬、每月组织对现场施工进行综合性安全复检。由驻地监理组组长负责，组织驻地各专业监理工程师对内业资料、施工管理、劳动纪律、安全防护、文明施工、施工用电、机械设备、盾构机、隧道内、水平运输设备、垂直提升设备、地面作业面、施工对环境的影响、消防与保卫、卫生防疫、宿舍管理等方面进行检查，检查结果应填写《盾构法施工　定期安全复检表》（表 DG-028）。

附表

盾构运输 开工控制安全自（复）检审批表　表 DG-001

单位工程名称：　　　　　　　　　　　　　　　　　　　　　　　日期　年　月　日

序号	检查项目	内容	安全控制要点	一检 检查结果	一检 责任人（签字）	二检 检查结果	二检 责任人（签字）	复检 检查结果	复检 责任人（签字）
1	资料核查	运输方案及应急预案	方案及应急预案审批程序		工区安全主管：		项目部安全工程师：		监理工程师：
2		运输路线现场核查	沿途限高、限宽、限时调查						
3		运输小组安全教育交底	安全教育记录签字备查						
4		运输单位资质	营业执照及安全许可证						
5		作业人员资质	特殊工种持证上岗						
6	运输前准备	起重机验收	安全检测合格证（检验报告）		工区机械工程师：		机电管理部门：		监理工程师：
7		吊索具检验	规格、合格证、外观质量						
8		运输车辆检修	年检报告、工作性能检查						
9		部件捆绑检查	捆绑牢固并能满足运输防脱落要求		工区安全主管：				
10		运输车辆及货物警示灯检查	车辆尾部、部件外轮廓处需要加设警示灯						
11		应急物资、指挥棒及警示牌配备	满足运输过程突发事件临时交通疏导需要						
12		运输过程的天气情况	雨、雪、雾或大风天气禁止运输						

工区主管审批意见		签字：　　　　　年　月　日		
项目部安全管理部门审批意见	签字：　　　　年 月 日	项目部安全副经理审批意见	签字：　　　　年 月 日	
驻地监理工程师审批意见	签字：　　　　年 月 日	总监办安全监理工程师审批意见	签字：　　　　年 月 日	

说明：本表为盾构运输开工控制安全自（复）检审批表，在开工前由工区安全主管负责组织实施。本表一式3份，工区、项目部、监理部各留存1份。

盾构吊装 开工控制安全自（复）检审批表　　表 DG-002

单位工程名称：　　　　　　　　　　工程部位：　　　　　　　　　　（左线/右线）

序号	检查项目	内　容	安全控制要点	一检 检查结果	一检 责任人（签字）	二检 检查结果	二检 责任人（签字）	复检 检查结果	复检 责任人（签字）
1	资料核查	吊装方案及应急预案审批	方案及应急预案审批程序		工区安全主管：		项目部安全工程师：		监理工程师：
2		全体施工人员技术交底	交底人、被交底人签字并归档						
3		班组安全教育交底	安全教育记录签字备查						
4		吊装单位资质	营业执照及安全许可证						
5		作业人员资质	特殊工种持证上岗						
6	吊装条件检查	起重机进场验收	安全检测合格证（检验报告）		工区机械工程师：		机电管理部门：		监理工程师：
7		吊索具进场检验	规格、合格证、外观质量						
8		吊装影响范围内管线及障碍物	地上、地下管线及障碍物的排查及防护措施		工区安全主管：		项目部安全工程师：		监理工程师：
9		吊装区域地基承载力测试	承载力满足最重部件吊装要求		工区技术主管：		工程部：		监理工程师：
10		吊耳检查	吊耳位置、焊缝质量或螺栓紧固性必须满足要求				机电管理部门：		
11		托架及反力架外观质量检查	不得存在裂纹或变形；连接螺栓紧固性检查				工程部：		
12		洞门钢环、托架及反力架定位核查	偏差在允许范围内						
13		吊装场地硬化及平整度检查	确保吊车站位平稳		工区安全主管：		项目部安全工程师：		监理工程师：
14		吊装区域警戒线及警示标志	满足现场安全施工要求						
15		场地照明情况检查	满足现场井上、井下照明要求						
16		吊装过程的天气情况	雨、雪、雾或大风＜六级（含）以上＞天气禁止吊装						

工区主管审批意见				
			签字：　　　　　年　月　日	
项目部安全管理部门审批意见	签字：　　　年　月　日	项目部安全副经理审批意见	签字：　　　年　月　日	
驻地监理工程师审批意见	签字：　　　年　月　日	总监办安全监理工程师审批意见	签字：　　　年　月　日	

说明：本表为盾构吊装开工控制安全自（复）检审批表，在开工前由工区安全主管负责组织实施。本表一式3份，工区、项目部、监理部各留存1份。

盾构吊装 工前安全自检表　　　　　表 DG-003

单位工程名称：　　　　　工程部位：　　　　　日期：　　年　月　日　（左线/右线）

序号	检查项目	安全控制要点	控制级别	检查结果（接班班长填写）
1	起重机站位及工况检查	满足吊装要求	主控	
2	吊索具外观	吊带撕裂，吊具磨损程度，钢丝绳断丝、扭转等缺陷	一般	
3	吊车区域地基变形	地表是否出现异常情况	一般	
4	场地照明情况检查	满足现场井上、井下照明要求	一般	
5	吊装过程的天气情况	雨、雪、雾或大风＜六级（含）以上＞天气禁止吊装	一般	
其他注意事项	（交班班长填写）　　交班班长：　　　　　　　　　　　　　接班班长：			
值班工程师意见	签字：　　　　　　　　日期：			
作业队长意见	签字：　　　　　　　　日期：			

说明：每个部件吊装前均应进行检查。本表填写1份，由工区留存。

盾构吊装 过程检查巡视表　　　　表 DG-004

单位工程名称：　　　　　　　工程部位：　　　　　　吊装部件：　　　　（左线/右线）

序号	检查项目	安全控制要点	控制级别	检查频率	检查情况	整改意见	整改负责人
1	盾构吊装开工控制表	符合吊装条件并签字	主控	首次吊装前			
2	吊装指挥小组就位情况	井上、井下指挥人员配备齐全并正确站位	主控	每次吊装前			
3	吊索具检查	规格；吊带撕裂，吊具磨损程度，钢丝绳断丝、扭转等缺陷	主控	每次吊装前			
4	吊具紧固性及挂钩	卡扣必须拧紧，钢丝绳不得扭转、交叉	主控	每次起吊前			
5	部件试吊	检查吊车及吊装物的稳定性、吊索具是否异常	主控	每次起吊前			
6	吊装物的稳定性	采用风缆绳	一般	每次吊装过程			
7	垂直运输安全防护	人员及设备不得在吊装区域内逗留	一般	吊装过程			
8	施工人员防护	施工人员正确佩戴防护用品	一般	吊装全过程			
9	吊车区域地基变形	地表是否出现异常情况	主控	吊装全过程			
其他问题处理情况							

安全工程师签字：　　　　　　　　　　　　　　　日期：　　　年　　月　　日

说明：1. 本表为安全工程师每班巡查表格，填写 1 份，由工区留存；
　　　2. 检查情况符合要求时打"√"，检查项目不合格项，由安全工程师明确整改意见，指定整改负责人；
　　　3. 主控项目由安全工程师下达专项安全整改通知单，一般项目由安全工程师通知到整改负责人，限期整改；
　　　4. 整改完成后报安全工程师复检。

盾构组装及调试 工前安全自检表 表 DG-005

单位工程名称：　　　　　　工程部位：　　　　　日期：　年　月　日　（左线/右线）

序号	检查项目	安全控制要点	控制级别	检查结果（接班班长填写）
1	高空坠落防护措施	高空作业需设护栏并佩戴防护用具	一般	
2	消防设施配备	满足现场消防要求	一般	
3	物体打击防护措施	施工人员正确佩戴防护用品	一般	
4	机械伤害防护措施	施工机械设置防护罩	一般	
5	防触电检查	满足现场用电规范	一般	
6	配电柜及变电箱警示标志	正确使用警示标志并设置安全距离	一般	
其他注意事项	（交班班长填写）　　　交班班长：　　　　　　　　　　　　　　　　接班班长：			
值班工程师意见	签字：　　　　　　日期：			
作业队长意见	签字：　　　　　　日期：			

说明：本表填写1份，由工区留存。

盾构组装及调试 过程检查巡视表   表 DG-006

单位工程名称：　　　　　　　　　工程部位：　　　　　　　　　（左线/右线）

序号	检查项目	控制要点	控制级别	检查情况	整改意见	整改负责人
1	高空坠落防护	高空作业需设护栏并佩戴防护用具	一般			
2	消防设施配备	满足现场消防要求	主控			
3	物体打击防护	施工人员正确佩戴防护用品	一般			
4	机械伤害防护	施工机械设置防护罩	一般			
5	临时用电检查	满足现场用电规范	主控			
6	配电柜及变电箱检查	正确使用警示标志并设置安全距离	一般			
7	电、气焊安全防护	正确佩戴防护用品并设置安全区域	一般			
8	垂直运输安全防护	人员及设备不得在吊装区域内停留	一般			
9	盾构机内防滑措施	走道油污清洗、铺设防滑布	一般			
10	设备试运转安全区域防护	刀盘、拼装机、皮带、推进油缸、管片吊机等				
其他问题处理情况						

安全员签字：　　　　　　　　　　　　　　　　　　　　日期：　　年　月　日

说明：1. 本表为安全员每班巡查表格，填写1份，由工区留存；
　　　2. 检查情况符合要求时打"√"，检查项目不合格项，由安全员明确整改意见，指定整改负责人；
　　　3. 主控项目由安全员下达专项安全整改通知单，一般项目由安全员通知到整改负责人，限期整改；
　　　4. 整改完成后报安全员复检。

盾构始发 开工控制安全自（复）检审批表　表 DG-007

单位工程名称：　　　　　　　部位名称：　　　　　　　　　　　　　（左线/右线）

序号	检查项目	内容	安全控制要点	一检 检查结果	一检 责任人（签字）	二检 检查结果	二检 责任人（签字）	复检 检查结果	复检 责任人（签字）
1	资料核查	方案及应急预案审批	方案及应急预案审批程序		工区安全主管：		项目部安全工程师：		监理工程师：
2		全体施工人员技术交底	交底人、被交底人签字并归档						
3		班组安全教育交底	安全教育记录签字备查						
4		施工人员资质	特殊工种人员是否持证上岗						
5	始发准备	盾构位置核查	高程及盾构与洞门距离复核		工区技术主管：		工程部：		监理工程师：
6		盾构验收情况	盾构调试完毕，具备始发条件						
7		始发洞门土体加固效果检查	强度和渗透性满足设计要求						
8		洞门密封止水装置	外观质量及完整性						
9		托架及反力架加固	螺栓连接及与预埋件的焊接是否牢固						
10		洞门范围围护桩、混凝土凿除	凿除时间、凿除顺序、过程安全防护及效果检查						
11		洞门导轨稳定性检查	导轨无脱落、变形，并能避开边缘刀		工区安全主管：		项目部安全工程师：		监理工程师：
12		地面监控量测点	布点的合理性和初始值的采集		工区技术主管：		工程部：		监理工程师：

工区主管审批意见				签字：　　　年　月　日		
项目部安全管理部门审批意见	签字：　　　年　月　日			项目部安全副经理审批意见	签字：　　　年　月　日	
项目部经理审批意见				签字：　　　年　月　日		
驻地监理工程师审批意见	签字：　　　年　月　日			总监理工程师审批意见	签字：　　　年　月　日	

说明：本表为盾构始发开工控制安全自（复）检审批表，在开工前由工区安全主管负责组织实施。本表一式3份，工区、项目部、监理部各留存1份。

盾构始发负环阶段 工前安全自检表   表 DG-008-1

单位工程名称：　　　　　施工部位：　　　　日期：　年　月　日　（左线/右线）

序号	检查项目	安全控制要点	控制级别	检查结果（接班班长填写）
1	土仓压力建立	逐步建立土仓压力，控制地表沉降	主控	
2	洞门掌子面稳定性	土体开裂、渗漏水	主控	
3	托架、反力架变形检查	无裂缝、变形、螺栓连接紧固	主控	
4	洞门密封装置效果检查	不发生涌水、涌砂	主控	
5	管片吊装头质量	变形及磨损程度	一般	
6	电瓶车组运行记录表	性能、工况	一般	

其他注意事项	（交班班长填写）
	交班班长：　　　　　　　　　　　　　　接班班长：

值班工程师意见	
	签字：　　　　　　　日期：

作业队长意见	
	签字：　　　　　　　日期：

说明：本表填写 1 份，由工区留存。

盾构始发正环阶段 工前安全自检表　　表 DG-008-2

单位工程名称：　　　　　施工部位：　　　　日期：　年　月　日　（左线/右线）

序号	检查项目	控制要点	控制级别	检查结果（接班班长填写）
1	土仓压力控制	确保掌子面稳定及地表沉降控制	主控	
2	盾构姿态及参数记录表	是否出现异常情况	主控	
3	盾尾油脂密封效果检查	盾尾不发生泄漏	主控	
4	土仓压力及排土量	排土量与理论值大致相符	主控	
5	托架、反力架变形检查	无裂缝、变形、螺栓连接紧固	主控	
6	注浆记录表	是否出现异常情况	主控	
7	管片吊装头质量	变形及磨损程度	一般	
8	电瓶车组运行记录表	性能、工况	一般	
其他注意事项	（交班班长填写）			
	交班班长：			接班班长：
值班工程师意见				
			签字：	日期：
作业队长意见				
			签字：	日期：

说明：本表填写1份，由工区留存。

盾构始发 过程检查巡视表　　　表 DG-009

单位工程名称：　　　　　　　　　工程部位：　　　　　　　　　（左线/右线）

序号	检查项目	安全控制要点	控制级别	检查情况	整改意见	整改负责人
1	托架及反力架	无变形、裂缝、错位及螺栓紧固性检查	主控			
2	洞门土体稳定性检查	土体是否开裂、渗漏水	主控			
3	洞门密封效果	不发生涌水、涌砂	一般			
4	垂直运输安全防护	人员、设备不在吊装区域内逗留或通过，吊装物稳定性检查	主控			
5	施工人员安全防护	正确佩戴安全防护用品	一般			
6	地表变形检查	地表是否变形异常	主控			
7	管片及材料堆放情况	符合安全规范要求	一般			
8	盾构延长管线交叉、拉紧度检查	不出现管线扭曲、受力拉断事故	主控			
9	其他					
存在问题处理情况						

安全员签字：　　　　　　　　　　　　　　　　　日期：　　　年　　月　　日

说明：1. 本表为安全员每班巡查表格，填写1份，由工区留存；
　　　2. 检查情况符合要求时打"√"，检查项目不合格项，由安全员明确整改意见，指定整改负责人；
　　　3. 主控项目由安全员下达专项安全整改通知单，一般项目由安全员通知到整改负责人，限期整改；
　　　4. 整改完成后报安全员复检。

盾构换装 过程检查巡视表   表 DG-010

单位工程名称：　　　　　　　　　　里程：　　　　　　　　　　　　（左线/右线）

序号	检查项目	控制要点	控制级别	检查频率	检查情况	处理意见	整改负责人
1	反力架拆除安全防护	高空作业防护	主控	每工班			
2	吊索具外观检查	吊带撕裂，吊具、卡具磨损程度，钢丝绳断丝、扭转等缺陷	主控	每工班			
3	垂直运输安全防护	人员及设备不得在吊装区域内逗留	主控	每工班			
4	井上井下高压电缆安全防护	防水、无变形弯曲、警示标志齐备	主控	每工班			
5	轨枕、轨道（含道岔）安装质量检查	无倾斜及较大变形	一般	每工班			
6	电焊、气割安全防护	满足安全用电要求	主控	每工班			
7	电瓶车编组、运行性能检查	性能、工况	一般	每工班			
8	盾构后配套台车吊运	吊耳及吊索具检查	主控	每次吊运前			
9	其他						
存在问题处理情况							

安全工程师签字：　　　　　　　　　　　　　　　　　日期：　　　年　　月　　日

说明：1. 本表为安全员每班巡查表格，填写1份，由工区留存；
  2. 检查情况符合要求时打"√"，检查项目不合格项，由安全员明确整改意见，指定整改负责人；
  3. 主控项目由安全员下达专项安全整改通知单，一般项目由安全员通知到整改负责人，限期整改；
  4. 整改完成后报安全工程师复检。

盾构掘进 掘进班组工前安全自检表　　表 DG-011-1

单位工程名称：　　　　　里程（环号）：　　　　日期：　年　月　日　（左线/右线）

序号	检查项目	安全控制要点	控制级别	检查结果（接班班长填写）
1	盾构姿态及参数情况	是否出现异常情况	主控	
2	盾尾油脂密封效果检查	盾尾不发生泄漏	主控	
3	土仓压力及排土量	排土量与理论值大致相符	主控	
4	注浆情况	是否出现异常情况	主控	
5	管片吊装头质量	变形及磨损程度	一般	
6	电瓶车组运行情况	性能、工况	一般	

其他注意事项	（交班班长填写）
	交班班长：　　　　　　　　　　　　接班班长：

值班工程师意见	
	签字：　　　　　日期：

作业队长意见	
	签字：　　　　　日期：

说明：本表填写1份，由工区留存。

盾构掘进 地面班组工前安全自检表　　表 DG-011-2

单位工程名称：　　　　　　　　　　　　　　　　　日期：　年　月　日　（左线/右线）

序号	检查项目	安全控制要点	控制级别	检查结果（接班班长填写）
1	现场材料堆放	材料堆放满足规范及现场要求	主控	
2	龙门吊	故障排查及保养	主控	
3	吊索具检查	吊带撕裂，吊具磨损程度，钢丝绳断丝、扭转等缺陷	主控	
4	搅拌站	故障排查、保养，及时清洗管道和浆罐	主控	
5	渣土外运	挖掘机施工过程中的安全防护	主控	
其他注意事项	（交班班长填写） 交班班长：　　　　　　　　　　　　接班班长：			
值班工程师意见	 签字：　　　　　　　　　　日期：			
作业队长意见	 签字：　　　　　　　　　　日期：			

说明：本表填写1份，由工区留存。

盾构掘进 过程检查巡视表（1）　　　表 DG-012-1

单位工程名称：　　　　　　　　　　里程：　　　　　　　　　　（左线/右线）

序号	检查项目	安全控制要点	控制级别	检查情况	整改意见	整改负责人
1	盾构机工作状况检查	各系统工作正常，无异响、抖动	主控			
2	有害气体检测	甲烷、二氧化碳等气体检测装置检查	主控			
3	电瓶车组运行情况检查	运行情况是否异常及故障排查	主控			
4	龙门吊及吊索具工作性能检查	空载试运行、故障排查	主控			
5	浆液供应系统检修、保养	故障排查、保养，及时清洗管道和浆罐	一般			
6	地上、地下用电及线路检查	满足安全用电要求	一般			
7	其他					
	存在问题处理情况					

机电工程师签字：　　　　　　　　　　　　　日期：　　　年　　月　　日

说明：1. 本表为机电工程师每班巡查表格，填写 1 份，由工区留存；
　　　2. 检查情况符合要求时打"√"，检查项目不合格项，由机电工程师明确整改意见，指定整改负责人；
　　　3. 主控项目由机电工程师下达专项安全整改通知单，一般项目由机电工程师通知到整改负责人，限期整改；
　　　4. 整改完成后报机电工程师复检。

盾构掘进 过程检查巡视表（2） 表 DG-012-2

单位工程名称：　　　　　　　　　工程部位：　　　　　　　　　　　（左线/右线）

序号	检查项目	安全控制要点	控制等级	检查情况	整改意见	整改负责人
1	盾构机内管片、材料等吊运过程安全防护	人员、设备不在吊装区域内逗留或通过	主控			
2	管片拼装区域安全防护	非管片拼装人员不得在拼装区域内逗留	主控			
3	材料有轨运输稳固性检查	运输材料的捆绑	一般			
4	洞内外高压电缆安全防护	防水、防尘并有安全警示标志	主控			
5	隧道内轨道轨枕、走台板检查	平整性及螺栓紧固性检查、轨道轨距检查	一般			
6	循环水管渗漏性检查	水管无变形、接头无渗漏	一般			
7	电瓶车限速	道岔、井口及弯道处必须限速	一般			
8	电瓶车鸣笛	动车前、道岔及弯道处、进盾构机前必须鸣笛	一般			
9	防溜车措施	设置挡轨器及电瓶车刹车检查	一般			
10	成型隧道检查	管片是否渗漏水或碎裂、螺栓是否齐全	主控			
11	垂直运输过程安全防护	人员、设备不在吊装区域内逗留或通过，吊装物稳定性检查	主控			
12	材料堆放过程中安全防护	防止材料倾倒伤人	一般			
13	浆液供应系统施工过程的安全防护	防止机械伤人	主控			
14	地表变形	地表是否有异常	主控			
15	其他					
存在问题处理情况						

安全员签字：　　　　　　　　　　　　　　　　　　日期：　　年　　月　　日

说明：1. 本表为安全员每班巡查表格，填写1份，由工区留存；
   2. 检查情况符合要求时打"√"，检查项目不合格项，由安全员明确整改意见，指定整改负责人；
   3. 主控项目由安全员下达专项安全整改通知单，一般项目由安全员通知到整改负责人，限期整改；
   4. 整改完成后报安全员复检。

盾构开仓 开工控制安全自（复）检审批表　表 DG-013

单位工程名称：　　　　　　　　　　工程部位：　　　　　　　　（左线/右线）

序号	检查项目	内容	安全控制要点	一检 检查结果	一检 责任人（签字）	二检 检查结果	二检 责任人（签字）	复检 检查结果	复检 责任人（签字）
1	资料核查	开仓方案及应急预案审批	开仓方案及应急预案审批程序		工区安全主管：		项目部安全工程师：		监理工程师：
2	资料核查	全体施工人员技术交底	交底人、被交底人签字并归档						
3	资料核查	班组安全教育交底	安全教育记录签字备查						
4	资料核查	进仓人员身体检查、培训	进仓人员是否合格						
5	开仓前准备	地面及洞内加固措施及效果检查	土体自稳性、止水性		工区技术主管：		工程部：		监理工程师：
6	开仓前准备	地面沉降监测点布设	布设合理，初始值采集						
7	开仓前准备	土仓内有害气体检测	配备有害气体检测装置		工区安全主管：		项目部安全工程师：		监理工程师：
8	开仓前准备	通风设施配备	往人闸内、土仓内补充新鲜空气						
9	开仓前准备	开仓区域地面警戒线和警示标志设置	满足现场施工要求						

工区主管审批意见	签字：　　　　　　　　年　月　日		
项目部安全管理部门审批意见	签字：　　　　年　月　日	项目部安全副经理审批意见	签字：　　　　年　月　日
项目部经理审批意见	签字：　　　　　　　　年　月　日		
驻地监理工程师审批意见	签字：　　　　年　月　日	总监理工程师审批意见	签字：　　　　年　月　日

说明：本表为盾构开仓开工控制安全自（复）检审批表，在开工前由工区安全主管负责组织实施。本表一式 3 份，工区、项目部、监理部各留存 1 份。

盾构带压开仓 工前安全自检表 表 DG-014-1

单位工程名称：　　　　　　工程部位：　　　　　日期：　年　月　日　（左线/右线）

序号	检查项目	安全控制要点	控制级别	检查结果（接班班长填写）
1	土仓内排土及压力保持	控制排土量，防止掌子面坍塌、地表沉降	主控	
2	盾构刀盘锁定	禁止刀盘意外启动	主控	
3	仓内气体检测	有害气体成分及含量检测不得超标	主控	
4	进仓人员身体状况检查	工作人员身体健康，并需经过高压测试及培训	主控	
5	安全防护用具的配备	配备齐全并正确佩戴	一般	
6	入闸内各种仪器设备的性能检测	各种仪器工作正常，并正确显示读数	主控	
7	空气压缩系统全面检查	空气压力达到要求并保证管路畅通	主控	
8	临时用电安全检查	无私拉乱接，符合安全用电要求	主控	
9	施工工具、需更换刀具准备	满足施工需要，并合理更换刀具	一般	
10	仓内吊运设备检查	确保工具及刀具进出土仓安全	一般	
11	工具及刀具进出土仓数量核查	不得遗漏于仓内	主控	

其他注意事项	（交班班长填写）	
	交班班长：	接班班长：
值班工程师意见	签字：	日期：
工区主管意见	签字：	日期：

说明：本表填写1份，由工区留存。

盾构常压开仓 工前安全自检表　　表 DG-014-2

单位工程名称：　　　　　工程部位：　　　　日期：　年　月　日　（左线/右线）

序号	检查项目	安全控制要点	控制级别	检查结果（接班班长填写）
1	土仓内排土	控制排土量，防止掌子面坍塌、地表沉降	主控	
2	盾构刀盘锁定	禁止刀盘意外启动	主控	
3	仓内气体检测	有害气体成分及含量检测不得超标	主控	
4	进仓人员身体状况检查	工作人员身体健康	主控	
5	安全防护用具的配备	配备齐全并正确佩戴	一般	
6	临时用电安全检查	无私拉乱接，符合安全用电要求	主控	
7	施工工具、需更换刀具准备	满足施工需要，并合理更换刀具	一般	
8	仓内吊运设备检查	确保工具及刀具进出土仓安全	一般	
9	工具及刀具进出土仓数量核查	不得遗漏于仓内	主控	
其他注意事项	（交班班长填写）			
	交班班长：　　　　　　　　　　　　　　　　接班班长：			
值班工程师意见	签字：　　　　　　　日期：			
工区主管意见	签字：　　　　　　　日期：			

说明：本表填写1份，由工区留存。

盾构带压开仓过程检查巡视表　　表 DG-015-1

单位工程名称：　　　　　　　　　　里程：　　　　　　　　　　（左线/右线）

序号	检查项目	安全控制要点	控制等级	检查情况	整改意见	整改负责人
1	各级人员就位情况	人员配备是否到位、急救人员及药品配备	主控			
2	仓内气体检测	气体成分检测	主控			
3	安全防护用具的配备	配备齐全并正确佩戴	一般			
4	消防设施配备	满足现场消防要求	主控			
5	通风设施配备	往入闸内、土仓内补充新鲜空气	一般			
6	低压照明检查	是否符合用电规范	主控			
7	入闸操作控制	严格遵守入闸操作规程	主控			
8	加压与减压控制	严格控制压力及升降压速度	主控			
9	开仓区域地面警戒线和警示标志设置	满足现场施工要求	主控			
10	地表沉降监测	及时反馈指导施工，并采取补救措施	主控			
11	其他					
存在问题处理情况						

安全工程师签字：　　　　　　　　　　　　　　　　日期：　　　年　　月　　日

说明：1. 本表为安全工程师每班巡查表格，填写 1 份，由工区留存；
　　　2. 检查情况符合要求时打"√"，检查项目不合格项，由安全员明确整改意见，指定整改负责人；
　　　3. 主控项目由安全员下达专项安全整改通知单，一般项目由安全员通知到整改负责人，限期整改；
　　　4. 整改完成后报安全员复检。

盾构常压开仓 过程检查巡视表　　　　表 DG-015-2

单位工程名称：　　　　　　　　　　　里程：　　　　　　　　　　　（左线/右线）

序号	检查项目	安全控制要点	控制等级	检查情况	整改意见	整改负责人
1	各级人员就位情况	人员配备是否到位、急救人员及药品配备	主控			
2	仓内气体检测	气体成分检测	主控			
3	安全防护用具的配备	配备齐全并正确佩戴	一般			
4	消防设施配备	满足现场消防要求	主控			
5	通风设施配备	往入闸内、土仓内补充新鲜空气	一般			
6	低压照明检查	是否符合用电规范	主控			
7	开仓区域地面警戒线和警示标志设置	满足现场施工要求	主控			
8	地表沉降监测	及时反馈指导施工，并采取补救措施	主控			
9	其他					
存在问题处理情况						

安全工程师签字：　　　　　　　　　　　　　　　　　　日期：　　年　月　日

说明：1. 本表为安全工程师每班巡查表格，填写 1 份，由工区留存；
　　　2. 检查情况符合要求时打"√"，检查项目不合格项，由安全员明确整改意见，指定整改负责人；
　　　3. 主控项目由安全工程师下达专项安全整改通知单，一般项目由安全员通知到整改负责人，限期整改；
　　　4. 整改完成后报安全员复检。

盾构到达 开工控制安全自（复）检审批表 表DG-016

单位工程名称：　　　　　　　　　　工程部位：　　　　　　　　　　（左线/右线）

序号	检查项目	内容	安全控制要点	一检 检查结果	一检 责任人（签字）	二检 检查结果	二检 责任人（签字）	复检 检查结果	复检 责任人（签字）
1	资料核查	接收方案及应急预案	方案及应急预案审批程序		工区安全主管：		项目部安全工程师：		监理工程师：
2		全体施工人员技术交底	交底人、被交底人签字并归档						
3		班组安全教育交底	安全教育记录签字备查						
4	到达准备	接收洞门土体加固效果	强度和渗透性满足设计要求		工区技术主管：		工程部：		监理工程师：
5		洞门密封止水装置	外观质量及完整性						
6		盾构姿态复核	轴线复核及姿态控制方向设定						
7		盾构到达段掘进参数设定	与到达段地质水文相适应						
8		地面沉降监测点布设	布点的合理性及初始值的采集						
9		洞门范围围护桩、混凝土凿除	凿除时间凿除顺序、过程安全防护及效果检查		工区安全主管：				
10		洞门钢环、接收托架定位核查	偏差在允许范围内		工区技术主管：				

工区主管审批意见		签字：　　　　年　　月　　日	
项目部安全管理部门审批意见	签字：　　年　　月　　日	项目部安全副经理审批意见	签字：　　年　　月　　日
项目部经理审批意见		签字：　　　　年　　月　　日	
驻地监理工程师审批意见	签字：　　年　　月　　日	总监理工程师审批意见	签字：　　年　　月　　日

说明：本表为盾构开仓开工控制安全自（复）检审批表，在开工前由工区安全主管负责组织实施。本表一式3份，工区、项目部、监理部各留存1份。

盾构到达 工前安全自检表　　　　表 DG-017

单位工程名称：　　　　　　里程：　　　　日期：　年　月　日　（左线/右线）

序号	检查项目	安全控制要点	控制级别	检查结果（接班班长填写）
1	盾构姿态及参数情况	满足到达段轴线控制要求	主控	
2	注浆情况	每环注浆量及注浆压力，不足或未注者要进行二次补浆	主控	
3	盾尾油脂密封效果检查	盾尾不发生泄漏	一般	
4	土仓压力及排土量	排土量与理论值大致相符	一般	
5	管片吊装头紧固性检查	变形及磨损程度	一般	
6	电瓶车组运行情况	性能、工况	一般	
其他注意事项	（交班班长填写）			
	交班班长：		接班班长：	
值班工程师意见				
			签字：　　　　日期：	
作业队长意见				
			签字：　　　　日期：	

说明：本表填写1份，由工区留存。

盾构到达 过程检查巡视表　　　　　表 DG-018

单位工程名称：　　　　　　　　　　工程部位：　　　　　　　　　　　　（左线/右线）

序号	检查项目	安全控制要点	控制级别	检查情况	整改意见	整改负责人
1	盾构推进主要参数	满足到达段施工要求	主控			
2	洞门导轨稳定性检查	导轨无脱落、变形，并能避开边缘刀	一般			
3	洞门掌子面稳定性	不发生坍塌、涌水、涌砂事故	主控			
4	地表变形观察	地表是否异常	主控			
5	接收段管片加固	采用槽钢拉紧装置，防止到达段管片变形过大	一般			
6	托架变形、移位	裂缝、变形过大，与预埋件焊接及螺栓连接情况良好	一般			
7	洞门密封装置效果检查	防止涌水、涌砂	主控			
8	洞门注浆效果	控制地表沉降及管片成型质量	一般			
9	其他					
存在问题处理情况						

安全工程师签字：　　　　　　　　　　　　　　　　　　日期：　　年　月　日

说明：1. 本表为安全工程师每班巡查表格，填写1份，由工区留存；
　　　2. 检查情况符合要求时打"√"，检查项目不合格项，由安全员明确整改意见，指定整改负责人；
　　　3. 主控项目由安全工程师下达专项安全整改通知单，一般项目由安全员通知到整改负责人，限期整改；
　　　4. 整改完成后报安全员复检。

盾构调头/平移/过站 开工控制安全自（复）检审批表　　表DG-019

单位工程名称：　　　　　　　　里程：　　　　日期　年　月　日　　（左线/右线）

序号	检查项目	内容	安全控制要点	一检 检查结果	一检 责任人（签字）	二检 检查结果	二检 责任人（签字）	复检 检查结果	复检 责任人（签字）
1	资料核查	专项施工方案及应急预案审批	方案及应急预案审批程序		工区安全主管：		项目部安全工程师：		监理工程师：
2		全体施工人员技术交底	交底人、被交底人签字并归档						
3		班组安全教育交底	安全教育记录签字备查						
4		作业人员资质	特殊工种持证上岗						
5	施工前准备	盾体及配套台车分离施工安全防护	防止机械伤害、高压管路伤害		机电工程师：		机电管理部门：		监理工程师：
6		盾构移动区域场地平整度检查	场地平整无障碍物		工区安全主管：		项目部安全工程师：		监理工程师：
7		滑动钢板/钢轨紧固性及润滑检查	滑动钢板/钢轨固定并涂抹润滑剂						
8		电焊、气割安全防护	满足安全用电要求		机电工程师：		机电管理部门：		监理工程师：
9		应急物资、设备配备	满足现场应急救援需求		工区安全主管：		项目部安全工程师：		监理工程师：
10		盾构机内防滑措施	走道油污清洗、铺设防滑布						
11		危险区域警戒线及警示标志	满足周边环境安全的要求						

工区主管审批意见	签字：　　　　　　　　　　　年　月　日		
项目部安全管理部门审批意见	签字：　　年　月　日	项目部安全副经理审批意见	签字：　　年　月　日
项目部经理审批意见	签字：　　　　　　　　　　　年　月　日		
驻地监理工程师审批意见	签字：　　年　月　日	总监理工程师审批意见	签字：　　年　月　日

说明：本表为盾构调头/平移/过站开工控制安全自（复）检审批表，在开工前由工区安全主管负责组织实施。本表一式3份，工区、项目部、监理部各留存1份。

盾构解体吊装 开工控制安全自（复）检审批表　　表 DG-020

单位工程名称：　　　　　　　　　　　工程部位：　　　　　　　　　　（左线/右线）

序号	检查项目	内容	安全控制要点	一检 检查结果	一检 责任人（签字）	二检 检查结果	二检 责任人（签字）	复检 检查结果	复检 责任人（签字）
1	资料审核	解体吊装方案及应急预案审批	方案及应急预案审批程序		工区安全主管：		项目部安全工程师：		监理工程师：
2		全体施工人员技术交底	交底人、被交底人签字并归档						
3		班组安全教育交底	安全教育记录签字备查						
4		吊装单位资质	营业执照及安全许可证						
5		施工人员资质	特殊工种人员是否持证上岗						
6	吊装准备	起重机进场检验	安全检测合格证（检验报告）		机械工程师：		机电管理部门：		监理工程师：
7		吊索具及吊带进场检验	规格、合格证、表观质量						
8		吊装影响范围内管线及障碍物	地上、地下管线及障碍物的排查及防护措施		工区安全主管：		项目部安全工程师：		监理工程师：
9		吊装区域地基承载力测试	承载力满足最重部件吊装要求		工区技术主管：		工程部：		监理工程师：
10		吊装场地硬化及平整度检查	确保吊车站位平稳						
11		吊耳检查	吊耳位置、焊缝质量或螺栓紧固性必须满足要求				机电管理部门：		
12		吊装区域警戒线及警示标志	满足现场安全施工要求		工区安全主管：		项目部安全工程师：		监理工程师：
13		场地照明情况检查	满足现场井上、井下照明要求						
14		吊装过程的天气情况	雨、雪、雾或大风＜六级（含）以上＞天气禁止吊装						

工区主管审批意见	签字：　　　　　　　　　　　　　　　　年　月　日			
项目部安全管理部门审批意见	签字：　　　年　月　日	项目部安全副经理审批意见	签字：　　　年　月　日	
项目部经理审批意见	签字：　　　　　　　　　　　　　　　　年　月　日			
驻地监理工程师审批意见	签字：　　　年　月　日	总监理工程师审批意见	签字：　　　年　月　日	

说明：本表为盾构解体吊装开工控制安全自（复）检审批表，在开工前由工区安全主管负责组织实施。本表一式3份，工区、项目部、监理部各留存1份。

盾构解体吊装 工前安全自检表　　　表 DG-021

单位工程名称：　　　工程部位：　　　吊装部件：　　　日期：　年　月　日　（左线/右线）

序号	检查项目	安全控制要点	控制级别	检查结果（接班班长填写）
1	起吊部件与其他部位无任何连接	确保起吊的安全间距	主控	
2	起重机站位及工作性能检查	满足吊装要求	主控	
3	吊索具及吊带外观	磨损程度、断股断丝、扭转等缺陷	一般	
4	吊车区域地基变形	地表不得出现不均匀沉降，禁止吊车倾斜	主控	
5	场地照明情况检查	满足现场井上、井下照明要求	一般	
其他注意事项	（交班班长填写）			
	交班班长：		接班班长：	
值班工程师意见				
			签字：　　　　日期：	
工区主管意见				
			签字：　　　　日期：	

说明：本表填写 1 份，由工区留存。

盾构解体吊装 过程检查巡视表　　　　表 DG-022

单位工程名称：　　　　　　　　　工程部位：　　　　　　　　　　　　（左线/右线）

序号	检查项目	安全控制要点	控制级别	检查情况	整改意见	整改负责人
1	解体吊装开工控制表检查	审批签字完整	主控			
2	高空坠落防护	高空作业需设护栏并佩戴防护用具	一般			
3	消防设施配备	满足现场消防要求	一般			
4	物体打击防护	施工人员正确佩戴防护用品	一般			
5	机械伤害防护	施工机械设置防护罩	一般			
6	防触电检查	满足现场用电规范	一般			
7	配电柜及变电箱警示标志检查	正确使用警示标志并设置安全距离	一般			
8	电、气焊安全防护	正确佩戴防护用品并设置安全区域	一般			
9	吊装指挥小组就位情况	人员配备及站位	一般			
10	吊索具及吊带外观检查	磨损程度、断股断丝、扭转等缺陷	一般			
11	吊车区域地基变形监测	地表不得出现不均匀沉降，防止倾斜	主控			
12	吊装物的稳定性	采用风缆绳	主控			
13	其他					
存在问题处理情况						

安全员签字：　　　　　　　　　　　　　　　　　日期：　　　年　　月　　日

说明：1. 本表为安全员每班巡查表格，填写1份，由工区留存；
　　　2. 检查情况符合要求时打"√"，检查项目不合格项，由安全员明确整改意见，指定整改负责人；
　　　3. 主控项目由安全员下达专项安全整改通知单，一般项目由安全员通知到整改负责人，限期整改；
　　　4. 整改完成后报安全员复检。

盾构区间附属结构管片开口施工 开工控制安全自（复）检审批表

表 DG-023

单位工程名称： 工程部位：

序号	检查项目	内容	安全控制要点	一检 检查结果	一检 责任人（签字）	二检 检查结果	二检 责任人（签字）	复检 检查结果	复检 责任人（签字）
1	资料核查	方案及应急预案审批	方案及应急预案审批程序		工区安全主管：		项目部安全工程师：		监理工程师：
2		全体施工人员技术交底	交底人、被交底人签字并归档						
3		班组安全教育交底	安全教育记录签字备查						
4		施工人员资质	特殊工种人员是否持证上岗						
5		设备、材料进场检验	合格证及进场检测报告		工区机械工程师：		机电管理部门：		
6	施工前准备	管片开口处地层加固效果检查	土体稳定性及止水性良好		工区技术主管：		工程部：		监理工程师：
7		地表及洞内监控量测点布设	布点的合理性及初始值的采集						
8		开口处临时钢拱架支撑的架设	裂缝及变形		工区安全主管：		项目部安全工程师：		
9		应急物资配备	满足现场救援物资需求						
10		临时用水、用电安全	符合规范		工区机电工程师：		机电管理部门：		

工区主管审批意见			签字： 年 月 日
项目部安全管理部门审批意见	签字： 年 月 日	项目部安全副经理审批意见	签字： 年 月 日
项目部经理审批意见			签字： 年 月 日
驻地监理工程师审批意见	签字： 年 月 日	总监理工程师审批意见	签字： 年 月 日

说明：本表为盾构区间附属结构管片开口施工开工控制安全自（复）检审批表，在开工前由工区安全主管负责组织实施。本表一式3份，工区、项目部、监理部各留存1份。

盾构区间附属结构管片开口施工 工前安全自检表　　表DG-024

单位工程名称：　　　　　　　　　　　　　　　工程部位：

序号	检查项目	安全控制要点	控制级别	检查结果（接班班长填写）
1	地面沉降变形量	变形值不超过设计要求	主控	
2	管片变形监测	隧道无变形超限	主控	
3	管片破除及吊运过程中的安全防护	防止拆卸伤害事故	主控	
4	钢拱架外观检查	无变形、裂缝	主控	
5	施工	详见暗挖自检体系		

其他注意事项	（交班班长填写） 交班班长：　　　　　　　　　　　　接班班长：
值班工程师意见	 签字：　　　　　　　　日期：
作业队长意见	 签字：　　　　　　　　日期：

说明：本表填写1份，由工区留存。

盾构区间附属结构管片开口施工 过程检查巡视表　　表 DG-025

单位工程名称：　　　　　　　　　　　　　　　　　　　　　工程部位（左线/右线）：

序号	检查项目	安全控制要点	控制等级	检查情况	整改意见	整改负责人
1	安全防护用具的配备	配备齐全并正确佩戴	主控			
2	消防设施的配备	使用正常并能满足现场需要	主控			
3	照明与通风设备的配备与检查	满足现场施工需要	一般			
4	钢拱架外观检查	无变形、裂缝	主控			
5	安全警示标志	满足现场施工需要	一般			
6	临时用电安全检查	无私拉乱接，符合安全用电要求	主控			
7	施工区域运输安全防护	确保管片吊运安全	主控			
8	电、气焊安全防护	正确佩戴防护用品并设置安全区域	主控			
9	其他					
存在问题处理情况						

安全员签字：　　　　　　　　　　　　　　　　日期：　　　年　　月　　日

说明：1. 本表为安全员每班巡查表格，填写1份，由工区留存；
　　　2. 检查情况符合要求时打"√"，检查项目不合格项，由安全员明确整改意见，指定整改负责人；
　　　3. 主控项目由安全员下达专项安全整改通知单，一般项目由安全员通知到整改负责人，限期整改；
　　　4. 整改完成后报安全员复检。

穿越特殊风险工程 开工控制安全自（复）检审批表　　表 DG-026

单位工程名称：　　　　　　里程：　　　　　日期　年　月　日　　（左线/右线）

序号	检查项目	内容	安全控制要点	一检 检查结果	一检 责任人（签字）	二检 检查结果	二检 责任人（签字）	复检 检查结果	复检 责任人（签字）
1	资料核查	专项施工方案及应急预案审批	方案及应急预案审批程序，是否通过专家论证		工区安全主管：		项目部安全工程师：		监理工程师：
2		全体施工人员技术交底	交底人、被交底人签字并归档						
3		班组安全教育交底	安全教育记录签字备查						
4	施工前准备	与产权单位沟通协调	确定通过时间及保护方法						
5		盾构机及配套系统的全面检修	故障排查，确保盾构机及配套系统运行良好		工区机械工程师：		机电管理部门：		监理工程师：
6		监控量测点的布设	布点的合理性及初始值的采集		工区技术主管：		工程部：		监理工程师：
7		加固措施及效果检查	措施合理并能满足加固要求						
8		掘进参数的确定	主要推进参数						
9		应急物资、设备配备	满足现场应急救援需求		工区安全主管：		项目部安全工程师：		监理工程师：
10		危险区域警戒线及警示标志	满足周边环境安全的要求						

工区主管审批意见	签字：　　　　　　　　　　　　　　　　　　年　月　日		
项目部安全管理部门审批意见	签字：　　　年　月　日	项目部安全副经理审批意见	签字：　　　年　月　日
项目部经理审批意见	签字：　　　　　　　　　　　　　　　　　　年　月　日		
驻地监理工程师审批意见	签字：　　　年　月　日	总监理工程师审批意见	签字：　　　年　月　日

说明：本表为盾构穿越特殊风险工程开工控制安全自（复）检审批表，在开工前由工区安全主管负责组织实施。本表一式3份，工区、项目部、监理部各留存1份。

盾构法施工 定期安全自检表 表 DG-027

工区:　　　　　　施工部位:　　　　　　日期:　　　　　　编号:

序号	项目	检查部门及检查人	检查要点	存在问题	整改要求	整改负责人	整改完成时间	备注
1	内业资料		各种安全教育培训及记录					
2			各项安全交底及其记录					
3			班前安全活动记录及安全施工日志					
4			起重机械设备运行、检查维修保养记录					
5			大型机械设备检查维修保养记录					
6			临电记录,包括:漏电开关模拟记录、电阻测试记录,电工日常巡检维修记录,电气绝缘强度测试记录等					
7	施工管理	项目部安全管理部门 检查人签字:	现场是否严格按照批复的方案施工					
8			设备运转记录,特种设备维修保养记录是否按照规定填写					
9			动火作业是否有动火证					
10			安全标志、安全警示,操作规程是否齐全完整					
11	劳动纪律		专兼职安全员袖标是否佩戴					
12			劳动防护用品穿戴和使用正确					
13			穿戴与所从事的作业是否相符					
14			特殊工种持证上岗					
15			各类违章和不合规行为					
16			有无不正常作业行为人员;有无酒后、生病等状态不佳人员					
17	安全防护		井口及基坑有符合规定的防护围栏和明显警示标志					
18			井口门禁系统有效,可随时查验洞内人员数量					
19			起吊机械、土方开挖机械作业半径内严禁人员停留,并配置指挥人员					
20			临边作业有可靠防护					
21			所有洞、孔均有可靠防护					
22	文明施工		防大气污染、渣土、细颗粒材料密闭存放、专人清扫保洁洒水压尘					
23			材料、工具和构、配件码放整齐,稳固					
24			管线布置顺畅,合理有序					
25			道路畅通,不积水,不凹凸不平					
26			防噪声污染,强噪声机具采取封闭措施、人为活动噪声有控制措施					

续表 DG-027

序号	项目	检查部门及检查人	检查要点	存在问题	整改要求	整改负责人	整改完成时间	备注
27	施工用电	项目部机电管理部门 检查人签字：	外电高压线防护符合规定					
28			施工现场临电平面布置图应标明1、2级配电箱位置及线路走向、固定用电作业点等位置					
29			施工区线路架设、配电线路符合标准，装设的照明设备、灯具符合规范标准					
30			施工区配电符合规定，开关箱安装位置合理。满足"一机、一箱、一闸、一漏"					
31			配电线路穿过衬砌区域有可靠措施。满足安全要求					
32			配电箱箱体牢固、防雨（水），箱内无杂物、整洁，有编号，停用后断电加锁					
33			配电箱、开关箱内无带电体明露，无一闸多用现象					
34			1级和2级配电箱有可靠接地					
35			1级配电箱应设置配电室，2级设置防护棚，且各项防护措施（防雨、防火、排水等）到位					
36			作业地段照明符合安全规定					
37			手持电动工具绝缘良好，电源线无接头、损坏；电焊机安装、使用符合标准					
38	机械设备		合格证、验收手续齐全；运行符合操作规程					
39			标牌、标识齐全，干净、清晰					
40		起重设备	钢丝绳有无断丝、断股、无乱绳、卡扣连接牢固、润滑良好、符合安全使用要求，是否按规定配置信号工					
41			限位装置灵敏可靠、卡口和挂钩可靠					
42			防过放绳装置的功能是否正常					
43			设备干净，运行状态良好					
44		大型机械设备	合格证、验收手续齐全；运行符合操作规程					
45			标牌、标识齐全，干净、清晰					
46			设备干净，运行状态良好					
47		中小型机械	合格证、验收手续齐全；运行符合操作规程或使用要求					
48			标牌、标识齐全，干净、清晰					
49			设备干净，运行状态良好					

续表 DG-027

序号	项目	检查部门及检查人	检查要点	存在问题	整改要求	整改负责人	整改完成时间	备注
50	盾构机范围	工程部检查人签字：	盾构机的推进过程的各项参数符合施工方案的要求					
51			盾构机故障排查及维护保养：各系统无异常声响，工作参数正常					
52			变压器及高压电缆安全防护：防水、防尘，无破损					
53			照明与通风设备的配备与检查：满足现场施工需要					
54	隧道内		轨枕、轨道（含道岔）：无倾斜及较大变形					
55			循环水管及污水管：无渗漏					
56			走台板及走台架：无倾斜、脱落					
57			高压电缆的防护：防水、无变形弯曲、警示标志齐备					
58	水平运输设备		电瓶车组：故障排查及保养					
59			防溜车措施及限速标志：斜坡、弯道、井口处					
60	垂直提升设备		龙门吊检查：关键部位检查					
61			吊索具：吊带撕裂、索具磨损程度、裂纹、断股断丝、扭转等					
62			龙门吊轨道：无弯曲变形、松动					
63			防雷、接地检查：是否符合规范					
64	地面作业面		渣土池挡土墙：无变形、无泄漏					
65			材料堆放：符合材料堆放要求，不会发生塌落					
66			浆液制造及输送系统：搅拌站故障排查及维护					
67	施工对环境影响		地下管线是否有异常					
68			地面是否有裂缝或发生突变的沉降					
69			周边建（构）筑物的状况是否良好					
70	消防与保卫	办公室检查人签字：	消防的设置是否符合规范/标准/规程或相关法规、条例、文件的要求					
71			现场有明显的防火标志，有足够使用的消防器材；消防器材未过期；相关人员是否能正确使用消防器材					
72			门卫系统：非施工人员和无关人员不得进入施工现场					
73			有防汛值班，现场有足够的防汛应急物资					
74	卫生防疫		食堂的卫生防疫是否符合规范/标准/规程或相关法规、条例、文件的要求					
75			卫生间的卫生防疫是否符合要求					
76			宿舍的卫生防疫是否符合要求					
77	宿舍管理		宿舍整洁，无私拉乱接现象					
78			无私自改变统一布置现象					
	其他							

注：本表适用于工区和项目部的定期安全自检。本表作为原始记录。根据检查出的问题严重程度，做出相应的处理措施。本表一式两份，工区和项目部各一份。被查出问题整改完成后回复，由安全人员复查验证。

盾构法施工 定期安全复检表　　表 DG-028

工区：　　　　　　施工部位：　　　　　　日期：　　　　　　编号：

序号	项目	检查人（签字）	检查要点	存在问题	整改要求	整改负责人	整改完成时间	备注
1	内业资料	监理工程师	各种安全教育培训及记录					
2			各项安全交底及其记录					
3			班前安全活动记录及安全施工日志					
4			起重机械设备运行、检查维修保养记录					
5			大型机械设备检查维修保养记录					
6			临电记录，包括：漏电开关模拟记录、电阻测试记录，电工日常巡检维修记录，电气绝缘强度测试记录等					
7	施工管理		现场是否严格按照批复的方案施工					
8			设备运转记录，特种设备维修保养记录是否按照规定填写					
9			动火作业是否有动火证					
10			安全标志、安全警示，操作规程是否齐全完整					
11			专兼职安全员袖标是否佩戴					
12	劳动纪律		劳动防护用品穿戴和使用正确					
13			穿戴与所从事的作业是否相符					
14			特殊工种持证上岗					
15			各类违章和不合规行为					
16			有无不正常作业行为人员；有无酒后、生病等状态不佳人员					
17	安全防护		井口及基坑有符合规定的防护围栏和明显警示标志					
18			井口门禁系统有效，可随时查验洞内人员数量					
19			起吊机械、土方开挖机械作业半径内严禁人员停留，并配置指挥人员					
20			临边作业有可靠防护					
21			所有洞、孔均有可靠防护					
22	文明施工		防大气污染、渣土、细颗粒材料密闭存放、专人清扫保洁洒水压尘					
23			材料、工具和构、配件码放整齐，稳固					
24			管线布置顺畅，合理有序					
25			道路畅通，不积水，不凹凸不平					
26			防噪声污染强噪声机具采取封闭措施、人为活动噪声有控制措施					

续表 DG-028

序号	项目	检查人（签字）	检查要点		存在问题	整改要求	整改负责人	整改完成时间	备注
27	施工用电	监理工程师		外电高压线防护符合规定					
28				施工现场临电平面布置图应标明1、2级配电箱位置及线路走向、固定用电作业点等位置					
29				施工区线路架设、配电线路符合标准，装设的照明设备、灯具符合规范标准					
30				施工区配电符合规定，开关箱安装位置合理。满足"一机、一箱、一闸、一漏"					
31				配电线路穿过衬砌区域有可靠措施。满足安全要求					
32				配电箱箱体牢固、防雨（水），箱内无杂物、整洁，有编号，停用后断电加锁					
33				配电箱、开关箱内无带电体明露，无一闸多用现象					
34				1级和2级配电箱有可靠接地					
35				1级配电箱应设置配电室，2级设置防护棚，且各项防护措施（防雨、防火、排水等）到位					
36				作业地段照明符合安全规定					
37				手持电动工具绝缘良好，电源线无接头、损坏；电焊机安装、使用符合标准					
38	机械设备		起重设备	合格证、验收手续齐全；运行符合操作规程					
39				标牌、标识齐全，干净、清晰					
40				钢丝绳有无断丝、断股、无乱绳、卡扣连接牢固、润滑良好、符合安全使用要求，是否按规定配置信号工					
41				限位装置灵敏可靠、卡口和挂钩可靠					
42				防过放绳装置的功能是否正常					
43				设备干净，运行状态良好					
44			大型机械设备	合格证、验收手续齐全；运行符合操作规程					
45				标牌、标识齐全，干净、清晰					
46				设备干净，运行状态良好					
47			中小型机械	合格证、验收手续齐全；运行符合操作规程或使用要求					
48				标牌、标识齐全，干净、清晰					
49				设备干净，运行状态良好					

续表 DG-028

序号	项目	检查人（签字）	检查要点	存在问题	整改要求	整改负责人	整改完成时间	备注
50	盾构机范围	监理工程师	盾构机的推进过程的各项参数符合施工方案的要求					
51			盾构机故障排查及维护保养：各系统无异常声响，工作参数正常					
52			变压器及高压电缆安全防护：防水、防尘，无破损					
53			照明与通风设备的配备与检查：满足现场施工需要					
54	隧道内		轨枕、轨道（含道岔）：无倾斜及较大变形					
55			循环水管及污水管：无渗漏					
56			走台板及走台架：无倾斜、脱落					
57			高压电缆的防护：防水、无变形弯曲、警示标志齐备					
58	水平运输设备		电瓶车组：故障排查及保养					
59			防溜车措施及限速标志：斜坡、弯道、井口处					
60	垂直提升设备		龙门吊检查：关键部位检查					
61			吊索具：吊带撕裂、索具磨损程度、裂纹、断股断丝、扭转等					
62			龙门吊轨道：无弯曲变形、松动					
63			防雷、接地检查：是否符合规范					
64	地面作业面		渣土池挡土墙：无变形、无泄漏					
65			材料堆放：符合材料堆放要求，不会发生塌落					
66			浆液制造及输送系统：搅拌站故障排查及维护					
67	施工对环境影响		地下管线是否有异常					
68			地面是否有裂缝或发生突变的沉降					
69			周边建（构）筑物的状况是否良好					
70	消防与保卫	监理工程师	消防的设置是否符合规范/标准/规程或相关法规、条例、文件的要求					
71			现场有明显的防火标志，有足够使用的消防器材；消防器材未过期；相关人员是能正确使用消防器材					
72			门卫系统：非施工人员和无关人员不得进入施工现场					
73			有防汛值班，现场有足够的防汛应急物资					
74	卫生防疫		食堂的卫生防疫是否符合规范/标准/规程或相关法规、条例、文件的要求					
75			卫生间的卫生防疫是否符合要求					
76			宿舍的卫生防疫是否符合要求					
77	宿舍管理		宿舍整洁，无私拉乱接现象					
78			无私自改变统一布置现象					
79	其他							
驻地监理工程师审批意见			签字： 日期：	总监理工程师审批意见		签字： 日期：		

本表适用于监理部的定期安全复检。本表作为原始记录。根据检查出的问题严重程度，做出相应的处理措施。本表一式两份，检查单位和被检查单位各一份。被检查单位整改完成后回复，由检查单位复查验证。

四、临时用电安全自（复）检体系

四、煎煮中药用全日（夏）
季材剂

目 录

第1章 临时用电设备（施）进场安装验收 ... 287
1.1 电源设备进场、安装验收 ... 287
1.1.1 箱式变压器进场、安装验收 ... 287
1.1.2 发电机进场、安装验收 ... 287
1.2 配电箱进场验收 ... 287
1.3 电缆、照明设施进场验收 ... 288
1.4 配电箱、开关箱安装验收 ... 288
1.4.1 总配电箱安装验收 ... 288
1.4.2 分配电箱安装验收 ... 288
1.4.3 开关箱安装验收 ... 288
1.5 电缆线路安装验收 ... 289
1.6 生活区用电安装验收 ... 289
1.7 临时用电综合安装验收 ... 289

第2章 临时用电过程安全控制 ... 290
2.1 工区电工过程安全控制 ... 290
2.2 协作队电工过程安全控制 ... 290
2.3 安全员过程安全控制 ... 290

第3章 临时用电定期自（复）检、专项检查 ... 291
3.1 临时用电定期自（复）检 ... 291
3.2 临时用电专项检查 ... 291

附表 ... 292
箱变 进场、安装自（复）检验收表 表LD-001 ... 292
发电机 进场、安装自（复）检验收表 表LD-002 ... 293
配电箱 进场自（复）检验收表 表LD-003 ... 294
电缆、照明设施 进场自（复）检验收表 表LD-004 ... 295
总配电箱 安装自（复）检验收表 表LD-005 ... 296
分配电箱 安装自（复）检验收表 表LD-006 ... 297
开关箱 安装自（复）检验收表 表LD-007 ... 298
电缆线路 安装自（复）检验收表 表LD-008 ... 299
生活区用电 安装自（复）检验收表 表LD-009 ... 300
临时用电综合 安装自（复）检验收表 表LD-010 ... 301
工区电工 过程安全巡视表 表LD-011 ... 302
协作队电工 过程安全巡视表 表LD-012 ... 305

安全员　过程安全巡视表　表 LD-013 …… 306
电工　班前检查、交接班记录表　表 LD-014 …… 307
电工维修记录表　表 LD-015 …… 308
临时用电　定期自检表　表 LD-016 …… 309
临时用电　定期复检表　表 LD-017 …… 311
临时用电　专项检查表　表 LD-018 …… 312

第1章 临时用电设备（施）进场安装验收

1.1 电源设备进场、安装验收

1.1.1 箱式变压器进场、安装验收

根据箱式变压器进场、安装验收内容的要求，分为安装位置、资料、安装要求、管理制度及责任人、防护措施五个部分进行验收，见表 LD-001《箱变 进场、安装自（复）检验收表》。

箱式变压器进场、安装验收是以分项工程进行验收，由电气工程师负责组织实施。分别由工区电工、工区安全员、工区技术员、工区技术主管、项目安全员、电气工程师等对表中对应的内容进行核查，核查完成后分别填写检查结果并签字；由项目部机电管理部门、项目部安全管理部门对表中的对应内容进行复查，合格后签字认可，最后报项目部安全副经理审批。

自检合格后，由项目部安全管理部门报监理单位进行复检。

1.1.2 发电机进场、安装验收

根据发电机进场、安装验收内容的要求，分为资料、安装要求、管理制度、防护措施四个部分进行验收，见表 LD-002《发电机 进场、安装自（复）检验收表》。

发电机进场、安装验收是以分项工程进行验收，由电气工程师负责组织实施。分别由工区电工、工区安全员、项目安全员、电气工程师等对表中对应的内容进行核查，核查完成后分别填写检查结果并签字认可；由项目部机电管理部门、项目部安全管理部门对表中的对应内容进行复查，合格后签字认可，最后报项目部安全副经理审批。

自检合格后，由项目部安全管理部门报监理单位进行复检。

1.2 配电箱进场验收

根据配电箱进场验收内容的要求，分为资料、箱体、箱内设置、配线、漏电五个部分进行验收，见表 LD-003《配电箱 进场自（复）检验收表》。

配电箱进场验收是以分项工程进行验收，由工区电工负责组织实施。分别由工区电工、电气工程师等对表中对应的内容进行核查，核查完成后分别填写检查结果并签字认可；由项目部机电管理部门、项目部安全管理部门对表中的对应内容进行复查，合格后签字认可，最后报项目部安全副经理审批。

自检合格后，由项目部安全管理部门报监理单位进行复检。

1.3 电缆、照明设施进场验收

根据电缆、照明设施进场验收内容的要求，分为电缆、照明灯、面板及插座三个部分进行验收，见表 LD-004《电缆、照明设施 进场自（复）检验收表》。

电缆、照明设施进场验收是以分部分项工程进行验收，由工区电工负责组织实施。分别由工区电工、电气工程师等对表中的内容进行核查，核查完成后分别填写检查结果并签字认可；由项目部机电管理部门、项目部安全管理部门对表中的对应内容进行复查，合格后签字认可，最后报项目部安全副经理审批。

自检合格后，由项目部安全管理部门报监理单位进行复检。

1.4 配电箱、开关箱安装验收

1.4.1 总配电箱安装验收

根据总配电箱的安装验收内容的要求，分为安装位置、防护措施、安装要求、管理制度及标识、消防措施五个部分进行验收，见表 LD-005《总配电箱 安装自（复）检验收表》。

总配电箱安装验收是以分项工程进行验收，由电气工程师负责组织实施。分别由工区电工、工区安全员、项目安全员、电气工程师等对表中的内容进行核查，核查完成后分别填写检查结果并签字认可；由项目部机电管理部门、项目部安全管理部门对表中的对应内容进行复查，合格后签字认可，最后报项目部安全副经理审批。

自检合格后，由项目部安全管理部门报监理单位进行复检。

1.4.2 分配电箱安装验收

根据分配电箱的安装验收内容的要求，分为安装位置、防护措施、安装要求、管理制度及标识、消防措施五个部分进行验收，见表 LD-006《分配电箱 安装自（复）检验收表》。

分配电箱安装验收是以分项工程进行验收，由电气工程师负责组织实施。分别由工区电工、工区安全员、项目安全员、电气工程师等对表中的内容进行核查，核查完成后分别填写检查结果并签字认可；由项目部机电管理部门、项目部安全管理部门对表中的对应内容进行复查，合格后签字认可，最后报项目部安全副经理审批。

自检合格后，由项目部安全管理部门报监理单位进行复检。

1.4.3 开关箱安装验收

根据开关箱的安装验收内容的要求，分为安装位置、防护措施、安装要求、特殊环境漏电要求四个部分进行验收，见表 LD-007《开关箱 安装自（复）检验收表》。

开关箱安装验收是以分项工程进行验收，由工区电工负责组织实施。分别由协作队电工、工区电工、工区安全员等对表中的内容进行核查，核查完成后分别填写检查结果并签字认可；由项目部机电管理部门、项目部安全管理部门对表中的对应内容进行复查，合格后签字认可，最后报项目部安全副经理审批。

自检合格后，由项目部安全管理部门报监理单位进行复检。

1.5 电缆线路安装验收

根据电缆线路的安装验收内容的要求，分为埋地电缆、架空电缆两个部分进行验收，见表 LD-008《电缆线路 安装自（复）检验收表》。

电缆线路安装验收是以分项工程进行验收，由电气工程师负责组织实施。分别由工区电工、工区安全员、电气工程师等对表中的内容进行核查，核查完成后分别填写检查结果并签字认可；由项目部机电管理部门、项目部安全管理部门对表中的对应内容进行复查，合格后签字认可，最后报项目部安全副经理审批。

自检合格后，由项目部安全管理部门报监理单位进行复检。

1.6 生活区用电安装验收

根据生活区用电安装验收内容的要求，分为宿舍、食堂、浴室三个部分进行验收，见表 LD-009《生活区用电 安装自（复）检验收表》。

生活区用电安装验收是以分项工程进行验收，由电气工程师负责实施。分别由工区电工、电气工程师等对表中的内容进行核查，核查完成后分别填写检查结果并签字认可；由项目部机电管理部门、项目部安全管理部门对表中的对应内容进行复查，合格后签字认可，最后报项目部安全副经理审批。

自检合格后，由项目部安全管理部门报监理单位进行复检。

1.7 临时用电综合安装验收

根据临时用电综合安装验收内容的要求，分为施工组织设计方案、现场电源、配电箱、配电线路、照明设施、生活区线路、外电防护、其他八个部分进行验收，见表 LD-010《临时用电综合 安装自（复）检验收表》。

临时用电综合安装验收是以分部、分项工程进行验收，由项目部机电管理部门负责人组织实施。分别由工区电工、电气工程师、工区安全主管等对表中的内容进行核查，核查完成后分别填写检查结果并签字认可；由项目部机电管理部门、项目部安全管理部门对表中的对应内容进行复查，合格后签字认可，最后报项目部安全副经理审批。

自检合格后，由项目部安全管理部门报监理单位进行复检。

第 2 章 临时用电过程安全控制

2.1 工区电工过程安全控制

根据对施工现场临时用电存在的不安全因素分析，分别制定了《工区电工 过程安全巡视表》、《电工 班前检查、交接班记录表》《电工维修记录表》（表 LD-011、表 LD-014、表 LD-015），并根据安全控制要点中不安全因素出现的频率及出现的后果，列出了主控项目。

工区电工过程的安全巡视，由当值工区电工每天负责现场巡视检查，对检查中发现的问题进行督促整改。电工班前检查、交接，由前一班电工把现场存在的问题和未能及时处理的问题，对下一班电工进行交接。电工维修记录由工区电工每天对现场临时用电设施、设备进行检查，发现问题及时进行整改并记入维修记录本。由工区专职安全员及工区主管负责监督过程控制的效果并配合做好督促、整改；由项目部电气工程师及项目部安全管理部门负责临时用电控制要点的日常检查与巡视。

2.2 协作队电工过程安全控制

根据对施工现场临时用电存在的不安全因素分析，分别制定了《协作队电工 过程安全巡视表》、《电工 班前检查、交接班记录表》（表 LD-012、表 LD-014），并根据安全控制要点中不安全因素出现的频率及出现的后果，列出了主控项目。

协作队电工过程的安全巡视，由当班电工每天负责现场巡视检查，对检查中发现的问题进行整改。电工班前检查、交接，由前一班电工把现场存在的问题和未能及时处理的问题，对下一班电工进行交接。由工区电工及专职安全员负责监督过程控制的效果并配合做好督促、整改；由项目部电气工程师及项目部安全管理部门负责临时用电控制要点的日常检查与巡视。

2.3 安全员过程安全控制

根据对施工现场临时用电存在的不安全因素分析，制定了《安全员 过程安全巡视表》（表 LD-013），并根据安全控制要点中不安全因素出现的频率及出现的后果，列出了主控项目。

安全员过程的安全巡视，由安全员每天对现场进行巡视检查，对检查中发现的问题做好记录，并及时督促现场的电工进行整改。

第3章 临时用电定期自（复）检、专项检查

3.1 临时用电定期自（复）检

根据对施工现场临时用电存在的不安全因素分析，制定了《临时用电 定期自检表》（见表 LD-016）和《临时用电 定期复检表》（表 LD-017）。

根据临时用电定期检查的内容，分为配电线路与照明装置、配电箱、保护措施、用电设备、用电作业人员、资料六个部分进行检查。由项目安全副经理负责组织，由项目部机电管理部门负责人，电气工程师，工区电工负责检查，对检查中发现的问题进行汇总，并下发隐患整改通知。

3.2 临时用电专项检查

根据对施工现场临时用电存在的不安全因素分析，确定了《临时用电 专项检查表》（表 LD-018），并根据安全控制要点中不安全因素出现的频率及出现的后果，列出了主控项目。

根据临时用电专项检查的内容，分为接地、电气设备绝缘电阻、漏电保护器动作参数三部分进行检查。由项目部机电管理部门负责人组织，电气工程师、工区电工参加，在每个分部、分项工程投入使用前进行检查，除此外，每年的春季、雨季、冬季进行定期检查。开工前进行检查，对检查中发现的隐患，由工区电工负责及时进行整改落实。

附表

箱变 进场、安装自（复）检验收表　　　表 LD-001

工程名称：　　　　　　　施工部位：　　　　　　　编号：

序号	检查项目	检查内容	一检		二检		复检	
			负责人（签字）	检查情况	负责人（签字）	检查情况	负责人（签字）	检查情况
1	安装位置	符合施组要求	工区技术员：		工区技术主管：		监理工程师：	
2	资料	箱变的合格证、说明书等相关技术移交资料	电气工程师：		项目部机电管理部门：		监理工程师：	
3	安装要求	工作零和保护零做电气连接	工区电工：				监理工程师：	
4		接地电阻值						
5		分路应设漏电保护器						
6		电缆敷设					监理工程师：	
7	管理制度、责任人	箱变用电管理制度和操作规程	工区安全员：		项目部安全工程师：		监理工程师：	
8		明确责任人						
9	防护措施	符合"防水、防火、防漏、防砸、防小动物"的要求	工区电工：		工区安全主管：		监理工程师：	
10		周围应设置防护围栏	工区安全员：		项目部安全工程师：		监理工程师：	
11		安全警告标识						
12		周边严禁堆料及易燃易爆物品						
13		设置足够的消防器材						

工区主管审核意见：　　同意（　）/不同意（　）使用　　签字：　　日期：
项目部机电管理部门审核意见：同意（　）/不同意（　）使用　　签字：　　日期：
项目部安全管理部门审核意见：同意（　）/不同意（　）使用　　签字：　　日期：
项目部安全副经理审核意见：同意（　）/不同意（　）使用　　签字：　　日期：
驻地监理工程师意见：同意（　）/不同意（　）使用　　签字：　　日期：
总监办安全监理工程师意见：同意（　）/不同意（　）使用　　签字：　　日期：

注：本表由电气工程师负责组织实施，自检审批合格后，交项目部机电管理部门存档。

发电机 进场、安装自（复）检验收表　　表 LD-002

工程名称：　　　　　　　　　　施工部位：　　　　　　　　　编号：

序号	检查项目	检查内容	一检 负责人（签字）	一检 检查情况	二检 负责人（签字）	二检 检查情况	复检 负责人（签字）	复检 检查情况
1	资料	机械租赁合同和安全管理协议	电气工程师：		项目部机电管理部门：		监理工程师：	
2		产品合格证、使用说明书等						
3		出租单位配备专业操作人员且培训、考试合格	工区安全员：		项目部安全工程师：		监理工程师：	
4		安全技术交底	电气工程师：		项目部机电管理部门：		监理工程师：	
5	安全要求	在第一面授电箱（柜）形成 TN-S 系统，工作零线和保护地线做电气连接	工区电工：		项目部机电管理部门：		监理工程师：	
6		发电机控制屏的电压表、电流表等仪表数据指标应达到性能要求						
7		接线端子防护罩完好						
8		绝缘电阻值						
9		接地电阻值符合规范要求						
10	管理制度	操作规程齐全，责任人齐全	工区安全员：		项目部安全工程师：		监理工程师：	
11	防护措施	非静音发电机搭设专用全封闭式操作棚，排烟道伸出棚外						
12		周边及棚内严禁存放易燃易爆物						
13		燃油的存放符合消防及绿色施工要求						

工区主管审核意见：　同意（　）/不同意（　）使用　　　签字：　　　日期：
项目部机电管理部门审核意见：同意（　）/不同意（　）使用　签字：　　日期：
项目部安全管理部门审核意见：同意（　）/不同意（　）使用　签字：　　日期：
项目部安全副经理审核意见：同意（　）/不同意（　）使用　　签字：　　日期：
驻地监理工程师意见：同意（　）/不同意（　）使用　　　　签字：　　日期：
总监办安全监理工程师意见：同意（　）/不同意（　）使用　签字：　　日期：

注：本表由电气工程师负责组织实施，自检审批合格后，交项目部机电管理部门存档。

配电箱 进场自（复）检验收表　　表 LD-003

工程名称：　　　　　　　　施工部位：　　　　　　　　编号：

序号	检查项目	检查内容	一检		二检		复检	
			负责人（签字）	检查情况	负责人（签字）	检查情况	负责人（签字）	检查情况
1	资料	配电箱合格证、系统图、箱内电气装置的3C认证，低压成套开关设备检验记录等相关资料齐全	电气工程师：		项目部机电管理部门：		监理工程师：	
2	箱体	配电箱采用冷轧钢板、厚度不得小于1.5mm.开关箱的厚度不小于1.2mm的要求	工区电区：				监理工程师：	
3		箱体能防雨、无锈蚀变形						
4		箱体和PE排做好电气连接						
5		配电箱的锁具应完好						
6	箱内设置	配电箱应装设总、分路隔离开关，且具有明显可见分断点	工区电区：				监理工程师：	
7		箱内电器数量、尺寸参数符合要求						
8		箱内电器应安装在金属或非木质阻燃绝缘板上						
9		箱内电器装置、线路固定，进出线，端子板设置符合要求						
10		箱内N、PE线端子板分别设置						
11		箱内不得有带电体明露，护罩应完好						
12		开关箱内必须装设断路器和漏电保护器，断路器具有明显可见分断点						
13	配线	连接线必须采用铜芯导体，色标应符合，压接线符合规范要求，不得有明露体	工区电区：				监理工程师：	
14	漏电	漏电保护器参数与要求相匹配	电气工程师：				监理工程师：	
15		漏电保护器的动作参数由厂家调好，严禁使用可调型						

工区主管审核意见：　　　　同意（ ）/不同意（ ）使用	签字：	日期：
项目部机电管理部门审核意见：同意（ ）/不同意（ ）使用	签字：	日期：
项目部安全管理部门审核意见：同意（ ）/不同意（ ）使用	签字：	日期：
项目部安全副经理审核意见：同意（ ）/不同意（ ）使用	签字：	日期：
驻地监理工程师意见：同意（ ）/不同意（ ）使用	签字：	日期：
总监办安全监理工程师意见：同意（ ）/不同意（ ）使用	签字：	日期：

注：本表由工区电工负责组织实施，自检审批合格后，交项目部机电管理部门存档。

电缆、照明设施 进场自（复）检验收表　　表 LD-004

分项工程名称：　　　　　　　施工部位：　　　　　　　编号：

序号	检查项目	检查内容	一检 负责人（签字）	一检 检查情况	二检 负责人（签字）	二检 检查情况	复检 负责人（签字）	复检 检查情况
1	电缆	资料	合格证、检测报告等资料齐全	电气工程师：		项目部机电管理部门：		监理工程师：	
2	电缆	外观	铠装电缆外保护层有明显的标识、3C认证和制造厂标	工区电工：				监理工程师：	
3	电缆	外观	电缆的外观、线径、绝缘层的完整、厚度均匀情况满足要求						
4	电缆	参数	绝缘电阻值符合要求	工区电工：				监理工程师：	
5	照明灯	资料	灯具的合格证、3C认证标志应齐全	电气工程师：				监理工程师：	
6	照明灯	品质	外观、质量检查完好	工区电工：				监理工程师：	
7	面板及插座	资料	产品合格证、3C认证标志齐全	电气工程师：				监理工程师：	
8	面板及插座	品质	外观、质量检查完好	工区电工：				监理工程师：	

工区主管审核意见：	同意（ ）/不同意（ ）使用	签字：	日期：
项目部机电管理部门审核意见：同意（ ）/不同意（ ）使用		签字：	日期：
项目部安全管理部门审核意见：同意（ ）/不同意（ ）使用		签字：	日期：
项目部安全副经理审核意见：同意（ ）/不同意（ ）使用		签字：	日期：
驻地监理工程师意见：同意（ ）/不同意（ ）使用		签字：	日期：
总监办安全监理工程师意见：同意（ ）/不同意（ ）使用		签字：	日期：

注：本表由工区电工负责组织实施，自检审批合格后，交项目部机电管理部门存档。

总配电箱 安装自（复）检验收表　　表 LD-005

工程名称：　　　　　　　　施工部位：　　　　　　　　编号：

序号	检查项目	检查内容	一检 负责人（签字）	一检 检查情况	二检 负责人（签字）	二检 检查情况	复检 负责人（签字）	复检 检查情况
1	安装位置	总配电箱应结合现场条件，应设置在靠近电源的区域	电气工程师：		项目部机电管理部门：		监理工程师：	
2	防护措施	配电箱操作平台、防护栏、防雨和防砸棚设置符合要求，不带电的金属外壳做好保护接零，箱体周围应有足够两人同时工作的空间和通道	工区安全主管：				监理工程师：	
3	安装要求	配电箱的中心点与地面的垂直距离为 1.4～1.6m，并装设端正牢固，电缆沟槽符合要求	工区电工：				监理工程师：	
4		进出配电箱的电缆应加绝缘护套、成束卡固在箱体上，并标明路途						
5		重复接地线和端子排用螺栓连接，并压接牢固，重复接地电阻阻值不大于 10Ω						
6	管理制度、标识	安全操作规程、用电管理制度、安全用电标识、明确责任人	工区安全员：		项目部安全工程师：		监理工程师：	
7		分路标识、系统图、巡检表应齐全	工区电工；		项目部机电管理部门：		监理工程师：	
8	消防措施	配备足够的灭火器材，严禁存放易燃、易爆物	工区安全员：		项目部安全工程师：		监理工程师：	

工区主管审核意见：　同意（　）/不同意（　）使用　　签字：　　日期：
项目部机电管理部门审核意见：同意（　）/不同意（　）使用　　签字：　　日期：
项目部安全管理部门审核意见：同意（　）/不同意（　）使用　　签字：　　日期：
项目部安全副经理审核意见：同意（　）/不同意（　）使用　　签字：　　日期：
驻地监理工程师意见：同意（　）/不同意（　）使用　　签字：　　日期：
总监办安全监理工程师意见：同意（　）/不同意（　）使用　　签字：　　日期：

注：本表由电气工程师负责组织实施，自检审批合格后，交项目部机电管理部门存档。

分配电箱 安装自（复）检验收表　　表 LD-006

工程名称：　　　　　　　　施工部位：　　　　　　　　编号：

序号	检查项目	检查内容	一检 负责人（签字）	一检 检查情况	二检 负责人（签字）	二检 检查情况	复检 负责人（签字）	复检 检查情况
1	安装位置	分配电箱结合现场条件，应设置在靠近负荷相对集中的区域	电气工程师：		项目部机电管理部门：		监理工程师：	
2	防护措施	配电箱操作平台、防护栏、防雨和防砸棚设置符合要求，不带电的金属外壳做好保护接零，箱体周围应有足够两人同时工作的空间和通道	工区主任：				监理工程师：	
3	安装要求	配电箱的中心点与地面的垂直距离为1.4～1.6m，并装设端正牢固，电缆沟槽符合要求	工区电工：				监理工程师：	
4		进出配电箱的电缆应加绝缘护套、成束卡固在箱体上，并标明路途						
5		重复接地线和端子排用螺栓连接，并压接牢固，重复接地电阻阻值不大于10Ω						
6	管理制度、标识	设置安全操作规程、用电管理制度、安全标识、明确责任人	工区安全员：		项目部安全工程师：		监理工程师：	
7		分路标识、系统图、巡检表应齐全	工区电工：		项目部机电管理部门：		监理工程师：	
8	消防措施	配备足够的灭火器材，严禁存放易燃、易爆物	工区安全员：		项目部安全工程师：		监理工程师：	

工区主管审核意见： 同意（ ）/不同意（ ）使用　　签字：　　日期：
项目部机电管理部门审核意见：同意（ ）/不同意（ ）使用　　签字：　　日期：
项目部安全管理部门审核意见：同意（ ）/不同意（ ）使用　　签字：　　日期：
项目部安全副经理审核意见：同意（ ）/不同意（ ）使用　　签字：　　日期：
驻地监理工程师意见：同意（ ）/不同意（ ）使用　　签字：　　日期：
总监办安全监理工程师意见：同意（ ）/不同意（ ）使用　　签字：　　日期：

注：本表由电气工程师负责组织实施，自检审批合格后，交项目部机电管理部门存档。

开关箱 安装自（复）检验收表　　表 LD-007

工程名称：　　　　　　　　　施工部位：　　　　　　　　编号：

序号	检查项目	检查内容	一检		二检		复检	
			负责人（签字）	检查情况	负责人（签字）	检查情况	负责人（签字）	检查情况
1	安装位置	开关箱与分配电箱距离不超 30m，且与其控制的固定设备距离不超过 3m	工区电工：		项目部安全工程师：		监理工程师：	
2	防护措施	开关箱周围应有足够两人同时工作的空间和通道，不得堆放有碍操作的杂物和易燃物	工区电工：				监理工程师：	
3		开关箱到设备的电缆要有保护措施	协作队电工：		项目部机电管理部门：		监理工程师：	
4	安装要求	箱内配置具有可见分断点的隔离开关和漏电保护器	协作队电工：				监理工程师：	
5		照明和动力不得混用						
6		箱体中心点距地面距离为 0.8~1.6m						
7		漏电保护器的漏电动作电流应不大于 30mA，动作时间不应大于 0.1s						
8	特殊环境漏电	潮湿环境的漏电保护器的漏电动作电流应不大于 15mA，动作时间不大于 0.1s	工区电工：		项目部安全工程师：		监理工程师：	

工区主管审核意见： 同意（ ）/不同意（ ）使用	签字：	日期：
项目部机电管理部门审核意见：同意（ ）/不同意（ ）使用	签字：	日期：
项目部安全管理部门审核意见：同意（ ）/不同意（ ）使用	签字：	日期：
项目部安全副经理审核意见：同意（ ）/不同意（ ）使用	签字：	日期：
驻地监理工程师意见：同意（ ）/不同意（ ）使用	签字：	日期：
总监办安全监理工程师意见：同意（ ）/不同意（ ）使用	签字：	日期：

注：本表由工区电工负责组织实施，自检审批合格后，由项目部机电管理部门存档。

电缆线路 安装自（复）检验收表　　表 LD-008

分项工程名称：　　　　　　　　施工部位：　　　　　　　　编号：

序号	检查项目	检查内容	一检 负责人（签字）	一检 检查情况	二检 负责人（签字）	二检 检查情况	复检 负责人（签字）	复检 检查情况
1	选型	直接埋地电缆宜选用铠装电缆；选用无铠装电缆时应防水、防腐	工区电工：		项目部机电管理部门：		监理工程师：	
2	敷设	埋地敷设深度不得低于0.7m，上、下、左、右均匀敷设不小于50mm厚的细沙，上面做硬质保护层						
3	埋地电缆 保护措施	埋设电缆引出地面从2m高到地下 0.2m 处，必须加防护套管，防护套管的内径不得小于电缆外径的 1.5 倍						
4	保护措施	埋地电缆与其外电电缆和管沟的平行间距不得小于 2m，交叉间距不得小于 1m			项目部安全工程师：			
5		埋地电缆的接头应设在地面上的接线盒内，接线盒应能防水、防尘、防机械损伤			项目部机电管理部门：			
6	标识	埋地电缆设方位标志			项目部安全工程师：			
7	高度	架空电缆高度符合规范要求	工区电工：				监理工程师：	
8	架空电缆 架设	钢索上电缆布线吊装时符合规范要求			项目部机电管理部门：			
9		架空电缆敷设高度应符合规范要求						
10		架空电缆应沿电杆、支架或墙壁敷设，并用绝缘子固定						
11	保护	电缆线路必须有短路、过载、漏电保护						
工区主管审核意见：　　同意（　）/不同意（　）使用　　签字：　　日期：								
项目部机电管理部门审核意见：同意（　）/不同意（　）使用　　签字：　　日期：								
项目部安全管理部门审核意见：同意（　）/不同意（　）使用　　签字：　　日期：								
项目部安全副经理审核意见：同意（　）/不同意（　）使用　　签字：　　日期：								
驻地监理工程师意见：同意（　）/不同意（　）使用　　签字：　　日期：								
总监办安全监理工程师意见：同意（　）/不同意（　）使用　　签字：　　日期：								

注：本表由电气工程负责组织实施，自检审批合格后，由项目部机电管理部门存档。

生活区用电 安装自（复）检验收表　　　表 LD-009

工程名称：　　　　　　　　　施工部位：　　　　　　　　　编号：

序号	检查部位	检查内容	一检 负责人（签字）	一检 检查情况	二检 负责人（签字）	二检 检查情况	复检 负责人（签字）	复检 检查情况
1	宿舍	生活区的照明、插座、空调宜实行分路控制，配电线路应满足负荷要求	工区电区：		项目部机电管理部门：		监理工程师：	
2		安装要求 工作零线和保护地线线径符合规范要求	电气工程师：					
3		配电箱安装牢固，箱内有短路保护和过载、漏电保护	工区电工：					
4		室内开关、插座和照明灯具的安装位置、高度应符合规范要求						
5		布线 室内配线应采用穿管架设，采用的 PVC 管应为阻燃和绝缘材料	工区电工：					
6		应采用绝缘导线或电缆敷设，接头应进行绝缘包扎						
7		管理 配电箱锁具完好，并设专门负责人，标识齐全	电气工程师：					
8	食堂	安装要求 动力、照明应分路设置，单独控制	工区电工：					
9		炊事机具实行"一机、一闸、一箱、一漏"的原则						
10		设施要求 照明灯具应采用防水、防潮灯具						
11		应采用防水型插座						
12	浴室	安装要求 电线路穿管敷设，做好防潮处理	工区电工：					
13		设施要求 取暖灯具高度不低于 2.5m	工区电工：					
14		照明灯具应采用防水、防潮灯具						
15		应采用防水型插座						

工区主管审核意见：　　同意（　）/不同意（　）使用　　签字：　　　　日期：
项目部机电管理部门审核意见：同意（　）/不同意（　）使用　　签字：　　　　日期：
项目部安全管理部门审核意见：同意（　）/不同意（　）使用　　签字：　　　　日期：
项目部安全副经理审核意见：同意（　）/不同意（　）使用　　签字：　　　　日期：
驻地监理工程师意见：同意（　）/不同意（　）使用　　签字：　　　　日期：
总监办安全监理工程师意见：同意（　）/不同意（　）使用　　签字：　　　　日期：

注：本表由电气工程负责组织实施，自检审批合格后，由项目部机电管理部门存档。

临时用电综合 安装自（复）检验收表　　表 LD-010

工程名称：　　　　　　　　　　施工部位：　　　　　　　　　编号：

序号	检查项目	检查内容	一检		二检		复检	
			负责人（签字）	检查情况	负责人（签字）	检查情况	负责人（签字）	检查情况
1	施工组织设计方案	用电设备 5 台以上或设备总容量在 50kW 以上者，应编制施组，履行审批手续	工区安全主管		项目部安全工程师		监理工程师	
2	现场电源	变压器或发电机安装、验收	电气工程师：		项目部机电管理部门：		监理工程师：	
3	配电箱	进场验收、安装位置符合要求、箱体牢固、防雨、防砸棚，进出线加防护套，无带电明露体，标识、系统图齐全						
4	配电线路	电缆进场达到验收标准；电缆敷设符合要求，电缆完好、无老化、破皮现象						
5	照明设施	照明灯具安装使用符合规范要求						
6	生活区线路	电线或电缆进场达到验收标准；布线安装符合规范要求						
7	外电防护	外电安全防护措施符合规范要求						
8	其他	交流电焊机设专用防触电保护装置，焊把线双线到位，电缆线无破损	工区电工：					

工区主管审核意见：　同意（ ）/不同意（ ）使用　　　签字：　　　　日期：
项目部机电管理部门审核意见：同意（ ）/不同意（ ）使用　　签字：　　　　日期：
项目部安全管理部门审核意见：同意（ ）/不同意（ ）使用　　签字：　　　　日期：
项目部安全副经理审核意见：同意（ ）/不同意（ ）使用　　　签字：　　　　日期：
驻地监理工程师意见：同意（ ）/不同意（ ）使用　　　　签字：　　　　日期：
总监办安全监理工程师意见：同意（ ）/不同意（ ）使用　　签字：　　　　日期：

注：本表按分部分项工程进行验收，机电部长负责组织实施，自检合格后，由项目部机电管理部门存档。

工区电工 过程安全巡视表 表 LD-011

工程名称： 施工部位： 编号：

序号	检查项目		控制要点	控制级别	检查情况	处理情况
1	配电	安装位置	分配电箱与开关箱之间的距离不得大于30m，固定开关箱与设备距离不大于3m	主控		
2			配电箱、开关箱的电源线进线端严禁采用插头或插座做活动连接	主控		
3		安装设置	动力开关箱和照明开关箱必须分设	主控		
4			开关箱满足"一机、一闸、一漏、一箱"的原则	主控		
5			箱内无带电明露体，漏电保护器上下防护罩齐全	主控		
6			漏电保护器动作灵敏、有效	主控		
7		接线	PE线严禁断开或有接头，并压接紧固	一般		
8			单相设备和电焊机接线时做到三相负荷平衡	主控		
9			箱内无杂物，门、锁齐全有效	一般		
10			有责任人、箱体编号、分路用途标识、系统图、配电箱巡检表	一般		
11		管理制度	配电箱周围不得堆放任何妨碍操作、维修的物品，不得有易燃易爆品	主控		
12			检修时必须设两名电工操作，一名电工将前一级的电源隔离开关分闸断电，并悬挂"禁止合闸，有人工作"的标识，并负责看护	主控		
13			现场分配电箱、开关箱结束工作后及时上锁	主控		

续表 LD-011

序号	检查项目		控制要点	控制级别	检查情况	处理情况
14	电缆	安装设置	电缆线垂直敷设时应利用竖井或垂直洞口，采用绝缘材料固定，固定点符合要求	一般		
15			电缆宜沿墙水平敷设，距地距离不小于2m	一般		
16			电缆线严禁私接乱拉	一般		
17		接线	PE线和N线严禁混用，PE线严禁作负荷线	主控		
18		保护措施	埋地电缆方位标志清晰	主控		
19			架空电缆有绝缘措施	主控		
20			明敷电缆有保护措施齐全	主控		
21			电缆线无破损	主控		
22	焊接机械	安装位置	电焊机放在防雨、干燥和通风的地方，焊接现场无易燃、易爆物品	主控		
23		设置	交流电焊机装设漏电保护器和防二次侧触电保护器	主控		
24			电焊机一次侧电线长度应小于5m，二次侧焊把线长度应小于30m	主控		
25		接线	一次侧接线必须由电工进行操作	主控		
26		保护措施	电焊机械的一次侧，二次侧防护罩齐全、牢固，双线到位，且无老化、破损现象	主控		
27	中小型机械	开关箱	控制箱体完整，电器配置符合规范要求，箱内不得有带电体明露	一般		
28			严禁从电源侧上线口进行接线	主控		
29		接线	进出配电箱的N线和PE线，必须经过端子板进行连接	一般		
30			相线严禁用端子板压接	主控		
31			电缆线不得有接头	一般		
32		开关使用	3kW以上设备操作频繁时应使用交流接触器进行启动控制	一般		
33			严禁使用倒顺开关	主控		

续表 LD-011

序号	检查项目		控制要点	控制级别	检查情况	处理情况
34	手持电动工具	开关箱	设专用的开关箱	主控		
35		使用	采用耐气候的橡胶护套铜芯软电缆，严禁有接头	一般		
36			外壳、手柄、插头、开关完好无损	主控		
37			潮湿场所或金属框架内必须用二、三类手持电动工具	主控		
38		保护	操作者穿戴绝缘手套	一般		
39	现场照明	电压	比较潮湿或灯具离地面高度低于2.5m场所必须使用36V安全电压；潮湿和易触及带电体场所的照明，电源电压不得大于24V；特别潮湿的场所、导电良好的地面、金属容器内的照明，电源电压不得大于12V	主控		
40		使用	现场行灯电源电压不大于36V，灯体与手柄绝缘良好，金属网、反光罩、悬挂勾固定在绝缘部位上	一般		
41		防护措施	普通灯具与易燃物距离大于300mm，碘钨灯等高热灯具与易燃物距离大于500mm	主控		
42			镝灯必须有防雨棚，变压器有防护罩	主控		
43	生活区	电器	宿舍内不得使用热得快、电褥子等违规电器	主控		
44		取暖	严禁私拉乱接，制冷、取暖电气设备必须装在专用插座上，取暖设备严禁烘烤衣物	主控		
45		开关	灯口、开关、面板无损坏	一般		

检查人签字： 检查时间：

注：本表为由协作队电工每天进行过程检查，每月底交送项目部机电管理部门存档。

协作队电工 过程安全巡视表   表 LD-012

分项工程名称：　　　　　　　施工部位：　　　　　　　编号：

序号	检查项目		控制要点	控制级别	检查情况	处理情况
1	开关箱	箱内设置	箱内无杂物，门、锁良好，用电标识及防雨措施完好	主控		
2			箱内漏电保护器的上下防护罩完好，每日对漏电保护器进行动作试验	一般		
3			箱门与箱体之间采用编制软铜线连接；箱内导线压接牢固，保护零线、工作零线压接完好	主控		
4		接线	箱底进出线采用橡胶护套绝缘电缆，固定可靠	一般		
5		位置	小型机具配备开关箱，开关箱与设备距离不大于3m	一般		
6		使用维修	各种小型机具的接线由电工负责，不允许非电工进行接线	主控		
7			检修时必须设两名电工操作，一名电工将前一级的电源隔离开关分闸断电，并悬挂"禁止合闸，有人工作"的标识，并负责看护	主控		
8			开关箱停用1小时以上或结束工作后及时上锁	主控		
9	中小型设备	开关箱	控制箱体完整，闸具配置符合规范要求，箱内不得有带电体明露	一般		
10		接线	严禁从电源侧上线口进行接线	主控		
11		使用	严禁使用倒顺开关；电缆线不得有接头	主控		
12			现场夯土机械的扶手绝缘，操作人员按规定穿戴绝缘防护用品，设专人调整电缆，电缆长度不得大于50m	一般		
13	手持式电动工具	保护	操作人员按规定穿戴绝缘防护用品	一般		
14		外观	外壳、手柄、插头、开关完好无损	主控		
15		电缆	采用耐气候的橡胶护套铜芯软电缆，不得有接头	主控		
16	现场照明	行灯	现场行灯的灯体与手柄绝缘良好，金属网、反光罩、悬吊挂勾固定在绝缘部位上	一般		
17		碘钨灯	碘钨灯必须与金属支架绝缘，外壳有接零保护	主控		
18		防护	普通灯具与易燃物距离大于300mm，碘钨灯等高热灯具与易燃物距离大于500mm	主控		

检查人签字：　　　　　　　　　　　　　　　　　检查时间：

注：本表由协作队电工每天进行过程检查，每月底交送项目部机电管理部门存档。

安全员 过程安全巡视表　　　　　表 LD-013

分项工程名称：　　　　　　　　施工部位：　　　　　　　　编号：

序号	检查项目		控制要点	控制级别	检查情况	处理情况
1	现场临电平面布置情况		熟知临时用电施工组织设计内容、配电箱位置及线路走向、现场作业点等	主控		
2	用电安全班前教育		教育班组人员"严禁非电工人员进行电气作业"等相关教育，履行签字手续	主控		
3	持证上岗		电工证件真实、有效，随身携带复印件	主控		
4	配电箱	设置	实行三级配电，配电箱、开关箱安装位置合理，采用"一机、一闸、一漏、一箱"	主控		
5		使用	配电箱、开关箱内无带电体明露	主控		
6			"一闸多机"现象	主控		
7			设备停用后必须断电上锁	主控		
8		标识	各项安全警示标识齐全，责任人明确，箱体统一编号	一般		
9		防护措施	箱体牢固、防雨措施到位，箱内整洁，无杂物	一般		
10			配电箱的重复接地和防护棚外壳接地齐全	主控		
11			配电箱设置防护棚，且灭火器等防护措施到位	一般		
12	电用设备	电动工具	必须采用移动式开关箱	一般		
13			操作人员的劳动保护用品穿戴齐全	主控		
14			严禁使用倒顺开关，插线连接板	一般		
15			用电设备防护装置齐全有效	一般		
16		电焊机	设电焊机专用开关箱	一般		
17			一次线长度不超过 5m，二次线长度不超过 30m，双线到位	主控		
18			焊接设备严禁借用金属构件、管道做焊接回路	主控		
19			焊把线、焊钳手柄无损坏	主控		
20			施焊点周围 10m 内严禁堆放易燃、易爆物品	一般		
21			严禁雨雪天在露天环境下作业	主控		
22	电气保护	接零	施工机具有可靠的接零保护	一般		
23		漏电	配电箱、开关箱内保护装置灵敏有效	一般		
24		检修	用电设备检修时应断电，悬挂警示牌，设专人看守	主控		
25	线路与照明	线路	架空线须采用瓷瓶、护线套、线卡固定、严禁架设在脚手架、护栏等设施上	一般		
26			线路无拖地、浸泡、缠绕、老化破损、交叉等现象	主控		
27			埋地线路地面应设置警示标识	主控		
28		照明	作业面采用低压照明灯具和行灯变压器，手持式灯具有绝缘防护，有保护罩	一般		
29			应急灯具设置符合现场实际需要	主控		

检查人签字：　　　　　　　　　　　　　　　　　　　检查时间：

注：本表由安全员每天进行过程检查，每月底送交项目部机电管理部门存档。

电工 班前检查、交接班记录表 　　表LD-014

分项工程名称：　　　　　　　　　施工部位：　　　　　　　　编号：

名称	序号	主要内容	值班时间： 年 月 日 ___时至 年 月 日 ___时			
			工作情况	处理情况	交接内容	备注
交接班记录	1	工作状况	已完成（ ） 未完成（ ）			
	2	电动机械用电状况	良好（ ） 损坏（ ）			
	3	照明灯具情况	良好（ ） 损坏（ ）			
	4	电气故障情况	有（ ） 没有（ ）			
	5	隐患违章情况	有（ ） 无（ ）			
	6	安全用电防护情况	良好（ ） 损坏（ ）			
	7	重点部位巡查情况	有（ ） 无（ ）			
	8	其他重要情况	有（ ） 无（ ）			
交班人意见：　同意（ ）/不同意（ ）交接　　　签字：							
接班人意见：　同意（ ）/不同意（ ）交接　　　签字：							
交接班时间：　　　点　　分							

注：在交接班前进行检查，在工作情况一栏划（√），不符合时填写处理情况，并进行交接。

电工维修记录表　　　　表 LD-015

工程名称：　　　　　　　　　施工部位：　　　　　　　　　　编号：

序号	检查项目	检查内容	隐患情况	维修情况
1	外电防护	按方案进行防护并做到严密，安全可靠		
2	接地或接零保护系统	工作接地、重复接地牢固可靠。系统保护零线重复接地不少于3处。工作接地电阻不大于4Ω，定期检测重复接地电阻，阻值不大于10Ω。保护零线正确，采用绿/黄双色线其截面与工作零线截面相同或不小于相线的1/2，严禁将绿/黄双色线用做负荷线		
3	配电箱开关箱	总配电箱中应在电源隔离开关（可视明显断开点）的负荷侧装置漏电保护器，并灵敏可靠。分配电箱设置正确并与开关箱距离不大于30m。固定开关箱（一机一闸一漏一箱）漏电保护装置在设备负荷侧，灵敏可靠，并距离设备不大于3m。固定配电箱、开关箱安装位置正确，高度在1.4～1.6m。移动配电箱、开关箱安装高度在0.8～1.6m。电箱底进出线，不混乱，并应加绝缘护套采用固定线夹成束卡固在箱体花栏架构上。箱内无杂物，有门、锁、编号、防触电标志及防雨措施。闸具、保护零线端子、工作零线端子齐全完好。箱门与箱体之间必须采用编制软铜线电气连接。电器用途明确标识。箱内不应有带电明露点。箱内应有配电系统图		
4	现场、生活区照明	现场照明回路有漏电保护器，动作灵敏可靠。灯具金属外壳应做保护接零。室内220V灯具安装高度大于2.5m，低于2.5m使用安全电压供电。手持照明灯具必须使用电压36V（含）以下照明，电源线必须采用橡套电缆线，不得使用塑绞线，手柄及外防护罩完好无损。低压安全变压器应放置在专用配电箱内。碘钨灯照明必须采用密闭式防雨灯具，金属灯具和金属支架应做好保护接零，架杆手持部位应采取绝缘措施，电源线必须采用橡套电缆线，电源侧应装设漏电保护器		
5	配电线路	配电线路无老化、破损、断裂现象，与交通线路交叉的电源线应符合有关安装架设标准有线路过路保护。架空线路架符合有关规定，严禁架在树木、脚手架上		
6	变配电装置	露天变压器设置符合规定要求，配电元器件间距符合规范要求，并有可靠安全的防护措施，及正确悬挂警告标志，门应朝外开，有锁。变配电室内不得堆放杂物，并设有消防器材。发电机组及其配电室内严禁存放贮油桶，发电机设有短路、过负荷保护。配电室必须有相应的配电制度、配电平面图、配电系统图、防火管理制度、值班制度、责任人；具有良好的照明及应急照明；具有防止小动物的措施；具有良好的绝缘操作措施；良好通风条件。易发热元件是否在正常工作范围内		
7	其他	除以上内容发现的其他隐患		

维修人签字：　　　　　　　　　　　　　检查时间：

注：本表由工区电工维修时进行填写，每月的月底上交项目部机电管理部门存档。

临时用电 定期自检表　　　　表 LD-016

工程名称：　　　　　　　　施工部位：　　　　　　　　编号：

序号	检查项目		控制要点	负责人（负责人签字）	检查情况	处理意见
1	配电线路与照明装置	线路敷设	施工区、生活区配电线路符合标准	电气工程师：		
2		照明装置	施工区、生活区按规范标准装设照明设备			
3		低压照明	低压照明灯具和变压器安装、使用符合标准			
4		特殊部位	特殊部位的内外电线路采用安全防护措施			
5	配电箱	设置	施工现场实行分级配电，配电箱、开关箱安装位置合格。采用"一机、一闸、一漏、一箱"	项目部机电管理部门：		
6		安装	配电箱、开关箱安装和箱内配置符合规范，选型合理，标明用途			
7		带电体	配电箱、开关箱内无带电体明露及一闸多机			
8		维护	箱体牢固、防雨措施，箱内无杂物、整洁、编号，停用后断电加锁			
9	保护措施	配电系统	采用三相五线制 TN－S 接零保护系统			
10		施工机具	电动机具金属外壳有可靠接零			
11		防雷	现场的高大设施按标准装设避雷装置			
12		漏电保护	配电箱、开关箱内保护装置灵敏有效			
13		劳动保护	电工熟知本工程的用电情况，防护用品穿戴齐全，检修时断电，挂警示牌			

续表 LD-016

序号	检查项目		控制要点	负责人（负责人签字）	检查情况	处理意见
14	用电设备	机具电线	施工机具电源入线压接牢固，无乱拉、扯、压、砸、裸露破损现象	电气工程师：		
15		手持工具	手持电动工具绝缘良好，电源线无接头、损坏			
16		电焊机	安装、使用符合标准			
17	用电作业人员	工区电工	安装、使用、巡视作业达标	项目部安全工程师：		
18		协作队电工	使用、维修、巡视作业达标			
19		施组审批	临时用电施工组织设计、变更资料及审批手续	电气工程师：		
20		临时协议安全交底	临时用电管理协议、电气安全技术交底			
21		器材合格证	临时用电器材产品合格证			
22	资料	验收、值班，维修记录	电工值班、维修记录、临时用电验收记录			
23		测试、调试记录	电气设备测试、调试记录、接地电阻测试记录			
24		检查、整改	检查及隐患整改记录齐全			
25		证件审核	审核特殊工种证件审核的有效性			
26		应知考试	职工应知、应会考试资料齐全			

项目部安全副经理意见：

签字： 年 月 日

注：本表由项目部安全副经理组织项目部机电管理部门负责人、项目部安全工程师、电气工程师、工区电工每月分二次自检，由项目部机电管理部门存档。

临时用电 定期复检表　　　　表 LD-017

工程名称：　　　　　　　施工部位：　　　　　　　编号：

序号	检查项目		控制要点	负责人（负责人签字）	检查情况	处理意见
1	配电线路与照明装置	线路敷设	施工区、生活区配电线路符合标准	监理工程师：		
2		照明装置	施工区、生活区按规范标准装设照明设备			
3		低压照明	低压照明灯具和变压器安装、使用符合标准			
4		特殊部位	特殊部位的内外电线路采用安全防护措施			
5	配电箱	设置	施工现场实行分级配电，配电箱、开关箱安装位置合格。采用"一机、一闸、一漏、一箱"	驻地监理工程师：		
6		安装	配电箱、开关箱安装和箱内配置符合规范，选型合理，标明用途			
7		带电体	配电箱、开关箱内无带电体明露及一闸多机			
8		维护	箱体牢固、防雨措施，箱内无杂物、整洁、编号，停用后断电加锁			
9	保护措施	配电系统	采用三相五线制 TN-S 接零保护系统			
10		施工机具	电动机具金属外壳有可靠接零			
11		防雷	现场的高大设施按标准装设避雷装置			
12		漏电保护	配电箱、开关箱内保护装置灵敏有效			
13		劳动保护	电工熟知本工程的用电情况，防护用品穿戴齐全、检修时断电，挂警示牌			
14	用电设备	机具电线	施工机具电源入线压接牢固，无乱拉、扯、压、砸、裸露破损现象	监理工程师：		
15		手持工具	手持电动工具绝缘良好，电源线无接头、损坏			
16		电焊机	安装、使用符合标准			
17	用电作业人员	工区电工	安装、使用、巡视作业达标			
18		协作队电工	使用、维修、巡视作业达标			
19	资料	施组审批	临时用电施工组织设计、变更资料及审批手续	驻地监理工程师：		
20		临时协议安全交底	临时用电管理协议、电气安全技术交底			
21		器材合格证	临时用电器材产品合格证			
22		验收、值班，维修记录	电工值班、维修记录、临时用电验收记录			
23		测试、调试记录	电气设备测试、调试记录、接地电阻测试记录			
24		检查、整改	检查及隐患整改记录齐全			
25		证件审核	审核特殊工种证件审核的有效性			
26		应知考试	职工应知、应会考试资料齐全			

总监理工程师意见：　　　　　　　　　　签字：　　　　　　年　月　日

注：本表由驻地监理工程师组织监理工程师，每月分两次复检，由监理部存档。

临时用电 专项检查表 表 LD-018

分项工程名称：　　　　　　　施工部位：　　　　　　　编号：

序号	检查项目		控制要点	控制级别	负责人	检查情况	处理意见
1	接地	发电机	现场单台容量超过100kVA或使用发电机的其工作接地电阻值不大于4Ω	主控	电气工程师：		
2		重复接地	重复接地电阻值不大于10Ω	主控			
3		门吊接地	门吊轨道接地装置阻值不大于4Ω，端头做环形电气连接	主控			
4		连接	接地装置的电气连接可靠	一般			
5	电气设备绝缘电阻	手持电动工具	手持式一类电动工具绝缘阻值大于2MΩ，手持式二类电动工具绝缘阻值大于7MΩ	一般	电气工程师：		
6		电焊机	电焊机线圈对其外壳的热态绝缘电阻值不小于0.4MΩ	主控			
7		低压电器	低压电器燥场所绝缘电阻值不小于1MΩ，电压电器潮湿场所越远电阻值不小于0.5MΩ	主控			
8		导线相间	低压电线和电缆的线间、线对地间绝缘电阻值大于0.5MΩ	主控			
9	漏电保护器动作参数	配电箱	总配电箱中的漏电保护器的动作电流大于30mA，动作时间大于0.1s，其两项乘积不大于30mA·s	主控	电气工程师：		
10		开关箱	开关箱中漏电保护器动作电流不大于30mA，动作时间不大于0.1s	主控			
11		特殊场所	潮湿或有腐蚀介质场所的漏电保护器采用防溅型产品，其动作电流不大于15mA，动作时间不大于0.1s	主控			

项目部机电管理部门负责人意见：

　　　　　　　　　　　　　　　　签字：　　　　　年　月　日

注：由项目部机电管理部门负责组织电气工程师、工区电工参加，在每个分部分项工程投入使用前进行检查，除此外每年的春季、雨季、冬季进行定期检查。开工前进行检查。

五、施工机械安全自（复）检体系

目 录

第 1 章 起重设备 ··· 319
  1.1 门（桥）式起重机 ··· 319
    1.1.1 进场前控制 ··· 319
    1.1.2 设备进场验收表 ··· 319
    1.1.3 地基基础、轨道验收 ·· 319
    1.1.4 安拆前控制 ··· 319
    1.1.5 安装、拆除过程控制 ·· 320
    1.1.6 班前检查及交接班记录 ·· 320
    1.1.7 "长、大、重"吊件吊运审查表 ······································ 320
    1.1.8 作业过程安全巡视监督检查 ··· 320
    1.1.9 定期检查 ··· 320
  1.2 塔式起重机 ·· 320
    1.2.1 进场前控制 ··· 320
    1.2.2 设备进场验收表 ··· 321
    1.2.3 地基基础、轨道验收 ·· 321
    1.2.4 安拆前控制 ··· 321
    1.2.5 安装、拆除过程控制 ·· 321
    1.2.6 班前检查及交接班记录 ·· 321
    1.2.7 "长、大、重"吊件吊运审查表 ······································ 321
    1.2.8 作业过程安全巡视监督检查 ··· 322
    1.2.9 定期检查 ··· 322
  1.3 汽车吊（含履带式） ·· 322
    1.3.1 设备进场验收表 ··· 322
    1.3.2 班前控制 ··· 322
    1.3.3 过程控制 ··· 322
    1.3.4 定期检查 ··· 322
  1.4 电动葫芦提升架 ·· 323
    1.4.1 安装前检查 ··· 323
    1.4.2 安装、拆除过程控制 ·· 323
    1.4.3 作业前控制 ··· 323
    1.4.4 过程控制 ··· 323

第 2 章 大型机械设备 ·· 324
  2.1 土方机械 ·· 324

		2.1.1 进场控制 …………………………………………………… 324

      2.1.1 进场控制 …………………………………………………… 324
      2.1.2 作业前控制 ………………………………………………… 324
  2.2 发电机 …………………………………………………………… 324
      2.2.1 进场控制 …………………………………………………… 324
      2.2.2 作业前控制 ………………………………………………… 324
  2.3 混凝土搅拌机 …………………………………………………… 324
      2.3.1 进场控制 …………………………………………………… 324
      2.3.2 作业前控制 ………………………………………………… 325
  2.4 空气压缩机 ……………………………………………………… 325
      2.4.1 进场控制 …………………………………………………… 325
      2.4.2 作业前控制 ………………………………………………… 325
  2.5 桩工机械 ………………………………………………………… 325
      2.5.1 进场控制 …………………………………………………… 325
      2.5.2 作业前控制 ………………………………………………… 325
  2.6 混凝土泵（注浆机）…………………………………………… 325
      2.6.1 进场控制 …………………………………………………… 325
      2.6.2 作业前控制 ………………………………………………… 326
  2.7 大型机械设备作业过程巡视 …………………………………… 326
      2.7.1 专业工程师专业过程巡视 ………………………………… 326
      2.7.2 安全员作业过程监督巡视 ………………………………… 326

第3章 中小型机械 …………………………………………………… 327
  3.1 木工机械 ………………………………………………………… 327
      3.1.1 进场控制 …………………………………………………… 327
      3.1.2 作业前控制 ………………………………………………… 327
  3.2 钢筋机械 ………………………………………………………… 327
      3.2.1 进场控制 …………………………………………………… 327
      3.2.2 作业前控制 ………………………………………………… 327
  3.3 过程控制 ………………………………………………………… 327
      3.3.1 专业工程师过程控制 ……………………………………… 327
      3.3.2 安全员作业过程监督巡视 ………………………………… 328

第4章 其他中小型机械 ……………………………………………… 329
  4.1 进场控制 ………………………………………………………… 329
  4.2 作业前控制 ……………………………………………………… 329
  4.3 作业过程控制 …………………………………………………… 329

附表 …………………………………………………………………… 330
  门（桥）式起重机进场前控制自（复）检审查表　表MQ-001 …… 330
  门（桥）式起重机设备进场验收自（复）检表　表MQ-002 ……… 331
  门（桥）式起重机地基基础、轨道验收记录　表MQ-003 ………… 332
  门（桥）式起重机安拆前控制审查表　表MQ-004 ………………… 333

门（桥）式起重机安装、拆除过程安全控制表	表 MQ-005	334
门（桥）式起重机班前检查及交接班记录表	表 MQ-006	335
起重机"长、大、重"吊件吊运审批表	表 MQ-007	336
门（桥）式起重机作业过程机械工程师巡视监督检查表	表 MQ-008	337
门（桥）式起重设备作业过程安全工程师巡视监督检查表	表 MQ-009	338
门（桥）式起重设备定期自（复）检记录表	表 MQ-010	339
机械设备检查维修保养记录表	表 JSB-001	341
机械安全检查隐患整改记录表	表 JAZ-001	342
塔式起重机进场前控制自（复）检审查表	表 TD-001	343
塔式起重设备（安装单位）进场检验表	表 TD-002-1	344
塔式起重机设备进场验收自（复）检表	表 TD-002-2	345
塔式起重机基础、轨道验收记录	表 TD-003	346
塔式起重机安拆前控制审查表	表 TD-004	347
塔式起重机安装、拆除过程安全控制表	表 TD-005	348
塔式起重机班前检查及交接班记录表	表 TD-006	349
塔式起重机"长、大、重"吊件吊运审批表	表 TD-007	350
塔式起重机作业过程专业工程师巡视监督检查表	表 TD-008	351
塔式起重机作业过程安全员巡视监督检查表	表 TD-009	352
塔式起重机定期自（复）检记录表	表 TD-010	353
汽车（履带）式起重机进场验收自（复）检控制表	表 QD-001	355
汽车（履带）式起重机施工过程控制表	表 QD-002	356
汽车（履带）式起重机过程安全巡视控制表	表 QD-003	357
汽车（履带）式起重机专业工程师过程控制表	表 QD-004	358
汽车（履带）式起重机定期自（复）检表	表 QD-005	359
电动葫芦提升架安装前自（复）检表	表 DHL-001	360
电动葫芦提升架安装、拆除过程安全控制表	表 DHL-002	361
电动葫芦提升架作业前控制检查表	表 DHL-003	362
电动葫芦提升架专业工程师作业过程控制巡视检查表	表 DHL-004	363
电动葫芦提升架安全员作业过程控制巡视检查表	表 DHL-005	364
土方机械进场控制自（复）检表	表 TF-001	365
土方机械作业前控制检查表	表 TF-002	366
发电机进场控制自（复）检表	表 FDJ-001	367
发电机作业前控制检查表	表 FDJ-002	368
混凝土搅拌机械进场控制自（复）检表	表 JBJ-001	369
混凝土搅拌机械作业前控制检查表	表 JBJ-002	370
空气压缩机进场控制自（复）检表	表 KQYSJ-001	371
空气压缩机作业前控制检查表	表 KQYSJ-002	372
桩机械进场控制自（复）检表	表 DZ-001	373
桩机械作业前控制检查表	表 DZ-002	374

混凝土泵（注浆机）进场控制自（复）检表　表 HNT-001 ………………………… 375
混凝土泵（注浆机）作业前控制检查表　表 HNT-002 …………………………… 376
大型机械作业过程巡视表　表 DZY-001 ……………………………………………… 377
大型机械作业过程控制监督巡视表　表 DZY-002 ………………………………… 379
大型机械作业过程巡视表　表 DZY-003 ……………………………………………… 381
木工机械进场控制自（复）检表　表 MG-001 ……………………………………… 383
木工机械作业前控制检查表　表 MG-002 …………………………………………… 384
钢筋机械进场控制自（复）检表　表 GJ-001 ……………………………………… 385
钢筋机械作业前控制检查表　表 GJ-002 …………………………………………… 386
机械设备定期安全自（复）检表　表 DQ-003 ……………………………………… 387
中小型机械作业专业工程师过程控制巡视表　表 ZXX-001 ……………………… 389
中小型机械作业安全员过程控制巡视表　表 ZXX-002 …………………………… 391
其他中小型施工机械进场控制自（复）检表　表 ZXX-001 ……………………… 393
其他中小型施工机械作业前控制检查表　表 ZXX-002 …………………………… 394
其他中小型施工机械作业过程控制表　表 ZXX-003 ……………………………… 395

第1章 起重设备

1.1 门（桥）式起重机

1.1.1 进场前控制

主要为资料控制。分为产权单位、安装单位、生产单位等资质，相关人员上岗证书及特殊工种操作证，设备使用系统与现场匹配，基础施工的明确技术要求方案等，各项安拆方案及专项应急预案七个部分进行控制，见表 MQ-001《门（桥）式起重机进场前控制自（复）检审查表》。

起重设备进场前，对即将进场的设备产权单位的安拆、租赁、生产单位等资质进行审查，由总包生产负责人牵头，组织机械工程师、电气工程师、安全工程师对表中的对应内容进行审查，审查完毕后，分别填写审查结果并签字认可；由项目部相关负责人对表中的对应内容进行复查，合格后签字认可后，报项目监理部复检并签署意见。

1.1.2 设备进场验收表

分为随机文件、配件及设备外观验收三部分进行控制，见表 MQ-002《门（桥）式起重机设备进场验收自（复）检表》。

验收由项目生产经理负责组织专业工程师进行验收，分别填写审查结果并签字认可，由生产经理检查工程师对表中的对应内容进行复查，合格后签字认可后，报生产经理签署意见后上报监理部复检。

1.1.3 地基基础、轨道验收

在设备进场检验合格后，对地基基础、轨道进行验收。是否按要求及方案施工，检查隐检单、混凝土试验报告、接地遥测、地耐力报告及钎探记录等。验收分为地基基础、轨道两部分进行分类控制，见表 MQ-003《门（桥）式起重机地基基础、轨道验收记录》。

地基基础、轨道验收由技术负责人负责组织，试验员、测量员、测量工程师、电气工程师、安全工程师分别对相应检查项目进行验收，对检查结果签署意见后，由技术负责人再次对检查项目进行复查并签署意见。合格后，报项目总工审批。

1.1.4 安拆前控制

分为核实安拆单位管理人员、核查特种作业人员证件、核查安装单位设备、安全技术交底及安装环境等六部分进行控制，见表 MQ-004《门（桥）式起重机安拆前控制审查表》。

门（桥）式起重机安拆前控制审查表为安拆前的控制，由生产负责人负责组织技术负责人、安全负责人、机电工程师、安装单位负责人等对安装条件进行审核，由项目生产负责人填写结论，最后，由项目经理审核后报监理单位审批。

1.1.5 安装、拆除过程控制

分为高空坠落、物体打击、机械伤害、触电事故的安全控制，同时核对操作人员与所报操作证的一致性及安装环境的控制等十四项进行控制，见表MQ-005《门（桥）式起重机安装、拆除过程安全控制表》。

安拆过程控制由生产经理负责组织，由安全工程师、电气工程师、安全员等在安拆全过程旁站监督，发现隐患及时制止。

1.1.6 班前检查及交接班记录

班前检查分为一般检查与主控检查两部分进行控制。由当班司机、接班司机在每班前对机械进行检查控制，见表MQ-006《门（桥）式起重机班前检查及交接班记录表》。

班前检查为日检表格，由交接班司机在交、接班过程中按所列项目进行交、接检查，并注明本班的机械及维修保养情况转交到下班并签字认可。

1.1.7 "长、大、重"吊件吊运审查表

长大重吊件的界定应在总体吊装方案中说明；本表第1栏由施工工长填写并报送生产经理，项目生产经理组织项目工程师、技术员、机械工程师、电气工程师、施工工长、司机、信号工共同检查设备、研究吊装的可行性，第2、3、4、6栏由机械工程师填写，第5栏由电气工程师填写，第7栏由技术负责人填写。生产经理是特殊吊件吊运的负责人。最后有项目技术负责人复查同意后方可，见表MQ-007《起重机"长、大、重"吊件吊运审批表》。

1.1.8 作业过程安全巡视监督检查

分为专业工程师、安全员监督检查表，分为一般与主控两部分进行控制。专业工程师、安全员分别在对应项中对检查情况进行签字，见表MQ-008《门（桥）式起重机作业过程机械工程师巡视监督检查表》、表MQ-009《门（桥）式起重设备作业过程安全工程师巡视监督检查表》。

巡视监督检查表由安全员、专业工程师在随时的监督检查过程中填写并签字，同时由设备所在工区主管工长签字认可。对出现的问题必须及时制止，必要时下发隐患通知单或停工并报上级。

1.1.9 定期检查

分为安全管理、轨道铺设、钢丝绳、吊轮滑轮、架体、用电管理、安全装置、操作人、环境九部分进行控制，见表MQ-10《门（桥）式起重设备定期自（复）检记录表》。

定期检查为月检表（每月2次，节假日、季节性、停开工等）由总监组织项目部相关人员对设备进行全面检查，由安全部门进行汇总。参加检查人员为表中相关人员。检查中针对问题的严重程度，监理可并发相应的监理指令。

1.2 塔式起重机

1.2.1 进场前控制

主要为资料控制。分为产权单位、安装单位资质、相关人员上岗证书及特殊工种操作证，设备使用系统与现场匹配，基础施工的明确技术要求，各项安拆方案及专项应急预案七个部分进行控制，见表TD-001《塔式起重机进场前控制自（复）检审查表》。

塔式起重机进场前控制：对即将进场的设备产权单位的安拆、租赁资质进行审查，由总包生产负责人牵头，组织机械工程师、电气工程师、安全工程师对表中的对应内容进行审查，审查完毕后，分别填写审查结果并签字认可；由项目部相关人员对表中的对应内容进行复查，合格后签字认可，并报监理部复检并签署意见。

1.2.2 设备进场验收表

设备进场验收主要为随机文件、配件及设备外观验收三部分进行分类控制，见表TD-002-1《塔式起重设备（安装单位）进场检验表》和表TD-002-2《塔式起重机设备进场验收自（复）检表》。

产权单位验收由产权单位先行自检，自检合格后，报使用（租赁单位）进行复检。

使用单位验收由项目生产经理负责组织个专业工程师进行验收，分别填写审查结果并签字认可，由质量检查工程师对表中的对应内容进行复查，合格后签字认可，并报生产经理签署意见后上报监理部复检。

1.2.3 地基基础、轨道验收

在设备进场检验合格后，对地基基础、轨道进行验收。验收分为地基基础、轨道（轨道限行塔）两部分进行分类控制，见表TD-003《塔式起重机基础、轨道验收记录》）。

地基基础、轨道（轨道限行塔）验收由技术负责人负责组织，试验员、测量员、测量工程师、电气工程师、安全工程师分别对应检查项目进行验收，对检查结果签署意见，合格后由技术负责人再次对检查项目进行复查并签署意见。合格后，报项目总工审批。

1.2.4 安拆前控制

分为核查当地建委备案手续、核实安拆单位管理人员、核查特种作业人员证件、核查安装单位设备、安全技术交底及安装环境等七部分分类控制，见表TD-004《塔式起重机安拆前控制审查表》。

塔式起重机安拆前控制审查表为安拆前的控制，由生产负责人负责组织技术负责人、安全负责人、机电工程师、安装单位负责人等对安装条件进行审核，由项目生产负责人填写结论，最后，由项目经理审核后报监理单位审批。

1.2.5 安装、拆除过程控制

主要为高空坠落、物体打击、机械伤害、触电事故的安全控制，同时核对操作人员与所报操作证的一致性及安装环境的控制等十四项分类控制，见表TD-005《塔式起重机安装、拆除过程安全控制表》。

安拆过程控制由生产经理负责组织，由安全工程师、电气工程师、安全员全程旁站监督。

1.2.6 班前检查及交接班记录

班前检查分为一般检查与主控检查两部分控制，由交班司机、接班司机在每班前对机械进行检查控制，见表TD-006《塔式起重机班前检查及交接班记录表》。

班前检查为日检表格，由交、接班司机在交、接班过程中按表格所列项目进行交、接检查并签字认可。

1.2.7 "长、大、重"吊件吊运审查表

"长大重"吊件的界定应在总体吊装方案中说明；本表第1栏由施工工长填写并报送生产经理，项目生产经理组织项目工程师、技术员、机械工程师、电气工程师、施工工

长、司机、信号工共同检查设备、研究吊装的可行性，第2、3、4、6栏由机械工程师填写，第5栏由电气工程师填写，第7栏由技术负责人填写。生产经理是特殊吊件吊运的负责人，见表TD-007《塔式起重机"长、大、重"吊件吊运审批表》。

1.2.8 作业过程安全巡视监督检查

本表为专业工程师、安全员监督检查表，分为一般与主控两部分控制。专业工程师、安全员分别在对应项中对检查情况进行签字，见表TD-008、表TD-009《塔式起重机作业过程巡视监督检查表》。

巡视监督检查表由安全员、专业工程师在随时的监督检查过程中填写并签字，同时由设备所在工区主管工长签字认可。对出现的问题必须及时制止，必要时下发隐患通知单或停工并报上级。

1.2.9 定期检查

分为安全管理、轨道铺设、钢丝绳、吊轮滑轮、塔身、用电管理、安全装置、操作人、环境九部分进行控制，见表TD-010《塔式起重机定期自（复）检记录表》。

定期检查为月检表，由总监组织相关人员对设备进行全面检查，由施工单位安全部门进行汇总。工程师在对应的检查情况中，填写内容并签字。检查中针对问题的严重程度，监理可并发相应的监理指令。

1.3 汽车吊（含履带式）

1.3.1 设备进场验收表

设备进场验收主要为资料（随机文件）、附件、机械系统、液压及设备外观验收五部分进行分类控制，见表QD-001《汽车（履带）式起重机进场验收自（复）检控制表》。

验收由工区主管负责组织产权单位、各专业工程师进行验收，分别对对应内容进行验收结果并对验收结果签字。合格后由工区主管签字认可，报生产经理、安全经理签署意见后报监理复检。

1.3.2 班前控制

在设备运行前，操作人员（司机）要对设备的外观、机械系统、安全措施、现场环境等六项进行检查控制，见表QD-002《汽车（履带）式起重机施工过程控制表》。

在作业前，汽车司机、吊车司机对设备进行全面检查，并在相应的项目中填写检查结果并报工区主管工长签字认可。

1.3.3 过程控制

作业过程安全巡视监督检查；本表为专业工程师、安全员监督检查表，分为外观检查、发动机检查、作业环境及作业情况安全措施五部分分类控制。专业工程师、安全员分别在对应项中对检查情况进行签字，见表QD-003《汽车（履带）式起重机过程安全巡视控制表》及表QD-004《汽车（履带）式起重机专业工程师过程控制表》。

巡视监督检查表由安全员、专业工程师在作业过程中的随机监督检查。对在过程中的检查情况如实填写并签字。同时由设备所在工区主管工长签字认可。对出现的问题必须及时制止，必要时下发隐患通知单或停工并报上级。

1.3.4 定期检查

分为外观、油位、水位、水温、液压传动、底盘等四个部分进行控制，见表 QD-005《汽车（履带）式起重机定期自（复）检表》。

定期检查为月检表，由总监组织相关人员对设备进行全面检查。由施工单位安全部门进行汇总。工程师在对应的检查情况中，填写内容并签字。检查中针对问题的严重程度，监理可签发相应的监理指令。

1.4 电动葫芦提升架

1.4.1 安装前检查

分为资料、外观、防护装置、钢丝绳、限位器、缓冲器、电气系统七部分进行控制，见表 DHL-001《电动葫芦提升架安装前自（复）检表》。

安装前控制一般与主控两部分。一检由主管工长负责，在对应的检查项目中，填写检查情况并签字。主控项目由专业工程师进行复检并签字。由工区负责人签署意见后报监理复检。

1.4.2 安装、拆除过程控制

主要为高空坠落、物体打击、机械伤害、触电事故的安全控制，同时核对操作人员与所报操作证的一致性及安装环境的控制等十四项分类控制，见表 DHL-002《电动葫芦提升架安装、拆除过程安全控制表》。

安拆过程控制由生产经理负责组织，由安全工程师、电气工程师、安全员全程旁站监督。

1.4.3 作业前控制

分为工作环境、试运行、机械系统、电气系统、安全防护五部分进行控制，见表 DHL-003《电动葫芦提升架作业前控制检查表》。

作业前控制由操作人根据表格内容进行检查，并对检查结果进行签认。自检合格后报主管工长，由主管工长对主控项目进行检查并签认。

1.4.4 过程控制

分为机械系统、防护装置、电气、限位保险、作业环境五部分进行控制，见表 DHL-004《电动葫芦提升架专业工程师作业过程控制巡视检查表》和表 DHL-005《电动葫芦提升架安全员作业过程控制巡视检查表》。

巡视监督检查表由专业工程师、安全员在随时的监督检查过程中填写并签字，同时由设备所在工区主管工长签字认可。对出现的问题必须及时制止，必要时下发隐患通知单或停工并报上级。

第 2 章 大型机械设备

2.1 土方机械

2.1.1 进场控制

分为资料、外观、发动机、防护装置四部分进行分类控制，见表 TF-001《土方机械进场控制自（复）检表》。

进场控制由工区长组织专业工长进行一检，对应表中的检查项目进行检查，并对检查结果进行签认。主控项目由专业工程师进行复检，并对检查情况进行签认。合格后报工区负责人签署意见后上报监理复检。

2.1.2 作业前控制

分为工作环境、资料、机械系统三部分进行控制，见表 TF-002《土方机械作业前控制检查表》。

作业前控制由操作人根据表格内容进行检查，并对检查结果进行签认。自检合格后报主管工长，由主管工长对主控项目进行检查并签认。

2.2 发电机

2.2.1 进场控制

分为资料、外观、防护装置、电气系统、机械系统五部分进行分类控制，见表 FDJ-001《发电机进场控制自（复）检表》。

进场控制表由工区长组织专业工长进行一检，对应表中的检查项目进行检查，并对检查结果进行签认。主控项目由专业工程师进行复检，并对检查情况进行签认。合格后报工区负责人签署意见后上报监理复检。

2.2.2 作业前控制

分为机械系统、电气系统、安全防护三部分进行控制，见表 FDJ-002《发电机作业前控制检查表》。

作业前控制由操作人根据表格内容进行检查，并对检查结果进行签认。自检合格后报主管工长，由主管工长对主控项目进行检查并签认。

2.3 混凝土搅拌机

2.3.1 进场控制

分为资料、外观、防护装置、钢丝绳、电气系统五部分进行分类控制，见表 JBJ-001《混凝土搅拌机械进场控制自（复）检表》。

进场控制由工区长组织专业工长进行一检,对应表中的检查项目进行检查,并对检查结果进行签认。主控项目由专业工程师进行复检,并对检查情况进行签认。合格后报工区负责人签署意见后上报监理复检。

2.3.2 作业前控制

分为工作环境、试运行、防护制动系统、电气系统四部分进行控制,见表 JBJ-002《混凝土搅拌机械作业前控制检查表》。

作业前控制由操作人根据表格内容进行检查,并对检查结果进行签认。自检合格后报主管工长,由主管工长对主控项目进行检查并签认。

2.4 空气压缩机

2.4.1 进场控制

分为资料、外观、防护装置、发动机及液压系统、电气系统五部分进行分类控制,见表 KQYSJ-001《空气压缩机进场控制自(复)检表》。

进场控制由工区长组织专业工长进行一检,对应表中的检查项目进行检查,并对检查结果进行签认。主控项目由专业工程师进行复检,并对检查情况进行签认。合格后报工区负责人签署意见后上报监理复检。

2.4.2 作业前控制

分为工作环境、机械系统、电气系统、安全防护四部分进行控制,见表 KQYSJ-002《空气压缩机作业前控制检查表》。

作业前控制由操作人根据表格内容进行检查,并对检查结果进行签认。自检合格后报主管工长,由主管工长对主控项目进行检查并签认。

2.5 桩工机械

2.5.1 进场控制

分为资料、防护装置、外观、电气部分、机械系统五部分进行控制,见表 DZ-001《桩机械进场控制自(复)检表》。

桩工机械进场控制验收由工区长组织专业工长、专业工程师对进出设备进行检查验收,同时通知安全员共同验收。施工单位验收后上报监理复检。

2.5.2 作业前控制

分为工作环境、试运行、机械部分、电气部分、安全防护五部分进行控制,见表 DZ-002《桩机械作业前控制检查表》。

由操作人根据表格内容进行检查,并对检查结果进行签认。自检合格后报主管工长,由主管工长对主控项目进行检查并签认。

2.6 混凝土泵(注浆机)

2.6.1 进场控制

分为资料、外观、安全防护、电气系统四部分进行控制,见表 HNT-001《混凝土泵

（注浆机）进场控制自（复）检表》。

进场控制由工区长组织专业工长进行一检，对应表中的检查项目进行检查，并对检查结果进行签认。主控项目由专业工程师进行复检，并对检查情况进行签认。合格后报工区负责人签署意见后上报监理复检。

2.6.2 作业前控制

分为工作环境、机械部分、电气部分、安全防护四部分进行控制，见表HNT-002《混凝土泵（注浆机）作业前控制检查表》。

由操作人根据表格内容进行检查，并对检查结果进行签认。自检合格后报主管工长，由主管工长对主控项目进行检查并签认。

2.7 大型机械设备作业过程巡视

2.7.1 专业工程师专业过程巡视

分为通用部分和专用部分。通用部分分为：电气系统、防护装置、作业环境、劳保用品、消防、操作人的定人定机及操作规程。专用部分分为土方机械、发电机、空压机、混凝土机械、桩工机械，见表DZY-001《大型机械作业过程巡视表》。

作业过程巡视表由专业工程师在日常检查中填写。在巡视过程中，对相应的机械按照表格规定的内容进行检查并填写检查情况和签认。巡视表最后由工区长签字，对提出的各类问题安排整改。

2.7.2 安全员作业过程监督巡视

分为通用部分和专用部分。通用部分分为：电气系统、防护装置、作业环境、劳保用品、消防、操作人的定人定机及操作规程。专用部分分为土方机械、发电机、空压机、混凝土机械、桩工机械，见表DZY-002《大型机械作业过程控制监督巡视表》。

作业过程控制监督巡视表由安全工程师在日常检查中填写。在巡视过程中，对相应的机械按照表格规定的内容进行检查并填写检查情况和签认。巡视表最后由工区长签字，对提出的各类问题安排整改，对存在的隐患及时下发隐患整改通知。

第3章 中小型机械

3.1 木工机械

3.1.1 进场控制

分为资料、外观、防护装置、电气系统四部分进行控制，见表MG-001《木工机械进场控制自（复）检表》。

进场控制由工区长组织专业工长进行一检，对应表中的检查项目进行检查，并对检查结果进行签认。主控项目由专业工程师进行复检，并对检查情况进行签认。合格后报工区负责人签署意见后上报监理复检。

3.1.2 作业前控制

分为工作环境、试运行、机械系统、电气系统、安全防护、消防安全六部分进行控制，见表MG-002《木工机械作业前控制检查表》。

由操作人根据表格内容进行检查，并对检查结果进行签认。自检合格后报主管工长，由主管工长对主控项目进行检查并签认。

3.2 钢筋机械

3.2.1 进场控制

分为资料、外观、防护装置、电气系统四部分进行控制，见表GJ-001《钢筋机械进场控制自（复）检表》。

3.2.2 作业前控制

由工区长组织专业工长进行一检，对应表中的检查项目进行检查，并对检查结果进行签认。主控项目由专业工程师进行复检，并对检查情况进行签认。合格后报工区负责人签署意见后上报监理复检。

分为工作环境、试运行、机械系统、电气系统、安全防护五部分进行控制，见表GJ-002《钢筋机械作业前控制检查表》。

由操作人根据表格内容进行检查，并对检查结果进行签认。自检合格后报主管工长，由主管工长对主控项目进行检查并签认。

3.3 过程控制

3.3.1 专业工程师过程控制

分为通用部分和专用部分。通用部分为：防护装置、电气系统、专业环境、劳保用品、消防、操作人六部分。专用部分分为木工机械、钢筋机械两部分，见表 ZXX-001《中小型机械作业专业工程师过程控制巡视表》。

作业过程巡视表由专业工程师在日常检查中填写。在巡视过程中，对相应的机械按照表格规定的内容进行检查并填写检查情况和签认。巡视表最后由工区长签字，对提出的各类问题安排整改。

3.3.2 安全员作业过程监督巡视

分为通用部分和专用部分。通用部分分为：电气系统、防护装置、作业环境、劳保用品、消防、操作人的定人定机及操作规程。专用部分分为木工机械、钢筋机械，见表 ZXX-002《中小型机械作业安全员过程控制巡视表》。

作业过程控制监督巡视表由安全工程师在日常检查中填写。在巡视过程中，对相应的机械按照表格规定的内容进行检查并填写检查情况和签认。巡视表最后由工区长签字，对提出的各类问题安排整改，对存在的隐患及时下发隐患整改通知。

第4章 其他中小型机械

4.1 进场控制

分为资料、防护装置、外观、电气系统四部分进行控制，见表ZXX-001《其他中小型施工机械进场控制自（复）检查表》。

进场控制由工区长组织专业工长进行一检，对应表中的检查项目进行检查，并对检查结果进行签认。主控项目由专业工程师进行复检，并对检查情况进行签认。合格后报工区负责人签署意见后上报监理复检。

4.2 作业前控制

分为工作环境、资料、机械系统、电气系统、安全防护五部分进行控制，见表ZXX-002《其他中小型施工机械作业前控制检查表》。

由操作人根据表格内容进行检查，并对检查结果进行签认。自检合格后报主管工长，由主管工长对主控项目进行检查并签认。

4.3 作业过程控制

分为机械部位、防护装置、电气系统、劳保用品、作业环境、操作人六部分进行控制，见表ZXX-003《其他中小型施工机械作业过程控制表》。

作业过程控制监督巡视表由安全工程师在日常检查中填写。在巡视过程中，对相应的机械按照表格规定的内容进行检查并填写检查情况和签认。巡视表最后由工区长签字，对提出的各类问题安排整改，对存在的隐患及时下发隐患整改通知。

附表

门（桥）式起重机进场前控制自（复）检审查表

表 MQ-001

工程名称									
设备名称/型号			施工地点						
			审查日期						
序号	检查项目	控制要点	控制等级	一检			二检		复检
				检查情况	负责人	签字	检查情况	负责人 签字	检查情况 负责人
1	产权，安装单位资质，资料	安拆、租赁企业资质、安全生产许可证、监督检验证明、制造许可证、安装维修许可证、安全生产协议书、合同等	主控		机械工程师				
2	相关人员证件	安拆负责人、技术负责人、专职安全员、安装人员、电工、电气焊工、信号工、司机等的上岗证	一般		安全工程师			安全经理	监理工程师
3	电气系统	电气系统设备需要的用电量应与现场匹配	一般		电气工程师				
4	基础要求	基础施工技术要求明确	主控		技术员				
5	方案、预案	专项安拆方案全面、合理，有专项应急预案	主控		技术员				
6	安装单位设备	安装单位设备经报验，相关资料齐全，备数量、型号是否符合施工方案要求	一般		机械工程师			技术负责人	监理工程师
7	安全安装技术交底	有针对性的安全技术交底；有现场施工人员签字	一般		安全工程师				

安全经理意见： 同意（ ）不同意（ ）进场 签字： 日期：
项目总工意见： 同意（ ）不同意（ ）进场 签字： 日期：
生产经理意见： 同意（ ）不同意（ ）进场 签字： 日期：
项目经理意见： 同意（ ）不同意（ ）进场 签字： 日期：
驻地监理工程师意见： 同意（ ）不同意（ ）进场 签字： 日期：
总监理工程师意见： 同意（ ）不同意（ ）进场 签字： 日期：

注：门（桥）式起重机进场前安装单位、产权单位向总包单位上报资质、方案、特种作业操作证等资料，由总包单位生产负责人组织有关人员进行审核。施工单位审核后报监理审核，符合条件方可进场。

表 MQ-002

门(桥)式起重机设备进场验收自(复)检表

工程名称									
安装地点			设备名称及型号			产权单位			
			安装单位			设备编号			
			控制等级		一检		二检		复检
序号	检验项目	检验要点		检查情况	负责人	签字	检查情况	负责人 签字	检查情况 负责人
1	配件、部件	配件、部件齐全	主控		安装负责人			机械工程师	
2	检验报告	出厂检验报告和合格证、自检合格证、检测报告	一般		安全工程师				
3	机械结构	结构无变形、无裂纹、无开焊，无严重锈蚀	主控		机械工程师				
4	外观检验	电气系统	电源线无破损；接头良好	一般	电气工程师				
5		钢丝绳	符合使用规定	一般	机械工程师				
6		机械传动	润滑良好、无漏油现象，滑轮无裂痕、破损	一般	机械工程师			质检工程师	监理工程师
7		轨道	无弯曲、裂痕	一般	机械工程师				
8		吊钩	符合使用规定	一般	机械工程师				

生产负责人意见：同意（ ）/不同意（ ） 验收 签字： 日期

驻地监理工程师意见：同意（ ）/不同意（ ） 验收 签字： 日期

总监办安全监理工程师意见：同意（ ）/不同意（ ） 验收 签字： 日期

注：此表为设备到场后由生产经理组织各专业工程师进行验收，验收合格后报监理复检。

331

门（桥）式起重机地基基础、轨道验收记录

表 MQ-003

工程名称			施工地点		设备编号				
设备型号			钢轨型号		轨道长度			(m)	
检验项目			控制等级	实测结果	检测情况	一检		二检	
						负责人	签字	负责人	签字
序号		检查要点							
1	地基基础	基础混凝土强度	见试验报告、钢筋隐检预检单	一般			试验员	/	/	签字
2		基础尺寸	符合设计要求	一般			测量员	/	/	/
3		地脚螺栓	间距、螺栓直径及露出长度符合要求	一般			测量员		/	/
4		地基承载力	地基钎探报告、实际钎探记录	主控			技术员		技术负责人	/
5	轨道	钢轨接头间隙	不大于 2mm	一般			测量工程师		/	/
6		钢轨接头高度差	小于等于 2mm	一般			测量工程师		/	/
7		钢轨接头错开距离	小于等于 1.5m	一般			测量员		/	/
8		轨距误差	小于等于千分之一	一般			测量工程师		/	/
9		钢轨顶面纵、横方向倾斜度	小于等于千分之二点五、测量点距离不大于 10m	一般			测量工程师		/	/
10		接地装置组数和质量	（每隔 20m 一组）	一般			电气工程师		/	/
11		接地电阻	小于等于 4Ω	一般			电气工程师		/	/
12		排水设施	排水沟畅通	一般			安全工程师		/	/

项目总工意见： 同意（ ）/不同意（ ）安装（ ）

签字：   日期：

注：此表为门（桥）式起重机安装前由测量工程师、电气工程师对轨道及轨道基础进行验收，由总工进行根据验收情况作出决定。

门(桥)式起重机安拆前控制审查表

表 MQ-004

工程名称								
设备名称/型号				施工地点				
序号	检查项目	控制要点	控制等级	检查级别	一检		二检	备注
					检查情况	负责人 签字	检查情况	负责人 签字	
1	核实安拆单位管理人员	核查相关人员	一般	一检		安全工程师		/ /	
2	核查特种作业证件	安装人员的安装证书,电工、司机、电气焊、信号工等上岗证	一般	一检		安全工程师		/ /	
3	核查安装单位设备	安装单位设备是否报验以及相关资料;设备数量、型号是否符合施工方案的要求	一般	一检		机械工程师	/		
4	安拆安全技术交底	检查是否有针对性的安全技术交底是否有工人签字	一般	一检		安全工程师		/ /	
5	环境情况	周边环境是否满足起重安装作业条件中安装方案的要求	主控	二检		安全工程师		安全经理	
6	劳动防护用品	安全帽、安全带等防护用品佩戴齐全	一般	一检		安全工程师		/ /	

工区负责人意见: 同意( ) /不同意( ) 安装 签字: 日期:
生产经理意见: 同意( ) /不同意( ) 安装 签字: 日期:
项目总工意见: 同意( ) /不同意( ) 安装 签字: 日期:
安全经理意见: 同意( ) /不同意( ) 安装 签字: 日期:
项目经理意见: 同意( ) /不同意( ) 报监理审批

注:门(桥)式起重机安装单位检验合格后提出安装申请,由总包单位生产负责人组织技术负责人、安全负责人、机电负责人、安装单位负责人等对门(桥)式起重机安装条件进行审核,审核后由项目生产负责人填写审核结论,由项目经理审核后报批。

表 MQ-005

门（桥）式起重机安装、拆除过程安全控制表

工程名称		安、拆地点			设备型号/编号		
序号	检查项目	控制要点	控制等级	检查频率	负责人	控制情况	签名
1	方案、交底执行情况	安装拆除有方案，对作业人员有交底及签字；安、拆过程符合方案要求	一般	全过程	生产经理		
2	资质、特种作业证	具有安、拆资质；作业人员持证上岗随身携带核人员是否一致情况	一般	全过程			
3	高空坠落	正确使用安全带，是否随时系挂	主控	全过程			
4	物体打击	正确佩戴安全帽，避开垂直方向作业，工具材料放好	主控	全过程			
5	机械伤害	机械设备防护罩齐全，不违章作业	主控	全过程	安全工程师		
6	安拆指挥小组	人员配备到位、安全员现场监督	一般	全过程			
7	辅助汽车吊	作业范围地上地下无障碍物，是否经过验收	主控	全过程			
8	安装、拆除警戒、标识	警戒到位、标识齐全、专人看守	一般	全过程			
9	消防	电气焊：操作人员持证、动火证，设专人看火，消防器材配置、清除易燃物	主控	全过程			
10	吊具、索具	符合使用要求	一般	全过程			
11	吊装	信号指挥到位	一般	全过程			
12	环境	天气、作业环境符合作业要求	一般	全过程			
13	照明	满足施工需要	一般	全过程			
14	防触电	电源线无破损、裸露，电箱合格	主控	全过程	电气工程师		

门(桥)式起重机班前检查及交接班记录表

表 MQ-006

工程名称				设备名称		设备编号	
交班时间	年 月 日 时 分			气象条件			
序号	检查项目	控制要点	控制等级	控制频率	上班存在问题	责任人	本班检查情况	责任人
1	基础、轨道	无积水、无沉降、无变形、固定良好；轨道周边无障碍物	主控					
2	架体	连接牢固，无变形开焊	一般					
3	传动部分	无异响；无漏油、防护齐全	主控					
4	电源部分	独立电源；无破损；电源箱上锁；卷线器、滑线器运转正常	主控					
5	吊钩滑轮	符合使用要求	主控	每班		交班司机		接班司机
6	安全限位装置	各安全限位器、载荷限制器灵敏有效，安全保险齐全有效	主控					
7	钢丝绳	符合要求	主控					
8	驾驶室	仪器、仪表正常；电气装置灵敏有效；门、机电联锁灵敏可靠；电铃响亮	主控					
9	信号指挥	信号工到位	一般					
10	现场环境	天气、视线、四周无障碍物	一般					
接班司机					交班司机			

注：本表由交班司机、接班司机在运行前进行检查确认。

起重机"长、大、重"吊件吊运审批表　　表MQ-007

	工程名称			施工单位			
	施工地点			产权单位		日期：	
1	起重机及吊件基本技术参数	型号		统一编号		起升高度	m
		跨度	m	有效悬臂长度	m	最大起重量	t
		吊件重量	t	吊件尺寸	长　宽　高		
	项目	内容和要求				结果	
2	起重机结构	部件、附件、联结件安装是否齐全，位置是否正确				检查人：	
		结构是否有变形、开焊、疲劳裂纹					
3	绳轮钩系统	钢丝绳在卷筒上面缠绕是否整齐、润滑是否良好				检查人：	
		钢丝绳是否符合使用要求					
		钢丝绳固定是否符合国家标准					
		各部件滑轮转动是否灵活、可靠，有无卡塞现象					
		吊钩是否符合使用要求、保险装置齐全有效					
4	转动系统	各机构转动是否平稳、有无异常响声				检查人：	
		各润滑点是否润滑良好					
		制动器、离合器动作是否灵活有效					
5	电气系统	电缆供电系统正常工作、电压380±5%（V）				检查人：	
		炭刷、接触器、继电器触点是否良好					
		仪表、照明、报警系统是否完好、有效					
		控制、操纵装置动作是否灵活、有效					
		电气各种安全保护装置是否齐全、有效					
		电气系统对吊机的绝缘电阻不小于0.5MΩ					
6	索具	钢丝绳、卸扣规格、钢丝绳磨损、编插满足使用要求				检查人：	
7	吊装方案与交底	吊装方案是否经过审批				检查人：	
		吊装技术交底签字齐全					

结论：

技术负责人签字：　　　　　　　　　　　　　　生产经理签字：

注：1. 长大重吊件的界定应在总体吊装方案中说明；2. 本表第1栏由施工工长填写并报送生产经理，项目生产经理组织项目工程师、技术员、机械工程师、电气工程师、施工工长、司机、信号工共同检查设备、研究吊装的可行性，第2、3、4、6栏由机械工程师填写，第5栏由电气工程师填写，第7栏由技术负责人填写。生产经理是特殊吊件吊运的负责人。

门（桥）式起重机作业过程机械工程师巡视监督检查表

表 MQ-008

工程名称			设备型号、编号		
工程部位			检查日期	年 月 日	
序号	检查项目	控制要点	控制等级	检查情况	检查频率	备注
1	安全装置	上、下限位器、行程限位器、超载限位器、吊钩保险、制动器灵敏有效，排障器、夹轨器完好有效	主控		每周检查	
2	钢丝绳	符合安全使用要求	一般		每周检查	
3	吊钩滑轮	符合安全使用要求	主控		每周检查	
4	传动部分	减速机运行正常，无异响，漏油现象，各部连接牢固无松动	主控		每周检查	
5	架体	连接牢固，无变形开焊	一般		每周检查	
6	卷线器	卷线器、滑线器运转正常	主控		每周检查	
7	电气系统	电气元件、电线无破损，接地保护完好	一般		每周检查	
8	基础、轨道	基础无存水、下沉，轨道周边有防护、无杂物，压板、夹板螺栓紧固用要求，高差间距符合使用要求	主控		每周检查	
9	各部位润滑、清洁	润滑、清洁良好	一般		每周检查	
10	制动装置	齐全有效	主控		每周检查	
11	关键部位紧固	有效	主控		每周检查	

机械工程师： 工区长签字： 日期： 年 月 日

注：本表由机械工程师填写，发现问题及时制止整改，必要时下发隐患通知单及停工。

门(桥)式起重设备作业过程安全工程师巡视监督检查表

表 MQ-009

工程名称		设备型号、编号		
工程部位		检查日期		年 月 日

序号	检查项目	控制要点	控制等级	检查情况	检查频率	备注
1	安全装置	上、下限位器、行程限位器、超载限制器、吊钩保险、制动器灵敏有效、排障器、夹轨器完好有效	主控		每周	
2	钢丝绳	符合安全使用要求	一般		每周	
3	吊钩滑轮	符合安全使用要求	主控		每周	
4	传动部分	减速机运行正常、无漏油现象、各部连接牢固无松动	一般		每周	
5	架体	连接牢固、无变形开焊	一般		每周	
6	卷线器	卷线器、滑线器运转正常	主控		每周	
7	电气系统	电气元件、电线无破损、接地保护完好	一般		每周	
8	基础、轨道	基础无存水、下沉,轨道周边有防护、无杂物、高差间距符合使用要求、压板、夹板螺栓紧固	主控		每周	
9	持证	司机、信号工持证上岗、按操作规程操作	一般		每周	
10	环境	天气满足吊装要求、视线通畅、四周无障碍物	主控		每周	
11	资料	内业资料完整	一般		每周	

安全员签字: 工区长签字: 日期: 年 月 日

注:本表由安全员检查监督按时填写,发现问题及时制止整改,必要时下发隐患通知单及停工。

门（桥）式起重设备定期自（复）检记录表　　表 MQ-010

工程名称			施工单位					
工程部位				检查日期		年　月　日		
序号	检查项目	控制要点	负责人签字	检查情况	处理意见	复检检查情况	复检负责人	
1	安全管理	吊装施工方案	安全工程师：				监理工程师：	
2		操作人员持证上岗，教育应知应会						
3		运行记录、监督检查记录						
4		班前检查记录、维修保养记录						
5		安全使用技术交底						
6	轨道铺设	路基、固定基础承载能力符合要求	安全工程师：				监理工程师：	
7		排水畅通、防雨设施，没有积水						
8		钢轨接头间隙不大于2～4mm	测量工程师：				监理工程师：	
9		两轨顶高度差不大于2mm						
10		鱼尾板安装符合要求轨道是否堆物						
11		纵横方向上钢轨顶面倾斜度不得大于1‰						
12	钢丝绳	钢丝绳符合安全使用要求	安全工程师：				监理工程师：	
13		钢丝绳卡紧固						
14	吊钩滑轮	吊钩、卷筒、滑轮无裂纹，符合安全使用要求	机械工程师：				监理工程师：	
15	架体	架体稳固焊缝无开裂、符合安装技术要求						
16		架体无扭曲变形						
17	用电管理	设置专用配电箱，符合临电规范要求	电气工程师：				监理工程师：	
18		地线设置符合规范要求						
19		地线接地电阻≤4Ω，测试记录，压紧程度						
20		卷线器、滑线器运转正常						
21		电源线无破损，压接、固定牢固						

续表 MQ-010

工程名称			施工单位				
工程部位				检查日期		年 月 日	
序号	检查项目	控制要点	负责人签字	检查情况	处理意见	复检检查情况	复检负责人
22	安全装置	起升超高限位器；小车行走限位器；大车行走限位器	机械工程师：				监理工程师：
23		操作室门连锁安全限位器					
24		维修平台门连锁安全限位器					
25		多机在同一轨道作业防碰撞限位器					
26		吊钩保险装置齐全					
27		大车夹轨器，轨道终端1m处必须设置缓冲止挡器；打钩保险情况等					
28		警示电铃完好有效					
29	操作人	司机、信号工、司索工持证上岗	安全工程师：				监理工程师：
30		按操作规程操作指挥挂钩					
31		执行吊装方案					
32		是否交底吊运，码放					
33	环境	天气符合作业要求、视线良好，四周无障碍物	安全工程师：				监理工程师：
其他：							
生产经理意见：						年 月 日	
安全经理意见：						年 月 日	
项目总工意见：						年 月 日	
项目经理意见：						年 月 日	
驻地监理工程师意见：						年 月 日	
总监办安全监理工程师意见：						年 月 日	

注：安全定期检查由总监组织监理单位、施工单位相关人员进行全面检查，由施工单位安全部门汇总。

机械设备检查维修保养记录表　　表 JSB-001

				编号	
工程名称			使用单位		
租赁单位			备案号		
设备名称	规格型号	自编号码	出厂日期	使用年限	上次维修保养时间

检查维修保养记录	
更换主要配件记录	
	记录人　　.

年　　月　　日

注：本表由施工单位填写。

机械安全检查隐患整改记录表　　表 JAZ-001

			编号	
工程名称		施工单位		
施工部位		作业单位		

检查情况及存在的隐患：

整改要求：

检查人员签名	
复查意见	

　　　　复查人签名：　　　　　　　　　复查日期：

注：本表由施工单位填写。

表 TD-001

塔式起重机进场前控制自（复）检审查表

工程名称					施工地点					
设备名称/型号					审查日期					
序号	检查项目	控制要点	控制等级	一检			二检			复检	
				检查情况	负责人	签字	检查情况	负责人	签字	检查情况	负责人
1	产权、安装单位资质、资料	安拆、租赁企业资质、安全生产许可证、监督检验证明、制造许可证、维修许可证、安全生产协议书、合同等。设备统一编号	主控		机械工程师			安全经理			监理工程师
2	相关人员证件	安拆负责人、技术负责人、专职安全员证件、安装人员、电工、电气焊工、信号工、司机等的上岗证	一般		安全工程师						
3	电气系统	电气系统设备需要的用电量应与现场匹配	一般		电气工程师						
4	基础要求	基础技术要求明确	主控		技术员						
5	方案、预案	专项安拆方案全面、合理、有针对性；有专项应急预案	主控		技术员			技术负责人			监理工程师
6	安装单位设备	安装单位设备经报验、相关资料齐全；设备数量、型号是否符合施工方案要求	一般		机械工程师						
7	安装安全技术交底	有针对性的安全技术交底；有现场施工人员签字	一般		安全工程师			安全经理			监理工程师

安全经理意见：	同意（ ）/不同意（ ）进场	签字：	日期：
生产经理意见：	同意（ ）/不同意（ ）进场	签字：	日期：
驻地监理工程师意见：	同意（ ）/不同意（ ）进场	签字：	日期：
项目总工意见：	同意（ ）/不同意（ ）进场	签字：	日期：
项目经理意见：	同意（ ）/不同意（ ）进场	签字：	日期：
总监办安全监理意见：	同意（ ）/不同意（ ）进场	签字：	日期：

注：塔式起重机进场前安装单位、产权单位向总包单位上报资质、方案、特种作业操作证等资料，由总包单位生产负责人组织有关人员进行审核。施工单位审核后报监理审批，并决定设备是否符合进场条件。

塔式起重设备（安装单位）进场检验表

表 TD-002-1

工程名称		设备名称及型号							
安装地点		安装单位							
序号	检验项目	检验要点	控制等级	检查级别	一检			二检	备注
					检查情况	负责人	签字	检查情况	负责人	签字	
1	随机技术文件		一般	一检		技术员		/	/	/	
2	随机附加设备		一般	一检		技术员		/	/	/	
3	外观检验	钢结构	钢结构、滑轮，无变形、无裂纹、无开焊	主控	二检		技术员			队长	
		电源线	电源线无破损；接头包裹密实；满足施工要求	主控	二检		技术员			队长	
		钢丝绳	断丝符合规定；无断股；润滑良好	一般	一检		技术员		/	队长	
		机械部分	完好无漏油现象	一般	一检		技术员		/	队长	
		轨道	无锈蚀、弯曲、裂痕	一般	一检		技术员		/	队长	
		大钩	磨损高度符合安全规定；有防脱钩装置	主控	二检		技术员			队长	

队长意见：同意（ ）/不同意（ ）进场。

签字：　　　　　　日期：

注：此表为设备进场安装前的检验，由安装单位组织各人员检验，由队长决定是否安装并报总包。

表 TD-002-2

塔式起重机设备进场验收自（复）检表

工程名称				设备名称及型号			产权单位				
安装地点				安装单位			设备编号				
序号	检验项目		检验要点	控制等级	一检			二检			复检	
					检查情况	负责人	签字	检查情况	负责人	签字	检查情况	负责人
1	配件、部件		齐全	主控		安装负责人			机械工程师			监理工程师
2	检验报告、合格证		出厂检验报告和合格证、自检合格证，检验报告	一般		机械工程师						
3	外观检验	电气系统	电源线无破损；接头良好	一般		电气工程师						
		机械结构	结构、标准节无变形、无裂纹、无开焊、无严重锈蚀	主控		机械工程师			质检工程师			监理工程师
		钢丝绳	符合使用规定	一般		机械工程师						
		机械传动	润滑良好、无漏油现象、滑轮无裂痕、破损	一般		机械工程师						
		轨道	无弯曲、裂痕	一般		机械工程师						
		吊钩	符合使用规定	一般		机械工程师						

生产负责人意见：同意（ ）/不同意（ ）验收 签字： 日期：

驻地监理工程师意见：同意（ ）/不同意（ ）验收 签字： 日期：

注：此表为设备到场后由生产经理组织各专业工程师进行验收，验收后报监理复检。

345

表 TD-003

塔式起重机基础、轨道验收记录

工程名称			施工地点		设备编号				
设备型号			钢轨型号（限行塔）		轨道长度（m）（限行塔）				
			实测结果	控制等级	检测情况	一检		二检	
						负责人	签字	负责人	签字
序号		检验项目	检查要点						
	地基基础	1 基础混凝土强度	见试验报告，钢筋隐预检单，基础填充度	一般		试验员	/	/	/
		2 基础尺寸	符合设计要求	一般		测量员	/	/	/
		3 地脚螺栓	同距、螺栓直径及露出长度符合要求	一般		测量员	/	/	/
		4 地基承载力	地基勘探报告，实际钎探记录	主控		技术员	/	技术负责人	/
	轨道限行塔	5 钢轨接头同隙	不大于2mm	一般		测量员	/	/	/
		6 钢轨接头高度差	小于等于2mm	一般		测量员	/	/	/
		7 钢轨接头错开距离	小于等于1.5m	一般		测量员	/	/	/
		8 轨距误差	小于等于千分之二点五	一般		测量工程师	/	/	/
		9 钢轨顶面纵、横方向倾斜度	小于等于千分之二点五，测量点距离不大于10m	一般		测量工程师	/	/	/
		10 接地装置组数和质量	（每隔20m一组）	一般		电气工程师	/	/	/
		11 接地电阻	小于等于4Ω	一般		电气工程师	/	/	/
		12 排水设施	排水沟畅通	一般		安全工程师	/	/	/

项目总工意见：同意（ ）/不同意（ ）安装。

签字：　　　　　　　　日期：

注：此表为塔式起重机安装前由测量工程师、电气工程师对轨道及轨道基础进行验收，由总工进行根据验收情况作出决定。

塔式起重机安拆前控制审查表

表 TD-004

工程名称			施工地点				
设备名称/型号			审查日期				
序号	检查项目	控制要点	控制等级	检查情况	一检 负责人	签字	检查情况	二检 负责人	签字	备注
1	核查告知	在当地建委告知备案情况	主控		安全工程师				
2	核实安拆单位管理人员	核查相关人员	一般		安全工程师				
3	核查特种作业证件	安装人员的安装证书、电工、司机、电气焊、信号工等上岗证	一般		安全工程师				
4	核查安装单位设备	安装单位设备是否报验以及相关资料；设备数量、型号是否符合施工方案要求	一般		机械工程师		/		
5	安拆安全技术交底	检查是否有针对性的安全技术交底 是否有工人签字	一般		安全工程师				
6	环境情况	周边环境是否满足安装方案中安装作业条件的要求	主控		工区长				
7	劳动防护用品	安全帽、安全带等防护用品佩戴齐全	一般		安全工程师				

工区负责人意见：同意（ ）不同意（ ）安装　　　签字：　　　日期：

生产经理意见：同意（ ）不同意（ ）安装　　　签字：　　　日期：

项目总工意见：同意（ ）不同意（ ）安装　　　签字：　　　日期：

安全经理意见：同意（ ）不同意（ ）安装　　　签字：　　　日期：

项目经理意见：同意（ ）不同意（ ）报监理审批

注：塔式起重机安装单位检验合格后提出安装申请，由总包单位生产负责人组织技术负责人、安全负责人、机电负责人、安装单位负责人等对塔式起重机安装条件进行审核。审核后由项目生产负责人填写审核结论，由项目经理审核后报批。

塔式起重机安装、拆除过程安全控制表

表 TD-005

工程名称			安、拆地点			设备型号/编号		
序号	检查项目	控制要点	控制等级	检查频率	负责人	控制情况	签名
1	方案、交底执行情况	安装拆除有方案，对作业人员有交底及签字；安、拆过程符合方案要求，操作人员与实际审核人是否一致	一般	全过程	生产经理		
2	资质、特种作业证	具有安、拆资质；作业人员持证上岗随身持带及上报情况	一般	全过程			
3	高空坠落	正确使用安全带，是否随时系挂	主控	全过程			
4	物体打击	正确佩戴安全帽，避开垂直方向作业。工具材料放好	主控	全过程			
5	机械伤害	机械设备防护罩齐全，不违章作业	主控	全过程			
6	安拆指挥小组	人员配备到位，安全员现场监督	一般	全过程	安全工程师		
7	辅助汽车吊	作业范围地上地下无障碍物，是否经过验收	主控	全过程			
8	安装、拆除警戒、标识	警戒到位、标识齐全，专人看守	一般	全过程			
9	消防	电气焊：操作人员持证，动火证，消防器材配置，清除易燃物，设专人看火	主控	全过程			
10	吊具、索具	符合使用要求	一般	全过程			
11	吊装	信号指挥到位	一般	全过程			
12	环境	天气、作业环境符合作业要求	一般	全过程			
13	照明	满足施工需要	一般	全过程			
14	防触电	电源线无破损、裸露，电箱合格	主控	全过程	电气工程师		

注：本表在安拆全过程由生产经理组织安全、电气工程师对安装全过程监督填表。

塔式起重机班前检查及交接班记录表

表 TD-006

工程名称		设备名称		设备编号	
交班时间	年 月 日 时 分	气象条件			

序号	检查项目	控制要点	控制等级	控制频率	上班存在问题	责任人	本班检查情况	责任人
1	基础轨道（限行塔）	无积水、无沉降、无变形、固定良好、轨道周边无障碍物	主控	每班				
2	塔身	连接螺栓紧固、无变形、开焊；爬梯连接牢固，无开焊、变形	一般					
3	传动部分	无异响；无漏油；防护齐全	主控					
4	电源部分	独立电源；无破损；电源箱上锁；卷线器、滑线器运转正常	主控					
5	吊钩滑轮	符合使用要求	主控					
6	安全限位装置	各安全限位器、载荷限制器灵敏有效；安全保险齐全有效	主控					
7	吊钩	符合使用要求	一般					
8	钢丝绳	符合要求	主控					
9	驾驶室	仪器、仪表正常；电气装置灵敏可靠；电铃响亮；门、机电联锁灵敏	主控					
10	信号指挥	信号到位	一般					
11	现场环境	天气满足作业要求，视线良好，四周无障碍物	一般					
接班司机				交班司机				接班司机

注：本表由交班司机、接班司机在运行前进行检查确认。

塔式起重机"长、大、重"吊件吊运审批表　　表 TD-007

工程名称			施工单位		
施工地点			产权单位		日期：
1　起重机及吊件基本技术参数	型号		统一编号		起升高度　　m
	跨度	m	有效悬臂长度	m	最大起重量　　t
	吊件重量	t	吊件尺寸		长　宽　高
项目	内容和要求				结果
2　起重机结构	部件、附件、联结件安装是否齐全，位置是否正确				检查人：
	结构是否有变形、开焊、疲劳裂纹				
3　绳轮钩系统	钢丝绳在卷筒上面缠绕是否整齐、润滑是否良好				检查人：
	钢丝绳是否符合使用要求				
	钢丝绳固定是否符合国家标准				
	各部件滑轮转动是否灵活、可靠，有无卡塞现象				
	吊钩是否符合使用要求、保险装置齐全有效				
4　转动系统	各机构转动是否平稳、有无异常响声				检查人：
	各润滑点是否润滑良好				
	制动器、离合器动作是否灵活有效				
5　电气系统	炭刷、接触器、继电器触点是否良好				检查人：
	仪表、照明、报警系统是否完好、有效				
	控制、操纵装置动作是否灵活、有效				
	电气各种安全保护装置是否齐全、有效				
6　索具	钢丝绳、卸扣规格、钢丝绳磨损、编插满足使用要求				检查人：
7　吊装方案与交底	吊装方案是否经过审批				检查人：
	吊装技术交底签字齐全				
结论：					
技术负责人签字：			生产经理签字：		

注：1. 长大重吊件的界定应在总体吊装方案中说明；2. 本表第 1 栏由施工工长填写并报送生产经理，项目生产经理组织项目工程师、技术员、机械工程师、电气工程师、施工工长、司机、信号工共同检查设备、研究吊装的可行性，第 2、3、4、6 栏由机械工程师填写，第 5 栏由电气工程师填写，第 7 栏由技术负责人填写，生产经理是特殊吊件吊运的负责人。

塔式起重机作业过程专业工程师巡视监督检查表

表 TD-008

工程名称			设备型号、编号			年 月 日	
工程部位			检查日期			年 月 日	
序号	检查项目	控制要点		控制等级	检查情况	检查频率	备注
1	安全装置	上、下限位器、行程限位器、超载限位器、吊钩保险、制动器灵敏有效、排障器、夹轨器（限行塔）完好有效		主控		每周检查	
2	钢丝绳	符合安全使用要求		一般		每周检查	
3	吊钩滑轮	符合安全使用要求		主控		每周检查	
4	传动部分	减速机运行正常、无异响、漏油现象、各部连接牢固无松动		主控		每周检查	
5	塔身、锚固	连接牢固、无变形开焊		一般		每周检查	
6	卷线器	卷线器、滑线器运转正常		主控		每周检查	
7	电气系统	电气元件、电线无破损、接地保护完好		一般		每周检查	
8	基础	基础无存水、下沉		主控		每周检查	
9	轨道（限行塔）	轨道周边有防护、无杂物、高差间距符合使用要求。压板、夹板螺栓紧固		主控		每周检查	
10	各部位润滑、清洁	润滑、清洁良好		一般		每周检查	
11	制动装置	齐全有效		主控		每周检查	
12	关键部位紧固	有效		主控		每周检查	

机械工程师： 工区长签字： 日期： 年 月 日

注：本表由机械工程师填写，发现问题及时制止整改，必要时下发隐患通知单及停工。

表 TD-009

塔式起重机作业过程安全员巡视监督检查表

工程名称			设备型号、编号			
工程部位			检查日期	年 月 日		
序号	检查项目	控制要点	控制等级	检查情况	检查频率	备注
1	安全装置	吊钩保险、轨道（限行塔）排障器、夹轨器完好有效	主控		每周	
2	钢丝绳	符合安全使用要求	一般		每周	
3	索具	速子绳、U形卡环符合安全使用要求	主控		每周	
4	锚固、附着	连接牢固、无变形开焊	一般		每周	
5	吊钩滑轮	符合安全使用要求	主控		每周	
6	基础	基础无存水、下沉	主控		每周	
7	轨道（限行塔）	轨道周边有防护、无杂物、高差、同距符合使用要求。压板、夹板螺栓紧固	主控		每周	
8	持证	司机、信号工、司索工持证上岗、按操作规程操作	一般		每周	
9	环境	天气满足吊装要求、视线通畅、四周无障碍物	主控		每周	
10	资料	内业资料完整	一般		每周	

检查人： 工区长签字： 日期： 年 月 日

注：本表由安全员检查监督按时填写，发现问题及时制止整改，必要时下发隐患通知单及停工。

塔式起重机定期自（复）检记录表　　表 TD-010

工程名称			施工单位				
工程部位			检查日期	年　月　日			
序号	检查项目	控制要点	负责人	检查情况	处理意见	复检检查情况	复检负责人
1	安全管理	吊装施工方案	安全工程师：				监理工程师：
2		操作人员持证上岗，教育应知应会					
3		运行记录、监督检查记录					
4		班前检查记录、维修保养记录					
5		安全技术交底					
6	轨道铺设（限行塔）	路基、固定基础承载能力符合要求	安全工程师：				监理工程师：
7		排水畅通、有防雨设施，没有积水					
8		道碴层厚度大于250mm；枕木间距小于600mm，道钉数量不得少于50％	工区长：				监理工程师：
9		钢轨接头间隙不大于2～4mm；两轨顶高度差不大于2mm					
10		鱼尾板安装符合要求，轨道是否堆物					
11		纵横方向上钢轨顶面倾斜度不得大于1‰					
12	钢丝绳	钢丝绳符合安全使用要求	安全工程师：				监理工程师：
13		钢丝绳卡紧固					
14	吊钩滑轮	吊钩、卷筒、滑轮无裂纹，符合安全使用要求	机械工程师：				监理工程师：
15	塔身	稳固连接牢固、焊缝无开裂、符合安装技术要求					
16		附着牢固					
17	用电管理	设置专用配电箱，符合临电规范要求	电气工程师：				监理工程师：
18		地线设置符合规范要求					
19		测试记录，压紧程度符合要求					
20		卷线器、滑线器运转正常					
21		电源线无破损，压接、固定牢固					

续表 TD-010

序号	检查项目	控制要点	负责人	检查情况	处理意见	复检检查情况	复检负责人
23	安全装置	起升超高限位器；小车行走限位器；大车行走限位器，超重限位	机械工程师：				监理工程师：
24		操作室门连锁安全限位器					
25		多机在同一轨道作业防碰撞限位器					
26		吊钩保险装置齐全					
27		大车夹轨器，轨道终端1m处必须设置缓冲止挡器（限行塔）					
28		警示电铃完好有效					
29	操作人	司机、信号工、挂钩工持证上岗	安全工程师：				监理工程师：
30		按操作规程操作指挥挂钩					
31		执行吊装方案情况					
32		是否交底吊运，码放物料					
33	环境	视线良好，四周无障碍物。满足作业要求	安全工程师：				

其他：			
生产经理意见：	年	月	日
安全经理意见：	年	月	日
项目总工意见：	年	月	日
项目经理意见：	年	月	日
驻地监理工程师意见：	年	月	日
总监办安全监理工程师意见：	年	月	日

注：安全定期检查由总监组织监理单位、施工单位相关人员进行全面检查，由施工单位安全部门汇总。

汽车（履带）式起重机进场验收自（复）检控制表　　表 QD-001

工程名称			设备型号					
总包单位			使用单位					
序号	验收项目	验收内容	控制等级	检验情况	负责人	签字	复检检验情况	复检负责人
1	外观验收	灯光正常	一般		机械工程师			监理工程师
		仪表正常，齐全有效	一般					
		轮胎螺栓紧固，无缺少	一般					
		传动轴螺栓紧固，无缺少	一般					
		无任何部位的漏油、漏气、漏水	一般					
		全车各部位无变形	一般					
2	检查各油位水位	水箱水位正常	一般					
		方向机油位正常	一般					
		变速箱油位正常	一般					
		液压油位正常	一般					
		电瓶水位正常	一般					
		水温正常	一般					
		发动机运转正常，无异响	一般					
3	液压传动部分	液压泵压力正常	主控					
		支腿正常伸缩，无下滑拖滞现象	主控					
		变幅油缸无下滑现象	主控					
		主臂伸缩油缸正常，无下滑	主控					
		回转正常	主控					
		液压油温无异常	一般					
4	底盘部分	离合器正常无打滑	主控		机械工程师			监理工程师
		变速箱正常	一般					
		刹车系统正常	主控					
		各操控系统机构正常	主控					
		行走系统正常	主控					
		起重钢丝绳无断丝、断股，润滑良好，直径缩径不大于10%	主控					
		吊钩及滑轮无裂纹，危险断面磨损不大于原断面尺寸的10%	主控					
		力矩限制器（安全载荷限制器）装置灵敏可靠	主控					
		水平仪的指示正常	一般					
		防过放绳装置的功能正常	主控					
		卷筒无裂纹，无乱绳现象	主控					
		吊钩防脱装置工作可靠	主控					
5	资料	操作人员持证上岗	一般		安全工程师			监理工程师
		有产品质量合格证	一般					
		驾驶室内挂设安全技术操作规程	一般					
		车辆年检报告、行驶证、起重司机操作证、起重机铭牌	主控					
工区主管意见：		同意（　）/不同意（　）作业。			签字：		日期：	
生产经理意见：		同意（　）/不同意（　）作业。			签字：		日期：	
安全经理意见：		同意（　）/不同意（　）作业。			签字：		日期：	
驻地监理工程师意见：		同意（　）/不同意（　）作业。			签字：		日期：	
总监办安全监理工程师意见：		同意（　）/不同意（　）作业。			签字：		日期：	

汽车（履带）式起重机施工过程控制表　　表 QD-002

工程名称				设备型号			
总包单位				使用单位			
序号	检查项目	控制要点	控制等级	检查情况	检查人	签字	
1	外观验收	灯光正常	一般		当班司机		
		仪表正常，齐全有效	一般				
		轮胎螺栓紧固，无缺少	一般				
		传动轴螺栓紧固，无缺少	一般				
		无任何部位的漏油、漏气、漏水	一般				
		全车各部位无变形	一般				
2	检查各油位水位	水箱水位正常	一般				
		方向机油位正常	一般				
		变速箱油位正常	一般				
		液压油位正常	一般				
		电瓶水位正常	一般				
		水温正常	一般				
		发动机运转正常无异响	一般				
3	液压传动部分	液压泵压力正常	主控				
		支腿正常伸缩，无下滑拖滞现象	一般				
		变幅油缸无下滑现象	一般				
		主臂伸缩油缸正常，无下滑	一般				
		回转正常	一般				
		液压油温无异常	一般				
4	底盘部分	离合器正常无打滑	主控				
		变速箱正常	主控				
		刹车系统正常	主控				
		各操控系统机构正常	主控				
		行走系统正常	主控				
5	安全措施	起重钢丝绳无断丝、断股，润滑良好，直径缩径不大于10％	主控				
		吊钩及滑轮无裂纹，危险断面磨损不大于原断面尺寸的10％	一般				
		防过放绳装置的功能正常	一般				
		卷筒无裂纹无乱绳现象	一般				
		吊钩防脱装置工作可靠	一般				
		操作人员持证上岗	一般				
6	现场环境	地下无空洞、土质密实	主控				
		空中无障碍	一般				
		周边满足旋转需要	一般				
		满足支腿支设	一般				
		安全技术交底	一般				
工区主管工长签字			司机签字		日期	年 月 日	

汽车（履带）式起重机过程安全巡视控制表

表 QD-003

工程名称			设备型号		
总包单位			使用单位		
序号	检查项目	控制要点	控制等级	检查频率	检查情况	检查人	签字
1	外观验收	灯光正常	一般				
		仪表正常，齐全有效	一般				
		轮胎螺栓紧固无缺少	一般				
		传动轴螺栓紧固无缺少	一般				
		无任何部位的漏油、漏气、漏水	一般				
		全车各部位无变形	一般				
2	发动机	发动机运转正常无异响	主控	随机检查		安全员	
3	钢丝绳、锁具	钢丝绳符合规范要求	主控				
		锁具符合规范要求	主控				
4	作业情况	操作人员持证上岗	主控				
		执行操作规程情况	一般				
		吊装情况	一般				
5	周边环境	空中无障碍	一般				
		周边满足旋转需要	主控				
		满足支腿支设					
安全员签字					年 月 日	工区主管工长签字	年 月 日

注：本表由安全员检查并填写；工区主管工长签认并对提出的问题落实整改。

357

汽车（履带）式起重机专业工程师过程控制表　　表 QD-004

工程名称				设备型号		
总包单位				使用单位/部位		
序号	检查项目	控制要点	控制等级	检查频率	检查情况	
1	外观验收	灯光正常	一般	每台次不少于一次		
		仪表正常，齐全有效	一般			
		轮胎螺栓紧固无缺少	一般			
		传动轴螺栓紧固无缺少	一般			
		无任何部位的漏油、漏气、漏水	一般			
		全车各部位无变形	一般			
2	检查各油位水位	水箱水位正常	一般			
		方向机油位正常	一般			
		变速箱油位正常	一般			
		液压油位正常	一般			
		电瓶水位正常	一般			
		水温正常	一般			
		发动机运转正常无异响	一般			
3	液压	液压泵压力正常	主控			
		支腿正常伸缩，无下滑拖滞现象	主控			
		变幅油缸无下滑现象	主控			
		主臂伸缩油缸正常，无下滑	主控			
		回转正常	一般			
		液压油温无异常	一般			
4	底盘部分	离合器正常无打滑	一般			
		变速箱正常	一般			
		刹车系统正常	一般			
		各操控系统机构正常	一般			
		行走系统正常	一般			
5	安全措施	起重钢丝绳无断丝、断股，润滑良好，直径缩径不大于10%	主控			
		吊钩及滑轮无裂纹，危险断面磨损不大于原断面尺寸的10%	主控			
		防过放绳装置的功能正常	一般			
		卷筒无裂纹、无乱绳现象	一般			
		吊钩防脱装置工作可靠	一般			
工区主管工长签字：		司机签字：			机械师签字：	
检查日期：　　　年　　月　　日						

汽车（履带）式起重机定期自（复）检表　　表QD-005

工程名称			设备型号			
总包单位			使用单位			
序号	验收项目	验收内容	检查情况	检查人	复检检查情况	复检负责人
1	外观验收	灯光正常		机械工程师：		监理工程师：
		仪表正常，齐全有效				
		轮胎螺栓紧固无缺少				
		传动轴螺栓紧固无缺少				
		无任何部位的漏油、漏气、漏水				
		全车各部位无变形				
2	检查各油位水位	水箱水位正常		机械工程师：		监理工程师：
		方向机油位正常				
		变速箱油位正常				
		液压油位正常				
		电瓶水位正常				
		水温正常				
		发动机运转正常无异响				
3	液压传动部分	液压泵压力正常		机械工程师：		监理工程师：
		支腿正常伸缩，无下滑拖滞现象				
		变幅油缸无下滑现象				
		主臂伸缩油缸正常，无下滑				
		回转正常				
		液压油温无异常				
4	底盘部分	离合器正常无打滑		机械工程师：		监理工程师：
		刹车系统正常				
		各操控系统机构正常				
		行走系统正常				
		起重钢丝绳无断丝、断股，润滑良好，直径缩径不大于10%				
		吊钩及滑轮无裂纹，危险断面磨损不大于原断面尺寸的10%				
		力矩限制器（安全载荷限制器）装置灵敏可靠				
		水平仪的指示正常				
		防过放绳装置的功能正常				
		卷筒无裂纹无乱绳现象				
		吊钩防脱装置工作可靠				
5	资料	操作人员持证上岗		安全工程师：		监理工程师：
		有产质量品合格证				
		驾驶室内挂设安全技术操作规程				
		车辆年检报告、行驶证、起重司机操作证、起重机铭牌				
其他						
生产经理意见：			年　月　日	安全经理意见：		年　月　日
项目总工意见：			年　月　日	项目经理意见：		年　月　日
驻地监理工程师意见：			年　月　日			
总监办安全监理工程师意见：			年　月　日			

注：安全定期检查由总监组织施工单位、监理单位相关人员进行全面检查、由施工单位安全部门汇总。

电动葫芦提升架安装前自（复）检表

表 DHL-001

工程名称									
设备名称			产权单位			设备编号			
			设备型号			检查日期		年 月 日	
序号	检查项目	控制要点	控制等级	一检		二检		复检	
				检查情况	负责人	检查情况	负责人	检查情况	负责人
1	资料	设计说明、架体设计方案、安拆方案、安装单位资质	一般						
2		生产厂家的使用说明书	一般						
3	外观	机容机况整洁、机架各部位无变形	主控			机械工程师：		监理工程师：	
4	防护装置	防护装置是否齐全	主控		工长：				
5	钢丝绳	符合规范要求	一般						
6	吊钩	符合规范要求	一般						
7	限位器	齐全、灵敏有效	主控						
8	缓冲器	完好、灵敏有效	主控						
9		电气绝缘良好	主控						
10	电气	电气系统符合要求	主控			电气工程师：		监理工程师：	
11		操作按键齐全、无破损	一般						

工区负责人意见：（ ）同意进场（ ）不同意进场 签字：

驻地监理工程师意见：（ ）同意进场（ ）不同意进场 签字：

安全员签字：

总监办安全监理工程师意见：（ ）同意进场（ ）不同意进场 签字：

注：机械进场控制验收由工区长组织专业工长、机电工程师对拟进场设备进行检查验收同时通知安全员共同验收，自检合格后报监理复检。

表 DHL-002

电动葫芦提升架安装、拆除过程安全控制表

工程名称		安、拆地点				设备型号/编号		
序号	检查项目	控制要点	控制等级	检查频率	负责人	控制情况	签名
1	方案、交底执行情况	安装拆除有方案,对作业人员有交底及签字;安、拆过程符合方案要求,操作人员与实际审核人是否一致	一般	全过程	生产经理		
2	资质、特种作业证	具有安、拆资质;作业人员持证上岗随身持带及上岗情况	一般	全过程			
3	高空坠落	正确使用安全带、是否随时系挂	主控	全过程			
4	物体打击	正确佩戴安全帽,避开垂直方向作业。工具材料放好	主控	全过程			
5	机械伤害	机械设备防护罩齐全、不违章作业	主控	全过程			
6	安拆指挥小组	人员配备到位,安全员现场监督	一般	全过程	安全工程师		
7	辅助汽车吊	作业范围地上地下无障碍物、是否经过验收	主控	全过程			
8	安装、拆除警戒、标识	警戒到位、标识齐全、专人看守	一般	全过程			
9	消防	电气焊:操作人员持证、动火证、设专人看火、消防器材配置、清除易燃物	主控	全过程			
10	吊具、索具	符合使用要求	一般	全过程			
11	吊装	信号指挥到位	一般	全过程			
12	环境	天气、作业环境符合作业要求	一般	全过程			
13	照明	满足施工需要	一般	全过程			
14	防触电	电源线无破损、裸露,电箱合格	主控	全过程	电气工程师		

注:本表由生产经理组织安全、电气工程师在电动葫芦井架安拆安全过程监督检查。

电动葫芦提升架作业前控制检查表

表 DHL-003

工程名称			施工单位		设备编号		
设备名称			设备型号		检查日期	年 月 日	
序号	检查项目	控制要点		控制等级	检查情况	负责人	备注
1	工作环境	场地是否满足工作空间		一般			
2		夜间作业要有足够的照明		一般			
3	试运行	每班第一次吊重物时，应离地100mm时停机检查制动情况		一般			
4	机械系统	无异响、无漏油		一般			
5		缓冲器完好有效		一般			
6		轨道两端挡板完好		主控			
7	架体	架体牢固情况		一般			
8	钢丝绳、锁具	钢丝绳、卡扣等符合规范要求		主控			
9	电气	使用悬挂电缆电气开关时，绝缘应良好、滑动自如		一般			
10		传动部位应有防护罩螺栓紧固		主控			
11	安全防护	四周防护符合要求		主控			
12		使用电缆电气控制开关，站立位置后方应有不小于2m的空地，并正确操作按钮		主控		操作人签字	
13							

工长意见：（ ）同意作业 （ ）不同意作业 工长签字： 年 月 日

注：在使用前操作人全面检查，工长对于主控项目进行重点检查，由工长决定是否可以开始作业。

表 DHL-004

电动葫芦提升架专业工程师作业过程控制巡视检查表

工程名称			施工单位		设备编号		
设备名称			设备型号		检查日期	年 月 日	
序号	检查项目	控制要点	控制等级	检查情况	检查频率	检查人	签字
1	机械部位	无异响、漏油	一般		随机	机械工程师	
2		无异味、高温等异常情况	一般		随机		
3		传动部分，动力传动平稳	一般		随机		
4	防护装置	机械传动部位的防护罩齐全	一般		随机		
5		轨道挡板完好	一般				
6	电气	漏电开关灵敏有效；接地装置良好	主控		随机	电气工程师	
7		电缆绝缘良好，控制按键灵敏有效	主控		随机		
8		各限位器齐全，灵敏有效	主控		随机		
9	限位、保险	缓冲器完好有效	主控		随机		
10		吊钩保险完好有效	主控		随机	机械工程师	
11	作业环境	在额定荷载制动时，下滑量不大于80mm	一般		随机		
12		夜间作业要有足够的照明；露天作业有防雨棚	主控		随机		

工长签字： 专业工程师签字： 日期： 年 月 日

注：本表由专业工程师填写，随时检查监督发现问题及时制止整改。

363

表 DHL-005

电动葫芦提升架安全员作业过程控制巡视检查表

工程名称			施工单位		设备编号	
设备名称			设备型号		检查日期	年 月 日
序号	检查项目	控制要点	控制等级	检查情况	检查频率	备注
1	机械部位	无异响、漏油	一般		随机	
2		无异味、高温等异常情况	一般		随机	
3	防护装置	机械传动部位的防护罩状况	一般		随机	
4	电气	漏电开关灵敏有效；接地装置良好	主控		随机	
5		电缆绝缘良好，控制按键灵敏有效	主控		随机	
6	限位、保险	限位器灵敏有效	主控		随机	
7		缓冲器完好有效	主控		随机	
8		轨道挡板完好	一般		随机	
9	架体、防护	架体牢固，螺栓紧固	主控		随机	
10		四周、上下防护符合要求	一般		随机	
11	操作过程	吊物捆扎牢固，工作间歇不得将重物悬挂空中	一般		随机	
12		在额定荷载制动时，下滑量不大于80mm	一般		随机	
13		在起吊过程中，不得急速升降	主控		随机	
14	作业环境	夜间作业要有足够的照明；露天作业有防雨棚	主控		随机	
15	操作人	操作人员持证上岗；信号指挥到位	一般		随机	

安全员签字： 工长签字： 日期： 年 月 日

注：本表由安全员填写随时检查监督发现问题及时制止整改，必要时下发隐患通知单及停工，报领导处理。

土方机械进场控制自(复)检表

表 TF-001

工程名称			产权单位			设备编号				
设备名称			设备型号			检查日期	年 月 日			
序号	检查项目	控制要点	控制等级	一检		二检		复检		
				检查情况	负责人	检查情况	负责人	检查情况	负责人	
1	资料	土方机械的合格证和出厂检测报告	一般		工长:	/	机械工程师:		监理工程师:	
2		机械使用说明书	一般			/				
3	外观	机容机况整洁,机架各部位无变形	一般			/				
4		仪器、仪表、灯光正常	一般			/				
5		方向机灵敏有效	一般							
6		水箱水位、机油油位、液压油位、电瓶水位、变速箱油位正常	一般							
7	发动机	无任何部位漏油、漏水、漏气	主控							
8		发动机运转正常无异响	一般							
9		液压油温正常	主控							
10		离合、刹车灵敏有效	一般							
11	防护装置	防护装置齐全	主控							

工区负责人意见:( )同意进场 ( )不同意进场
签字:

安全员签字:

驻地监理工程师意见:( )同意进场 ( )不同意进场
签字:

总监办安全监理工程师意见:( )同意进场 ( )不同意进场
签字:

注:机械进场控制验收由工区区长组织专业工长、机电工程师对拟进场设备进行检查验收同时通知安全员共同验收,自检合格后报监理复检。

表 TF-002

土方机械作业前控制检查表

工程名称		产权单位		设备编号	
设备名称		设备型号		检查日期	年 月 日
序号	检查项目	控制要点	控制等级	检查情况	负责人	备注
---	---	---	---	---	---	---
1	工作环境	场地满足工作空间	一般			
2		夜间作业要有足够的照明	一般			
3	资料	驾驶室内挂设安全技术操作规定	一般			
4		操作人员持证上岗情况	一般			
5	机械系统	仪器、仪表、灯光齐全	一般			
6		轮胎螺栓紧固无缺少	一般			
7		各系统无漏油、漏水、漏气	主控			
8		方向机灵敏有效	主控			
9		离合、刹车灵敏有效	主控			
10		驱动轮、托链轮、支重轮无变形	一般			

工长意见：（ ）同意作业 （ ）不同意作业

注：操作人全面检查工长对于重点和特别重要的项目进行重点检查，由工长决定是否可以开始作业。

操作人签字：

工长签字： 年 月 日

发电机进场控制自(复)检表

表 FDJ-001

工程名称			产权单位			设备编号		
设备名称			设备型号			检查日期	年 月 日	

序号	检查项目	控制要点	控制等级	一检		二检		复检	
				检查情况	负责人	检查情况	负责人	检查情况	负责人
1	资料	发电机的合格证	一般						
2		生产厂家的使用说明书	一般						
3	外观	机组外表整洁,无明显锈蚀	一般						
4	防护装置	防护装置齐全	一般						
5	电气系统	各种仪表齐全,灵敏可靠,数据指示准确	主控		工长:		机械、电气工程师:		监理工程师:
6		电气系统符合要求	主控						
7	机械系统	启动、加速性能良好,急速平稳,机组运行无异响,剧烈振动,超温;机组润滑装置齐全,运转时不漏油	一般						

工区负责人意见: ( )同意进场 ( )不同意进场 安全员签字:

驻地监理工程师意见: ( )同意进场 ( )不同意进场
签字:

总监办安全监理工程师意见: ( )同意进场 ( )不同意进场
签字:

注:机械进场控制验收由工区长组织专业工长、机电工程师对拟进场设备进行检查验收同时通知安全员共同验收,自检合格后报监理复检。

367

发电机作业前控制检查表

表 FDJ-002

工程名称				设备编号	
设备名称		设备型号		检查日期	年 月 日
施工单位					
序号	检查项目	控制要点	控制等级	检查情况	负责人	年 月 日 备注

序号	检查项目	控制要点	控制等级	检查情况	负责人	备注
1	机械系统	启动、加速性能良好，急速平稳	一般			
2		机组运行无异响、剧烈振动、超温	主控			
3		风扇皮带松紧适度	主控			
4		地脚螺栓不松动、缺失	一般			
5		机组润滑装置齐全、运转时不漏油	一般			
6		排水温度达到说明书要求				
7	电气系统	发电机机组电源必须与外电电源线路电源连锁，严禁与外电电源线路并列运行，当两台及以上发电机组并列运行时，必须设同步装置，并应在机组同步后再向负载供电	主控			
8		电气线路、油管管路排列整齐、卡固牢靠	主控			
9		仪表灵敏有效、配电箱、接地符合要求	主控			
10	安全防护	防护装置齐全有效	主控			
11		紧急保险装置配置齐全、工作可靠	主控			

工长意见：（ ）同意作业 （ ）不同意作业

工长签字：

年 月 日

注：操作人全面检查工长对于重点和特别重要的项目进行重点检查，由工长决定是否可以开始作业。

表 JBJ-001

混凝土搅拌机械进场控制自(复)检表

工程名称			产权单位		设备编号	
设备名称			设备型号		检查日期	年 月 日
检查项目		控制要点	控制等级	一检	二检	复检
				检查情况　负责人	检查情况　负责人	检查情况　负责人
序号						
1	资料	机械质量产品合格证、机械生产厂家的使用说明书	一般	工长:	机械、电气工程师:	监理工程师:
2		操作人员证件	一般			
3	外观	机械清洁,金属结构部分无开焊、裂纹、变形,严重锈蚀	主控			
4	防护装置	离合器、制动器、传动部位防护罩齐全牢固	一般			
5		各种保险齐全有效	主控			
6	钢丝绳	钢丝绳符合规范要求	一般			
7	电气	电气箱完好,箱内元器件完好,电缆线无老化、裸露、破损	主控			
8		电气系统符合要求	一般			

工区负责人意见: ( )同意进场 ( )不同意进场　签字:　安全员签字:

驻地监理工程师意见: ( )同意进场 ( )不同意进场　签字:　总监办安全监理工程师意见: ( )同意进场 ( )不同意进场　签字:

注: 机械进场控制验收由工区组织专业工长、机电工程师对拟进场设备进行检查验收同时通知安全员共同验收,自检合格后报监理复检。

混凝土搅拌机械作业前控制检查表

表 JBJ-002

工程名称			产权单位		设备编号		
设备名称			设备型号		检查日期	年 月 日	
序号	检查项目	控制要点		控制等级	检查情况	负责人	备注
1	工作环境	机械平稳牢固，满足工作要求		一般			
2		噪声控制在规定范围内		一般			
3	试运行	传动装置运转平稳，无异响，无漏油		一般			
4		皮带松紧适宜，各部位连接可靠		一般			
5		减速箱运转无异响，密封良好，无漏油		主控			
6	防护制动系统	离合器、制动器、传动部位防护罩齐全牢固		主控		操作人签字	
7		固定螺栓完好、齐全、不松动		一般			
8		保险绳安全有效		一般			
9		钢丝绳、卡扣符合规范要求		一般			
10	电气部分	电缆线穿绝缘保护管无破损和老化		主控			
11		一闸、一机、一箱、一漏		一般			

工长意见：（ ）同意作业 （ ）不同意作业

工长签字：　　　　　　　　　　　　　　　　　　　年　月　日

注：操作人全面检查工长对于主控项目进行重点检查，由工长决定是否可以。

表 KQYSJ-001

空气压缩机进场控制自(复)检表

工程名称		产权单位				设备编号		
施工地点		设备型号				检查日期	年 月 日	
序号	检查项目	控制要点	控制等级	一检		二检		复检
				检查情况	负责人	检查情况	负责人	检查情况	负责人
1	资料	空气压缩机出厂合格证	一般						
2		应具备检测报告书、使用说明书	主控						
3	外观	整机不得有油污、明显锈蚀	一般						
4		贮气罐焊缝无开焊、裂纹及变形	主控		工长:		机械、电气工程师:		监理工程师:
5	发动机及液压部分	发动机、各辅助机构正常	一般						
6		液压系统正常	一般						
7	电气系统	电器和电控装置齐全、可靠	主控						
8		电气系统符合要求	主控						
9	防护装置	压力表灵敏可靠、自动调节器调节功能良好、安全阀动作灵敏可靠、防护装置齐全、螺栓紧固	一般						

工区负责人意见:	签字:	安全员签字:
驻地监理工程师意见:( )同意进场 ( )不同意进场 签字:		总监办安全监理工程师意见:( )同意进场 ( )不同意进场 签字:

注:机械进场控制验收由工区长组织专业工长、机电工程师对拟进场设备进行检查验收同时通知安全员共同验收,自检合格后报监理复检。

空气压缩机作业前控制检查表

表 KQYSJ-002

工程名称		施工单位		设备编号		
施工地点		设备型号		检查日期	年 月 日	
序号	检查项目	控制要点	控制等级	检查情况	负责人	备注
1	工作环境	场地满足工作要求	一般			
2	机械部分	确认旋转方向正确	一般			
3		内燃机滤清装置齐全有效、清洁完好、油路畅通，各部位润滑良好	一般			
4		机组启动性能良好、怠速平稳、无异响	一般			
5		发动机系统正常	一般			
6		安全阀动作灵敏可靠	主控			
7		机组油路畅通、润滑良好	一般			
8		油压表、水温表指示数据正常	一般		操作人签字	
9	电气	电器和电控装置齐全可靠	主控			
10		电气系统绝缘良好	主控			
11	安全防护	各传动部分防护罩齐全、牢固	主控			
12		防护棚、隔音棚符合要求	一般			

工长意见：（ ）同意作业 （ ）不同意作业

操作人签字： 工长签字： 年 月 日

注：操作人全面检查工长对于重点和特别重要的项目进行重点检查；由工长决定是否可以开始作业。

372

桩机械进场控制自（复）检表

表 DZ-001

工程名称			产权单位			设备编号		
设备名称			设备型号			检查日期		年 月 日

序号	检查项目	控制要点	控制等级	一检 检查情况	一检 负责人	二检 检查情况	二检 负责人	复检 检查情况	复检 负责人
1	资料	生产厂家的使用说明书	一般		工长		机械、电气工程师		监理工程师
2		桩机械的合格证	一般						
3		操作人员和指挥人员证件	一般						
4	防护装置	安全防护装置完美、灵敏可靠	主控						
5	外观	整机外观清洁、金属结构无开焊和焊接缺陷	主控						
6	电气部分	漏电保护器动作灵敏可靠	主控						
7		电气系统符合要求	一般						
8		冷却水使用符合要求	一般						
9		吊钩、卷筒、滑轮无裂纹，符合安全使用要求	一般						
10		安全保护装置齐全完好，灵敏符合使用要求	一般						
11	机械系统	金属结构件和各元件符合使用要求	一般						
12		过滤装置齐全，滤芯、滤网保持清洁、无破损；油路畅通	一般						
13		液压系统运转平稳，液压泵、液压马达工作时无异响，其他液压元器件满足使用要求	一般						
14		钢丝绳符合安全使用要求，吊索具符合要求	主控						

工长负责人意见： 签字：

驻地监理工程师意见：（ ）同意进场 （ ）不同意进场 签字：

安全员签字：（ ）同意进场 （ ）不同意进场

总监办安全监理工程师意见：（ ）同意进场 （ ）不同意进场 签字：

注：机械进场控制验收由工长组织专业工长、区长组织专业工长，机电工程师对拟进场设备进行检查验收同时通知安全员共同验收，自检合格后报监理复检。

表 DZ-002

桩机械作业前控制检查表

工程名称		产权单位		设备编号		
设备名称		设备型号		检查日期	年 月 日	
序号	检查项目	控制要点	控制等级	检查情况	负责人	备注
1	工作环境	作业现场满足工作空间	一般			
2		夜间作业要有足够的照明	一般			
3	试运行	发动机启动正常、急速平稳、无异响	一般			
4		传动机构运转正常	一般			
5	机械部分	无油污、无漏油、锈蚀、漏气、漏水、漏电	一般			
6		钢丝绳、索具符合要求	主控			
7		防护罩、盖板、防护栏杆齐全、无变形、破损	主控			
8		液压系统运转平稳，液压泵、液压马达工作时无异响	一般			
9		离合器接合平稳，传递无破损和老化时无异响及打滑	一般		操作人签字	
10	电气	电缆线穿绝缘保护管无破损和老化	一般			
11		漏电保护器齐全、动作灵敏可靠	主控			
12		电器开关、按钮接触器等元件动作灵敏、可靠	一般			
13	安全防护	传动部位应有防护罩、螺栓紧固	主控			

操作人意见：（ ）同意作业 （ ）不同意作业

工长意见：（ ）同意作业 （ ）不同意作业　　　　　　　　　　工长签字：　　　　　　　　　年　月　日

注：操作人全面检查工长对于主控项目进行重点检查，由工长决定是否可以开始作业。

混凝土泵（注浆机）进场控制自（复）检表

表 HNT-001

工程名称			产权单位			设备编号			
设备型号			设备编号			检查日期		年 月 日	
					一检		二检		复检
序号	检查项目	控制要点	控制等级	检查情况	负责人	检查情况	负责人	检查情况	负责人
1	资料	机械产品质量合格证、生产厂家的使用说明书	一般						
2		操作员有操作证	一般						
3	外观	泵体各部位无变形、符合使用要求	主控		工长:		机械、电气工程师		监理工程师
4		机容机况整洁、无漏油、漏水、漏气	一般						
5		仪表齐全有效	一般						
6	安全防护	安全防护装置齐全、可靠、螺栓紧固	一般						
7		卡箍、泵管壁厚和材质符合安全使用要求	主控						
8	电气	电箱完好、箱内元件完好、电缆线无老化、裸露、破损	主控						
9		电气系统符合要求	主控						

工区负责人意见：	签字：	安全员签字：
驻地监理工程师意见：（ ）同意进场（ ）不同意进场 签字：	机械进场控制验收由工区长组织专业工长、机电工程师对拟进场设备进行检查验收同时通知安全员共同验收，自检合格后报监理复检。	总监办安全监理工程师意见：（ ）同意进场（ ）不同意进场 签字：

注：机械进场控制验收由工区长组织专业工长、机电工程师对拟进场设备进行检查验收同时通知安全员共同验收，自检合格后报监理复检。

表 HNT-002

混凝土泵（注浆机）作业前控制检查表

工程名称		产权单位		设备编号		
设备名称		设备型号		检查日期	年 月 日	
序号	检查项目	控制要点	控制等级	检查情况	负责人	备注
1	工作环境	场地满足工作空间	一般			
2		夜间作业有足够的照明	一般			
3		发动机运转正常无异响	一般			
4		水箱水位正常、机油油位正常、液压油位正常、电瓶水位正常	一般			
5	机械部分	回转支承转动灵敏可靠、油马达、减速箱运转无异响、脱档、泄漏、制动器灵敏可靠，各连接螺栓连接牢固	主控			
6		供水水泵运转正常、部件齐全完整、管路不渗漏	主控			
7		报警装置及紧急制动开关工作可靠	主控			
8		制动灵敏可靠、有效、不跑偏	主控		操作人签字	
9	电气部分	按钮开关灵敏有效、电线无破损老化	主控			
10	安全防护	泵管布置及加固符合要求、泵管、止阀等符合安全要求				
		各种防护齐全有效				

操作人意见：（ ）同意作业 （ ）不同意作业

工长意见：

工长签字：   年 月 日

注：操作人全面检查工长对于主控项目进行重点检查，由工长决定是否可以开始作业。

大型机械作业过程巡视表　　表 DZY-001

工程名称							
工程部位			施工单位				
			检查日期		年　月　日		

序号	检查项目		控制要点	控制等级	检查情况	检查频率	备注
1	专用部分	混凝土机械	减速器工作时无异响和明显漏油	一般			
2			油路畅通，管路连接可靠，无锈蚀、变形、老化、破损、渗漏	一般			
3			各液压操纵部分运动灵活、连接可靠	一般			
4			皮带运输机运转平稳、不跑偏	一般			
5			供水系统水泵工作无异响，管路完好，无破损、漏油	一般			
6			安全限位装置齐全、完好、有效；报警提示装置完好有效	主控			
7			安全阀及过载保护装置齐全、灵敏、有效	主控			
8			冷却系统工作有效符合说明书规定；部件齐全完好，管路不漏油	一般			
9			泵管、卡箍符合安全要求	主控			
10		土方机械	轮胎、驱动轴螺栓紧固无缺少	一般			
11			驱动轮、托链轮、支重轮无变形	一般			
12			离合、刹车灵敏有效	主控			
13			无任何部位漏油、漏气、漏水	一般			
14			转斗油缸起升正常	一般			
15			举臂油缸起升正常无下滑	一般			
16			各液压系统正常	主控			
17			发动机运转正常无异响	一般			
18			方向机灵敏有效	一般			
19		桩机机械	制动器的零件无裂纹、过度磨损塑性变形、开焊、缺件等缺失	一般			
20			液压系统运转平稳；液压泵、液压马达工作时无异响，其他液压元器件满足使用要求	一般			
21			过滤装置齐全，滤芯、滤网保持清洁，无破损；油路畅通	一般			
22			机械所使用的燃油、润滑油液压油、二硫化钼等油脂符合使用要求；冷却水使用符合要求	一般			
23			吊钩、卷筒、滑轮无裂纹，符合安全使用要求	主控			
24			钢丝绳符合使用规定	主控			
25			安全保护装置齐全完好、灵敏可靠	主控			
26			金属结构件和各元件符合使用要求	一般			
27			传动机构齿轮、链轮、链条等部件传递动力有效，齿轮啮合平稳，无异响、干磨过热	一般			
28			离合器接合平稳，传递和切断动力有效，无异响及打滑	主控			

续表 DZY-001

序号	检查项目		控制要点	控制等级	检查情况	检查频率	备注
29	专用部分	发电机	机组运行无异响、剧烈振动、超温	一般			
30			风扇皮带松紧适度	一般			
31			机组启动、加速性能良好，怠速平稳	一般			
32			各种仪表齐全、灵敏可靠，数据指示准确	主控			
33			机组润滑装置齐全，运转时不漏油	一般			
34		空压机	排气量、工作压力参数达到额定指标	一般			
35			进排气阀无漏气，不得有严重积炭、积灰	主控			
36			管体内无油污和冷凝水	一般			
37			运转无异响，油压表、水温表指示数据正常	一般			
38			滤油器装置齐全、有效、清洁完好、油路畅通	一般			
39			安全阀动作灵敏可靠	主控			
40			自动调节器调节功能良好	一般			
41			压力表灵敏可靠，计测正确，且在检定期内	主控			
42	通用部分	防护装置	机械传动部位的防护罩齐全有效、螺栓紧固、设备有保护接地	主控			
43		电气	漏电保护灵敏有效、电缆线穿保护管或悬挂无破损和老化	一般			
44			设备应一机、一闸、一箱、一漏、电箱内标识清晰	主控			
45			电气控制系统完好、有保护接地	一般			
46		作业环境	作业现场有足够作业空间	一般			
47			夜间作业要有足够的照明	一般			
48		劳保用品	工作时穿绝缘鞋戴绝缘手套穿紧身工作服	一般			
49		消防	易燃物清理、消防设施齐全有效	主控			
50		操作人	操作人员定人定机、设备旁边应挂有操作规程	主控			

机械工程师签字： 　　　　工区长签字： 　　　　日期： 　年　月　日

注：本表由机械工程师填写随时检查监督、发现问题及时制止整改。

大型机械作业过程控制监督巡视表　　表 DZY-002

工程名称				施工单位			
工程部位				检查日期	年 月 日		
序号	检查项目		控制要点	控制等级	检查情况	检查频率	备注
1	专用部分	混凝土机械	减速器工作时无异响和明显漏油	一般			
2			油路畅通，管路连接可靠，无锈蚀、变形、老化、破损、渗漏	一般			
3			各液压操纵部分运动灵活、连接可靠	一般			
4			皮带运输机运转平稳、不跑偏	一般			
5			供水系统水泵工作无异响，管路完好，无破损、漏油	一般			
6			安全限位装置齐全、完好、有效	主控			
7			安全阀及过载保护装置齐全、灵敏、有效	主控			
8			各部件齐全完好，管路不漏油	一般			
9			泵管、卡箍符合安全要求，泵管牢固	主控			
10		土方机械	轮胎、驱动轴螺栓紧固无缺少	一般			
11			驱动轮、托链轮、支重轮无变形	一般			
12			离合、刹车灵敏有效	主控			
13			无任何部位漏油、漏气、漏水	一般			
14			转斗油缸起升正常	一般			
15			举臂油缸起升正常无下滑	一般			
16			各液压系统正常	主控			
17			发动机运转正常无异响	一般			
18			方向机灵敏有效	一般			
19		桩机械	制动器的零件无裂纹、过度磨损塑性变形、开焊、缺件等缺失	一般			
20			液压系统运转平稳；液压泵、液压马达工作时无异响，其他液压元器件满足使用要求	一般			
21			过滤装置齐全，滤芯、滤网保持清洁，无破损；油路畅通	一般			
22			机械所使用的燃油、润滑油液压油、二硫化钼等油脂符合使用要求；冷却水使用符合要求	一般			
23			吊钩、卷筒、滑轮无裂纹，符合安全使用要求	主控			
24			钢丝绳、卡扣符合使用规定	主控			
25			安全保护装置齐全完好、灵敏可靠	主控			
26			金属结构件和各元件符合使用要求	一般			
27			传动机构齿轮、链轮、链条等部件传递动力有效，齿轮啮合平稳，无异响、干磨过热	一般			
28			离合器接合平稳，传递和切断动力有效，无异响及打滑	主控			

续表 DZY-002

序号	检查项目		控制要点	控制等级	检查情况	检查频率	备注
29	专用部分	发电机	机组运行无异响、剧烈振动、超温	一般			
30			风扇皮带松紧适度	一般			
31			机组启动、加速性能良好，怠速平稳	一般			
32			各种仪表齐全、灵敏可靠，数据指示准确	主控			
33			机组润滑装置齐全，运转时不漏油	一般			
34		空压机	排气量、工作压力参数达到额定指标	一般			
35			进排气阀无漏气，不得有严重积炭、积灰	主控			
36			管体内无油污和冷凝水	一般			
37			运转无异响，油压表、水温表指示数据正常	一般			
38			滤油器装置齐全、有效、清洁完好、油路畅通	一般			
39			安全阀动作灵敏可靠	主控			
40			自动调节器调节功能良好	一般			
41			压力表灵敏可靠，计测正确，且在检定期内	主控			
42	通用部分	防护装置	机械传动部位的防护罩齐全有效、螺丝紧固、设备有保护接地	主控			
43		电气	漏电保护灵敏有效、电缆线穿保护管或悬挂无破损和老化	一般			
44			设备应一机、一闸、一箱、一漏、电箱内标识清晰	主控			
45			电气控制系统完好、有保护接地	一般			
46		作业环境	作业现场有足够作业空间	一般			
47			夜间作业要有足够的照明	一般			
48		劳保用品	工作时穿绝缘鞋戴绝缘手套穿紧身工作服	一般			
49		消防	易燃物清理、消防设施齐全有效	主控			
50		操作人	操作人员定人定机、设备旁边应挂有操作规程	主控			
51		资料	有教育、班前讲话、交底等签字，班前检查记录	主控			

安全工程师签字： 工区长签字： 日期： 年 月 日

注：本表由安全工程师填写随时检查监督、发现问题及时制止整改，必要时下发隐患通知单及停工，报领导处理。

大型机械作业过程巡视表　　　表 DZY-003

工程名称			施工单位			
工程部位			检查日期	年　月　日		
序号	检查项目	控制要点	控制等级	检查情况	检查频率	备注
1	混凝土机械	减速器工作时无异响和明显漏油	一般			
2		油路畅通，管路连接可靠，无锈蚀、变形、老化、破损、渗漏	一般			
3		各液压操纵部分运动灵活、连接可靠	主控			
4		皮带运输机运转平稳、不跑偏	一般			
5		供水系统水泵工作无异响，管路完好，无破损、漏油	一般			
6		安全限位装置齐全、完好、有效；报警提示装置完好有效	主控			
7		安全阀及过载保护装置齐全、灵敏、有效	主控			
8		冷却系统工作有效符合说明书规定；部件齐全完好，管路不漏油	一般			
9	土方机械	轮胎、驱动轴螺栓紧固无缺少	一般			
10		驱动轮、托链轮、支重轮无变形	一般			
11		离合、刹车灵敏有效	主控			
12		无任何部位漏油、漏气、漏水	一般			
13		转斗油缸起升正常	一般			
14		举臂油缸起升正常无下滑	主控			
15		各液压系统正常	一般			
16		发动机运转正常无异响	一般			
17		方向机灵敏有效	主控			
18	桩机械	制动器的零件无裂纹、过度磨损塑性变形、开焊、缺件等缺失	主控			
19		液压系统运转平稳；液压泵、液压马达工作时无异响，其他液压元器件满足使用要求	一般			
20		过滤装置齐全，滤芯、滤网保持清洁，无破损；油路畅通	一般			
21		机械所使用的燃油、润滑油液压油、二硫化钼等油脂符合使用要求；冷却水使用符合要求	一般			
22		吊钩、卷筒、滑轮无裂纹，符合安全使用要求	一般			
23		钢丝绳符合使用规定	主控			
24		安全保护装置齐全完好、灵敏可靠	主控			
25		金属结构件和各元件符合使用要求	一般			

续表 DZY-003

序号	检查项目		控制要点	控制等级	检查情况	检查频率	备注
26	桩机械		传动机构齿轮、链轮、链条等部件传递动力有效，齿轮啮合平稳，无异响、干磨过热	一般			
27			离合器接合平稳，传递和切断动力有效，无异响及打滑	主控			
28	专用部分	发电机	机组运行无异响、剧烈振动、超温	一般			
29			风扇皮带松紧适度	一般			
30			机组启动、加速性能良好，怠速平稳	一般			
31			各种仪表齐全、灵敏可靠，数据指示准确	主控			
32			机组润滑装置齐全，运转时不漏油	一般			
33		空压机	排气量、工作压力参数达到额定指标	一般			
34			进排气阀无漏气，不得有严重积炭、积灰	主控			
35			管体内无油污和冷凝水	一般			
36			运转无异响，油压表、水温表指示数据正常	一般			
37			滤油器装置齐全、有效、清洁完好、油路畅通	一般			
38			安全阀动作灵敏可靠	主控			
39			自动调节器调节功能良好	一般			
40			压力表灵敏可靠，计测正确，且在检定期内	主控			
41	通用部分	防护装置	机械传动部位的防护罩齐全有效、螺丝紧固、设备有保护接地	主控			
42		电气	漏电保护灵敏有效、电缆线穿保护管或悬挂无破损和老化	一般			
43			设备应一机、一闸、一箱、一漏、电箱内标识清晰	主控			
44			电气控制系统完好、有保护接地	一般			
45		作业环境	作业现场有足够作业空间	一般			
46			夜间作业要有足够的照明	一般			
47		劳保用品	工作时穿绝缘鞋、戴绝缘手套、穿紧身工作服	一般			
48		消防	易燃物清理、消防设施齐全有效	主控			
49		操作人	操作人员定人定机、设备旁边应挂有操作规程	主控			

机械工程师签字：　　　　　　工区长签字：　　　　　　　年　　月　　日

注：本表由机械工程师填写随时检查监督、发现问题及时制止整改。

表 MG-001

木工机械进场控制自（复）检表

工程名称			产权单位		设备编号				
设备名称			设备型号		检查日期			年 月 日	
序号	检查项目	控制要点	控制等级	一检		二检		复检	
				检查情况	负责人	检查情况	负责人	检查情况	负责人
1	资料	木工机械的合格证	一般		工长：		机械、电气工程师：		监理工程师：
2		生产厂家的使用说明书	一般						
3	外观	机容机况整洁、机架各部位无变形	主控						
4	防护装置	防护装置是否齐全	主控						
5	电气	电机绝缘状况	主控						
6		电气系统符合要求	主控						
7		禁止使用倒顺开关	一般						

工区负责人意见：（ ）同意进场（ ）不同意进场 签字： 安全员签字：

驻地监理工程师意见：（ ）同意进场（ ）不同意进场 签字： 总监办安全监理工程师意见：（ ）同意进场（ ）不同意进场 签字：

注：机械进场控制验收由工区长组织专业工长、机电工程师对拟进场设备进行检查验收同时通知安全员共同验收，自检合格后报监理复检。

383

木工机械作业前控制检查表

表 MG-002

工程名称		施工单位		设备编号		
设备名称		设备型号		检查日期	年 月 日	
序号	检查项目	控制要点	控制等级	检查情况	负责人	备注
1	工作环境	场地是否满足工作空间	一般			
2		夜间作业要有足够的照明	一般			
3	试运行	确认正确旋转方向	一般			
4		无异响	一般			
5		锯片是否有裂纹	一般			
6	机械系统	锯片、刨刀螺栓是否紧固	一般			
7		圆盘锯上方应有防护罩	主控			
8		开关灵敏有效	一般			
9	电气	满足一机一闸一漏一箱要求	一般			
10		传动部位应有防护罩螺栓紧固	主控		操作人签字	
11	安全防护	刨花、木屑清理干净,消防器材齐全有效	主控			
12	消防				年 月 日	

工长意见:( )同意作业 ( )不同意作业 工长签字:

注:操作人全面检查工长对于重点和特别重要的项目进行重点检查,由工长决定是否可以开始作业。

表 GJ-001

钢筋机械进场控制自（复）检表

工程名称				产权单位		设备编号				
设备名称				设备型号		检查日期		年 月 日		
序号	检查项目	控制要点	控制等级	一检		二检		复检		
				检查情况	负责人	检查情况	负责人	检查情况	负责人	
1	资料	钢筋机械合格证书	一般				机械、电气工程师：		监理工程师：	
2		生产厂家的使用说明书	一般							
3	外观	外观清洁，无油垢和锈蚀	一般		工长：					
4		机身无破损、断裂及变形	主控							
5	防护装置	防护装置齐全、紧固，符合要求	主控							
6	电气	电气系统装置齐全、线路排列整齐、卡固牢靠	主控							
7		电气系统安全、符合要求	主控							

工区负责人意见： （ ）同意进场 （ ）不同意进场 签字： 安全员签字：

驻地监理工程师意见： （ ）同意进场 （ ）不同意进场 总监办安全监理工程师意见： （ ）同意进场 （ ）不同意进场
签字： 签字：

注：机械进场控制验收由工区长组织专业工长、机电工程师对拟进场设备进行检查验收，机电工程师与安全员共同验收，自检合格后报监理复检。

钢筋机械作业前控制检查表

表 GJ-002

工程名称			产权单位		设备编号		
设备名称			设备型号		检查日期	年 月 日	
序号	检查项目	控制要点		控制等级	检查情况	负责人	备注
1	工作环境	场地满足工作空间		一般			
2	试运行	确认旋转方向正确		一般			
3		无异响		一般			
4	机械部分	金属结构无开焊、裂纹		主控			
5		各部位连接牢靠、不松动		主控			
6		机身无破损、断裂及变形		主控		操作人签字	
7	电气部分	电机运行无异响、抖动及过热		主控			
8		电气设备安装牢固、电器接触良好		主控			
9	安全防护	传动部位应有防护罩、螺栓紧固		一般			

工长意见：（ ）同意作业（ ）不同意作业　　　　　　　　　　　工长签字：　　　　　　年　月　日

注：操作人全面检查，工长对于重点和主控项目进行重点检查，由工长决定是否可以开始作业。

机械设备定期安全自（复）检表   表 DQ-003

工程名称				施工单位					
施工部位				检查日期			年	月	日
序号	检查项目		控制要点	检查人签字	检查情况	处理意见	复检检查情况	复检负责人	
1	通用部分	资料部分	班组安全教育记录、安全交底工人签字					监理工程师：	
2			操作人员持证上岗、操作证复印件或过期						
3			设备检查记录、交接班记录、维修保养记录						
4			机械出租单位安全检查记录及隐患整改记录						
5			设备旁边应挂有操作规程、定人定机						
6			职工应知应会资料及考试试卷						
7		电气部分	电气安装符合规定					监理工程师：	
8			机械设备有保护接地、电源箱防护						
9			电气控制系统完好						
10			电缆线破损老化						
11			设备应一机、一闸、一箱、一漏						
12			电箱内无杂物、标识清晰						
13			配电箱上锁						
14		防护装置	防雨、防砸、防尘棚应牢固整齐					监理工程师：	
15			皮带、链条、齿轮等传动部分防护						
16			机械传动部位的防护罩固定牢固						
17		文明施工	沉淀池应及时清理、排水畅通					监理工程师：	
18			材料码放整齐						
19			作业场地清理干净						
20			机械四周有无废包装袋						
21		消防	应配有足够的灭火器材					监理工程师：	
22	专用部分	混凝土机械	离合、抱闸应灵敏有效					监理工程师：	
23			地脚支腿应牢固、轮胎离地						
24			仪表、仪器正常						
25			液压部位无漏油						
26			喷淋降尘装置齐全有效						
27		木工机械	锯片不能有裂纹					监理工程师：	
28			锯片、刨刀螺栓是否紧固						
29			分料器齐全						
30			锯片上防护罩齐全，符合要求						

续表 DQ-003

序号	检查项目		控制要点	检查人签字	检查情况	处理意见	复检检查情况	复检负责人
31	专用部分	钢筋机械	芯轴、挡铁轴、转盘是否有裂痕					监理工程师：
32			切刀是否有裂纹					
33			切刀间隙是否符合要求					
34			刀架螺栓是否紧固					
35		发电机	内燃机与发电机传动部位应连接可靠					监理工程师：
36			风扇三角带松紧适合					
37			检测定子和励磁回路的绝缘电阻吸收比					
38			各仪表齐全有效					
39		空压机	压力表、温度表、电流表齐全有效					监理工程师：
40			安全阀、减压阀灵敏有效					
41			储存油箱无漏油					
42		打桩机	起重钢丝绳符合使用要求					监理工程师：
43			提升高度限位器的报警切断动力功能正常					
44			离合、闸灵敏有效					
45			吊钩、卷筒、滑轮无裂纹符合使用要求					
46			仪器、仪表正常齐全					
47			防过放绳装置的功能正常					
48		土方机	轮胎、链条螺栓应紧固					监理工程师：
49			驱动轮、托链轮、支重轮无变形					
50			离合、刹车、方向机灵敏有效					
51			仪器、仪表、灯光正常					
52			发动机运转正常无异响					
53			驱动轴螺栓紧固无缺少					
54			各油压部位正常					
55		其他机械	附件应齐全					监理工程师：
56			动力、传动部分螺栓紧固状况					
57			轴承盖不能漏油、刃口防护应齐全					
58			电焊机一次线不大于 5m 二次线双线到位					

其他：			
生产经理意见：	年	月	日
安全经理意见：	年	月	日
项目总工意见：	年	月	日
项目经理意见：	年	月	日
驻地监理工程师意见：	年	月	日
总监理工程师意见：	年	月	日

注：安全定期检查由总监组织施工单位、监理单位相关人员进行全面检查、由施工单位安全部门汇总。

表 ZXX-001

中小型机械作业专业工程师过程控制巡视表

工程名称		施工单位			
工程部位		检查日期		年 月 日	
序号	检查项目	控制要点	控制等级	检查情况	检查频率	备注
1	专用部分 木工机械	机械平稳牢固，工作台平整光滑，床身工作时不得有明显震动，有足够宽散场地保证操作	一般			
2		平刨必须安装安全保护装置，圆盘锯锯盘护罩（锯尾刀）、分料器、防护挡板安全装置齐全有效	主控			
3		刀片和刀片螺栓应一致，刀片严禁有裂纹，刀架夹板必须如刀片平整贴紧，合金刀片焊缝的高度不得超出刀头，刀片紧固螺栓应按刀片槽内，槽端距刀背不得小于10mm	一般			
4		传动部位防护罩齐全牢固	一般			
5	钢筋机械	钢筋机械必须安装在符合要求的防护棚内，基础平整坚实周围排水畅通，机械平稳牢固，保持水平位置	主控			
6		调直机工作区域应设置警戒区，并且安装防护栏杆及警告标志；冷拉机防护棚前用钢管作防回弹隔挡，切断机旁应有存放材料、半成品的场地	一般			
7		设备完好、安全装置齐全有效，传动部位必须安装防护装置，传动箱齿轮油应清洁饱满切断机刀片无裂痕，刀架螺栓紧固，防护罩牢固可靠	一般			
8		弯曲机传动机构间隙符合要求，齿轮啮合和滑动部位润滑良好，运行无异响；芯轴和成型轴、挡铁轴及螺栓连接牢固	一般			
9		冷拉卷扬机的连接器和被拉钢筋水平方向成直角，抱闸间隙符合1~1.5mm要求；钢丝绳应经滑轮并使用封闭式导向滑轮，操作人员要能看见整个冷拉场地，卷扬机与冷拉中线不得小于5m；卷筒上的钢丝绳应排列整齐，至少保留3~5圈，严禁使用开口拉板式滑轮。卷扬机前后应设置稳固可靠的锚式与卷扬机底座牢固连接	主控			

续表 ZXX-001

序号	检查项目		控制要点	控制等级	检查情况	检查频率	备注
9	专用部分	发电机	机组运行无异响、剧烈振动、超温	一般			
10			风扇皮带松紧适度	一般			
11			机组启动、加速性能良好、怠速平稳	主控			
12			各种仪表齐全、灵敏可靠、数据指示准确	一般			
13			排气量、工作压力参数达到额定指标	主控			
14		空压机	进排气阀无漏气，不得有严重积炭、积灰	一般			
15			管体内无油污和冷凝水	一般			
16			运转无异响，油压表、水温表指示数据正常	一般			
17			滤油器装置齐全、有效、清洁完好、油路畅通	一般			
18			安全阀动作灵敏可靠	主控			
19			自动调节器功能良好	主控			
20			压力表灵敏可靠、计测正确，且在检定期内	一般			
21	通用部分	防护装置	机械传动部位的防护罩齐全有效，螺丝紧固，设备有保护接地	主控			
22		电气	漏电保护灵敏有效，电缆线穿护管或悬挂无破损和老化	一般			
23			设备应一机、一闸、一漏、一箱、电箱内标识清晰	主控			
24			电气控制系统完好，有保护接地	主控			
25		作业环境	作业现场有足够作业空间	一般			
26			夜间作业有足够的照明	主控			
27		劳保用品	工作时穿绝缘鞋、戴绝缘手套、穿紧身工作服	一般			
28		消防	易燃物清理、消防设施齐全有效	一般			
29		操作人	操作人员定人定机，设备旁应挂有操作规程	主控			

机械工程师签字：　　　　　　　　　　　　　　　工区长签字：

注：本表由机械工程师填写每周填写 2 次后附维修保养记录。

年　　月　　日

中小型机械作业安全员过程控制巡视表

表 ZXX-002

工程名称			施工单位			
工程部位			检查日期		年 月 日	

序号	检查项目		控制要点	控制等级	检查情况	检查频率	备注
1	专用部分	木工机械	机械有防压、防雨棚	一般			
2			圆盘锯锯盘护罩安全牢固有足够宽敞场地保证操作	主控			
3			刀片锯片无裂纹、螺栓紧固	一般			
4			传动部位防护罩齐全牢固	一般			
5		钢筋机械	钢筋机械必须安装在符合要求的防护棚内	主控			
6			机械平稳牢固、有操作空间	一般			
7			传动部位安装防护装置齐全有效、刀架螺栓紧固、防护罩牢固可靠	主控			
8			弯曲机传动机构啮合间隙符合要求、齿轮啮合和润滑部位润滑良好、运行无异响；芯轴和成型轴、挡铁轴及轴套符合工作要求并且无裂痕和损伤	一般			
9			卷扬机地锚、钢丝绳卡扣符合要求、连轴器的连接螺栓连接牢固、抱闸间隙符合要求操作人员要能看见整个冷拉场地	一般			
10		发电机	机组运行无异响、剧烈振动、超温	一般			
11			风扇皮带松紧适度	一般			
12			机组启动、加速性能良好、急速平稳	一般			
13			各种仪表齐全、灵敏指示准确、数据达到额定指标	主控			
14			排气量、工作压力参数达到额定指标	一般			
15			进排气阀无漏气、不得有严重积炭、积灰	一般			
16		空压机	管体内无油污和冷凝水	一般			
17			运转无异响、油压表、水温表指示数据正常	一般			
18			滤油器装置齐全、有效、清洁完好、油路畅通	主控			
19			安全阀动作灵敏可靠	一般			
20			自动调节器调节灵敏良好	一般			
			压力罐符合检测要求	主控			

续表 ZXX-002

序号	检查项目		控制要点	控制等级	检查情况	检查频率	备注
21	通用部分	防护装置	机械传动部位的防护罩齐全有效、螺栓紧固，设备有保护接地	主控			
22		电气	漏电保护灵敏有效，电缆线穿保护管或悬挂无破损和老化	一般			
23			设备应一机、一闸、一箱、一漏，电箱内标识清晰	主控			
24			电气控制系统完好、有保护接地	一般			
25		作业环境	作业现场有足够作业空间	一般			
26			夜间作业要有足够的照明	一般			
27		劳保用品	工作时穿绝缘鞋、戴绝缘手套、穿紧身工作服	一般			
28		消防	易燃物清理，消防设施齐全有效	主控			
29		操作人	操作人员定人定机，设备旁边应挂有操作规程	一般			
30		资料	有教育、班前讲话、交底等签字，班前检查记录	主控			

机械工程师签字：　　　　　　　　　　　　　　　　　　工区长签字：　　　　　　　　　年　月　日

注：本表由安全工程师填写随时检查监督，发现问题及时制止整改，必要时下发隐患通知单及停工，报领导处理。

其他中小型施工机械进场控制目（复）检表

表 ZXX-001

工程名称		施工单位		设备编号		
设备名称		设备型号		检查日期	年 月 日	

序号	检查项目	控制要点	控制等级	一检		二检		复检	
				检查情况	负责人	检查情况	负责人	检查情况	负责人
1	资料	中小型机械的合格证、和产品使用说明书	一般		工长		机械、电气工程师		监理工程师
2		应具备检测报告书	一般						
3	防护装置	防护装置是否齐全	主控						
4	外观	机容机况整洁，机架各部位无变形	一般						
5	电气	电机绝缘状况	主控						
6		电气系统符合要求	主控						

工区负责人意见：（ ）同意进场 （ ）不同意进场　　签字：　　安全员签字：

驻地监理工程师意见：（ ）同意进场 （ ）不同意进场　　签字：

注：机械进场控制验收由工长组织专业工长、机电工程师对拟进场设备进行检查验收同时通知安全员共同验收，自检合格后报监理复检。

其他中小型施工机械作业前控制检查表

表 ZXX-002

工程名称		施工单位		设备编号		
设备名称		设备型号		检查日期	年 月 日	
序号	检查项目	控制要点	控制等级	检查情况	负责人	备注
1	工作环境	场地是否满足工作空间	一般			
2		夜间作业要有足够的照明	一般			
3	资料	认真查看交接班、维修记录	一般			
4		操作人员持证上岗情况	一般			
5	机械系统	一次线长度不超5m，二次线要双线到位	一般			
6		动力、传动部分螺栓紧固状况	主控			
7		轴盖不能漏油	一般			
8	电气	一机、一闸、一箱、一漏	一般		操作人签字	
9		电缆线芯绝缘保护管无破损和老化	主控			
10	安全防护	传动部位应有防护罩螺栓紧固	主控			

操作人意见：（ ）同意作业 （ ）不同意作业 工长签字： 年 月 日

注：操作人全面检查，工长对于重点和特别重要的项目进行重点检查，由工长决定是否可以开始作业。

其他中小型施工机械作业过程控制表

表 ZXX-003

工程名称		施工单位		设备编号		
设备名称		设备型号		检查日期	年 月 日	
序号	检查项目	控制要点	控制等级	检查情况	检查频率	备注
1	机械部位	附件应齐全,刃口防护应齐全	一般		随机	
2	防护装置	机械传动部位的防护罩齐全、螺栓紧固	主控		每班不少于一次	
3	电气	漏电开关灵敏有效	一般		随机	
4		电缆线穿绝缘保护管无破损和老化	一般		随机	
5		一机、一闸、一箱、一漏	主控		每班不少于一次	
6		一次线不超过5m,二次线双线到位	主控		每班不少于一次	
7	劳保用品	工作时穿绝缘鞋、戴绝缘手套	一般		随机	
8	作业环境	夜间作业要有足够的照明	一般		随机	
9	操作人	操作人员持证上岗、定人定机	一般		随机	

安全员签字:　　　　　　　　　　　工长签字:　　　　　　　　　　　年　月　日

注:本表由安全员填写随时检查监督发现问题及时制止整改,必要时下发隐患通知单及停工,报领导处理。

六、基坑、竖井、高处作业安全防护自（复）检体系

六、基池、湿井、高效作业设备、全功中自(夏)检体系

目 录

第1章 三宝、洞口及临边安全防护自（复）检体系 ... 401
1.1 开工控制 ... 401
1.1.1 方案的编制与审核 ... 401
1.1.2 安全防护用品进场验收 ... 401
1.1.3 开工控制审批 ... 401
1.1.4 班前检查 ... 401
1.2 安装验收 ... 402
1.2.1 明挖基坑、竖井联络通道安全防护安装验收 ... 402
1.2.2 其他防护的验收 ... 402
1.3 日常检查及维护 ... 402
1.3.1 责任区队伍日常检查及维护 ... 402
1.3.2 项目工区日常检查 ... 402
1.4 定期检查 ... 402
1.5 拆除控制 ... 402
1.5.1 防护拆除控制审批 ... 402
1.5.2 防护拆除的安全防护拆除班前检查 ... 402
1.6 防护的移交 ... 403

第2章 脚手架防护自（复）检体系 ... 404
2.1 开工控制 ... 404
2.1.1 方案的编制与审核 ... 404
2.1.2 脚手架设施构配件进场验收 ... 404
2.1.3 开工控制审批 ... 404
2.1.4 班前检查 ... 404
2.1.5 安装过程巡查 ... 405
2.2 安装验收 ... 405
2.2.1 脚手架安装验收 ... 405
2.2.2 其他防护的验收 ... 405
2.3 日常检查及维护 ... 405
2.4 定期检查 ... 405
2.5 拆除控制 ... 406

第3章 高处作业防护自检体系 ... 407
3.1 日常检查及维护 ... 407
3.2 日常检查及维护 ... 407

附表 …… 408
  安全防护用品进场验收表　　表 FH-001 …… 408
  基坑、竖井　安全防护安装开工自（复）检审批表　　表 FH-002 …… 409
  基坑、竖井　安全防护安装班前检查表　　表 FH-003 …… 410
  明挖基坑防护安装验收表　　表 FH-004 …… 411
  其他洞口、临边安全防护验收表　　表 FH-005 …… 412
  三宝、洞口、临边防护分包单位日常检查表　　表 FH-006 …… 413
  三宝、洞口、临边防护安全巡查表　　表 FH-007 …… 414
  三宝、洞口、临边安全防护定期检查表　　表 FH-008 …… 415
  安全防护拆除控制审批表　　表 FH-009 …… 416
  安全防护拆除班前检查表　　表 FH-010 …… 417
  现场防护移交单　　表 FH-011 …… 418
  脚手架防护构配件进场检查验收表　　表 FH-012 …… 419
  脚手架安装开工控制自（复）检审批表　　表 FH-013 …… 420
  脚手架安装班前检查表　　表 FH-014 …… 421
  脚手架安装过程巡查表　　表 FH-015 …… 422
  钢管扣件式脚手架验收表　　表 FH-016 …… 423
  落地式（或悬挑）脚手架搭设验收表　　表 FH-017 …… 424
  工具式脚手架安装验收表　　表 FH-018 …… 425
  马道安装验收表　　表 FH-019 …… 426
  其他临时性脚手架安装验收表　　表 FH-020 …… 427
  脚手架日常维护安全巡查表（安全员）　　表 FH-021 …… 428
  脚手架定期检查表　　表 FH-022 …… 429
  脚手架拆除控制审批表　　表 FH-023 …… 430
  高处作业防护班前检查表　　表 FH-024 …… 431
  高处作业防护检查表　　表 FH-025 …… 432
  移动式操作平台验收表　　表 FH-026 …… 433
  悬挑式钢平台验收表　　表 FH-027 …… 434
  工程项目安全检查隐患整改通知单（通用）　　表 FH-028 …… 435
  安全检查隐患问题控制台账　　表 FH-029 …… 436

第1章 三宝、洞口及临边安全防护自（复）检体系

1.1 开工控制

开工控制分为方案编制、防护用品进场验收、安装开工控制、班前检查四方面。

1.1.1 方案的编制与审核

安全防护施工方案由工区技术主管负责编制。方案编制完成后由工区负责人审核，审核完成后报项目技术负责人审批，报送总监理工程师批准后方可实施。

1.1.2 安全防护用品进场验收

安全防护用品进场验收由材料负责人组织，材料采购员对安全防护用品进行一检验收，一检合格后由安全员对安全防护用品进行二检验收，两级检验完成后由项目部物资、材料管理部门负责人、项目部安全管理部门负责人签署验收意见同意使用，方可使用。检查验收内容及标准见表FH-001《安全防护用品进场验收表》。

1.1.3 开工控制审批

根据三宝、洞口及临边防护的规模和地铁工程安全防护的特点分为明挖基坑防护、竖井及联络通道防护以及其他临时防护。审核内容包括安全防护安装方案、技术交底、安全教育记录、施工人员资质、构配件供应单位资质及构配件进场验收单灯资料核查，作业环境核查、安装条件核查等。

安装开工控制由工区主管组织对表中对应内容进行核查，核查完成后分别填写检查结果并签字认可；由项目部工程部、项目部安全管理部门对开工安全控制表中的对应内容进行复查，合格后签字认可。由工区主管审核并签署意见后，报项目部工程部、项目部安全管理部门负责人审批，最后由项目部安全副经理签署意见。审核内容及标准见表FH-002《基坑、竖井 安全防护安装开工自（复）检审批表》。自检合格后，由项目部安全管理部门报监理单位进行复检。

作为开工控制的一个重点控制环节，由监理工程师对检查项目进行安全复检，检查合格后填写检查结果并签字认可，经报驻地监理工程师签署意见，并报总监办安全监理工程师签署审批意见后，方可开工。

1.1.4 班前检查

班前检查表为日检表格，由工区施工员负责组织实施。工班长在班前对控制要点进行检查，并填写检查结果签字认可，由工区专职施工员负责对安全控制要点的主控项目进行复检并签字认可，签署审批意见后方可开工。检查内容及标准见表FH-003《基坑、竖井 安全防护安装班前检查表》。

1.2 安装验收

1.2.1 明挖基坑、竖井联络通道安全防护安装验收

明挖基坑、竖井联络通道安全防护安装完成后,由项目总工组织验收,专业队伍负责人、工区主管安全负责人等相关人员对明挖基坑或竖井联络通道安全防护进行验收,验收内容及标准见表FH-004《明挖基坑防护安装验收表》、表FH-005《其他洞口、临边安全防护验收表》。

1.2.2 其他防护的验收

其他防护的验收按照稳步分部分项工程或将整个施工现场的分化成几个区域,按照区域进行验收,验收的内容及标准见表FH-005《其他洞口、临边安全防护验收表》。

1.3 日常检查及维护

安全防护的日常检查和维护分为责任区队伍日常检查维护和项目工区日常检查。

1.3.1 责任区队伍日常检查及维护

责任区队伍日常检查维护由责任区队伍安全员进行检查,发现隐患立即组织整改。检查内容及标准见表FH-006《三宝、洞口、临边防护分包单位日常检查表》。

1.3.2 项目工区日常检查

项目工区日常检查由项目工区安全员以巡查的方式进行,发现隐患后,对责任区队伍下发隐患整改通知单。并负责对隐患整改情况的复查。检查内容及标准见表FH-007《三宝、洞口、临边防护安全巡查表》。

1.4 定期检查

定期检查由项目安全负责人组织生产、技术、安全等相关人员进行检查,在检查出的隐患按照"三定"原则,即定整改措施,定整改时间,定整改人员和落实整改。检查内容及标准见表FH-008《三宝、洞口、临边安全防护定期检查表》。

1.5 拆除控制

1.5.1 防护拆除控制审批

安全防护拆除由项目工区主管组织相关人员对要拆除的防护进行审批,审批内容包括:拆除前提的检查、施工组织设计、防护方案、施工人员技术交底、安全教育、施工人员的资格等相关资料的核查以及拆除条件的检查等。经过项目生产部门、安全部门以及项目部安全副经理审批后方可拆除。审核内容及标准见表FH-009《安全防护拆除控制审批表》。

1.5.2 防护拆除的安全防护拆除班前检查

班组开始拆除前,由工区安全员组织对现场拆除条件的检查,该表为日检表,有安全员负责资料备案留存。检查内容及标准见表 FH-010《安全防护拆除班前检查表》。

1.6 防护的移交

现场防护责任区队伍变换后，必须进办理防护移交手续，由移交单位填写，接受单位签字后，对移交防护的检查和日常维护负责。移交内容及标准见表 FH-011《现场防护移交单》。

第2章 脚手架防护自（复）检体系

2.1 开工控制

开工控制分为方案编制、防护用品进场验收、安装开工控制、班前检查四方面。

2.1.1 方案的编制与审核

搭设高度在24m以下（含24m）的脚手架和搭设高度在8m以下（含8m）的模板支架的施工方案由工区技术主管负责编制。项目技术负责人审批，审批完成后报送总监理工程师审批后方可实施。

对于高度超过24m的脚手架或高大模板系统（高度超过8m或跨度超过18m，施工总荷载大于$10kN/m^2$的或线荷载大于15kN/m）的脚手架施工方案由工区技术主管负责编制。项目技术负责人审批，审批完成后报上级技术负责人审批，审批完成后报送总监理工程师审批后方可实施。

符合建质〔2009〕87号关于印发《危险性较大的分部分项工程安全管理办法》中对危险性较大脚手架工程方案专家论证的要求。

2.1.2 脚手架设施构配件进场验收

脚手架设施构配件进场验收由材料负责人组织，材料采购员对构配件进行一检验收，一检合格后由安全员对构配件进行二检验收，两级检验完成后由项目部物资、材料管理部门负责人、项目部安全管理部门负责人签署验收意见同意使用，方可使用。检查验收内容及标准见表FH-012《脚手架防护构配件进场检查验收表》。

2.1.3 开工控制审批

施工现场脚手架根据防护特点分为钢管扣件式支撑体系、落地式（或悬挑）脚手架、工具式脚手架，以及特殊用途的马道和其他临时性脚手架。

钢管扣件式脚手架、落地式（或悬挑）脚手架、工具式脚手架、马道要求在防护安装前由工区主管组织对脚手架安装开工条件进行审核，审核包括脚手架安装方案、技术交底、安全教育记录、施工人员资质、构配件供应单位资质及构配件进场验收单等资料核查，作业环境核查、安装条件核查等，审核内容及标准见表FH-013《脚手架安装开工控制自（复）检审批表》。自检合格后，由项目部安全管理部门报监理单位进行复检。

作为开工控制的一个重点控制环节，由监理工程师对检查项目进行安全复检，检查合格后填写检查结果并签字认可，经报驻地监理工程师签署意见，并报总监办安全监理工程师签署审批意见后，方可开工。

2.1.4 班前检查

班前检查表为日检表格，由工区施工员负责组织实施。工班长在班前对脚手架搭设班前控制要点进行检查，并填写检查结果签字认可，由工区专职施工员负责对安全控制要点的主控项目进行复检并签字认可，签署审批意见后方可开工。检查内容及标准见表 FH-014《脚手架安装班前检查表》。

2.1.5 安装过程巡查

在脚手架安装过程中，现场安全员要对安装过程中的安全情况进行巡视，在巡视过程中，如发现违章指挥、违规操作等行为，立即制止。采取措施后，方可继续安装。过程巡查内容及标准见表 FH-015《脚手架安装过程巡查表》。

2.2 安装验收

2.2.1 脚手架安装验收

脚手架验收按照脚手架用途或类别进行验收。

钢管扣件式脚手架、落地式（或悬挑）脚手架、工具式脚手架、马道的验收。由项目总工组织，脚手架安装单位、工区主管以及项目安全负责人等人员参加。验收内容及标准见表 FH-016《钢管扣件式脚手架验收表》、表 FH-017《落地式（或悬挑）脚手架搭设验收表》、表 FH-018《工具式脚手架安装验收表》、表 FH-019《马道安装验收表》。

其他临时性脚手架的验收，由工区主管组织脚手架安装单位及工区技术、安全等相关人员进行验收。验收内容及标准见表 FH-020《其他临时性脚手架安装验收表》。

脚手架在下列情况下应进行验收：
（1）作业层上施加荷载前；
（2）每安装完 10～13m 高度后；
（3）达到设计高度后；
（4）遇到六级大风与大雨后；
（5）寒冷地区开冻后；
（6）停用超过一个月。

2.2.2 其他防护的验收

其他防护的验收按照分部分项工程或将整个施工现场划分为几个区域，按照区域进行验收，验收的内容及标准见表 FH-020《其他临时性脚手架安装验收表》。

2.3 日常检查及维护

脚手架日常检查维护由项目工区安全员负责，由项目工区安全员每天对脚手架进行巡查，检查出的问题下发整改通知单，并负责整改落实和复查，巡查内容及标准见表 FH-021《脚手架日常维护安全巡查表（安全员）》。

2.4 定期检查

定期检查由项目经理或项目安全负责人组织生产、技术、安全、工区主管等相关人员进行检查，把检查出的隐患按照"三定"原则，即定整改措施，定整改时间，定整改人员和落实整改。检查内容及标准见表 FH-022《脚手架定期检查表》。

2.5 拆除控制

脚手架拆除由项目工区主管组织相关人员对要拆除的脚手架进行审批，审批内容包括：拆除前提的检查、施工组织设计、脚手架拆除方案、施工人员技术交底、安全教育、施工人员的资格等相关资料的核查以及拆除条件的检查等。经过项目生产部门、安全部门以及项目部主管领导审批后方可拆除。审核内容及标准见表 FH-023《脚手架拆除控制审批表》。

第3章 高处作业防护自检体系

3.1 日常检查及维护

由专业队伍负责人对高处作业防护进行日常班前检查，现场安全员进行巡查，检查内容及标准见表FH-024《高处作业防护班前检查表》。

对移动式操纵平台和悬挑式脚手架在使用前，工区主管要组织工区技术、安全等人员进行验收，验收合格后方可使用。验收内容及标准见表FH-026《移动式操作平台验收表》、表FH-027《悬挑式钢平台验收表》。

3.2 日常检查及维护

定期检查有周检、月检、季度（重大节假日）检查，其检查内容和标准相同。定期检查由项目安全负责人组织，生产、技术、安全、工区负责人等相关人员参加进行综合性安全检查，在检查出的隐患按照"三定"原则，即定整改措施，定整改时间，定整改人员和落实整改。检查内容及标准见表FH-025《高处作业防护检查表》。

附表

安全防护用品进场验收表 表 FH-001

编号:

产品名称、种类				供应商		
地址及邮编				电话		
联系人				一检		二检
序号		检查项目	检查重点	检查情况	材料员（签字）	检查情况	安全员（签字）
1	新进场	工商营业执照	是否有效				
2		安全防护用品经营许可证	否有效				
3		生产许可证及相关证书	是否有效				
4		产品合格证及检测报告	是否有效				
5		产品试用或抽检结果	是否合格				
6	旧的	外观质量	外观无损坏、缺陷，配件齐全				

项目部物资、材料管理部门意见：

负责人（签字）： 日期： 年 月 日

项目部安全管理部门意见：

负责人（签字）： 日期： 年 月 日

备注	

说明：1. 营业执照、资质证书复印件、认证证书、检验报告等有关资料必须加盖单位红章附于本表后。2. 新进场的安全帽、安全带、防护手套、防护鞋等应按此表进行验收。3. 进场使用一年的安全帽、安全带、防护手套、防护鞋等也要按此表进行验收。4. 此表由材料员填写，经安全员验收，项目部物资、材料管理部门负责人和项目部安全管理部门负责人签署验收意见后，由项目部安全管理部门存档备案。

基坑、竖井 安全防护安装开工自（复）检审批表　　表 FH-002

编号：

工程名称			施工单位					
安装部位			安装单位					

序号	检查项目		控制要点	一检		二检		复检	
				检查情况	负责人（签字）	检查情况	负责人（签字）	检查情况	负责人（签字）
1	资料核查	安全防护安装方案	安装方案审批程序						
2		施工人员技术交底	技术交底签字并归档						
3		班组安全教育记录	安全教育记录签字备查						
4		施工人员资格	特殊工种人员是否持证上岗						
5		构配件供应单位资质	营业执照、资质证明生产许可证相关合同等						
6		构配件进场验收	构配件进场检查验收表						
7	作业环境	地下环境	防护栏杆安装作业可能影响的地下管线及防护下方可能存在的危险因素						
8		地上环境	作业范围架空电缆，周边建构筑物安全状态						
9	安装条件检查	警戒线及警示标志	作业范围确定，在可能坠落范围设置警戒线，设置警示标志						
10		安全防护安装的其他防护措施	安全帽、安全带、防护鞋是否等防护用品符合要求并满足使用要求						

工区主管审批意见		签字：　　　　年　月　日
项目部安全管理部门审批意见		签字：　　　　年　月　日
项目部安全副经理审批意见		签字：　　　　年　月　日
驻地监理工程师意见		签字：　　　　年　月　日
总监办安全监理工程师审批意见		签字：　　　　年　月　日

说明：本表为安全防护安装开工安全控制安全自（复）检审批表，由工区技术主管负责组织实施，工区技术员填写上报审批，审批完成后，由项目部资料室统一存档，项目部安全管理部门备份。

基坑、竖井 安全防护安装班前检查表　　表 FH-003

编号：

工程名称			施工单位		
工程部位：			作业队伍		
安装部位：			作业队伍负责人		

序号	检查项目	控制要点	一检		二检	
			检查情况	负责人（签字）	检查情况	负责人（签字）
1	开工控制表	符合安装条件并签字				
2	班前教育记录	内容有针对性，签字齐全				
3	施工人员资格	特殊工种人员是否持证上岗				
4	地下管线	防护栏杆立柱下可触及范围内无管线				
5	安装区域内其他设施防护	防护栏杆作安装作业可能影响的地下管线，及防护下方可能存在的危险因素				
6	警戒线及警示标志	作业范围内确定，在可能坠落范围设置警戒线，设置警示标志，有看守人员				
7	作业防护用品	作业防护用品是否配置齐全				
8	小型机具	机具电源入线压接牢固，无乱拉、扯、压、砸、裸露破损现象				
9		机具有可靠接零或接地，配电箱、开关箱内保护装置灵敏有效				
10		焊机应使用专用焊保箱，一次线、二次线长度符合规范要求				
11		电焊手柄无损坏，焊机双线到位，严禁用其他导电体搭接				
12		手持电动工具绝缘良好，电源线无接头、损坏				
施工员审核意见			签字：　　　　日期：　　年　月　日			

说明：1. 本表为安全防护安装班前的安全检查表格，安装前由班组长负责对检查项目进行核查，并签字认可。施工员负责每日进行复查，特别是"主控项目"进行复查，并签字认可。
2. 本表格为日检表格，由现场施工员负责监督实施，并负责资料填写完整后报项目部安全管理部门存档备案。

明挖基坑防护安装验收表 表 FH-004

编号：

工程名称				安装部位			
施工单位				安装单位			
序号	验收内容	检查方法	验收重点	一检		二检	
				检查情况	负责人（签字）	检查情况	负责人（签字）
1	施工方案	资料及现场	及时编制、上报审批；安全防护设施的变更记录集及签证；技术措施及有关验算数据是否符合要求				
2	架设记录	检查资料	防护设施的架设记录是否齐全，是否按时填写				
3	配件及工具	资料及现场	产品合格证、质量检测报告、构配件进场检查验收单				
4	防护栏杆的组成	检查现场	防护栏杆应有上、下两道横杆及栏杆柱组成，上杆离地高度为1.0～1.2m，下杆离地高度为0.5～0.6；横杆长度大于2m时必须加设栏杆柱				
5	栏杆柱的固定	检查现场	栏杆里边口的距离不应小于50cm。挡在基坑四周固定是钢管打入地面50～70cm；基坑周边采用板桩时，钢管可打在板桩外侧；当在混凝土上固定时，可用预埋件与钢管或钢筋焊牢；当在砖或砌块上固定时，可预先砌入规格相应的80×6的转弯扁钢做预埋铁的混凝土块，然后用上述方法固定				
6	栏杆的固定及连接	检查现场	其整体构造应使防护栏杆在上杆任何处，能经受任何方向的1000N的外力；当栏杆位置有发生人群拥挤、车辆冲撞或物体碰撞等可能时，应加大横杆截面或加密柱距				
7	防护栏杆封闭	检查现场	防护栏杆必须自上而下用安全立网或钢板网封闭				
8	安全标识	检查现场	在通道口、人员较多等明显位置，设置禁止攀越、高处坠落等安全标识				
专业作业队伍自检结论			签字：		日期：	年 月 日	
工区主管验收结论			签字：		日期：	年 月 日	
项目部总工验收结论			签字：		日期：	年 月 日	
项目部安全副经理验收结论			签字：		日期：	年 月 日	

其他洞口、临边安全防护验收表　　　　表 FH-005

编号：

工程名称：				安装部位				
施工单位：				安装单位				
序号	验收内容		检查方法	验收重点	一检		二检	
					检查情况	负责人（签字）	检查情况	负责人（签字）
1	施工方案		资料和现场	及时编制、上报审批；技术措施及有关验算数据是否符合要求				
2	构配件		检查资料	产品合格证、质量检测报告、构配件进场检查验收单				
3	安全网		资料和现场	工程外侧有密目安全网封闭、安全网规格、材质符合要求且需取得建筑安全监督管理部门准用证				
4	基础施工防护		检查现场	土方施工的安全防护、挡土墙、护坡桩、大孔径桩及扩底桩施工的防护				
5	阳台、楼板、屋面等临边防护		检查现场	临边防护严密、高度及覆盖等符合要求				
6	水平洞口	短边小于25cm长边大于25cm	检查现场	短边小于25cm长边大于25cm的洞口，用盖板覆盖，盖板有防挪动移位措施；				
7		边长25～50cm以及预知构件时的洞口及缺件临时的洞口	检查现场	边长25～50cm以及预知构件时的洞口及缺件临时的洞口，用木、竹等做盖板，盖板搁置平衡，有固定措施				
8		边长50～150cm的洞口	检查现场	边长50～150cm的洞口以扣件扣接钢管形成网格，并在其上铺满竹笆或脚手板。也可以用贯穿板内的钢筋形成防护网，网格间距不得大于20cm				
9		边长大于150cm以上的洞口	检查现场	边长大于150cm以上的洞口，四周设防护栏杆，洞下张安全网				
10	竖向洞口	墙预留洞口、电梯井口	检查现场	墙预留洞口、电梯井口设置防护栏杆或固定栅门，电梯井内每隔两层最多10m设一道安全网				
11		落地洞口	检查现场	落地洞口加装开关、工具式或固定式的防护门，门格栅间距不大于15cm，也可采用防护栏杆，下设挡脚板				
12		下沿至地面低于80cm的窗口或洞口	检查现场	下沿至地面低于80cm的窗口或洞口，加设1.2m临时护栏				
13	施工现场通道以及附近各类洞口与坑槽等		检查现场	现场通道有防护棚、防护严密、牢固、材质风符合要求；现场通道附近各类洞口与坑槽等设置安全防护设施与安全标识；夜间增设红灯示警				
14	垃圾井道和烟道		检查现场	随楼层消除洞口或按预留洞口做防护，管道井除做防护外，加设明显标识，临时拆除，及时恢复				
专业作业队伍自检结论				签字：		日期：	年　月　日	
安全员结论				签字：		日期：	年　月　日	
工区主管验收结论				签字：		日期：	年　月　日	

注：此表主要针对临时性、使用时间较短和安装简单的防护，明挖基坑、竖井及联络通道的安装验收填写相应安装验收的表格，其他洞口及临边防护验收表由工区技术员负责填报，签字齐全后交项目部资料室存档备案，项目部安全管理部门备份。

三宝、洞口、临边防护分包单位日常检查表　　表 FH-006

编号：

工程名称			施工单位		
责任区			责任区队伍		

序号	验收内容		检查方法	检查重点	检查情况	处理意见
1	安全帽		检查现场	现场无不戴安全帽作业现象、安全帽佩戴符合要求		
2	安全网		检查现场	工程外侧、临边防护栏杆有密目安全网封闭；安全网的绑扎牢固；水平安全网内不得有积物，安全网下不得堆放材料；安全网是否有损坏；立网不得代替平网使用，临时拆除或损坏的安全网及时恢复或更换		
3	安全带		检查现场	现场无不系安全带作业现象、安全带系挂符合要求		
4	楼梯口、电梯井口防护		检查现场	楼梯口、电梯井口设置防护栏杆或固定栅门，电梯井内每隔两层最多10m设一道安全网		
5	预留洞口	落地洞口	检查现场	落地洞口加装开关、工具式或固定式的防护门，门格栅间距不大于15cm，也可采用防护栏杆，下设挡脚板		
6		下沿至地面低于80cm的窗口或洞口	检查现场	下沿至地面低于80cm的窗口或洞口，加设1.2m临时护栏		
7	通道口防护		检查现场	现场通道有防护棚、防护严密、牢固、材质风符合要求；现场通道附近各类洞口与坑槽等设置安全防护设施与安全标识；夜间增设红灯示警		
8	基础施工防护		检查现场	土方施工的安全防护、挡土墙、护坡桩、大孔径桩及扩底桩施工的防护		
9	坑井边防护		检查现场	坑井边防护符合标准，坑、沟上下设马道或梯子，坑边堆放物、料及机具符合安全距离，地下围护墙有防坍塌措施；竖井护井梯及相关管线布置符合规范及标准要求，洞内运输、排水、照明、通风、材料堆放及机具使用等符合相关要求		
10	阳台、楼板、屋面等临边防护		检查现场	临边防护严密、高度及覆盖等符合要求		
11	垃圾井道和烟道		检查现场	随楼层消除洞口或按预留洞口做防护，管道井除做防护外，加设明显标识，临时拆除，及时恢复		
12	安全标识		检查现场	在通道口、人员较多等明显位置，设置禁止攀越、高处坠落等安全标识		
责任区安全员巡查意见			签字：　　　　日期：　　年　月　日			

说明：此表由责任区队伍安全员负责填写，上报项目安全部审核备案，一式两份，责任区队伍、项目部安全管理部门各一份。

三宝、洞口、临边防护安全巡查表

表 FH-007

编号：

工程名称：			施工单位		
序号	验收内容	检查方法	检查重点	检查情况	处理意见
1	安全帽	检查现场	现场无不戴安全帽作业现象、安全帽佩戴符合要求		
2	安全网	检查现场	工程外侧、临边防护栏杆有密目安全网封闭；安全网的绑扎牢固；水平安全网内不得有积物，安全网下不得堆放材料；安全网是否有损坏；立网不得代替平网使用，临时拆除或损坏的安全网及时恢复或更换		
3	安全带	检查现场	现场无不系安全带作业现象、安全带系挂符合要求		
4	楼梯口、电梯井口防护	检查现场	楼梯口、电梯井口设置防护栏杆或固定栅门，电梯井内每隔两层最多10m设一道安全网		
5	预留洞口	落地洞口	检查现场	落地洞口加装开关、工具式或固定式的防护门，门格栅间距不大于15cm，也可采用防护栏杆，下设挡脚板		
6		下沿至地面低于80cm的窗口或洞口	检查现场	下沿至地面低于80cm的窗口或洞口，加设1.2m临时护栏		
7	通道口防护	检查现场	现场通道有防护棚，防护严密、牢固，材质符合要求；现场通道附近各类洞口与坑槽等设置安全防护设施与安全标识；夜间增设红灯示警		
8	基础施工防护	检查现场	土方施工的安全防护、挡土墙、护坡桩、大孔径桩及扩底桩施工的防护		
9	坑井边防护	检查现场	坑井边防护符合标准，坑、沟上下设马道或梯子，坑边堆放物、料及机具符合安全距离，地下围护墙有防坍塌措施；竖井井架及相关管线布置符合规范及标准要求，洞内运输、排水、照明、通风、材料堆放及机具使用等符合相关要求		
10	阳台、楼板、屋面等临边防护	检查现场	临边防护严密、高度及覆盖等符合要求		
11	垃圾井道和烟道	检查现场	随楼层消除洞口或按预留洞口做防护，管道井除做防护外，加设明显标识，临时拆除，及时恢复		
12	安全标识	检查现场	在通道口、人员较多等明显位置，设置禁止攀越、高处坠落等安全标识		
安全员巡查结论			签字： 日期： 年 月 日		

说明：此表由安全员填写，填写齐全后交安全部备档。

三宝、洞口、临边安全防护定期检查表　　表 FH-008

编号：

工程名称			施工单位			
序号	验收内容	检查方法	检查重点		检查情况	处理意见
1	安全帽	检查现场	现场无不戴安全帽作业现象、安全帽佩戴符合要求			
2	安全网	检查现场	工程外侧、临边防护栏杆有密目安全网封闭；安全网的绑扎牢固；水平安全网内不得有积物，安全网下不得堆放材料；安全网是否有损坏；立网不得代替平网使用，临时拆除或损坏的安全网及时恢复或更换			
3	安全带	检查现场	现场无不系安全带作业现象、安全带系挂符合要求			
4	楼梯口、电梯井口防护	检查现场	楼梯口、电梯井口设置防护栏杆或固定栅门，电梯井内每隔两层最多10m设一道安全网			
5	落地洞口	检查现场	落地洞口加装开关、工具式或固定式的防护门，门格栅间距不大于15cm，也可采用防护栏杆，下设挡脚板			
6	下沿高度小于80cm	检查现场	下沿至地面低于80cm的窗口或洞口，加设1.2m临时护栏			
7	通道口防护	检查现场	现场通道有防护棚、防护严密、牢固、材质符合要求；现场通道附近各类洞口与坑槽等设置安全防护设施与安全标识；夜间增设红灯示警			
8	基础施工防护	检查现场	土方施工的安全防护、挡土墙、护坡桩、大孔径桩及扩底桩施工的防护			
9	坑井边防护	检查现场	坑井边防护符合标准，坑、沟上下设马道或梯子，坑边堆放物、料及机具符合安全距离，地下围护墙有防坍塌措施；竖井井梯及相关管线布置符合规范及标准要求，洞内运输、排水、照明、通风、材料堆放及机具使用等符合相关要求			
10	阳台、楼板、屋面等临边防护	检查现场	临边防护严密、高度及覆盖等符合要求			
11	垃圾井道和烟道	检查现场	随楼层消除洞口或按预留洞口做防护，管道井除做防护外，加设明显标识，临时拆除，及时恢复			
12	安全标识	检查现场	在通道口、人员较多等明显位置，设置禁止攀越、高处坠落等安全标识			
检查人			签字：	日期：	年　月　日	
工区技术主管结论			签字：	日期：	年　月　日	
工区安全主管结论			签字：	日期：	年　月　日	

说明：此表由安全员填写，签字齐全后交项目部安全管理部门存档。

安全防护拆除控制审批表　　表 FH-009

编号：

工程名称				施工单位			
拆除部位				拆除单位			

序号	检查项目		控制要点	一检		二检	
				检查情况	负责人（签字）	检查情况	负责人（签字）
1	拆除前提检查	防护失去作用	经工区主管检查验证并确认不再需要				
2		防护的连接固定	全面检查防护的连接、固定等是否符合构造要求				
3	资料核查	施工组织设计、防护安拆方案	根据检查结果补充完善施工组织设计文件中的拆除顺序和措施，并经主管部门批准后方可施工				
4		施工人员技术交底	技术交底签字并归档				
5		班组安全教育记录	安全教育记录签字备查				
6		施工人员资格	特殊工种人员是否持证上岗				
7	拆除条件检查	警戒线及警示标志	作业范围确定，在可能坠落范围设置警戒线，设置警示标志，并有专人看管				
8		安全拆除的其他防护措施	安全帽、安全带、防护鞋是否等防护用品符合要求并满足使用要求				

工区主管审批意见	
	签字：　　　　　　　　　　　　　年　　月　　日

项目部工程部审批意见	
	签字：　　　　　　　　　　　　　年　　月　　日

项目部安全管理部门审批意见	
	签字：　　　　　　　　　　　　　年　　月　　日

项目部安全副经理审批意见	
	签字：　　　　　　　　　　　　　年　　月　　日

说明：本表为安全防护拆除开工安全控制安全自检及开工审批表，由工区主管负责组织实施。有工区技术员负责人填写上报，签字齐全后报项目部安全管理部门存档。

安全防护拆除班前检查表　　表 FH-010

编号：

工程名称：			施工单位		
拆除部位：			拆除单位		

序号	检查项目	控制要点	一检		二检	
			检查情况	负责人（签字）	检查情况	负责人（签字）
1	拆除控制表	符合拆除条件并签字				
2	班前教育记录	内容有针对性，签字齐全				
3	人员安排情况	在可能坠落范围划定警戒区，并设置看守人员				
4	安装防护用品	安全帽、安全带等防护用品是否到位，是否有损坏				
5	拆除工序	先上后下，先拆横杆后拆立杆				
6	连接点	防护上的负重全部拆除后，方可拆除连接点、固定点				
7	卸料规定	各构件严禁抛掷至地面；运至地面的构件按规定及时检查、整修保养、并按品种、规格随时分类码放				
8	物体打击防护	施工人员正确佩戴防护用品；临街拆除必须有防护措施				
安全员意见						

签字：　　　　　　　　　日期：　　年　月　日

说明：1. 本表为安全防护拆除前的安全检查表格，安装前由安全员负责对检查项目进行核查，并签字认可。2. 本表格为日检表格，由现场专职安全员负责组织实施，并负责资料备案留存。

现场防护移交单　　　　　　表 FH-011

编号：

工程名称			移交部位			
施工单位			移交单位			
序号	移交内容	验收重点	移交验收情况		处理意见	
1	防护栏杆的组成	防护栏杆应有上、下两道横杆及栏杆柱组成，上杆离地高度为1.0~1.2m，下杆离地高度为0.5~0.6；横杆长度大于2m时必须加设栏杆柱				
2	栏杆柱的固定	栏杆里边口的距离不应小于50cm。挡在基坑四周固定是钢管打入地面50~70cm；基坑周边采用板桩时，钢管可打在板桩外侧；当在混凝土上固定时，可用预埋件与钢管或钢筋焊牢；当在砖或砌块上时固定式，可预先砌入规格相应的80×6的转弯扁钢做预埋铁的混凝土块，然后用上述方法固定				
3	栏杆的固定及连接	其整体构造应使防护栏杆在上杆任何处，能经受任何方向的1000N的外力；当栏杆位置在发生人群拥挤、车辆冲撞或物体碰撞等可能时，加应大横杆截面或加密柱距				
4	防护栏杆封闭	防护栏杆必须自上而下用安全立网或钢板网封闭				
5	安全标识	在通道口、人员较多等明显位置，设置禁止攀越、高处坠落等安全标识				
移交单位意见			签字：	日期：	年　月　日	
接受单位意见			签字：	日期：	年　月　日	
备注						

说明：此表作为现场防护移交手续，由移交单位填写，接受单位签字后，对移交防护的检查和日常维护负责。此表签字齐全后交安全部存档备案。

脚手架防护构配件进场检查验收表　　表 FH-012

编号：

工程名称				材料进场日期			
施工单位							
项次	检查项目	检查重点	检查数量	一检		二检	
				检查情况	负责人（签字）	检查情况	负责人（签字）
1	技术资料	营业执照、资质证明、生产许可证、产品合格证、质量检测报告、相关合同要件	/				
2	钢管	表面是否平直光滑，不得有裂缝、结疤、分层、错位、硬弯、毛刺、压痕和深的划痕及严重锈蚀等缺陷，严禁打孔；钢管外壁使用前必须涂刷防锈漆，钢管内壁宜涂刷防锈漆	全数				
3	外径及壁厚	外径48mm；壁厚大于等于3mm	3%				
4	扣件	不允许有裂缝、变形、滑丝的螺栓存在，扣件与钢管接触部位不应有氧化皮；活动部位应能灵活转动，旋转扣件两旋转面间隙应小于1mm；扣件表面应进行防锈处理	全数				
5	碗扣	碗扣的铸造件表面应光滑平整，不得有沙眼、缩孔、裂纹、浇冒口残余等缺陷，表面粘砂应清理干净；冲压件不得有毛刺，裂纹，氧化皮等缺陷。碗扣的各焊缝应饱满，不得有未焊透，夹砂，咬肉，裂纹等缺陷	全数				
6	碗扣立杆连接套管	碗扣架的立杆连接套管，其壁厚不应小于3.5mm，内径不应大于50mm套管长度不应小于160mm外伸长度不应小于110mm	3%				
7	底座及可调托撑丝杆	可调底座及可调托撑丝杆与螺母捏合长度不得少于4～5扣。丝杆直径不小于36mm插入沥干内的长度不得小于150mm	3%				
8	脚手板	木脚手板不得有通透节疤、扭曲变形、劈裂等影响安全使用的缺陷，严禁使用含有表皮的腐朽的木脚手板	全数				
9	安全网	安全网不得有损坏和腐朽，平直安全网宜使用锦纶安全网；密目式阻燃安全网除满足网目要求外，其锁扣间距应控制在300mm	全数				
验收部门		验收意见		负责人签字		日期	
项目部材料、物资管理部门							
项目部安全管理部门							

说明：1. 营业执照、资质证明、生产许可证、产品合格证、质量检测报告、相关合同要件等有关资料须附于本表后；

2. 新增加的安全防护构配件应按此表进行验收。

脚手架安装开工控制自（复）检审批表 表 FH-013

编号：

工程名称						工程部位					
序号	检查项目		控制要点	控制等级	检查级别	一检		二检		复检	
						检查情况	负责人（签字）	检查情况	负责人（签字）	检查情况	负责人（签字）
1	资料核查	脚手架安装方案	安装方案审批程序	主控	二检					监理工程师	
2		施工人员技术交底	技术交底签字并归档	主控	二检						
3		班组安全教育记录	安全教育记录签字备查	一般	一检						
4		施工人员资格	特殊工种人员是否持证上岗	一般	一检						
5		构配件供应单位资质	营业执照、资质证明生产许可证相关合同等	一般	一检						
6		构配件进场验收	构配件进场检查验收表	主控	二检						
7	安装条件检查	安装区域内其他设施防护	脚手架安装范围的设施是否影响安装	主控	二检					监理工程师	
8		脚手架基础	基础是否满足脚手架承载力要求	主控	二检						
9		安装区域内警戒线及警示标志检查	其配备满足现场施工要求	主控	二检						
10		构配件的材料供应	构配件材料的吊运方式	一般	一检						
11		安装脚手架的其他防护措施	安全帽、安全带、防护鞋是否符合要求并满足使用情况	一般	一检						
工区主管审批意见							签字：		年	月	日
项目部安全管理部门审批意见							签字：		年	月	日
项目部安全副经理审批意见							签字：		年	月	日
驻地监理工程师意见							签字：		年	月	日
总监办安全监理工程师审批意见							签字：		年	月	日

说明：本表为脚手架安装开工安全控制安全自（复）检审批表，由工区主管负责组织实施。

脚手架安装班前检查表 表 FH-014

编号：

工程名称：				施工单位			
工程部位：				作业队伍			
安装部位：				作业队伍负责人			

序号	检查项目	控制要点	检查情况	负责人（签字）	检查频率	备注
1	开工控制表	符合安装条件并签字			/	
2	班前教育记录	内容有针对性，签字齐全			每次作业前	
3	人员安排情况	安装配合人员，警戒区设看守人员			每次作业前	
4	安装防护用品	安全帽、安全带是否到位，是否有损坏			每次作业前	
5	地基及底座	地基是否积水，底座是否松动			每次作业前	
6	特殊天气情况下	当有六级及六级以上大风和雾、雨、雪天气时，应停止脚手架搭设作业、雨雪后上架应有防护措施，积雪已清扫			每次作业前	
7	垂直度	脚手架是否有倾斜，脚手架立杆的沉降与垂直度的偏差是否符合有关规范			每次作业前	
8	物体打击防护	施工人员正确佩戴防护用品；临街脚手架搭设作业防护措施到位			每次作业前	

作业班长检查意见	签字：　　　　日期：　　年　月　日
施工员检查意见	签字：　　　　日期：　　年　月　日

脚手架安装过程巡查表

表 FH-015

编号：

工程名称			施工单位		
序号	检查项目	控制要点	检查情况	负责人（签字）	备注
1	人员安排情况	安装配合人员，警戒区看守人员			
2	安装防护用品	安全帽、安全带、是否按要求正确佩戴到位			
3	地基及底座	地基是否积水，底座是否松动			
4	特殊天气情况下	当有六级及六级以上大风和雾、雨、雪天气时，应停止脚手架搭设作业、雨雪后上架应有防护措施，积雪已清扫			
5	垂直度	脚手架是否有倾斜，脚手架立杆的沉降与垂直度的偏差是否符合有关规范			
6	物体打击防护	施工人员正确佩戴防护用品；临街脚手架搭设作业防护措施到位			

安全员签字：

日期： 年 月 日

说明：每次脚手架安装作业过程中进行巡查，检查情况符合要求（√），不合格项下发隐患整改通知。

钢管扣件式脚手架验收表

表 FH-016

编号：

工程名称						
施工单位			分包单位			
支撑体系的类别			高度		m	
验收部位			一检		二检	
序号	检查项目	检查内容与要求	验收结果	负责人（签字）	验收结果	负责人（签字）
1	安全施工方案	模板支撑体系工程应有专项安全施工技术方案（或设计），审批手续完备、有效				
		高度超过 8m，或跨度超过 18m，施工总荷载大于 10kN/m²，或集中线荷载大于 15kN/m 的支撑体系，其专项方案应经过专家论证，并根据专家意见进行修改				
		支撑前体系的材质应符合有关要求				
		施工前应有技术交底，交底应有针对性				
2	构造要求	立杆基础必须坚实，满足立柱承载力要求。立杆下部必须设置纵横向扫地杆。立杆与结构应有可靠拉结				
		立杆的构造应符合 JGJ130 的有关规定				
		立杆、横杆的间距必须按安全施工技术方案（计算书）要求搭设				
		可调丝杆的伸出长度应符合要求				
		立杆最上端的自由端长度应符合要求				
3	剪刀撑	采用满堂红支撑体系时，四方与中间每隔 4 排支架立杆应设置一道纵向剪刀撑，由底至顶连续设置；高于 4m 时，其两端与中间每隔 4 排立杆从顶层开始向下每隔 2 步设置一道水平剪刀撑				
		剪刀撑应按规范要求设置				
4	其他要求					
分包单位验收结论		分包单位负责人（签字）：			年　月　日	
工区验收结论		工区主管（签字）：			年　月　日	
项目部验收结论		项目部安全副经理（签字）：			年　月　日	

注：本表由施工单位填报，分包单位、施工单位各存一份。

落地式（或悬挑）脚手架搭设验收表　　表 FH-017

编号：

工程名称			总包单位				
作业队伍			负责人				
验收部位			搭设高度				
验收时间				一检		二检	
序号	检查项目	检查内容		验收结果	负责人（签字）	验收结果	负责人（签字）
1	施工方案	符合 JGJ-130 规范要求					
		悬挑式脚手架和高度 20m 以上的落地式脚手架搭设前必须编制安全专项施工方案，附设计计算书，审批手续齐全。搭设前需有技术交底。特殊脚手架应有专家论证					
2	立杆基础	脚手架基础必须平整坚实，有排水措施，架体必须支搭在底座（托）或通长脚手板上。纵、横向扫地杆应符合要求					
3	钢管、扣件要求	钢管、扣件有复试检测报告。应采用外径 48～51mm，壁厚 3～3.5mm 的钢管					
		钢管无裂纹、弯曲、压扁、锈蚀					
4	架体与建筑结构拉结	脚手架必须按楼层与结构拉结牢固，拉结点垂直、水平距离符合要求，拉结必须使用钢性材料。20m 以上的高大脚手架须有卸荷措施					
5	剪刀撑设置	脚手架必须设置连续剪刀撑，宽度及角度符合要求。搭接方式应符合规范要求					
6	立杆、大横杆、小横杆的设置要求	立杆间距应符合要求；立杆对接必须符合要求					
		大横杆宜设置在立杆内侧，其间距及固定方式应符合要求；对接须符合有关规定					
		小横杆的间距、固定方式、搭接方式等应符合要求					
7	脚手板及密目网的设置	操作面脚手板铺设必须符合规范要求。操作面护身栏杆和挡脚板的设置符合要求。操作面下方净空超 3m 时须设一道水平网。架体须用密目网沿内侧进行封闭，并固定牢固					
8	悬挑设置情况	悬挑梁设置应符合设计要求；外挑杆件与建筑结构连接牢固；悬挑梁无变形；立杆底部应固定牢固					
9	其他	卸料平台、泵管、缆风绳等不能固定在脚手架上；脚手架与外电架空线之间的距离应符合规范要求，特殊情况须采取防护措施；马道搭设符合要求；门洞口的搭设符合要求					
10	其他增加的验收项目						
分包单位验收结论		分包单位负责人（签字）：			年	月	日
工区验收结论		工区主管（签字）：			年	月	日
项目部验收结论		项目部安全副经理（签字）：			年	月	日

注：本表由分包单位填报，分包单位、施工单位各存一份。

工具式脚手架安装验收表

表 FH-018

编号：

工程名称			总包单位			
搭设（安装）单位			负责人			
验收部位				一检		二检	
序号	检查项目	检查内容	验收结果	负责人（签字）	验收结果	负责人（签字）
1	施工方案	应有安全专项施工方案及设计计算书，审批手续齐全				
2	外挂脚手架	架体制作与组装应符合设计要求；悬挂点部件材质和制作、埋设应符合设计要求；采用穿墙螺栓的，其材质、强度必须满足要求；悬挂点强度必须满足要求				
3	吊篮脚手架	吊篮组装应符合设计要求；挑梁锚固或配重等抗倾覆装置应符合要求；锚固点建筑物强度必须满足要求；吊篮应设置独立的保险绳及锁绳器，绳径不小于12.5mm				
4	附着式升降脚手架	产品须通过省级以上建设行政主管部门组织的鉴定；产品应有详细的安装及使用说明书				
		须有防坠落、防外倾安全装置；穿墙螺栓的强度必须满足要求；悬挂点结构强度必须满足要求；吊具、索具符合要求				
		安装单位必须具备相应资质，安装应符合《说明书》要求				
5	卸料平台	卸料平台应有安全专项方案；应有最大载荷标志；其搭设应符合设计要求；卸料平台周边防护应符合要求；锚固点设置符合"一锚一绳"要求				
6	其他	脚手架外侧应使用密目网封闭；操作层应设防护栏杆及挡脚板；施工负荷符合"说明书"或设计书的要求；脚手板应符合有关要求				
7	其他增加的验收项目					

分包单位验收结论	
	分包单位负责人（签字）：　　　　　年　月　日
工区验收结论	
	工区主管（签字）：　　　　　　　　年　月　日
项目部验收结论	
	项目部安全副经理（签字）：　　　　年　月　日

注：本表由分包单位填报，分包单位、施工单位各存一份。

马道安装验收表

表 FH-019

编号：

工程名称				总包单位			
搭设（安装）单位				负责人			
马道安装部位				一检		二检	
序号	检查项目	检查内容		验收结果	负责人（签字）	验收结果	负责人（签字）
1	马道施工方案	应有安全专项施工方案及设计计算书、经过技术部门负责人审批					
2	构配件外观质量及检测资料	产品合格证、质量检测报告、构配件进场检查验收单					
3	马道立杆基础	马道立杆基础是否满足马道承载力要求					
4	马道宽度	运料马道宽度不得小于1.5m，坡度1：6（高：长）为宜；人行坡道宽度应大于1m，坡度1：3.5；拐弯处应设置平台，其宽度不小于坡道宽度					
5	立杆间距	立杆基础、间距、大横杆步距、小横杆间距应与结构架子相同，马道宽度超过2m时，下方应加吊杆设八字戗					
6	脚手板铺设	脚手板应铺严、固定，对头搭时应用双排木。搭接板的板端应搭过20cm，马道应加防滑条高2～3cm，宽不大于3cm，间距为30cm为宜					
7	十字盖	马道两侧应加纵、横向十字盖					
8	护身栏及挡脚板	马道两侧应加设两道护身栏和不低于18cm的挡脚板，并立挂安全网					
分包单位验收结论							
			分包单位负责人（签字）：		年	月	日
工区验收结论							
			工区主管（签字）：		年	月	日
项目部验收结论							
			项目部安全副经理（签字）：		年	月	日

说明：本表由分包单位填报，分包单位、施工单位各存一份。

其他临时性脚手架安装验收表　　　　表 FH-020

编号：

工程名称			总包单位			
搭设（安装）单位			负责人			
安装部位				一检		二检	
序号	检查项目	检查内容	验收结果	负责人（签字）	验收结果	负责人（签字）
1	施工方案	在脚手架施工方案中有做法、有措施，符合规范要求				
2	构配件外观质量及检测资料	产品合格证、质量检测报告、构配件进场检查验收单				
3	立杆间距	立杆基础、间距、大横杆步距、小横杆间距应与结构架子相同，在松软地面上或刚浇筑的混凝土，要对地面进行处理，并在立杆下垫厚度5cm以上，宽度大于20cm的通长脚手板				
4	脚手板铺设	脚手板应铺严、固定，对头搭时应用双排木。搭接板的板端应搭过20cm，接头必须搭在横杆上				
5	护身栏及挡脚板	操作平台四周应加设两道护身栏和不低于18cm的挡脚板，并立挂安全网封闭				

分包单位验收结论

　　　　　　　　　　　　　　　　　　分包单位负责人（签字）：　　　　年　月　日

工区验收结论

　　　　　　　　　　　　　　　　　　工区主管（签字）：　　　　　　　年　月　日

注：本表由工区技术员填报，分包单位、项目部各存一份。

脚手架日常维护安全巡查表（安全员）　　表 FH-021

编号：

工程名称：			施工单位		
序号	检查项目	控制要点		检查情况	处理意见
1	基础	基础是否积水，底座是否松动；立杆是否悬空			
2	杆件的设置和连接	连墙件、支撑、门洞桁架等的构造是否符合要求			
3	扣件	扣件螺栓是否松动			
4	垂直度	脚手架是否有倾斜，脚手架立杆的沉降与垂直度的偏差是否符合有关规范			
5	安全防护措施	安全防护措施是否到位			
6	荷载	架上堆载严禁集中堆放，荷载是否超过设计要求，不得将模板支架、缆风绳、泵送混凝土和砂浆输送管等固定在脚手架上，严禁悬挂起重设备			
7	特殊天气情况下	当有六级及六级以上大风和雾、雨、雪天气时，应停止脚手架搭设作业、拆除作业，雨雪后上架应有防护措施，冰雪应清除			
8	日常维护	是否有拆除主节点的纵、横向水平杆，纵、横向扫地杆，连墙件等，是否及时恢复			
9	邻近挖掘作业	是否有在脚手架基础及其邻近出进行挖掘作业，是否采取安全措施，并报主管部门批准			
10	临街脚手架操作	临街搭设脚手架时，外侧应有防止坠物伤人的防护措施			
11	脚手板	脚手板应铺严、固定，对头搭时应用双排木。搭接板的板端应搭过 20cm，接头必须搭在横杆上			
12	架上明火作业	在脚手架上进行电、气焊作业时，是否有防护措施和专人看货			
13	安全网	工程外侧、临边防护栏杆有密目安全网封闭；安全网的绑扎牢固；水平安全网内不得有积物，安全网下不得堆放材料；安全网是否有损坏；立网不得代替平网使用，临时拆除或损坏的安全网及时恢复或更换			
14	警戒区域	安装、拆除脚手架时，地面设置围栏和警示标识，设专人看守			
15	通道洞口	是否按要求采取加固措施			
安全员签字：				日期：　　年　月　日	

说明：安全员巡查发现安全隐患，下发安全隐患整改通知单。

脚手架定期检查表

表 FH-022

编号：

工程名称			施工单位		
序号	检查项目	检查方法	检查要点	检查情况	处理意见
1	施工方案	检查资料和现场	及时编制、上报审批		
2	立杆基础	检查资料和现场	每10延长米立杆基础平实，符合方案设计要求，立杆有足够底座，垫木，有扫地杆，木脚手架立杆埋地或扫地杆符合要求，有排水措施		
3	架体与建筑结构拉结	检查现场	高度7m以上的脚手架与建筑结构拉结、拉结坚固等符合要求		
4	杆件间距与剪刀撑	检查现场	每10延长米立杆、大横杆、小横杆间距未超过规定要求，按规定设置剪刀撑，剪刀撑沿脚手架高度连续设置或角度等符合要求		
5	脚手板与防护栏杆	检查现场	脚手板满铺，材质符合要求，脚手架外侧设置密目式安全网，网间严密，施工层按要求设1.2m高防护栏杆和18cm高挡脚板		
6	交底与验收	检查资料和现场	脚手架搭设前有交底，脚手架搭设完毕办理验收手续，有量化验收等内容		
7	小横杆设置	检查现场	按要求在立杆与大横杆交点处设置小横杆，小横杆固定牢固，单排架子小横杆插入墙内大于24cm		
8	杆件搭接	检查现场	木立杆、大横杆每一处搭接大于1.5m，钢管立杆需有效连接		
9	架体内封闭	检查现场	施工层以下每隔10m采用平网或其他措施封闭，施工层脚手架内立杆与建筑物之间需进行封闭		
10	脚手架材质	检查资料和现场	木杆直径、材质符合要求，钢管无弯曲和锈蚀严重等现象		
11	通道	检查现场	架体设上下通道，通道设置需符合设计要求		
12	安全网	检查资料和现场	工程外侧有密目安全网封闭，安全网规格、材质符合要求且需取得建筑安全监督管理部门准用证		
13	卸料平台	检查资料和现场	卸料平台经设计计算合格，搭设符合设计要求，卸料平台支撑系统未与脚手架连接，卸料平台挂有限定荷载标牌		
检查人员签字：				日期： 年 月 日	
工区技术主管结论			签字：	日期： 年 月 日	
工区安全主管结论			签字：	日期： 年 月 日	

脚手架拆除控制审批表　　　表 FH-023

编号：

工程名称				拆除部位				
序号	检查项目	控制要点	控制等级	检查级别	一检		二检	
					检查情况	负责人（签字）	检查情况	负责人（签字）
1	拆除条件检查	架体失去作用	经工区主管检查验证并确认不再需要	主控	二检			
2		架体的连接件、支撑体系、连墙件	全面检查架体的连接件、支撑体系、连墙件等是否符合构造要求	主控	二检			
3	资料核查	施工组织设计、脚手架安拆方案	根据检查结果补充完善施工组织设计文件中的拆除顺序和措施，并经主管部门批准后方可施工	主控	二检			
4		施工人员技术交底	技术交底签字并归档	主控	二检			
5		班组安全教育记录	安全教育记录签字备查	一般	一检			
6		施工人员资格	特殊工种人员是否持证上岗	一般	一检			
7	拆除条件检查	拆除区域内其他设施防护	脚手架拆除是否影响周围其他设施	主控	二检			
8		架上杂物及地面障碍物	架上杂物清理，地面障碍物清理	主控	二检			
9		拆除区域内警戒线及警示标志检查	其配备满足现场施工要求	主控	二检			
工区主管审批意见					签字：		年 月	日
项目部工程部审批意见					签字：		年 月	日
项目部安全管理部门审批意见					签字：		年 月	日
项目部安全副经理审批意见					签字：		年 月	日

说明：本表为脚手架拆除开工安全控制安全自检及开工审批表，由工区主管负责组织实施。

高处作业防护班前检查表　　　表 FH-024

编号：

工程名称			施工单位		
序号	检查内容	检查方法	检查要点	检查情况	处理意见
1	安全帽	检查现场	现场无不戴安全帽作业现象，安全帽佩戴符合要求		
2	安全网	检查现场	工程外侧有密目安全网封闭，安全网内是否有杂物，安全网的牢固程度以及是否有损坏		
3	安全带	检查现场	现场无不系安全带作业现象，安全带系挂符合要求		
4	临边作业	检查现场	防护措施到位、牢固，拆除后恢复及时		
5	洞口作业	检查现场	洞口防护措施到位，形成定型化、工具化，有防止挪动移位的措施，洞口下安全网内杂物及时清理		
6	攀登作业	检查现场	登高有措施，措施可靠；作业人员从通道上下，无攀爬施工设施的现象，高空行走有辅助措施，措施可靠		
7	悬空作业	检查现场	悬空作业有可靠立足处，防护设施齐全有效，作业按照方案操作，操作符合规范要求		
8	操作平台	检查现场	操作平台防护措施到位，有可靠登高措施，平台连接及吊具安全可靠，操作平台有限载标识，有无超载情况		
9	交叉作业	检查现场	下层作业位置在上层高度的可能坠落范围半径之外，不满足时，有防护措施；拆除作业，下方无人员；临边堆放符合要求，楼层边口、通道口、脚手架边缘无堆载；上层施工，人员从通道出入，通道有防护棚；有可能坠物的通道，设双层防穿透防护廊		
作业队伍自查结论					
		作业队伍负责人（签字）：		年　月　日	
巡查结论					
		安全员（签字）：		年　月　日	

说明：此表由作业队伍填写上报，安全员复查签字后，交安全部存档。

高处作业防护检查表

表 FH-025

编号：

工程名称			施工单位			
序号	检查内容	检查方法	检查要点		检查情况	处理意见
1	临边作业防护	检查资料和现场	临边防护措施是否符合规定			
2			临边防护栏杆杆件的规格和连接要求是否符合规定			
3			临边防护的搭设是否符合要求			
4			临边防护栏杆是否按要求封闭			
5			临街防护是否按要求做全封闭处理			
6			临边防护栏的力学计算及构造是否符合相关规定			
7	洞口作业防护	检查资料和现场	洞口防护设置是否符合规定			
8			洞口防护措施是否符合要求			
9			洞口防护栏杆的杆件及其搭设是否符合相关规范的规定			
10	攀登作业	检查资料和现场	攀登用具是否符合要求；攀登高度超过2m，是否设置护笼，护笼是否要求设置；攀登高度超过8m，是否设置梯间平台			
11	悬空作业		悬空作业有可靠立足处，防护设施齐全有效，操作按照规定执行			
12	操作平台		操作平台防护措施到位，有可靠登高措施，平台连接及吊具安全可靠，操作平台有限载标识，有无超载情况			
13	交叉作业	检查资料和现场	下层作业位置在上层高度的可能坠落方位半径之外，不满足时，有防护措施；拆除作业，下方无人员；邻边堆放符合要求，楼层边口、通道口、脚手架边缘无堆载；上层施工，人员从通道出入，通道有防护棚；有可能坠物的通道，设双层防穿透防护廊			
检查人签字：				日期：	年 月 日	
工区技术主管结论				签字：	日期：	年 月 日
工区安全主管结论				签字：	日期：	年 月 日

说明：此表由工区技术员填写上报，签字齐全后交项目部安全管理部门存档。

移动式操作平台验收表

表 FH-026

编号：

工程名称			施工单位		
序号	检查项目	检查内容		检查情况	处理意见
1	施工组织设计	施工组织设计中有设计，计算书及图纸，设计及计算符合相应规范			
2	构配件外观质量及检测资料	产品合格证、质量检测报告、构配件进场检查验收单			
3	操作平台面积及长细比规定	操作平台的面积不应超过10m²，高度不应超过5m，还应进行稳定验算，并采取措施减少立柱的长细比			
4	移动滑轮设置要求	装设轮子的移动式操作平台，轮子与平台的结合处牢固可靠，立柱底端离地面不得超过80mm			
5	结构形式	操作平台可采用φ(48～51)×3.5mm钢管以扣件连接，亦可采用门架式或承插式钢管脚手架部件，按产品使用要求进行组装。平台的次梁间距不应大于40cm；台面应满铺3cm厚的木板或竹笆			
6	护身栏及挡脚板	操作平台四周应加设两道护身栏和不低于18cm的挡脚板，防护栏杆上杆离地高度为1.0～1.2m，下杆离地高度为0.5～0.6m；并立挂安全网封闭			
7	脚手板铺设	脚手板应铺严、固定，对头搭时应用双排木。搭接板的板端应搭过20cm，接头必须搭在横杆上			
8	安全标识	操作平台显著位置悬挂严禁超载、物体打击及禁止移动的标识牌			
作业队伍验收意见			签字：	年 月	日
工区技术员验收意见			签字：	年 月	日
工区安全主管验收意见			签字：	年 月	日

说明：此表由工区技术员负责填写上报，验收合格，签字齐全后交项目部资料室存档。

悬挑式钢平台验收表

表 FH-027

编号：

工程名称			施工单位	
序号	检查项目	检查内容	检查情况	处理意见
1	施工组织设计	施工组织设计中有设计计算书及图纸，设计及计算符合相应规范		
2	构配件外观质量及检测资料	产品合格证、质量检测报告、构配件进场检查验收单		
3	搁支点和上部拉结点	悬挑式钢平台的搁支点和上部拉结点必须位于建筑物上，不得设置在脚手架等施工设备上		
4	斜拉杆或钢丝绳	斜拉杆或钢丝绳，构造上宜两边各设前后两道，每一道均经过单道受力计算；建筑物锐角围系钢丝绳处加衬软垫物，钢平台外口应略高于内口		
5	吊环	应设置4个经过验算的吊环，卡环应用甲类3号沸腾钢制作		
6	防护栏杆	钢平台两侧必须装置固定的防护栏杆		
7	钢平台使用维护	钢丝绳有锈蚀损坏及时更换，焊缝脱焊及时修复		
8	安全标识	操作平台显著位置悬挂严禁超载、物体打击的标识牌		
作业队伍验收意见				签字：　　　　　年　月　日
工区技术员验收意见				签字：　　　　　年　月　日
工区安全主管验收意见				签字：　　　　　年　月　日

说明：此表由工区技术员负责填写上报，验收合格，签字齐全后交项目部资料室存档。

工程项目安全检查隐患整改通知单（通用）　　表 FH-028

编号：

工程名称		施工部位	
工区		作业单位	

存在问题：

整改要求：

整改负责人：　　　　　年　月　日

检查部门签字	
分管领导意见	
检查部门复查结果	

复查人：　　　　　年　月　日

填表说明：本表一式二份，检查部门、受检工区各一份。

表 FH-029

安全检查隐患问题控制台账

序号	隐患整改单编号	隐患问题简述	整改完成时间	复查人	复查结果	备注
1						
2						
3						
4						
5						
6						
7						
8						
9						
10						

填表说明：本表为安全检查隐患控制台账，由分管领导或相应部门填写留存。

七、消防、保卫施工安全自（复）检体系

十一 湖南 宋・江流工交全
白 (夏) 竹林寺

目 录

第1章 自检体系组织机构	440
第2章 施工前消防、保卫准备工作（开工控制）	441
2.1 内业资料部分	441
2.2 进场材料及消防设施的验收	441
2.3 开工前控制检查	442
第3章 施工过程中的消防、保卫工作（施工过程控制）	443
3.1 日常检查	443
3.2 定期检查	443
3.3 重大节、假日/活动检查	443
3.4 消防演练	443
3.5 易燃、易爆物品管理	443
3.6 动火管理	444
第4章 检查结果处置	445
附表	446
进场材料消防安全验收自（复）检审批表 表 XFBW-001	446
消防器材、设施进场验收自（复）检审批表 表 XFBW-002	447
办公/生活区消防、保卫开工控制安全自（复）检审批表 表 XFBW-003	448
施工现场消防、保卫开工控制安全自（复）检审批表 表 XFBW-004	450
消防、保卫工作日常检查表 表 XFBW-005	451
消防、保卫工作定期检查表 表 XFBW-006	452
重大节假日/活动前消防、保卫安全控制审批表 表 XFBW-007	454
消防演练总结表 表 XFBW-008	455
易燃、易爆物品专项检查表 表 XFBW-009	456
区域动火作业审批表 表 XFBW-010	457

第1章　自检体系组织机构

消防、保卫安全自检体系由项目经理负责，安全副经理主持，并由专职安全管理部门协调组织实施具体工作。

自检体系分开工前控制和施工过程控制两大部分，采取项目经理部和工区两级管理。

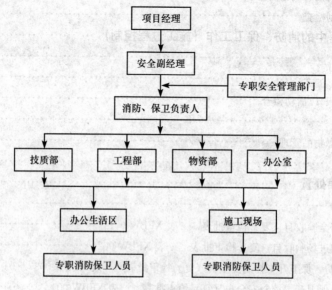

消防、保卫安全自检体系组织机构图

第2章 施工前消防、保卫准备工作（开工控制）

2.1 内业资料部分

1. 结合工程特点、规模和现场实际情况确定消防、保卫组织机构，明确消防、保卫负责人。
2. 建立各项消防、保卫管理制度。
3. 编制消防、保卫措施方案及设施平面图。
（1）方案的编制应符合下列基本要求：
1）符合相关法律、法规、规章和标准的规定；
2）结合本项目部施工现场的实际情况；
3）组织机构和人员分工明确，并有落实措施；
4）要有明确、具体的消防事故应急措施和应急程序；
5）要有明确的应急保障措施，并能满足本项目部应急工作的需要。
（2）方案的审查程序：
方案由消防、保卫负责人编制完成后，报项目技术负责人审核，项目经理审批。方案必须有编制人、审核人、审批人及加盖项目部公章，审核无误后报监理审批。
4. 按有关要求进行消防备案：
（1）填写"北京市建设工程施工现场消防审核申报表"（一式两份）；
（2）相关的"建筑消防设计防火审核意见书"（复印件）；
（3）消防安全保卫措施和用火用电制度；
（4）甲乙双方签订的消防安全协议；
（5）施工组织设计方案（以施工现场平面图和文字形式表示，标明消防车道和消防器材）。

2.2 进场材料及消防设施的验收

1. 进入施工现场临建房屋材料、安全网、密目式安全网、密目式防尘网、保温材料等填写《进场材料消防安全验收自（复）检审批表》（见表XFBW-001），经材料部门、安全部门两级检察验收及消防设施应经进场验收合格，项目部、监理单位相关领导审批后方可使用。
2. 办公生活区及施工现场消防设施、器材进场后填写《消防器材、设施进场验收自（复）检审批表》（见表XFBW-002），经材料及安全部门验收合格，项目部、监理单位相关领导审批后方可投入使用。

2.3 开工前控制检查

消防、保卫开工前控制检查按照办公生活区及施工现场两部分进行控制。消防、保卫开工前的控制检查采取直接责任人检查（一检）、项目部相关负责人（二检）两级管理，填写《办公/生活区消防、保卫开工控制安全自（复）检审批表》（表 XFBW-003）、《施工现场消防、保卫开工控制安全自（复）检审批表》，（表 XFBW-004），项目部相关负责人检查、复查合格后报项目领导签署审批意见。

自检合格后，由项目部安全管理部门报监理单位进行复检。

第 3 章 施工过程中的消防、保卫工作（施工过程控制）

3.1 日常检查

日常检查由专职消防、保卫人员每天对施工现场消防、保卫工作进行检查，填写《消防、保卫工作日常检查表》（见表 XFBW-005）。

3.2 定期检查

定期检查由项目经理组织安全、技术、工程、办公室等相关部门每月两次对施工现场进行检查，填写《消防、保卫工作定期检查表》（见表 XFBW-006），同时对日常检查情况进行抽查。

3.3 重大节、假日/活动检查

遇有重大节假日及重要活动前，要组织有针对性的安全控制措施，包括措施、方案、应急准备、值班等，填写《重大节假日/活动前消防、保卫安全控制审批表》（表 XFBW-007），项目部主管领导审批，同时做好消防、保卫安全检查，由项目经理带队，安全副经理、消防、保卫负责人及项目部各部室进行联合检查，检查内容见表 XFBW-007。

3.4 消防演练

按照相关规定，每半年组织一次消防演练，并由消防负责人对演练情况进行记录、总结，填写《消防演练总结表》（见表 XFBW-008），项目部主管领导对总结情况提出审批意见。

3.5 易燃、易爆物品管理

每周由安全部长组织相关人员对易燃、易爆物品进行专项检查，填写《易燃、易爆物品专项检查表》（见表 XFBW-009）。

3.6 动火管理

一定区域内的动火作业申请动火单位提出申请，填写《区域动火作业审批表》（见表 XFBW-010），经安全管理部门及主管领导批准后方可进行此范围内的动火作业，每次动火作业前按《建设工程施工现场安全资料管理规程》DB11/383-2006 要求，填写该规程表 AQ-C10-2《用火作业审批表》，向项目部安全部门提出申请，由安全部长签字批准后才能动火。动火过程应接受项目部安全部门的监督和检查，动火前清除可燃物、助燃物。

第4章 检查结果处置

对在检查中发现的问题或安全事故隐患,处理可采取以下形式:
(1) 要求立即整改;
(2) 下达限期整改通知单;
(3) 下达局部停工整改通知单(下达局部停工整改通知单应由项目部主管领导批准)。
整改要求:
(1) 检查中要求立即整改的安全隐患,整改工作由直接责任人立即组织完成整改;
(2) 下达限期整改通知单的安全隐患,整改工作由工区负责人组织进行,要做到"三定",即定人员、定措施、定期限;
(3) 下达局部停工整改通知单的重大安全事故隐患由安全生产部指派专人监督整改情况,整改完毕后写出整改结果反馈单并由安全副经理组织复查。

附表

进场材料消防安全验收自（复）检审批表　　表 XFBW-001

施工单位：　　　　　　　　　　　　　　　　　　　　　　　　　　日期：

序号	项目	检查要点	一检 材料员	检查结果	二检 安全部部长	检查结果	复检 监理工程师	检查结果
1	材料相关证明	有出场合格证和相关证书						
2		有出厂检测报告						
3	材料外观	外观完好，无明显缺陷及机械伤痕						
4		无明显翘曲、变形						
5	复检（如需）	在指定定点单位进行复检						
6		取样复检并合格						
7	其他附件	随材料进场有关附件齐全						
8		有合格证明						

消防负责人审批意见	
安全副经理审批意见	

驻地监理工程师意见	签字：　　年　月　日	总监办安全监理工程师审批意见	签字：　　年　月　日

备注	本表所指材料包括临建房屋材料、安全网、密目式安全网、密目式防尘网、保温材料、劳保用品、临电材料等。 本表经逐级检查、审批签字后，由安全部门存档。

消防器材、设施进场验收自（复）检审批表　　　表 XFBW-002

施工单位：　　　　　　　　　　　　　　　　　　　　　　　　　　　日期：

序号	项目	检查要点	一检 材料员	检查结果	二检 安全部部长	检查结果	复检 监理工程师	检查结果
1	灭火器	有出场合格证和相关证书						
2		筒体无明显缺陷和机械损伤						
3		保险装置（铅封）完好						
4		压力指示针应在绿色区域						
5		铭牌、生产日期等标志齐全						
6	消火栓	有出场合格证和相关证书						
7		有各项性能检测报告						
8		外观无节疤、裂痕及孔眼						
9		牢固标有型号、规格及厂名等标记						
10	消防架	有出厂合格证及材质证明						
11		消防斧、消防钩等消防器具齐全						
12		有消防标识						
13		架体牢固、可靠						
消防负责人审批意见								
安全副经理审批意见								
驻地监理工程师意见		签字：　　　年　月　日			总监办安全监理工程师审批意见		签字：　　　年　月　日	
备注		本表包括所有进场消防器材、设施的验收，经逐级检查合格后，主管领导审批，最后由安全部门存档。						

办公/生活区消防、保卫开工控制安全自(复)检审批表　　　表 XFBW-003

施工单位：　　　　　　　　　　　　　　　　　　　　　　　　　　　　　　　　　　日期：

序号	检查内容	控制要点	一检		二检		复检	
			检查结果	责任人	检查结果	责任人	检查结果	责任人
1	消防设施	消防道路宽度不小于 3.5m		工长：		安全部部长：		监理工程师
2		灭火器等消防设施、器材经进场验收合格						
3		按规定设置及配备灭火器具						
4		灭火器设置在明显和便于取用的地点						
5		消防设施的设置不影响安全疏散		工长：		安全部长：		监理工程师：
6	临建房屋	有经过审批的施工方案						
7		房屋材料及附件等设施经进场验收合格						
8		临建房屋布置，房与房间距符合防火规定						
9		有逃生通道，应急灯等应急设施						
10		空调、电暖气等取暖设施有专用插座		宿舍管理员：		后勤负责人：		监理工程师：
11		使用电暖器设施取暖有上一级公司的审批，并备案						
12		临设照明灯具是否符合临电规范要求		电工：		电气负责人：		监理工程师：
13		临电布置经过计算，与用电设施匹配						
14		办公区电脑等用电设备线路布置符合要求						

续表 XFBW-003

序号	检查内容	控制要点	一检		二检		复检	
			检查结果	责任人	检查结果	责任人	检查结果	责任人
15	食堂	供气单位资质满足要求		食堂管理员:		后勤负责人:		监理工程师:
16		与液化石油气单位签订安全协议						
17		液化气钢瓶经过检验合格证、钢印						
18		液化气钢瓶安全附件齐全、有效						
19		液化石油气空瓶、重瓶分区放置						
20		储瓶间配备灭火器						
21		食堂操作间配备灭火毯						
22		液化气瓶连接采用软管连接,长度不超过2m						
23		厨房内设置防爆开关、防爆灯						
24		燃气灶具合格						
25		电饼铛、冰柜等用电设备合格						
26	现场保卫	施工区域有牢固、可靠的围挡		保安:		保卫负责人:		监理工程师:
27		现场大门设有警卫值班室						
28		有专职人员24小时值班						

消防、保卫负责人审批意见	签字: 年 月 日	安全副经理审批意见	签字: 年 月 日
驻地监理工程师意见	签字: 年 月 日	总监办安全监理工程师审批意见	签字: 年 月 日

449

施工现场消防、保卫开工控制安全自（复）检审批表

表 XFBW-004

施工单位：　　　　　工区/部位：　　　　　日期：

序号	检查内容	控制要点	一检		二检		复检	
			检查结果	责任人	检查结果	责任人	检查结果	责任人
1	消防设施	消防道路宽度不小于3.5m		工区负负责人：		安全部长：		监理工程师：
2		灭火器等消防设施、器材经进场验收合格						
3		按规定设置及配备灭火器具						
4		灭火器设置在明显和便于取用的地点						
5		消防设施设置的设置不影响安全疏散						
6		消火栓配套设施齐有开启工具						
7		有明显的防火宣传标志						
8	现场各类库房	有现场平面布置图		临建施工负责人：		安全部长：		监理工程师：
9		房屋材料及附件等设施经进场验收合格						
10		库房布置、房与房间距符合防火规定						
11		各类防火、消防安全标志齐全						
12		设置灭火器等消防设施						
13		照明灯具是否符合临电视范要求		电工：		电气负责人：		监理工程师：
14		根据不同库房使用合格的电器开关						
15	现场保卫	施工区域是否有牢固、可靠的围挡		保安队长：		保卫负责人：		监理工程师：
16		现场大门是否设有警卫值班室						
17		是否有专职人员24小时值班						
消防、保卫负责人审批意见			安全副经理审批意见		驻地监理工程师意见		总监办安全监理工程师审批意见	
签字：　年　月　日			签字：　年　月　日		签字：　年　月　日		签字：　年　月　日	

表 XFBW-005

消防、保卫工作日常检查表

施工单位：　　　　　　　　　　　　　　　　　　　　　　　　　　　　　　　　　　　　　　日期：

序号	检查项目		检查要点	检查记录	隐患处理
1	消防检查	消防设施	消防道路畅通，无挤占消防车道现象		
2			消防设施标志齐全，明显		
3			消防架上各配件设施齐全		
4			灭火器、消火栓等无被埋压、圈占现象		
5			消防重点部位配置灭火器		
6			应急疏散标志、防火标志齐全完好		
7			现场无吸烟现象		
8		现场施工	电气焊作业符合"两证、一器、一看护"要求		
9			氧气、乙炔瓶间距5m，与明火间距10m		
10			工程内无住人现象		
11			防水施工等危险作业时，有方案及安全技术交底		
12			应急疏散标志齐全完好		
13			无私拉乱接现象		
14		临建房屋	无私自使用电热器具现象		
15			应急疏散通道畅通		
16			储瓶间配备灭火器，操作间配备灭火毯		
17		食堂液化石油气	空瓶、重瓶分开放置		
18			停火后及时关闭总截门		
19	保卫检查	门卫	保安值班到岗情况		
20			出入场地人员、车辆及时登记		
21			保安日常巡场记录		

检查人：　　　　　　　　　　　　　　　　　　　　　　　　　　　　　　　　　　　　　　日期：

施工单位：

表 XFBW-006

消防、保卫工作定期检查表

序号	检查项目		检查要点	检查记录	隐患处理
1	消防检查	消防设施	无擅自挪动消防设施现象；消防水枪、消防水带等是否齐全并灵敏有效		
2		消防教育及考核	志愿消防队定期进行教育培训，并有培训记录；定期组织消防演练		
3		临时用用电	施工用电符合规范及临时用电方案要求，电闸箱是否周围防护到位，相关警示标志齐全		
4		现场施工	易燃、易爆物品是否有防火措施，并指定防火负责人，配备灭火器材经进场验收合格，密目式安全网、保温材料符合消防安全规定		
5			施工现场密目式安全网、密目式防尘网		
6		临建房屋	无私拉乱接现象		
7			无明火取暖现象		
8			无私自使用电热器具现象		
9			宿舍设置消防应急照明和疏散指示标志，应制定火灾事故人员疏散预案		
10		食堂	液化气钢瓶有检验合格证，定期进行检验		
11			液化气钢瓶安全附件是否齐全、有效，连接软管长度在2m以内，液化石油气空瓶、重瓶分区放置，储瓶间是否配备灭火器		
12	保卫检查	进场教育及考核	及时对新入场工人进行教育并考核		
13		重点部位	保卫重点部位，人员措施到位		
14		成品保护	有防止被盗、被破坏的具体措施		
15		区域管理	现场施工区与办公生活区有明显划分		

续表 XFBW-006

序号	检查项目	检查要点	检查记录	隐患处理
16	日常检查工作的抽查	日常检查及时、到位，有检查记录		
17	消防重点部位登记表	根据防火要求对消防重点部位进行登记（AQ-C10-1）		
18	消防保卫设施平面图	平面图应明确各类设施的布置位置和数量		
19	消防保卫制度、方案、预案	制定施工现场的消防保卫制度、方案、重大事件、节日管理方案等相关技术文件，并对相关人员进行交底		
20	消防保卫协议	建设单位与总包单位、总包与分包签订，明确相关责任，必须签字、盖章		
21	组织机构及活动记录	义务消防队、定期组织培训和演练，并记录；全员消防安全教育培训记录；消防安全管理人员考核登记表		
22	消防设施器材验收、维修记录	有厂家生产许可证、相关技术资料要备案，定期进行检查、维修，并有文字记录		
23	保卫人员值班、巡查记录	保卫人员在每班作业后填写值班，巡查工作记录，对当班事项进行登记，做好交接班记录		
24	责任书及制度	各级、各职能消防安全责任书，消防安全制度各工种岗位消防管理制度		
25	用火作业审批表	每次动火前需办理用火申请，填写（AQ-C10-2）表格，经批准后方可作业		

消防保卫内业资料

整改要求：

检查人签字：　　　　　　　　　　　年　月　日

复查意见：

复查人签字：　　　　　　　　　　　年　月　日

453

重大节假日/活动前消防、保卫安全控制审批表

表 XFBW-007

施工单位：

序号	检查项目	检查要点	检查情况及存在问题	隐患处理
1	措施、方案、预案	有针对性的消防、保卫方案及措施，并组织全体人员进行学习		
2	应急物资、设备	物资、设备齐全有效，且状况良好，能够满足消防、保卫应急时需求		
3	值班情况	制定值班制度		
4	节前教育培训	对作业人员进行节前消防、保卫安全教育		
5	节前检查	组织专门的消防、保卫安全检查		

消防、保卫负责人审批意见：

日期：　　年　月　日

项目部主管领导审批意见：

日期：　　年　月　日

注：此表为事前控制表。

消防演练总结表

表 XFBW-008

演练时间			演练地点	
演练参加人员				
演练的具体情况				
演练过程中发现的问题				
预案中不符合实际情况的地方				
预案修改意见				
总结人			日期	
项目部主管领导意见	签字：			日期：

易燃、易爆物品专项检查表   表 XFBW-009

施工单位：

序 号	检查要点	检查记录	隐患处理
1	应设置独立、专用仓库		
2	仓库内应选用防爆电器		
3	仓库内禁止吸烟		
4	应有明显的安全警示标语和"严禁烟火"的标志		
5	仓库应安装有效的避雷装置，以防止因雷击而引起的火灾事故		
6	各种安全管理制度，如巡回检查制度、物品保管领用制度、防火规定等，做到各种原始记录完整		
7	应配备品种数量充足的消防器材，并处于良好状态		
8	易燃、易爆物品应有安全说明书和防火灭火、安全储存的注意事项		
9	实行入库验收、发货检查、出入库登记制度		
10	仓库管理员的各项工作记录情况		

检查人：   日期：

区域动火作业审批表

表 XFBW-010

申请用火单位		用火班组	
动火部位		动火方式	
动火时间	自　年　月　日　至　年　月　日		
动火作业单位已采取的安全措施及承诺	1. 动火作业单位已采取了以下安全措施，保证动火作业期间的安全： （1） （2） （3） （4） 2. 动火作业单位承担因违章动火作业造成损失的责任。 　　　　　　　　　　　　　　　　　　申请人签字：		
临时动火作业安全规定	动火前"八不"： 1. 防火、灭火措施没落实不动火。 2. 周围的杂物和易燃品、危险品未清除不动火。 3. 附近难以移动的易燃结构物未采取安全防范措施不动火。 4. 凡盛装过油类等易燃、可燃液体的容器、管道用后未清洗干净不动火。 5. 在进行高空焊割作业时，未清除地面的可燃物品和采取相应防护措施不动火。 6. 储存易燃易爆物品的仓库、等场所未采取安全措施不动火。 7. 未有配备灭火器材或器材不足不动火。 8. 现场安全负责人不在场不动火。		
临时动火作业安全规定	动火中"四要"： 1. 现场安全负责人要坚守岗位。 2. 现场安全负责人和动火作业人员要加强观察、精心操作，发现不安全苗头时，立即停止动火。 3. 一旦发生火灾或爆炸事故时要立即报警和组织扑救。 4. 动火作业人员要严格执行安全操作规程。 动火后"一清" 1. 完成动火作业后，动火人员和现场责任人要彻底清理动火作业现场，并确认无误后才能离开		
安全部审批意见			
主管领导审批意见			

注：此表为一定区域范围内动火作业审批表，每天的动火作业需执行《建设工程施工现场安全资料管理规程 DB11/383-2006》中表 AQ-C10-2《用火作业审批表》。

八、卫生防疫安全自（复）检体系

目 录

第1章 食堂、洗浴间、卫生间、宿舍验收 ························ 462
  1.1 食堂卫生防疫自（复）检验收 ······························· 462
    1.1.1 项目部食堂验收 ······································ 462
    1.1.2 工区食堂验收 ·· 462
    1.1.3 工班食堂验收 ·· 462
  1.2 洗浴间、卫生间、宿舍卫生防疫自检验收 ····················· 462
第2章 卫生防疫日常巡视 ······································ 463
  2.1 日常巡视要点 ·· 463
  2.2 日常巡视程序 ·· 463
第3章 卫生防疫定期检查 ······································ 464
  3.1 定期检查频率 ·· 464
  3.2 定期检查程序 ·· 464
  附表 ··· 465
    食堂卫生防疫自（复）检验收表　表 WS-001 ················· 465
    洗浴间、卫生间、宿舍卫生防疫自检验收表　表 WS-002 ········· 466
    食堂食品及原料采购、验收记录表　表 WS-003 ················ 467
    卫生防疫日常巡视表　表 WS-004 ··························· 468
    卫生防疫定期检查表　表 WS-005 ··························· 469
    卫生防疫整改记录表　表 WS-006 ··························· 471

第1章 食堂、洗浴间、卫生间、宿舍验收

1.1 食堂卫生防疫自（复）检验收

1.1.1 项目部食堂验收

项目部食堂开始营业前，首先由项目部食堂管理员按照《食堂卫生防疫自（复）检验收表》（见表 WS-001）中检查项目进行一检，一检合格后报项目经理部，由安全副经理、安全部长、综合部长进行二检，二检人员针对表格检查项目认真检查，填写验收意见，形成《项目部食堂卫生防疫自（复）检验收表》。

二检检查合格后，由项目部安全副经理、项目经理签署验收意见。

自检合格后，由项目部安全管理部门报监理单位进行复检。

1.1.2 工区食堂验收

工区食堂开始营业前，首先由工区食堂管理员（一般为工区长）按照《食堂卫生防疫自（复）检验收表》（见表 WS-001）中检查项目进行一检，一检合格后报项目经理部，由安全副经理、安全部长、综合部长进行二检，二检人员针对表格检查项目认真检查，填写验收意见，形成《工区食堂卫生防疫自（复）检验收表》。

二检检查合格后，由项目部安全副经理、项目经理签署验收意见。

自检合格后，由项目部安全管理部门报监理单位进行复检。

1.1.3 工班食堂验收

工班食堂开始营业前，首先由工班食堂管理员（一般为工班长）按照《食堂卫生防疫自（复）检验收表》（见表 WS-001）中检查项目进行一检，一检合格后报项目经理部，由安全副经理、安全部长、综合部长进行二检，二检人员针对表格检查项目认真检查，填写验收意见，形成《工班食堂卫生防疫自（复）检验收表》。

二检检查合格后，由项目部安全副经理、项目经理签署验收意见。

自检合格后，由项目部安全管理部门报监理单位进行复检。

1.2 洗浴间、卫生间、宿舍卫生防疫自检验收

洗浴间、卫生间、宿舍使用前，首先由责任区负责人按照《洗浴间、卫生间、宿舍卫生防疫自检验收表》（见表 WS-002）检查项目进行一检，一检合格后报项目经理部，由安全总监、安全部长、综合部长进行二检，二检人员针对表格检查项目认真检查，填写验收意见，形成《洗浴间、卫生间、宿舍卫生防疫自检验收表》（表 WS-002）。

二检检查合格后，由项目副经理、项目经理签署验收意见。

第 2 章 卫生防疫日常巡视

2.1 日常巡视要点

（1）卫生防疫各责任区保安是否按照相关制度对进场人员进行检查，严格防止有流行性传染病人员进入施工区及生活区。

（2）食堂采购时，采购员应索取发票等购货凭据，并做好采购记录，便于溯源；向食品生产单位、批发市场等批量采购食品的，还应索取食品卫生许可证、检验（检疫）合格证明等。同时，采购员、炊事员按照《食堂食品及原料采购、验收记录表》（表 WS-003）中分别填写采购、验收记录，炊事员对不合格的食品严禁验收，并且规定食堂采购员和炊事员不能为同一人。

2.2 日常巡视程序

综合部卫生监督员对卫生防疫责任区各岗位按照《卫生防疫日常巡视表》（表 WS-004）每日进行检查，并填写巡视情况。

检查后，不合格的填写《卫生防疫整改记录表》（表 WS-006）交给责任区负责人限期整改，一般情况下整改期限不得超过 1 天。

责任区负责人整改合格后，报综合部卫生监督员复验，卫生监督员对复验内容签字确认。

第3章 卫生防疫定期检查

3.1 定期检查频率

卫生防疫定期检查由安全副经理每月组织不少于两次。

3.2 定期检查程序

卫生防疫定期检查由安全副经理组织，综合部长、安全部长、卫生监督员、各卫生防疫责任区负责人、保洁员、保安等相关人员参加，按照《卫生防疫定期检查表》（表 WS-005）进行检查。

检查发现问题，填写《卫生防疫整改记录表》（表 WS-006），交给卫生防疫责任区负责人限期整改，一般情况下整改期限不得超过2天，特殊情况下，根据实际情况限期。

卫生防疫责任区负责人整改合格后，报项目部综合部复验，综合部长对复验内容签字确认。

附表

食堂卫生防疫自（复）检验收表　　表 WS-001

验收食堂：　　　　　　　　　验收日期：　　　　　　　　　编号：

序号	验收项目		控制要点	一检		二检		复检	
				检查结果	责任人（签字）	检查结果	责任人（签字）	检查结果	责任人（签字）
1	内业资料	食堂机构	是否书面明确食堂管理员，是否有健全、有效的食堂管理机构	食堂管理员：		安全部长：		监理工程师：	
2		食堂制度	是否建立《食堂卫生管理制度》、《食品采购、验收管理制度》、《炊事员岗位制度》等管理制度						
3		应急预案	是否编制有《食物中毒应急预案》						
4		食堂证件	是否有区、县级颁发的《餐饮服务许可证》						
5			炊事员是否有《健康体检合格证》						
6			炊事员是否有《卫生法规知识培训合格证》						
7	食堂卫生防疫设施	建筑材料	食堂操作间、库房、餐厅是否布局合理，是否采用难燃、环保等建筑材料	食堂管理员：		综合部长：		监理工程师：	
8		消毒保鲜设施	食堂是否有足够的、合格的消毒保洁柜、冰箱等。餐具消毒、清洗水池专用，使用不锈钢或陶瓷材料						
9		灭蚊蝇、鼠、蟑螂措施	食堂操作间、餐厅是否有灭蚊蝇、鼠、蟑螂设施；采用灭蝇灯的悬挂是否合格，满足 2m 以上						
10		隔油池	是否设置隔油池，污水经隔油池排入排污管道						
11		食品库房	食堂库房是否有良好的通风、防湿/防虫/防暑措施。设置数量足够的物品存放架，其结构及位置应能使储藏的食品距离墙壁、地面均在 20cm 以上						
12		食品加工工具	生、熟食品的加工工具及容器应分开使用，并有相应的标识						
13		废弃物暂存设施	是否有废弃物临时集中存放设施，其结构应密闭，垃圾及时清理、外运						
14		饮用水检查	饮用水采用自来水公司供水为宜。采用自然水作饮用水的，需有当地区县级卫生防疫部门的检测						
15		其他	食堂管理制度、卫生防疫宣传、餐饮服务许可证等图牌是否上墙公示						
项目部安全副经理审批意见			验收合格（　）/不合格（　）	签字：			年	月	日
项目部项目经理审批意见			验收合格（　）/不合格（　）	签字：			年	月	日
驻地监理工程师意见			验收合格（　）/不合格（　）	签字：			年	月	日
总监理工程师审批意见			验收合格（　）/不合格（　）	签字：			年	月	日

洗浴间、卫生间、宿舍卫生防疫自检验收表　表 WS-002

责任区：　　　　　　　　　　验收日期：　　　　　　　　编号：

序号	验收项目		控制要点	一检		二检	
				检查结果	责任人（签字）	检查结果	责任人（签字）
1	管理制度		是否建立《卫生防疫管理制度》，制度包含对宿舍、洗浴间、卫生间的卫生防疫管理，并且健全有效	责任区负责人：		综合部长：	
2	通风、照明		宿舍、卫生间、洗浴间是否有良好的通风、照明				
3	宿舍	生活空间	内高度不得低于 2.5m，通道的宽度不得小于 1m，应有高于地面 30cm 的床铺，每人床铺占有面积不小于 2m²				
4		其他	宿舍内夏季是否有灭蚊蝇、鼠、蟑螂措施；宿舍外是否有密闭式容器，垃圾分类存放，及时清运				
5	卫生间	设施	采用冲水式卫生间；卫生间墙壁屋顶严密，门窗齐全，采用水泥等地面，便于清洁。下水管与排污管连接，并保障排水通畅				
6		灭蚊蝇	是否有灭蚊蝇、鼠、蟑螂措施，采用灭蝇灯的悬挂是否合格，满足 2m 以上				
7	洗浴间	设施	洗浴间有冷热水管和淋浴喷头，保障人员能洗热水澡				
8		排污	淋浴间的下水管与排污管连接，并保障排水通畅				
项目部安全副经理审批意见			签字：　　　　　　年　月　日				
项目部项目经理审批意见			签字：　　　　　　年　月　日				

表 WS-003

食堂食品及原料采购、验收记录表

日期：

采购记录						验收记录		
品名	规格	数量	供货单位	生产厂家	生产日期	保质期限	（采购人）	观感检查	购货票据	食品与购物证明是否一致	（验收人）炊事员

注：1. 感官检查要求：(1) 包装、形态完好；(2) 在保质期限内；(3) 色泽正常；(4) 无异味；(5) 无腐败变质。如不合格，如实记录。

2. 索证要求：(1) 采购时应索取资质证明、收据等购货凭证；(2) 批量采购时还应索取食品卫生许可证、检验合格证明，禽畜肉还应索取检疫合格证明。(3) 填写具体票证名称，无票证填"无"。3. 采购人、验收人不能为同一人，并且验收人为该食堂工作的炊事员，不合格食品严禁验收。

卫生防疫日常巡视表　　　　表 WS-004

责任区：　　　　　　　　　　　　　　　　　　　　　　　　　　　编号：

序号	巡视项目		巡视内容、要点	控制级别	巡视情况	处理意见
1	传染病防控		保安是否对内部、外部人员进行进场检查，并按照传染病防控制度要求填写人员进场记录，记录齐全、可靠	主控		
2	垃圾外运		保洁员是否对垃圾进行清理，及时清运；并且生活垃圾与施工垃圾分类清理	一般		
3	卫生间、洗浴间		保洁员是否对卫生间和洗浴间天天清扫、冲洗，保持卫生间和洗浴间干净、整洁、无异味、无蚊蝇孳生。卫生间、洗浴间排污是否正常	一般		
4	办公室		办公室内整洁卫生，做到窗明地净，文具报告摆放整齐	一般		
5	宿舍		铺上、铺下做到整洁有序，室内和宿舍四周保持干净，污水和污物、生活垃圾及时外运	一般		
6	食堂	炊事员个人卫生	炊事员操作时，保证穿戴清洁的工作服、工作帽，头发不得外露，不得留长指甲，涂指甲油，佩戴饰物	一般		
7			炊事员个人衣物及私人物品不得带入食品处理区。食品操作间内不得有抽烟、饮食及其他可能污染食品的行为	一般		
8		危险品保管	炊事员对杀虫剂、杀鼠剂、清洁剂等有毒有害物品存放橱柜是否上锁，并有明显的警示标志	主控		
9		食品加工工具	生、熟食品的加工工具及容器分开使用，其存放位置有明显的标识	一般		
10		食堂清洁	食堂天天清扫，保障干净、整洁、无异味	一般		
11		防投毒	炊事员每日工作结束，食堂是否上锁，钥匙不转借他人	主控		
12		食品采购	采购员在食品采购时，是否有发票、合格证等证明性材料，并按照《食品采购、验收记录表》填写采购记录	主控		
13			炊事员是否对采购员采购的食品进行验收，并按照《食品采购、验收记录表》填写验收记录	主控		
14			食堂管理员是否认真核对《食品采购、验收记录表》，查看食堂采购食品是否合格	主控		

其他问题处理情况：

卫生监督员签字：　　　　　　　　　　　　　　　　日期：　　　年　　月　　日

填表说明：1. 本表以一个卫生防疫责任区为一个巡视单元。
　　　　　2. 本表为日检表格，填写1份，检查情况符合要求（√），不合格项责任区负责人及时整改。

卫生防疫定期检查表

表 WS-005

责任区：　　　　　　　　　　　　　　　检查日期：　　　　　　　　　　　　　　　年　月　日

检查人　安全部长：

综合部长：

序号	检查项目		检查内容、要点	检查情况	处理意见
1	内业资料	卫生防疫制度	有《卫生防疫管理制度》、《食堂卫生管理制度》、《食品采购、验收管理制度》、《炊事员岗位管理制度》、《职业健康管理体系》等制度，并有效执行		
2		应急预案	有《食物中毒应急预案》、《职业病防治应急预案》，预案有可行性		
3	责任区标识		建立卫生防疫责任区、责任区设置标志牌，标牌上注明负责人、保洁人，保安姓名和管理范围		
4	工地卫生室		设置保健卫生室，配备保健药箱，常用药及绷带、止血带，颁托、担架等急救器材，并配备专职或兼职急救人员、处理伤员和职工保健		
5	传染病防控		保安是否对内部、外部人员进行进场检查，并按照传染病防控制度要求填写人员进场记录，记录齐全、可靠		
6	卫生防疫宣传		利用板报等形式向职工介绍防病的知识和方法，做好对职工卫生防病的宣传教育工作，针对季节性流行病、传染病等		
7	垃圾处理		生活垃圾进行分类，各类垃圾是否及时清运；生活垃圾与施工垃圾分类清理		
8	卫生间、洗浴间		卫生间和洗浴间干净、整洁，无异味，无蚊蝇孳生。卫生间、洗浴间正常排污		
9	办公室		各级办公室内整洁卫生，做到窗明地净，文具报告摆放整齐		
10	职工宿舍		宿舍铺上，铺下做到整洁干净，室内和宿舍四周保持干净、污水和污物、生活垃圾及时外运		
11	职业病防治		按照《职业健康管理体系》，对工人进行进场前、过程中、退场前进行体检，跟踪工人身体健康状况，并有相应的体检记录		

续表 WS-005

序号	检查项目	检查内容、要点	检查情况	处理意见
12	炊事员个人卫生	炊事员操作时应穿戴清洁的工作服、工作帽，头发不得外露，不得留长指甲、涂指甲油，佩戴饰物		
13		炊事员个人衣物及私人物品不得带人食品处理区。食品操作间内不得有抽烟、饮食及其他可能污染食品的行为		
14	危险品保管	杀虫剂、杀鼠剂、清洁剂等有毒有害物品存放橱柜是否上锁，并有明显的警示标志		
15	隔油池	污水经隔油池排入排污管道，隔油池是否定期清理		
16	废弃物	废弃物临时集中存放设施，其结构应密闭，垃圾及时清理		
17	食品加工工具	生、熟食品的加工工具及容器分开使用，其存放位置有明显的标识		
18	消毒	食堂每月定期进行消毒两次		
19	食品采购	采购员在食品采购时，是否有发票、合格证等证明性材料，并按照《食品采购、验收记录表》填写采购记录		
20		炊事员是否对采购的食品进行验收，并按照《食品采购、验收记录表》填写验收记录		
21		食堂负责人是否认真核对《食品采购、验收记录表》，查看食堂采购食品是否合格		
22	防投毒	每日工作结束，食堂是否上锁，钥匙未转借他人		
23	降暑降温	夏季施工时，是否为工人采取相应的防暑降温措施，配备相关药品		

检查人：　　　　　　　　　　　　　检查部长：　　　　　　　　　综合部长：

安全副经理意见：

日期：　　　年　月　日

卫生防疫整改记录表 表 WS-006

责任区		责任区负责人	

存在问题:

整改要求:
整改负责人: 年 月 日

检查人员签字	
复查意见	综合部长: 年 月 日

九、作业人员安全自(复)检体系

目 录

第1章 组织机构、职责 ·· 476
第2章 人员进场 ·· 477
 2.1 项目部直管人员上岗 ·· 477
 2.2 分包单位人员入场 ·· 477
第3章 人员上岗和岗中检查 ·· 478
第4章 人员退场 ·· 479
第5章 奖罚规定 ·· 480
 附件 ·· 481
  项目部直管人员上岗自（复）检审批表　表RY-001 ·· 481
  分包单位入场前自（复）检审批表　表RY-002 ·· 482
  分包单位作业人员入场自（复）检审批表　表RY-003 ·· 483
  分包单位作业人员上岗自（复）检审批表　表RY-004 ·· 484
  作业人员日检查表（班组）　表RY-005 ·· 485
  作业人员定期检查表　表RY-006 ·· 486
  分包单位作业人员离场审批表　表RY-007 ··· 487
  分包单位离场检查审批表　表RY-008 ·· 488
  项目部直管人员离场审批表　表RY-009 ·· 489

第 1 章 组织机构、职责

轨道交通工程的施工现场交叉作业多，工人流动性大，文化水平低；为防止和减少安全生产事故，保障作业人员的人身安全，应加强对作业人员的管理。

本体系所指作业人员为施工现场的所有人员。从施工单位的角度，可分为土建施工单位和分包单位的作业人员；从工种的角度，可分为特殊工种和普通工种的作业人员。

土建施工单位、分包单位、工区建立由现场负责人（被授权人）、劳动力管理员、安全防护、安全管理、生活区管理、现场管理、用电、食堂、消防、保卫、财务负责人组成的作业人员动态安全管理组织机构对作业人员进行动态管理。

第 2 章 人 员 进 场

2.1 项目部直管人员上岗

由项目部劳动力管理员（劳资员）负责收集姓名、性别、工种、身份证号码、证件编号、有效期等作业人员基本情况信息，填写《项目部直管人员上岗自（复）检审批表》（见表 RY-001），并附相关资料上报到项目安全管理部门负责人，项目安全管理兑现人审核后签署意见报到项目安全领导审批，审批完成后方可上岗。自检合格后，由项目部安全管理部门报监理单位进行复检。

2.2 分包单位人员入场

分包单位负责人或被授权人在入场前填写《分包单位入场前自（复）检审批表》（表 RY-002）中的自检部分，以及《分包单位作业人员入场自（复）检审批表》（表 RY-003），在入场前 7 日由分包单位负责人或被授权人审核后签署意见报到项目部安全管理部门进行逐级审批，审批完成后分包单位负责人组织作业人员进场。自检合格后，由项目部安全管理部门报监理单位进行复检。

分包单位入场资料内容包括施工合同、单位资质、授权委托书原件、安全协议、拟入场作业人员花名册、拟入场人员资质及工种、安全管理三类人员及特种人员证件、劳动合同及保险、入场保证金和安全保证金。

第3章 人员上岗和岗中检查

分包单位劳动力管理员填写《分包单位作业人员上岗自（复）检审批表》（见表 RY-004）经分包单位负责人审核后签署意见报到项目部劳动力管理员进行逐级审批，自检合格后，由项目部安全管理部门报监理单位进行复检。审批完成后项目部对合格上岗作业工人颁发上岗证，项目部劳动力管理员填写"合格上岗人员花名册"下发工区，工区负责人将"合格上岗人员花名册"下发至各作业班组班组长供作业人员检查使用。

各作业班组工班长和班组安全员每天进行班前、班中检查、班后检查，检查结果填写在《作业人员日检查表（班组）》（见表 RY-005）。工区负责人监督检查，检查结果填写在检查结果也填写在《作业人员日检查表（班组）》中。

工区/分包单位专职安全员进行安全日检，检查结果填写在《作业人员定期检查表》（表 RY-006），项目部专职安全员巡检，检查结果也填写在《作业人员定期检查表（工区/分包单位）》中。

第4章 人员退场

作业人员完成工作任务后执行退场审批。

分包单位作业人员离场由作业人员提出退场申请交到分包单位劳动力管理员处，分包单位劳动力管理员填写《分包单位作业人员离场审批表》（见表RY-007）交给分包单位负责人按程序审批，分包单位负责人审批后报项目部进行审批，审批同意后作业人员由分包单位劳动力管理员陪同在门卫处办理出场手续。

分包单位撤场前由分包单位负责人填写离场申请单以及《分包单位离场检查审批表》（见表RY-008，填写自检部分），由分包单位法人或被授权人在离场前7日报送给土建施工单位。

土建施工单位在接到分包单位离场资料后各部门分别审批，在离场前2日完成审批，将《分包单位离场检查审批表》（见表RY-008）审批结果返还给分包单位，审批同意后分包单位负责人组织离场，离场过程在由总包单位保卫负责人陪同下在门卫处办理出场手续。

项目部作业人员离场由作业人员提出退场申请交到工区劳动力管理员处，工区劳动力管理员填写《项目部直管人员离场审批表》（见表RY-009）交给工区负责人按程序审批，工区负责人审批后报项目部进行审批，审批同意后作业人员由工区劳动力管理员陪同在门卫处办理出场手续。

第 5 章 奖 罚 规 定

发现现场作业人员安全隐患后,土建施工单位、分包单位、工区专职安全员填写"工程项目安全检查隐患整改记录表"并布置整改。根据检查结果和严重程度,依据"项目部安全管理办法"出具"奖罚通知单"进行奖惩。

附件

项目部直管人员上岗自（复）检审批表　　表 RY-001

分包单位名称：

序号	姓名	工种	检查项目	检查要点	一检		二检		复检	
					检查结果	检查人	检查结果	检查人	检查结果	检查人
1			身份证	有无身份证		劳资员：		安全员：		监理工程师：
			岗前教育	网上查询						
			劳动合同	复印件						
			上岗证	有无胸牌						
2			身份证	有无身份证						
			岗前教育	网上查询						
			劳动合同	复印件						
			上岗证	有无胸牌						
3			身份证	有无身份证						
			岗前教育	网上查询						
			劳动合同	复印件						
			上岗证	有无胸牌						
4			身份证	有无身份证						
			岗前教育	网上查询						
			劳动合同	复印件						
			上岗证	有无胸牌						

项目安全管理部门负责人意见： 　　　　是□/否□ 同意入场 　　　　　　　　　　　年　月　日	安全副经理审批： 　　　　是□/否□ 同意入场 　　　　　　　　　　　年　月　日
驻地监理工程师审批意见： 　　　　是□/否□ 同意入场 　　　　　　　　　　　年　月　日	总监办安全监理工程师审批意见： 　　　　是□/否□ 同意入场 　　　　　　　　　　　年　月　日

说明：合格（是）打√，不合格打叉，同一批入场作业人员超过 4 名时可后附入场作业人员名单表。

分包单位入场前自（复）检审批表   表 RY-002

分包单位名称：

序号	检查项目	检查要点	分包单位自检 检查情况	分包单位自检 检查负责人	工区（一检）检查情况	工区（一检）检查负责人	项目部（二检）检查情况	项目部（二检）检查负责人	复检 检查情况	复检 检查负责人
1	单位资质	查原件留复印件		法人或被授权人		工区安全负责人		安全部长		监理工程师
2	营业执照	查原件留复印件		法人或被授权人		工区安全负责人		安全部长		监理工程师
3	授权委托书	原件法人签字盖红公章		法人或被授权人		工区安全负责人		安全部长		监理工程师
4	施工合同	法人签字，营业执照、安全生产许可证复印件两份盖红公章		法人或被授权人		工区安全负责人		计划合约部部长		监理工程师
5	安全协议	法人签字或被授权人签字		法人或被授权人		工区安全负责人		安全部长		监理工程师
6	分包单位安全组织机构主要安全管理人员资格	组织机构是否健全，人员是否保证，证件是否在有效期内		法人或被授权人		工区安全负责人		安全部长		监理工程师
7	作业人员劳动合同及保险	复印件盖红公章		法人或被授权人		工区安全负责人		劳动力管理员		监理工程师
8	安全保证金	财务收取记录		法人或被授权人				财务部部长		监理工程师

生产副经理意见： 是□/否□同意进场 年 月 日	安全副经理意见： 是□/否□同意进场 年 月 日
项目总工意见： 是□/否□同意进场 年 月 日	项目经理审批： 是□/否□同意进场 年 月 日
驻地监理工程师审批意见： 是□/否□同意进场 年 月 日	总监理工程师审批意见： 是□/否□同意进场 年 月 日

说明：本表一式三份，在分包单位入场前填写，合格（是）打√，不合格与否打叉，检查负责人在检查负责任栏对应位置签名，各单位根据自己实际情况填写。

分包单位作业人员入场自（复）检审批表　　表 RY-003

分包单位名称：

序号	姓名	工种	检查项目	检查要点	一检 检查结果	一检 检查人	二检 检查结果	二检 检查人	复检 检查结果	复检 检察人
1			身份证	有无身份证		劳资员		劳资员		监理工程师
			特种作业证	网上查询						
			劳动合同	复印件						
2			身份证	有无身份证						
			特种作业证	网上查询						
			劳动合同	复印件						
3			身份证	有无身份证						
			特种作业证	网上查询						
			劳动合同	复印件						
4			身份证	有无身份证						
			特种作业证	网上查询						
			劳动合同	复印件						

分包单位负责人意见： 　　　　是□/否□同意入场 　　　　　　　　　　　　年 月 日	项目安全管理部门意见： 　　　　是□/否□同意入场 　　　　　　　　　　　　年 月 日
工区主管意见： 　　　　是□/否□同意入场 　　　　　　　　　　　　年 月 日	安全副经理审批： 　　　　是□/否□同意入场 　　　　　　　　　　　　年 月 日
驻地监理工程师审批意见： 　　　　是□/否□同意入场 　　　　　　　　　　　　年 月 日	总监办安全监理工程师审批意见： 　　　　是□/否□同意入场 　　　　　　　　　　　　年 月 日

说明：合格（是）打√，不合格打叉，同一批入场作业人员超过 4 名时可后附入场作业人员名单表。

分包单位作业人员上岗自（复）检审批表　　表 RY-004

分包单位名称：

序号	姓名	工种	检查项目	检查要点	一检		二检		复检	
					检查结果	检查人	检查结果	检查人	检查结果	检查人
1			入场审批	入场手续		劳资员		劳资员		监理工程师
			岗前教育	教育记录						
			特殊工种	网上查询						
			其他							
2			入场审批	入场手续						
			岗前教育	教育记录						
			特殊工种	网上查询						
			其他							
3			入场审批	入场手续						
			岗前教育	教育记录						
			特殊工种	网上查询						
			其他							
4			入场审批	入场手续						
			岗前教育	教育记录						
			特殊工种	网上查询						
			其他							

分包单位负责人意见： 是□/否□同意入场 年　月　日	项目安全管理部门意见： 是□/否□同意入场 年　月　日
工区长意见： 是□/否□同意入场 年　月　日	安全副经理审批： 是□/否□同意入场 年　月　日
驻地监理工程师审批意见： 是□/否□同意入场 年　月　日	总监办安全监理工程师审批意见： 是□/否□同意入场 年　月　日

说明：合格（是）打√，不合格打叉，同一批入场作业人员超过4名时可后附入场作业人员名单表。

作业人员日检查表（班组）　　　　表 RY-005

施工部位：　　　　　　　　　　　　　　　施工班组：
施工时间：　　　　　　　　　　　　　　　编　号：

序号	核查内容		核查要点	一检				二检	
				检查结果	检查责任人	核查结果	核查人	检查结果	检查责任人
1	班前	上班人数及上岗证	人证是否相符		工班长		安全员		工区长/分包负责人
2		特种作业人员证件	人证是否相符证件是否过有效期		工班长		安全员		工区长/分包负责人
3		人员状态	有无生病、精神异常、酗酒等现象		工班长		安全员		工区长/分包负责人
4		个人防护用品	是否正确佩戴		工班长		安全员		工区长/分包负责人
5		技术交底和安全技术交底	是否上工全员接受技术交底安全技术交底		工班长		安全员		工区长/分包负责人
6		工班安全员	是否到岗		工班长		安全员		工区长/分包负责人
7		班前教育和检查	是否全员接受班前教育		工班长		安全员		工区长/分包负责人
8		其他			工班长		安全员		工区长/分包负责人
1	班中	班中人数	人证是否相符，班中人数有无无证上岗人员		工班长		安全员		工区长/分包负责人
2		工种与工作内容	工种与工作内容是否相符		工班长		安全员		工区长/分包负责人
3		人员状态变化	有无生病、精神异常、吸烟等现象		工班长		安全员		工区长/分包负责人
4		个人防护用品	是否正确佩戴		工班长		安全员		工区长/分包负责人
5		操作规程	三违施工违章作业		工班长		安全员		工区长/分包负责人
6		工班安全员	是否在岗		工班长		安全员		工区长/分包负责人
7		其他			工班长		安全员		工区长/分包负责人
1	班后	下班人数	上下班人员是否缺少		工班长		安全员		工区长/分包负责人
2		班后小结	是否全员进行班后小结		工班长		安全员		工区长/分包负责人
3		其他			工班长		安全员		工区长/分包负责人

说明：本表为班组自检表，班组长每日填写检查情况，班组安全员填写每日核查情况，工区长/分包负责人填写巡查情况。

作业人员定期检查表   表 RY-006

单位名称：

序号	检查内容	检查要点	日检		巡检	
			检查结果	检查负责人	检查结果	检查负责人
1	作业人员入/离场管理	是否进行入离场登记审批		工区/分包单位专职安全员		项目部专职安全员
2	作业人员上/离岗管理	作业人员上/离岗是否进行上/离岗审批，是否在合格入场花名册内		工区/分包单位专职安全员		项目部专职安全员
3	特种作业人员	资料和现场查验，合格有效证件（北京市或省级证）		工区/分包单位专职安全员		项目部专职安全员
4	作业人员入场教育	入场安全教育考核合格；参加北京市安全教育培训考核合格		工区/分包单位专职安全员		项目部专职安全员
5	作业人员再教育	是否全员每月安全再教育		工区/分包单位专职安全员		项目部专职安全员
6	技术交底和安全技术交底	现场作业人员是否接受安全技术交底		工区/分包单位专职安全员		项目部专职安全员
7	工班长职责检查	日检查表落实情况		工区/分包单位专职安全员		项目部专职安全员
8	班组安全员职责检查	日检查表落实情况		工区/分包单位专职安全员		项目部专职安全员
9	其他			工区/分包单位专职安全员		项目部专职安全员

说明：本表为工区/分包单位/项目部专职安全员定期检查表。

分包单位作业人员离场审批表　　　表 RY-007

分包单位名称：

序号	姓名	工种	检查项目	检查要点	一检		二检	
					检查结果	检查人	检查结果	检查人
1			离场申请上岗证回收	离岗申请上岗证		劳资员		劳资员
			物资回收	回收记录		劳资员		劳资员
			离场教育体检	记录		劳资员		劳资员
			工资发放	工资表签字		劳资员		劳资员
2			离场申请上岗证回收	离岗申请上岗证		劳资员		劳资员
			物资回收	回收记录		劳资员		劳资员
			离场教育体检	记录		劳资员		劳资员
			工资发放	工资表签字		劳资员		劳资员
3			离场申请上岗证回收	离岗申请上岗证		劳资员		劳资员
			物资回收	回收记录		劳资员		劳资员
			离场教育体检	记录		劳资员		劳资员
			工资发放	工资表签字		劳资员		劳资员
4			离场申请上岗证回收	离岗申请上岗证		劳资员		劳资员
			物资回收	回收记录		劳资员		劳资员
			离场教育体检	记录		劳资员		劳资员
			工资发放	工资表签字		劳资员		劳资员

分包单位负责人意见：

是□/否□同意入场

年　月　日

工区主管意见：

是□/否□同意入场

年　月　日

安全副经理审批：

是□/否□同意入场

年　月　日

附：合格（是）打√，不合格打叉，同一批入场作业人员超过4名时可后附入场作业人员名单表。

分包单位离场检查审批表   表 RY-008

分包单位：

序号	检查项目	检查要点	分包单位自检		工区（二检）		项目部（三检）	
			检查情况	检查负责人	检查情况	检查负责人	检查情况	检查负责人
1	工程量验工计量	工程数量		法人或被授权人：		工区主管：		工程部部长：
2	质量部现场验收	工程质量		法人或被授权人：		工区主管：		质量部部长：
3	各类劳保、防护物资回收	物资管理		法人或被授权人：		工区安全负责人：		物资部部长：
4	计划计价	计价		法人或被授权人：		工区劳动力管理员： 管理员：		项目部劳动力管理员： 管理员：
5	离场人员体检、工资发放	作业人员工资已结清，作业人员签字确认		法人或被授权人：		工区劳动力管理员：		项目部劳动力管理员：
6	安全隐患检查	现场、生活区		法人或被授权人：		工区安全负责人：		安全部部长：
7	作业人员离场	作业人员在劳动力管理员陪同下离开施工现场		法人或被授权人：		工区保卫负责人：		项目部保卫负责人：
8	财务结算	确认无遗留问题后返还保证金		法人或被授权人：				财务部部长：

分包单位审批：

是□/否□同意离场

年 月 日

项目经理审批：

是□/否□同意离场

年 月 日

项目部直管人员离场审批表 表 RY-009

单位名称:

序号	姓名	工种	检查项目	检查要点	项目部	
					检查结果	检查人
1			离场申请上岗证回收	离岗申请上岗证		劳资员
			物资回收	回收记录		劳资员
			离场教育体检	记录		劳资员
			工资发放	工资表签字		劳资员
2			离场申请上岗证回收	离岗申请上岗证		劳资员
			物资回收	回收记录		劳资员
			离场教育体检	记录		劳资员
			工资发放	工资表签字		劳资员
3			离场申请上岗证回收	离岗申请上岗证		劳资员
			物资回收	回收记录		劳资员
			离场教育体检	记录		劳资员
			工资发放	工资表签字		劳资员
4			离场申请上岗证回收	离岗申请上岗证		劳资员
			物资回收	回收记录		劳资员
			离场教育体检	记录		劳资员
			工资发放	工资表签字		劳资员

专职安全员意见:

是□/否□同意入场

年 月 日

工区主管意见:

是□/否□同意入场

年 月 日

安全副经理审批:

是□/否□同意入场

年 月 日

附:合格(是)打√,不合格打叉,同一批入场作业人员超过 4 名时可后附入场作业人员名单表。

十、季节性施工安全自（复）检体系

目 录

第1章 季节性施工安全自检体系组织机构 …………………………………… 494

第2章 季节性施工安全自（复）检方案编制与审核 ………………………… 495
  2.1 季节性施工安全自（复）检体系 ……………………………………… 495
  2.2 季节性施工安全自（复）检内容 ……………………………………… 495
  2.3 季节性施工安全自（复）检方案编制与审核 ………………………… 495
  2.4 季节性施工安全措施 …………………………………………………… 495

第3章 日常巡查制度 ………………………………………………………… 496
  3.1 值班制度 ………………………………………………………………… 496
  3.2 突发事件处置 …………………………………………………………… 496
  3.3 隐患整改 ………………………………………………………………… 496

附表 …………………………………………………………………………… 497
  季节性施工安全检查表（汛期·日常）   表 JS-001 ……………………… 497
  季节性施工安全自（复）检表（汛期·雨前）   表 JS-002 ……………… 498
  季节性施工安全自（复）检表（汛期·雨中）   表 JS-003 ……………… 499
  季节性施工安全检查表（汛期·雨后）   表 JS-004 …………………… 500
  季节性施工安全自（复）检表（冬期）   表 JS-005 …………………… 501
  季节性施工安全自（复）检表（极端天气）   表 JS-006 ……………… 502

第1章　季节性施工安全自检体系组织机构

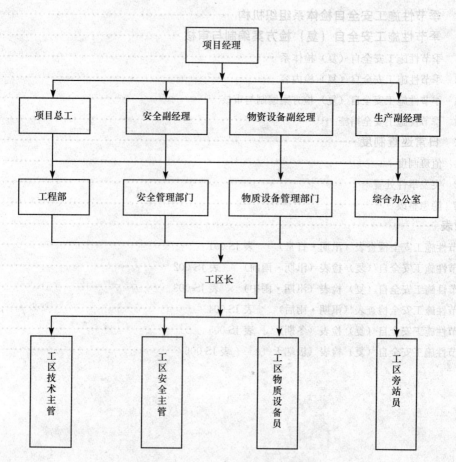

季节性施工安全自检体系组织机构

第 2 章　季节性施工安全自（复）检方案编制与审核

2.1　季节性施工安全自（复）检体系

项目部需要建立季节性施工安全自检体系并完善组织机构，项目经理为第一责任人，工区长为辖区分片主管第一责任人，项目部各分管领导和职能部门负责人分工负责，确保自检体系运转正常，发挥作用。

2.2　季节性施工安全自（复）检内容

季节性施工安全自检内容汛期检查（日常、雨前、雨中、雨后检查）、冬季施工安全检查、极端天气施工安全检查（沙尘暴天气、高温天气、大雾天气、暴雪天气等）。自检合格后，由项目部安全管理部门报监理单位进行复检。汛期施工安全自（复）检应填写《季节性施工安全检查表》（表 JS-001～表 JS-004）；冬期施工安全自（复）检应填写《季节性施工安全自（复）检表（冬期）》（表 JS-005）；极端天气施工安全自（复）检应填写《季节性施工安全自（复）检表（极端天气）》（表 JS-006）。

2.3　季节性施工安全自（复）检方案编制与审核

季节性施工安全自检方案编制由工区技术主管负责，方案编制完成后由工区主管审核，审核完成后报项目部总工程师审核批准然后报上级总工程师批准，经总监理工程师审核批准后方可实施。

2.4　季节性施工安全措施

季节性施工安全措施审批后，应及时向各级管理人员，施工人员进行书面详细交底。措施交底不同于其他技术，安全措施交底主要接受交底的人员应是领导机构人员、部门及管理人员，应急救援人员及作业人员，由专职负责的工程技术人员组织并书面签字交底，专职安全员记录，对相关救护抢险人员应按思想、意识及处置能力培训程序进行必要的知识技能培训。同时健全组织机构，配备足够的物资储备，保持信息畅通，关键时刻使险情得到有效控制。

第3章 日常巡查制度

3.1 值班制度

根据季节性施工安全自检方案要求，制定可行的值班制度，包括值班领导、值班内容、值班时间、检查工程名称和部位等。

3.2 突发事件处置

编制季节性施工安全突发事件应急预案，出现突发事件或险情时，第一时间项目第一责任人要亲临现场，启动应急预案，控制事件扩大，减少损失，掌握应急处理措施和能力。

3.3 隐患整改

对巡查中发现问题隐患可通过"安全隐患整改通知单"按"三定"原则整改并复查验证。

附表

季节性施工安全检查表（汛期·日常）　　表 JS-001

工程名称：　　　　　　　　　　　　　　　　　　　　　　　　　编号：

序号	检查内容	控制要点	一检		二检	
			检查结果	责任人	检查结果	责任人
1	防汛值班记录	日常防汛值班记录是否及时准确、记录清楚，交接班签字是否齐全		工区安全主管：		项目部安全工程师：
2	内业资料	日常内业资料整理是否及时、准确、完善				
3	防汛物资储备	防汛物资日常储备是否充足，是否存放高于地面10cm以上		工区物资员：		项目部物资、材料管理部门：
4	保证项目 防汛设备安排	防汛设备安排是否合理，是否便于随时调用，设备安全装置是否齐全，电机是否绝缘				
5	防汛演练安排	日常演练是否有效、起到应急作用，参加演练人员是否熟知现场危险点并具有处置能力		工区安全员：		项目部安全工程师：
6	救援器材队伍组织	应急救援器材是否充足，队伍是否满足要求				
7	交底和培训	是否有职责培训、措施培训、意识培训，是否签字交底并熟知交底内容				

工区主管审批意见：

　　　　　　　　　　　　　　　　　　　　　　　　签字：　　　　　　年 月 日

项目部安全管理部门审核意见：

　　　　　　　　　　　　　　　　　　　　　　　　签字：　　　　　　年 月 日

项目部安全副经理审批意见：

　　　　　　　　　　　　　　　　　　　　　　　　签字：　　　　　　年 月 日

说明：此表为季节性汛期日常检查审批表，定期由工区安全员组织实施。本表一式两份，工区、项目部各一份。

季节性施工安全自（复）检表（汛期·雨前）　　表 JS-002

工程名称：　　　　　　　　　　　　　　　　　　　　　　　　　　　编号：

序号	检查内容	控制要点	一检		二检		复检	
			检查结果	责任人	检查结果	责任人	检查结果	责任人
1	预警预报	是否根据气象部门橙色预警预报，及时发布预警信息		工区安全主管：		项目部安全工程师：		监理工程师：
2	值班人员	值班人员是否在岗履行岗位职责，检查到位，检查内容、项目是否齐全						
3	防汛队伍	防汛队伍是否到位，是否经过技能培训，掌握抢险知识						
4	排水设施系统	现场排水设施是否完好畅通						
5	深基坑竖井口	基坑、竖井口挡水墙是否稳固						
6	保证项目 / 抽排水机具	防汛抽排水机具能否满足需要		工区设备物资员：		项目部物资、材料管理部门：		监理工程师：
7	防汛物资	防汛抢险物资是否满足需要，储备物资台账是否齐全、记录清楚						
8	防汛设备	防汛抢险设备是否满足需要，安全装置是否有效						
9	配电设施	配电设施是否完好，能否保证用电需要		工区电工：		项目部安全工程师：		监理工程师：
10	应急照明	隧道、基坑内照明是否满足需要，线路是否符合要求						
11	发电系统	是否满足应急照明及设备用电						

工区主管审批意见：　　签字：　　　年　月　日	项目部安全管理部门审批意见：　　签字：　　　年　月　日
项目部安全副经理审核意见：　　签字：　　　年　月　日	项目部经理审批意见：　　签字：　　　年　月　日
驻地监理工程师审批意见：　　签字：　　　年　月　日	总监理工程师审批意见：　　签字：　　　年　月　日

　　说明：本表为季节性雨期安全自（复）检表，在雨前预警发布后，由工区安全员组织实施。本表一式三份，工区、项目部、监理部各一份。

季节性施工安全自（复）检表（汛期·雨中） 表 JS-003

工程名称： 编号：

序号	检查内容	控制要点	一检		二检		复检	
			检查结果	责任人	检查结果	责任人	检查结果	责任人
1	保证项目 / 核查雨量	是否根据实际雨量安排防范工作		工区安全主管：		项目部安全工程师：		监理工程师：
2	现场巡查	领导是否亲自组织人员做好现场巡视和检查，是否作好记录，同级工会组织参加						
3	防汛人员组织	防汛队伍是否待命时刻准备抢险，是否了解重大危险点、危险源，能否掌握应急处置措施和能力						
4	信息情况上报	是否根据现场情况及时向上级反馈信息						
5	基坑、竖井口挡水设施	是否查看基坑、竖井口挡水设施稳固情况		工区技术主管：		项目部安全工程师，物资、材料管理部门：		监理工程师：
6	大型防汛设备	大型防汛设备是否到位，设备安全装置是否有效，性能良好						
7	防汛物资机具	防汛物资储备是否齐全、防汛机具是否到位						
8	配电设施	配电设施是否完好，现场配电线路电机是否绝缘，设备配电箱防雨性能是否良好		工区电工：		项目部机电管理部门：		监理工程师：
9	应急照明	隧道、基坑内照明是否满足需要，线路是否符合要求						
10	发电设备	发电设备是否完好						

工区主管审批意见：	项目部安全管理部门审批意见：
签字： 年 月 日	签字： 年 月 日
项目部安全副经理审核意见：	项目部经理审批意见：
签字： 年 月 日	签字： 年 月 日
驻地监理工程师审批意见：	总监理工程师审批意见：
签字： 年 月 日	签字： 年 月 日

说明：本表为季节性雨期安全自（复）检表，在雨中由工区长负责组织实施本表一式三份，工区、项目部监理部各一份。

季节性施工安全检查表（汛期·雨后）　　表 JS-004

工程名称：　　　　　　　　　　　　　　　　　　　　　　　　编号：

序号	检查内容		控制要点	一检		二检	
				检查结果	责任人	检查结果	责任人
1	保证项目	值班记录与信息报送	值班记录是否准确，信息报送是否及时		工区安全主管：		项目部安全工程师：
2		排水设施	排水设施是否完好、畅通				
3		人员教育讲评	是否对防汛队伍进行教育，是否形成文字资料存档				
4		信息反馈	雨后现场情况是否及时向上级报告				
5		基坑、隧道降水井状况	雨后基坑、隧道及降水井是否完好，是否有积水		工区技术主管：		项目部工程部，物资、材料管理部门：
6		现场环境	排水设施、临建、库房是否完好				
7		设备材料机具	现场材料机具设备是否完好，有无浸泡现象				
8		配电设施	配电设施是否完好，是否有漏电、受潮现象		工区电工：		项目部机电管理部门：
9		应急照明	照明线路、应急照明是否完好，是否漏电、损坏				
10		发电设备	发电设备是否完好，安全装置齐全				

工区主管审批意见：

　　　　　　　　　　　　　　　　　　　　　　签字：　　　　　年　　月　　日

项目部安全管理部门审批意见：

　　　　　　　　　　　　　　　　　　　　　　签字：　　　　　年　　月　　日

项目部安全副经理审批意见：

　　　　　　　　　　　　　　　　　　　　　　签字：　　　　　年　　月　　日

　　说明：本表为季节性雨期安全自查审批表，在雨后由工区长负责组织实施。本表一式两份，工区、项目部各一份。

季节性施工安全自（复）检表（冬期）　　表 JS-005

工程名称：　　　　　　　　　　　　　　　　　　　　编号：

序号	检查内容		控制要点	一检		二检		复检	
				检查结果	责任人	检查结果	责任人	检查结果	责任人
1	保证项目	冬施方案	冬期施工方案是否齐全有效、审批，程序是否准确，措施是否完善		工区技术主管：		项目部工程部：		监理工程师：
2		施工控制	现场是否按冬施方案要求施工，作业方法、流程、操作要领是否正确						
3		隧道通风	隧道通风是否有效						
4		混凝土保暖	露天混凝土施工保暖设施是否齐全						
5		工程材料储备	冬施材料准备是否充足，能否满足冬期施工要求						
6		防寒材料储备	冬施防寒物资准备是否充足		工区物资员：		项目部物资、材料管理部门：		监理工程师：
7		机械设备防寒	设备防冻防寒是否到位，设备运转是否正常						
8		人员取暖设备	宿舍取暖保暖是否符合规定要求						
9		防寒措施	是否建立防寒制度措施		工区安全主管：		项目部安全工程师：		监理工程师：
10		值班记录	冬施值班记录是否准确及时						
11		外电防护	配电设施防寒保护措施是否到位，电线电缆是否随时检查、防止漏电						

工区主管审批意见： 签字：　　　年　月　日	项目部安全管理部门审批意见： 签字：　　　年　月　日
项目部安全副经理审批意见： 签字：　　　年　月　日	项目部经理审批意见： 签字：　　　年　月　日
驻地监理工程师审批意见： 签字：　　　年　月　日	总监理工程师审批意见： 签字：　　　年　月　日

说明：本表为冬期施工中安全自（复）检表，进入冬期施工由工区安排组织实施。本表一式三份，工区、项目部、监理部各一份。

季节性施工安全自（复）检表（极端天气）　　表 JS-006

工程名称：　　　　　　　　　　　　　　　　　　　　　　　　　编号：

序号	检查内容		控制要点	一检		二检		复检	
				检查结果	责任人	检查结果	责任人	检查结果	责任人
1	保证项目	值班记录	是否建立值班制度并执行，交接班是否签字，领导是否签字		工区安全主管：		项目部安全工程师：		监理工程师：
2		极端天气预案	是否编制沙尘暴、大雾、高温、暴雪等极端天气预控方案、应急预案						
3		沙尘暴天气施工控制	是否做好现场防范措施、值班检查是否到位，是否做到控制作业方法和程序						
4		大雾天气施工控制	能见度低于50m以内的是否停止施工、停止运输和吊装工作，是否严控作业流程						
5		高温天气施工控制	是否避开高温时间差作业，是否停止高空作业和重体力作业，高温施工安全措施是否执行						
6		暴雪天气施工控制	是否及时清除施工临时棚房上部积雪，是否停止运输作业和高空防滑作业，是否启动应急预案						

工区主管审批意见：
 　 签字：　　　　　　　　　　　　　　　　　　　　　　　　年　　月　　日

项目部安全管理部门审批意见：	项目部安全副经理审批意见：
 　 签字：　　　　年　　月　　日	 　 签字：　　　　年　　月　　日
驻地监理工程师审批意见：	总监办安全监理工程师审批意见：
 　 签字：　　　　年　　月　　日	 　 签字：　　　　年　　月　　日

说明：此表为季节性极端天气自（复）检表，由工区安全员组织实施。本表一式三份，工区、项目部监理各一份。

十一、围挡、临建施工安全自（复）检体系

目 录

第1章 组织机构及人员配置 ··· 506
1.1 围挡、临建施工自检体系组织机构 ···································· 506
1.2 人员配置 ·· 506
第2章 围挡、临建施工管理自（复）检范围和程序 ······················· 507
2.1 围挡、临建施工管理自（复）检范围 ································· 507
2.2 围挡、临建施工管理自（复）检工作程序 ·························· 507
附表 ·· 509
围挡、临建施工定期（日常）检查表（一） 表 WM-001 ··············· 509
围挡、临建施工定期（日常）检查表（二） 表 WM-002 ··············· 510
施工围挡开工控制自（复）检表（正式围挡） 表 WD-001 ············ 511
施工围挡开工控制自（复）检表（临时围挡或临时开口） 表 WD-002 ········ 512
施工围挡班前检查表 表 WD-003 ··· 513
围挡施工过程检查表 表 WD-004 ··· 514
施工围挡验收检查表 表 WD-005 ··· 515
施工围挡拆除控制检查表 表 WD-006 ·· 516
临建开工控制安全自（复）检表 表 LJ-001 ·································· 517
临建施工班前安全检查表 表 LJ-002 ··· 518
临建安装、拆除过程安全检查表 表 LJ-003 ································· 519
临建验收安全检查表 表 LJ-004 ·· 520
临建验收检查表 表 LJ-005 ·· 521
临建拆除审批控制检查表 表 LJ-006 ··· 522

第1章 组织机构及人员配置

1.1 围挡、临建施工自检体系组织机构

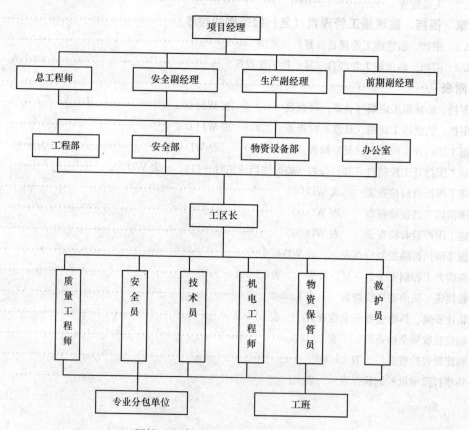

围挡、临建施工自检体系组织机构

1.2 人员配置

施工单位项目经理为围挡、临建施工第一责任人,总工程师是围挡、临建施工管理者代表,安全副经理为围挡、临建施工监督检查执行负责人,生产副经理为围挡、临建施工管理贯彻落实负责人。

工程部、物资设备部、办公室等部门负责人为围挡、临建施工组织实施管理人,并分管职责内相关工作的落实。

安全部负责人为围挡、临建施工管理的监督检查人,负责现场监督检查巡视工作。

第 2 章　围挡、临建施工管理自（复）检范围和程序

2.1　围挡、临建施工管理自（复）检范围

(1) 围挡、临建施工定期（日常）检查表中的相关内容。
(2) 施工围挡检查表中的相关内容。
(3) 临建施工检查表中的相关内容。

2.2　围挡、临建施工管理自（复）检工作程序

2.2.1　围挡、临建施工定期综合自（复）检工作程序

(1) 工区长负责组织本工区管理人员，按照《围挡、临建施工定期（日常）检查表》（表 WM-001、表 WM-002）中检查项目内容实施自检，工区长负责填写检查意见。工区安全员负责存档。

(2) 安全副经理负责组织项目部相关部室负责人按照《围挡、临建施工定期（日常）检查表》（表 WM-001、表 WM-002）中检查项目内容实施自检，安全副经理负责填写检查意见。安全部负责存档。

2.2.2　施工围挡自（复）检工作程序

围挡施工管理自检工作从五个方面组织实施：

一是正式施工围挡、临时围挡或围挡临时开口控制；二是围挡施工班前控制；三是围挡施工过程控制；四是施工围挡验收控制；五是施工围挡拆除控制。

(1) 施工围挡开工控制

正式围挡、临时围挡或围挡临时开口都须由资料和现场两个方面达标后，方可组织施工。

开工控制由工区组织一检，工区长签署意见。由项目部工程部负责组织二检复查，自检合格后，由项目部安全生产部报监理单位进行复检。最后报总工和经理审批后组织施工。工程部存档并送安全部备查。填写《施工围挡开工控制自（复）检表》（表 WD-001 或表 WD-002）。

(2) 围挡施工班前控制

班前控制从人员防护，交通防护和管线防护达标检查实施控制管理，主要通过班组长交接班手续完善和工区安全员复查达标，工区长签署意见完成班前控制，安全员负责存档。填写《施工围挡班前检查表》（表 WD-003）。

(3) 围挡施工过程控制

过程控制是从安全防护、交通安全、围挡施工的综合内容开展安装和使用过程检查。

工区与项目部分别组织检查时，由检查人员签字，可分别由工区或项目部安全员进行复查并填写意见存档。填写《围挡施工过程检查表》（表 WD-004）。

(4) 施工围挡验收控制

验收控制从围挡实体、安全防护和围挡外观检查实施控制。一检由工区组织工程技术人员填写表格，二检由项目部工程部长组织并填写检查情况。项目部安全员根据二检情况进行整改复查，工程部长报总工和经理审批存档，同时送安全部一份备查。填写《施工围挡验收检查表》（表 WD-005）。

(5) 施工围挡拆除控制

拆除控制从资料方案完善，拆除作业和场地恢复三项内容实施检查，拆除控制检查由工区组织、工区安全员填表报项目部安全部长复查，由安全部长报经理审批存档。填写《施工围挡拆除控制检查表》（表 WD-006）。

2.2.3 临建自（复）检工作程序

临建施工管理自（复）检工作从五个方面组织实施：

一是临建开工控制；二是临建施工班前控制；三是临建安装、拆除过程控制；四是临建验收控制；五是临建拆除审批控制。

(1) 临建开工控制。开工控制表一检、二检全部由项目部组织，因工区此阶段还未进场。控制的重点是资料完善齐备和施工准备。一检由工程部组织并填表，二检由工程部长组织安全部、物资部复查，自检合格后，由项目部安全生产部报监理单位进行复检。最后报安全副经理、总工审核，报经理审批存档，送安全部一份备查。填写《临建开工控制安全自（复）检表》（表 LJ-001）。

(2) 班前控制。班前控制主要是交接工班长间组织开展工作。从作业方案和安全技术交底做起抓现场安全管理。检查表由交班班长填写并主动与接班班长办理交接手续，并由交班班长将检查表交工区安全员进行复查，安全员负责报工区长签署意见后存档。填写《临建施工班前安全检查表》（表 LJ-002）。

(3) 临建安装、拆除过程控制

作业过程控制重点从结构安全和现场管理实施检查。此检查表作为工区和项目部检查时通用，工区由工区长组织，参加检查人员签字，工区长签署意见。项目部由安全部组织，参加检查人员签字，安全部长签署意见，安全员负责填表并存档。填写《临建安装、拆除过程安全检查表》（表 LJ-003）。

(4) 临建验收控制

临建验收按生产区配套设施和生活区两部分组成并设两张表格分别验收。

两张表的一检都是由工区组织，二检由项目部组织，工程部长负责报总工和经理审批存档，送安全部一份备查。临建验收控制填写表 LJ-004 及表 LJ-005。

(5) 拆除审批控制

拆除审批重点控制资料完善和现场管理，一检由工区长组织、安全员填表报安全部，安全部长组织二检复查并负责报安全副经理审核和经理审批存档。填写《临建拆除审批控制检查表》（表 LJ-006）。

附表

围挡、临建施工定期（日常）检查表（一）　　表 WM-001

工程名称：　　　　　　　　　　　　　　　　　　　　　编号：

序号	检查项目	检查频率	控制要点	控制级别	责任人	检查情况	处理意见
1	现场围挡	每月一次	一般路段施工围挡高度是否满足 1.8m 以上要求	主控	安全员		
			主要路段施工围挡高度是否满足 2.5m 或 3m 要求				
			围挡板和立柱材质是否坚固，连接是否牢固				
			门垛和门垛粘贴瓷砖是否牢固安全				
			围挡是否沿工地四周连续安装无缺口				
			围挡是否顺直、干净整洁、色泽一致、美观				
2	封闭管理	每周一次	施工现场大门位置是否满足交通安全	主控	安全员		
			大门是否喷涂企业标识				
			现场有无门卫室和门卫管理制度				
			作业人员进出现场是否佩戴胸卡				
3	施工现场	每周一次	工地是否硬化处理	主控	工区长		
			场区道路是否畅通，无阻塞				
			场区是否设置排水沟，无积水				
			场区是否有防止泥浆、污水、废水外流和阻塞排污管及河道的措施				
			工地是否设置了吸烟处				
			现场是否有绿化场区或设施				
4	材料堆放	每周一次	场区堆放材料是否按总平面图设计位置码放	主控	安全员		
			材料堆放是否按品种、规格挂牌堆码				
			材料码放是否达到整齐划一				
			易燃易爆腐蚀物品是否分类库存加锁专人管理				
			建筑垃圾和生活垃圾与开挖渣土是否分类堆放、分别消纳				
			施工作业材料是否做到工完场清				
5	现场防火	每周一次	现场是否合理配备灭火器材	主控			
			现场是否有消防水源和设施				
			现场是否有消防制度、消防措施和防火责任人				
			明火作业是否开具动火证、设监护人				

安全副经理（工区长）意见：

　　　　　　　　　　　　　　　　签字：　　　　　　　　年　月　日

说明：1. 此表工区和项目部检查时通用，由安全员负责填写并存档。
　　　2. 工区组织检查时，工区长填写意见，项目部组织检查时安全副经理填写意见。

围挡、临建施工定期（日常）检查表（二）　　表 WM-002

工程名称：　　　　　　　　　　　　　　　　　　　　　　　　　　　编号：

序号	检查项目	检查频率	控制要点	控制级别	责任人	检查情况	处理意见
1	现场住宿	每周一次	施工作业区与办公生活区是否明显分离设置	主控	工区长		
			在建工程内是否有兼做宿舍的情况				
			宿舍内是否有取暖和防煤气中毒措施				
			宿舍是否有防暑防湿和防蚊虫叮咬措施				
			宿舍是否有睡地铺和有无物品架				
			宿舍内外卫生是否脏乱、有无防蝇措施				
2	治安综合治理	每周一次	生活区是否设置学习、娱乐室		工区长		
			是否建立治安保卫制度，责任人是否明确				
			是否存在治安措施不利，常发生失盗事件				
3	施工现场标牌	每周一次	大门处是否设置五牌一图，内容是否齐全		安全员		
			场区标识标牌是否规范、整齐				
			现场是否设置宣传栏、读报栏、黑板报				
			现场是否悬挂、张贴安全标语警示牌				
4	生活设施	每天一次	厕所卫生是否每天冲洗、有无异味	一般	保洁员		
			食堂设施是否安全，卫生是否达标				
			生活饮用开水机是否完好，能否保证供应开水				
			浴室淋浴设施是否齐全完好				
			生活垃圾是否有封闭式容器，是否设专人定时清理				
			是否建立卫生管理制度				
5	保健急救	每周一次	工地是否配备救护员，建立医药箱		救护员		
			工地是否有急救措施和急救器材				
			是否开展卫生防病宣传和预防工作				
6	社区服务	每周一次	工地是否采取防尘、降噪措施	主控	安全员		
			工地是否设接待室，是否有来访登记				
			工地是否有禁止焚烧有毒有害物品制度				
			工地是否建立防止扰民和民扰措施				

安全副经理（工区长）意见：

　　　　　　　　　　　　　　　　　　　　　　　签字：　　　　　　　年　　月　　日

说明：1. 此表工区和项目部检查时通用，由安全员负责填写并存档。
　　　2. 工区组织检查时，工区长填写意见，项目部组织检查时安全副经理填写意见。

施工围挡开工控制自（复）检表（正式围挡）　　表 WD-001

工程名称：　　　　　　　　　　　　　　　　　　　　　　　　　　　编号：

序号	检查内容	控制要点	控制级别	一检 检查情况	一检 检查人	二检 检查情况	二检 检查人	复检 检查情况	复检 检查人
1	资料	总包单位是否收到管线勘察移交资料	主控		技术员		工程部长		监理工程师
		管线移交资料是否通过现场实地核查							
		管线是否经过挖探核查							
		是否有经审批的围挡规划平面设计图和施工方案							
		是否有经审批的交通导改方案、占道施工手续							
		是否有经审批的占道掘路、树木伐移、管线拆改移手续							
		是否对占道围挡施工进行公示或社区告知							
		围挡和立柱基础砌筑标准是否符合规定							
		企业资质是否齐全有效、是否有红章复印件备案							
		作业人员是否经安全培训教育，是否有记录、有签字			安全员		安全部长		监理工程师
		特种作业人员是否有操作证，证件是否经验证、备案							
		作业人员是否经过安全技术交底，有无记录、签字是否齐全							
		围挡立柱有无产品合格证、材质证明书，检测报告是否符合规定			技术员		工程部长		监理工程师
		金属围挡板有无产品合格证、材质证明书，检测报告是否符合规定							
2	现场管理	施工作业人员、交通协管人员是否到位			安全员		安全部长		监理工程师
		进场设备是否经报验，能否满足安全要求							
		导向导流警灯、警示提示标牌是否齐全到位							
		交通防护设施是否齐全、有效、到位							
		金属围挡板材质、厚度、高度是否满足市、区政府 1.8～3m 高度的相应管理规定			技术员		工程部长		监理工程师
		围挡板的颜色、喷涂标识是否符合政府规定							
		砌体围挡材料质量是否符合安全规定							
		门垛砌筑材料质量是否满足强度安全要求							
工区长意见：				签字：			年　月　日		
总工程师审核意见：				签字：			年　月　日		
经理审批意见：				签字：			年　月　日		
驻地监理工程师意见：				签字：			年　月　日		
总监理工程师意见				签字：			年　月　日		

说明：1. 一检由工区长组织检查和填表，二检由工程部长负责组织物资部、安全部复查并填写意见。
　　　2. 工程部长负责报总工审核，报经理审批，工程部和安全部存档。

施工围挡开工控制自（复）检表（临时围挡或临时开口）

表 WD-002

工程名称：　　　　　　　　　　　　　　　　　　　　　编号：

序号	检查内容	控制要点	控制级别	一检 检查情况	一检 检查人	二检 检查情况	二检 检查人	复检 检查情况	复检 检查人
1	资料	总包或分包单位是否收到管线勘察移交资料	主控		技术员		工程部长		监理工程师
		临时围挡内是否对管线勘察资料进行实地核查							
		分包单位作业前将经审批的施工方案和平面规划图、围挡安装图是否报总包单位核查							
		占道围挡施工手续是否办理，完成拆除时间是否经过批准							
		是否有占道掘路和拆改移审批手续							
		分包单位的营业执照、资质证书、安全生产许可证是否齐全有效，复印件是否加盖红章并报总包单位备案							
		企业负责人、安全员、特种工资质证件是否齐全有效，复印件是否加盖红章并报总包单位备案			安全员		安全部长		监理工程师
		企业人员是否经安全教育，有无记录和签到表							
		是否经过安全技术交底，有无交底书和签到表							
		机械设备是否经报验，有无审批手续							
2	现场管理	施工作业人员是否到位	一般		安全员				
		围挡临时开口位置选择是否满足交通安全							
		导向导流警示提示标识牌、灯是否齐全到位							
		交通防护设施是否齐全到位							
		金属围挡板厚度、高度是否符合市、区政府规定的标准							
工区长意见：			签字：			年　月　日			
总工程师审核意见：			签字：			年　月　日			
经理审批意见：			签字：			年　月　日			
驻地监理工程师意见：			签字：			年　月　日			
总监理工程师意见：			签字：			年　月　日			

说明：1. 一检由工区长组织工区检查并填表，二检由工程部长负责组织物资部、安全部复查并填表。
　　　2. 工程部长负责报总工审核，报经理审批，工程部和安全部存档。
　　　3. 临时围挡和临时开口时间限定一个月以内。

施工围挡班前检查表　　　　　表 WD-003

工程名称：　　　　　　　　　　　　　　　　　　　　　　　　　　　编号：

序号	检查内容	控制要点	控制级别	交班班长 检查情况	交班班长 签字	接班班长 检查情况	接班班长 签字
1	人员防护	施工人员是否已到工地	主控				
		是否对施工人员进行安全教育和技术交底					
		施工人员是否配发了交通安全反光防护服装					
		交通安全防护员是否到位和经培训					
2	交通防护	导向导流提示牌是否齐全到位	一般				
		迎车方向是否设置防撞桶					
		迎车方向和围挡侧面是否设置路锥和警戒线					
		交通路口是否按规定设置透明围挡					
		围挡施工夜间是否设置灯光防护标识					
3	管线防护	管线位置是否设置醒目标识					
		重要管线是否设专人看护					
		机械作业是否设安全旁站员监护					

安全员复查意见：

　　　　　　　　　　　　　　　　　　　　　　　　　　　签字：　　　　　年　月　日

工区长意见：

　　　　　　　　　　　　　　　　　　　　　　　　　　　签字：　　　　　年　月　日

说明：1. 此表由交班班长每天交班前填写，持表与接班班长办理交接班手续，并由交班班长将此表交工区专职安全员复查。
　　　2. 安全员负责将此表报工区长签署意见并存档。

围挡施工过程检查表　　　　表 WD-004

工程名称：　　　　　　　　　　　　　　　　　　　　　　　　　　编号：

序号	检查项目	控制要点	控制级别	检查情况	处理意见
1	安全防护	施工人员是否穿着反光防护服	主控		
		施工时是否设交通安全防护员			
		临电布设是否符合JGJ46－2005规范标准			
		对周边管线是否采取有效防护			
		施工现场是否配备消防器材			
		施工临时出入口是否加强防护措施			
2	交通安全	围挡大门设置位置、方向是否影响交通安全			
		导向导流警示提示牌是否齐全、位置是否合理			
		迎车方向是否设置防撞桶			
		迎车方向和围挡两侧面是否设置路锥防护			
		交通路口是否按规定设置透明围挡			
		交通路口是否设置灯光交通防护措施			
3	围挡施工	围挡材料现场码放高度、位置是否符合安全要求			
		作业中防尘、降噪、覆盖措施是否到位			
		围挡板高度、材质是否符合当地政府规定标准			
		围挡是否保持整洁，有无破损			
		物资设备是否挤压围挡板			
		基础深度、宽度、高度是否与施工方案相符			
		围挡立柱埋深与施工设计图是否一致			
		围挡板与立柱连接是否牢固			
		门柱瓷砖粘贴是否牢固			
		砌体门柱砌筑是否牢固			
		门垛预埋件是否在砌筑时预埋，有无稳固措施			

安全员意见：

　　　　　　　　　　　　　　　　　签字：　　　　　　　　年　　月　　日

安全部长（工区长）意见：

　　　　　　　　　　　　　　　　　签字：　　　　　　　　年　　月　　日

说明：1. 此表作为围挡安装和使用过程检查使用，项目部和工区检查时通用。
　　　2. 工区检查由安全员会同技术人员进行。
　　　3. 项目部检查由安全部会同工程部进行检查并填写意见，复查由安全员负责并存档。

施工围挡验收检查表

表 WD-005

工程名称：　　　　　　　　　　　　　　　　　　　　　　　　　　编号：

序号	检查项目	控制要点	控制级别	一检		二检	
				检查情况	检查人	检查情况	检查人
1	围挡实体	基础高度是否与设计相符，强度是否满足安全要求	主控		技术员		工程部长
		围挡板与立柱连接是否牢固，拼装是否严密					
		门垛瓷砖粘贴是否牢固					
		门垛和围挡板高度是否符合当地政府规定					
		门垛和大门预埋件强度是否满足安全要求					
2	安全防护	围挡装饰照明灯线是否符合 JGJ46－2005 规范标准			技术员		工程部长
		围挡安装警示提示标识，灯光和交通设施是否符合交管部门要求					
		交通路口透明围挡是否满足透视要求					
		围挡有无占压市政管网井室					
3	围挡外观	围挡安装是否顺直、牢固	一般		技术员		工程部长
		围挡板颜色是否一致，是否干净整洁					
		围挡板是否有磕碰变形，锈蚀掉漆					
		围挡板是否按规定喷涂标识					

安全员复查意见：
签字：　　　　　年　月　日

总工审核意见：
签字：　　　　　年　月　日

安全副经理审核意见：
签字：　　　　　年　月　日

经理审批意见：
签字：　　　　　年　月　日

说明：1. 此表一检由工区组织检查填写，二检由项目部组织检查填写。
2. 安全员根据二检情况进行复查，此表由工程部长报总工和经理审批，工程部、安全部存档。

施工围挡拆除控制检查表　　表 WD-006

工程名称：　　　　　　　　　　　　　　　　　　　　　　　　　编号：

序号	检查项目	控制要点	控制级别	检查情况	处理意见
1	资料	拆除围挡是否有作业方案、是否经过批准	主控		
		施工作业设备是否经报验审批			
		作业人员是否经过安全教育和安全技术交底			
		特种作业人员是否有操作证、并持证上岗			
		明火作业是否开具动火证			
2	拆除作业	施工人员是否到位穿着交通反光服装			
		现场是否设置交通防护员监护			
		明火作业前是否清理现场易燃物并设监护人			
		消防器材是否准备到位			
		导向导流提示、警示灯牌是否设置齐全			
		防撞桶、导向锥是否摆放到位			
		作业设备是否符合安全要求			
		基础破除时是否采取防尘措施			
		建筑垃圾及废弃材料是否及时清运			
3	场地恢复	交通防护安全措施是否齐全			
		是否进行分层回填夯实			
		机械设备是否符合安全要求，是否有旁站监护人员			
		交通防护设施是否及时恢复到位			

工区安全员：

　　　　　　　　　　　　　　　　　　签字：　　　　　年　　月　　日

工区长意见：

　　　　　　　　　　　　　　　　　　签字：　　　　　年　　月　　日

安全部长复查意见：

　　　　　　　　　　　　　　　　　　签字：　　　　　年　　月　　日

安全副经理审批意见：

　　　　　　　　　　　　　　　　　　签字：　　　　　年　　月　　日

说明：1. 此表为工区长组织检查、工区安全员填写意见，报安全部长复查。
　　　2. 安全部长复查后报经理审批、存档。

临建开工控制安全自（复）检表　　　　表 LJ-001

工程名称：　　　　　　　　　　　　　　　　　　　　　　　　　　　　编号：

序号	检查内容	控制要点	控制级别	一检检查情况	一检检查人	二检检查情况	二检检查人	复检检查情况	复检检查人
1	资料	是否有场区平面设计图，安装方案是否经监理审批	主控		技术员		工程部长		监理工程师
		是否有市区（县）规委批准的场区及临建规划审批手续			技术员				
		是否符合消防功能，是否有消防部门备案手续			安全员		安全部长		
		板房生产、材料报批，齐全有效			技术员		工程部长		
		安装单位资质是否齐全有效、是否与安装单位签订合同及安全协议			安全员		安全部长		
		临建结构材料是否采用难燃材料，是否有材质产品合格证，检验证明，复试检测报告			技术员				
		结构件和连接件是否有产品合格证、检验证明、复试检测报告			技术员		工程部长		
2		进场结构板、构件、连接件是否有质量安全检验记录			技术员				
		定位放线和复测是否完成，有无测绘记录			技术员				
		环境安全核查是否完成，有无资料			技术员				
		机电设备进场是否履行报验手续			技术员		安全部长		
3		劳动保护用品有无产品合格证、检测报告			保管员		物资部长		
		特种作业人员、安全员证件是否齐全有效			安全员		安全部长		
		安装工人是否进行安全教育，有无记录和签到表			安全员				
		是否经过安全技术交底，有无记录和签到表			技术员		工程部长		
4	施工准备	结构板、构件、连接件是否分类码放整齐	一般		保管员		物资部长		
		施工作业人员是否到位			技术员		工程部长		
		临电设施和线路是否符合规定			安全员		安全部长		
		机电设备是否到位，是否符合安全要求			技术员				
		作业劳动保护设施和标识是否齐全有效			安全员				

安全副经理审核意见：			
	签字：	年　月　日	
总工审核意见：			
	签字：	年　月　日	
经理审核意见：			
	签字：	年　月　日	
驻地监理工程师意见：			
	签字：	年　月　日	
总监理工程师审批意见：			
	签字：	年　月　日	

说明：1. 此表由工程部负责组织一检，工程部长组织安全部、物资部进行二检复查，并分别负责督促落实。
　　　2. 此表由工程部填写，工程部、安全部各存档一份备查。

临建施工班前安全检查表　　表 LJ-002

工程名称：　　　　　　　　　　　　　　　　　　　　　　　　　　　编号：

序号	检查内容	控制要点	控制级别	交班班长 检查情况	交班班长 签字	接班班长 检查情况	接班班长 签字
1	资料	是否进行安全技术交底	主控				
		进场结构件是否进行质量检验，是否有报验批准手续					
		机具设备是否履行报验手续					
		是否有环境安全防护措施					
2	现场管理	吊装作业是否有专人指挥					
		吊装设备吊钩卡环是否完好					
		特种工是否持有有效证件					
		高处作业人员是否有劳动保护措施					
		材料是否按施工顺序分类码放					
		临电使用是否符合 JGJ46－2005 规范标准					
		安全监护人员是否到位					
		警示标志和提示标牌是否设置齐全					

安全员复查意见：

　　　　　　　　　　　　　　　　　　　　　　　　　签字：　　　　　年　月　日

工区长意见：

　　　　　　　　　　　　　　　　　　　　　　　　　签字：　　　　　年　月　日

说明：1. 此表由交班班长每天交班前填写，持表与接班班长办理交接班手续，由交班班长将此表交工区专职安全员复查。
　　　2. 安全员负责将此表报工区长签署意见并存档。

临建安装、拆除过程安全检查表　　表 LJ-003

工程名称：　　　　　　　　　　　　　　　　　　　　　　编号：

序号	检查内容	控制要点	检查情况	处理意见
1	结构安全	地基施工前是否进行加固处理，拆除材料是否及时清理	主控	
		结构柱柱脚与基础连接是否牢固		
		基础混凝土强度是否满足设计强度		
		柱、梁、屋架、板、支撑、楼梯、平台主要构件安装、拆卸是否有保证稳定措施		
		结构安装、拆卸是否有控制垂直偏差和保证构件不被损坏的措施		
		结构件连接螺栓是否齐全并紧固到位		
		结构件拆卸是否按先安后拆的原则作业		
		焊接件气割作业是否满足消防要求		
2	现场管理	特种作业人员是否持证上岗		
		特种作业人员是否佩戴安全防护用品		
		临电使用是否符合 JGJ46－2005 规范标准要求		
		安装、拆卸动火作业时是否有消防器材及监护人员		
		吊装作业是否有防护警示标识并设专人指挥		
		现场物资材料是否分类码放、标识清楚		
		屋架、桁架堆放是否有防变形措施		

安全员意见：

　　　　　　　　　　　　　　　　　　　　　签字：　　　　　年　月　日

安全部长（工区长）检查意见：

　　　　　　　　　　　　　　　　　　　　　签字：　　　　　年　月　日

说明：1. 此表由工区长每三天或安全部长每周组织检查一次并填写意见。
　　　2. 此表安装或拆除施工过程检查通用，工区或项目部检查通用。
　　　3. 安全员负责填表报工区长或安全部长签署意见存档。

519

临建验收安全检查表
（生产区配套设施）

表 LJ-004

工程名称：　　　　　　　　　　　　　　　　　　　　　　　　　编号：

序号	检查项目	控制要点	控制级别	一检 检查情况	一检 检查人	二检 检查情况	二检 检查人
1	场区道路	道路出入是否方便，布设是否合理	一般				
		道路宽度是否符合消防要求					
		路面硬化强度是否满足施工需要，是否有排水设施，是否平整畅通					
2	临时存土场	存土挡板立柱基础是否稳定，强度是否满足要求					
		存土挡板与立柱连接是否牢固					
		存土挡板高度、厚度是否满足存土要求					
		存土场中提升架立柱是否有防撞措施					
3	砂石存放场	存料场挡板立柱是否稳固，强度、刚度是否满足要求					
		存料场挡板是否满足高度、强度要求					
		砂子、碎石是否集中分仓堆放					
4	材料库	是否采用难燃材料搭建					
		库房地面是否有防潮、防雨、排水设施					
		油料库是否有防渗措施					
5	水泥库	是否有防雨、防潮措施					
		库存量是否满足生产和储存条件					
6	散装水泥罐	罐体基础强度是否满足要求	主控				
		罐体支架与基础连接是否牢固					
		罐体安装位置是否满足环境安全标准					
7	加工棚	棚架立柱是否稳固，高度是否满足要求					
		桁架强度、刚度是否符合要求					
		场地是否硬化，有无排水设施					
8	洗车槽	是否在大门处设洗车槽					
		是否设沉淀池，污水经沉淀排入市政污水管					
9	搅拌机棚	机棚是否密封、降噪、降尘，有无降尘措施	一般				
		拌合机前台是否设置沉淀池，并与市政污水管连接					
10	设备工作间	机械设备工作间是否设隔油池					
11	工地厕所	是否设化粪池、沉淀池					
		是否经沉淀排入市政管网，是否有冲水设施					

总工程师审核意见：

　　　　　　　　　　　　　　　　　　　　　　签字：　　　　　　　年　　月　　日

经理审批意见：

　　　　　　　　　　　　　　　　　　　　　　签字：　　　　　　　年　　月　　日

说明：1. 此表由工区长组织一检并填表，二检由工程部长组织复查。
　　　2. 此表由工程部长报总工程师审核、报经理审批。

临建验收检查表

表 LJ-005

（生活区）

工程名称：　　　　　　　　　　　　　　　　　　　　　　　　　　编号：

序号	检查项目	控制要点	控制级别	一检 检查情况	一检 检查人	二检 检查情况	二检 检查人
1	宿舍	室内高度是否大于 2.5m	主控		工区技术员		项目部工程师
		穿墙管件是否采用金属管材					
		房间是否设开启式窗户					
		两栋宿舍间距是否满足消防要求					
		多层房屋是否设 2 个疏散通道					
		人行道通廊宽度是否大于 1m					
2	食堂	是否设置独立库房、燃气罐存放间	主控				
		灶台周边、地面是否贴瓷砖					
		是否设隔油池和换排气设施					
		是否用石棉制品建筑食堂					
		灶间是否使用非燃材料，是否设于平房结构内					
		房间大于 60m² 是否设置 2 个疏散门					
		制作间下水管道是否经沉淀后引入市政污水管道					
3	盥洗室	下水管道是否与市政污水管连接					
		水池和水龙头是否满足施工人员使用要求					
4	淋浴室	是否设冷热水管和淋浴喷头					
		是否设防爆灯具和防水开关					
		下水管是否与污水管连接畅通					
5	厕所	是否设冲水设施	一般				
		是否设开启窗户，地面是否铺瓷砖					
		是否设化粪池					
6	文化活动室	空间是否满足活动要求					
7	开水房	饮水设施是否满足要求					
		是否设置排水系统					
8	门卫室	是否为整体性房间，有无开启窗户					
9	办公室	房间大于 60m² 是否设置 2 个疏散门	主控				
		室内高度是否大于 2.5m					
		是否设置开启式窗户					
		多层房屋是否设 2 个疏散楼梯					
		两栋房距离是否满足消防要求					
工区长意见：			签字：　　　　　年　月　日				
工程部长意见：			签字：　　　　　年　月　日				
总工程师审批意见：			签字：　　　　　年　月　日				

说明：1. 此表由工区组织一检验收、填写意见，二检由工程部长组织物资、安全部门复查，报总工审批。
2. 此表由工程部、物资部存档，送安全部备查。

临建拆除审批控制检查表

表 LJ-006

工程名称：　　　　　　　　　　　　　　　　　　　　　　　　　编号：

序号	检查项目	控制要点	控制级别	一检		二检	
				检查情况	检查人	检查情况	检查人
1	资料	临建拆除单位资质是否齐全有效，复印件加盖红章备案	主控				
2		与拆除单位是否签订施工合同，安全协议书					
3		人员资质三类证书复印件是否加盖单位公章备案					
4		施工作业人员是否经过安全教育和安全技术交底					
5		拆除方案或拆除安全措施是否经过审批					
6		是否编制场地恢复方案并经过监理单位审批					
7		拆除施工所用机械设备是否报验履行手续					
8	现场管理	施工作业人员是否到位					
9		安全旁站监护人是否到位					
10		施工机械车辆是否到位					
11		拆除材料是否有储存场区					
12		消防器材是否准备到位					
13		高空作业劳动保护用品是否准备到位					
14		安全防护标识和交通防护设施是否准备到位					

安全副经理审核意见：

签字：　　　　年　　月　　日

经理审批意见：

签字：　　　　年　　月　　日

说明：1. 此表由工区长负责组织检查，安全员填表报安全部。
　　　2. 安全部长复查报安全副经理审核，报经理审批存档。